Ausbildung im Einzelhandel 1

Lernfelder 1–5

Autoren:

Christian Fritz
Markus Hillebrand
Antje Kost
Claudia Lang
Klaus Otte
Michael Piek
Roswitha Pütz

in Zusammenarbeit
mit der Verlagsredaktion

Cornelsen

Dieses Buch wurde erstellt unter Verwendung von Materialien von: Hans-Peter von den Bergen, Volker Brettschneider, Wolfgang R. Diemer, Wolfgang Duschek, Bettina Glania, Franz-Josef Kaiser, Ludger Katt, Maria Elisabeth Köstler, Wolfgang Metzen, Ute Morgenstern, Gisela Ruwe, Dieter Schütte, Insa Wenke, Ralf Wimmers.

Wir weisen darauf hin, dass die im Lehrwerk genannten Unternehmen und Geschäftsvorgänge frei erfunden sind. Ähnlichkeiten mit real existierenden Unternehmen lassen keine Rückschlüsse auf diese zu. Dies gilt auch für die im Lehrwerk genannten Kreditinstitute, Bankleitzahlen und Buchungsvorgänge. Ausschließlich zum Zwecke der Authentizität wurden insoweit existierende Kreditinstitute und Bankleitzahlen verwendet.

Verlagsredaktion:	Dorothe Redeker
Bildredaktion:	Christina Fanselow
Layout:	sign, Berlin, Christoph Berten, Berlin
Technische Umsetzung:	Christoph Berten, Berlin
Umschlaggestaltung:	sign, Berlin
Titelfoto:	shutterstock; iStockphoto (Frau mit Kind auf dem Arm, zwei junge Mädchen, junges Paar in blauer Kleidung)

www.cornelsen.de/cbb/einzelhandel

Die Internetadressen und -dateien, die in diesem Lehrwerk angegeben sind, wurden vor Drucklegung geprüft (Stand: Januar 2010). Der Verlag übernimmt keine Gewähr für die Aktualität und den Inhalt dieser Adressen und Dateien oder solcher, die mit ihnen verlinkt sind.
Dieses Werk berücksichtigt die Regeln der reformierten Rechtschreibung und Zeichensetzung.

1. Auflage, 1. Druck 2010

Alle Drucke dieser Auflage sind inhaltlich unverändert und können im Unterricht nebeneinander verwendet werden.

Druck: CS-Druck CornelsenStürtz, Berlin

ISBN 978-3-06-450191-1

Inhalt gedruckt auf säurefreiem Papier aus nachhaltiger Forstwirtschaft.

Vorwort

In den 2004 in Kraft getretenen Rahmenrichtlinien für die Ausbildung zum Verkäufer / zur Verkäuferin bzw. zum Kaufmann / zur Kauffrau im Einzelhandel heißt es: „Die in dieser Verordnung genannten Fertigkeiten und Kenntnisse sollen so vermittelt werden, dass die Auszubildenden zur Ausübung einer qualifizierten beruflichen Tätigkeit befähigt werden, die insbesondere selbstständiges Planen, Durchführen und Kontrollieren einschließt.“ (§ 3)

Auch die Neubearbeitung der Reihe „Ausbildung im Einzelhandel“ hält sich an diese verpflichtenden Vorgaben. Ausgehend von einem Arbeitsbuch mit Lernsituationen werden die Auszubildenden motiviert und befähigt, sich das benötigte Fachwissen mit Hilfe der Fachkundebücher zu erschließen sowie zur Lösung der Lernsituation anzuwenden.

Darüber hinaus bietet die Überarbeitung zahlreiche neu gestaltete Lernsituationen sowie zusätzliche Inhalte, die der Erweiterung der Berufskompetenz dienen. Die neuen Inhalte ermöglichen zudem eine bessere Binnendifferenzierung. Dieser Differenzierung der gerade im Einzelhandel besonders heterogenen Auszubildendengruppe dienen auch die weiterführenden Artikel im teachweb:

www.cornelsen.de/cbb/einzelhandel

Das neue Layout der Arbeits- und Fachkundebücher ist an die aktuellen Bedürfnisse der Auszubildenden und ihrer Lehrerinnen und Lehrer angepasst worden. Die Perforation der Blätter im Arbeitsbuch soll es den Auszubildenden erleichtern, flexibel Lernmaterial zu ergänzen und ein individuelles Kompendium zu erstellen, das in der Prüfungsvorbereitung ein unverzichtbarer Helfer auf dem Weg zum erfolgreichen Abschluss wird.

Da zum Bestehen der Berufsabschlussprüfung und im handlungsorientierten Unterricht zur Erarbeitung von Lösungen Fachwissen unabdingbar ist, gibt es passend zum Lehrwerk eine digitale Lernkartei „Recall“, die den Schülerinnen und Schülern die Aneignung von Fachwissen mit Hilfe des Computers erleichtert.

Mit den aufeinander abgestimmten Arbeitsbüchern und Fachkunden, der digitalen Lernkartei, den Verkaufsgesprächen auf DVD, den Lernspielen für jedes Ausbildungsjahr, dem Warenwirtschaftssystem E.V.A., dem an den Lernsituationen orientierten Deutschbuch und den im teachweb vorhandenen ergänzenden und weiterführenden Informationen steht den Auszubildenden und ihren Lehrerinnen und Lehrern an der Berufsschule ein koordiniertes Konzept zur Verfügung, das eine optimale Ausbildung am Lernort Berufsschule möglich macht.

Bonn, Februar 2010 Die Autoren

Arbeiten mit diesem Buch

Querverweis zum Arbeitsbuch
Diese Lernsituation gehört zur Fachinformation.

Hinweis
auf weitere Informationen an anderer Stelle in diesem Buch

Beispiele
erläutern die Fachtexte und sind grün unterlegt.

Farbige Begriffe im Text
werden in der Randspalte näher erklärt.

4 Verkaufsformen

Lernsituation 6

Betriebsform → S. 40

Die Verkaufsformen geben an, welche Verkaufsmethoden in den verschiedenen B
triebsformen des Einzelhandels zum Tragen kommen. Das Angebot der Verkauf
methode ist abhängig vom

- jeweiligen Standort,
- von der Warenart,
- von der Betriebsform und
- vom Bedürfnis des Kunden.

4.1 Bedienungssystem (Vollbedienung)

Die älteste Form des Verkaufs ist die Vollbedienun
Der Verkäufer führt das Verkaufsgespräch von Begin
der Verkaufsverhandlungen bis zum Ende. Er begrü
den Kunden beim Betreten des Geschäftes, erm
telt dessen Kaufwunsch, präsentiert die ausgewähl
Ware, berät den Kunden und führt den Kunden z
einem Kaufabschluss. In den meisten Verkaufsfälle
kassiert der Verkäufer auch den Preis und verpac
die Ware eventuell als Geschenk. Danach verabschi
det er den Kunden. Die Vollbedienung ist bei eine
beratungsintensiven (erklärungsbedürftigen), hoc
wertigem Sortiment zweckmäßig, da der Kunde hi
eine fachkundige Beratung erwartet.

Beispiel

technische Geräte, Schmuck, Parfüm, Delikatessen
Laut Lebensmittelhygienegesetz dürfen einige Waren nur über Bedienung verkauf
werden, z.B. frischer Kuchen, unverpacktes Frischfleisch.

nonverbal
nicht mit Hilfe der Sprache, sondern mit Körpersprache
→ S. 84

4.2 Vorwahlsystem (Teilbedienung)

Beim Vorwahlsystem hat der Kunde die Möglic
keit, sich selbstständig über das Warenangebot z
informieren. Die Waren werden in frei zugänglich
Regalen, Ständern usw. präsentiert. Falls der Kun
ein Beratungsgespräch wünscht, kann er auf den Ve
käufer zugehen und sich beraten lassen. Durch no
verbale Signale des Kunden kann auch der Verkäuf
auf den Kunden zugehen und ein Beratungsgesprä
anbieten. Beim Vorwahlsystem werden die Verkauf
formen Vollbedienung und Selbstbedienung mitei
ander verbunden.

Beispiel

Möbel, Schuhe, Bekleidung, Hifi-Geräte, TV-Geräte

rbeiten mit diesem Buch

•amit ein Arbeitnehmer die VL erhält, muss er zunächst mit einem Anlageinstitut . B. Kreditinstitut oder Bausparkasse) einen Vermögenswirksamen Sparvertrag ab- :hließen. Eine Durchschrift des Sparvertrages reicht er dann in der Personalabtei- ıng ein, damit diese den entsprechenden Betrag an das Anlageinstitut überweisen ann.

Voraussetzungen zur staatlichen Förderung

Anlageform	Arbeitnehmer-sparzulage	Maximal geförderte Sparleistung	Wer erhält die Arbeitnehmersparzulage (Einkommensgrenze)?
3ausparvertrag	9 %	470 Euro im Jahr	• Ledige: 17.900 Euro pro Jahr • Verheiratete: 35.800 Euro pro Jahr
nvestment-parverträge	20 %	400 Euro im Jahr	• Ledige: 20.000 Euro pro Jahr • Verheiratete: 40.000 Euro pro Jahr

Ergebnisse und Zusammenfassungen sind an der violetten Farbunterlegung erkennbar.

Verordnung zur Regelung der Preisangaben (PAngV)

§ 1 Grundvorschriften

(1) Wer Letztverbrauchern gewerbs- oder geschäftsmäßig oder regelmäßig in sonstiger Weise Waren oder Leistungen anbietet oder als Anbieter von Waren und Leistungen gegenüber Letztverbrauchern in Zeitungen, Zeitschriften, Prospekten, auf Plakaten, im Rundfunk oder Fernsehen oder auf sonstige Art und Weise unter Angabe von Preisen wirbt, hat die Preise anzugeben, die einschließlich der Umsatzsteuer und sonstiger Preisbestandteile, unabhängig von einer Rabattgewährung, zu zahlen sind (Endpreise).

Nähere Informationen unter www.gs1-germany.de

Fremdtexte sind blau unterlegt.

Adressen zu einer Website sind in der Randspalte in blauer Schrift genannt.

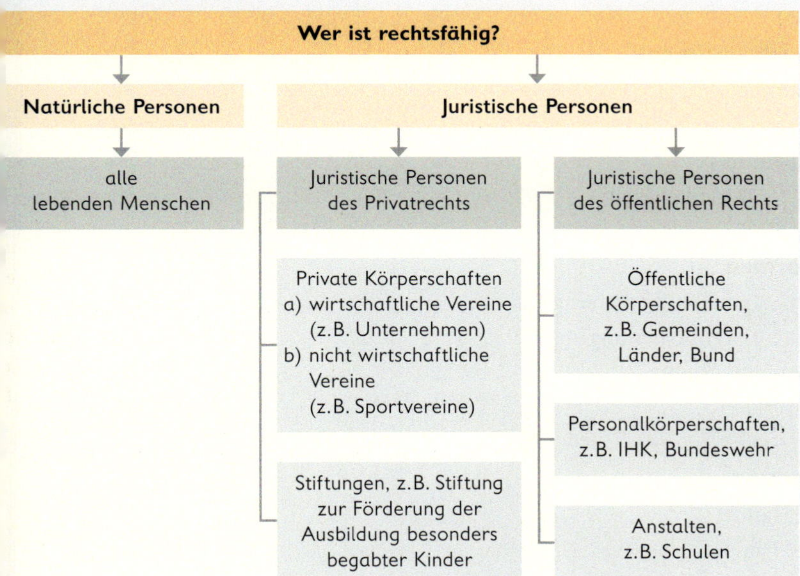

Graphische Übersichten unterstützen das Verständnis von Sachzusammenhängen.

Inhaltsverzeichnis

Lernfeld 1 Das Einzelhandelsunternehmen erkunden und präsentieren

LF1

LF1

Lernfeld 2 Verkaufsgespräche kundenorientiert führen

LF 2

Kunden im Servicebereich Kasse betreuen

Lernfeld 3

LF3

Lernfeld 4 Waren präsentieren

Lernfeld 5 Werben und den Verkauf fördern

Anhang

1

Das Einzelhandelsunternehmen erkunden und präsentieren

Stellung und Organisation des Einzelhandels

Einzelhandelssortiment

Verkaufs- und Betriebsformen

Ausbildung und Arbeitsvertrag

Tarifliche Regelungen und betriebliche Mitbestimmung

Soziale Sicherung

Gesetzlicher Arbeitsschutz und Gesundheitsvorsorge

Umweltschutz und Nachhaltigkeit

1 Stellung des Einzelhandels in der Gesamtwirtschaft

Lernsituation 1

Wird von Gütern gesprochen, sind immer Waren und Dienstleistungen gemeint. → S. 15

Bedürfnisse → S. 15

Wirtschaft hat viele Seiten. Da gibt es zunächst einmal die grundlegende Bedeutung: Wirtschaft ist die optimale Verteilung von knappen Gütern. Knappe Güter nennt man alle Dinge, die Menschen benötigen, um ihre Bedürfnisse zu decken. Sie sind nicht im Überfluss und ständig vorhanden, z. B. Lebensmittel und Kleidung. Allein um diese Grundbedürfnisse zu decken, sind viele unterschiedliche Waren und Dienstleistungen nötig, die zur richtigen Zeit am richtigen Ort sein müssen. Ein Ergebnis wirtschaftlicher Prozesse ist es, dass die Regale im Supermarkt mit Waren gefüllt sind, die von den Kunden auch tatsächlich gebraucht werden.

Wirtschaft gibt es aber auch im Kleinen: Jede Familie ist ein eigenes Wirtschaftsunternehmen für sich. Es muss geplant, eingekauft, vorbereitet und organisiert werden, damit Wäsche gewaschen werden kann und morgens das Frühstück auf dem Tisch steht.

1.1 Grundlagen des wirtschaftlichen Handelns

Private Haushalte sind Personengemeinschaften, die im Hinblick auf die Verwendung des Einkommens gemeinsam wirtschaften (z. B. Ehepaare, Familien, Sonderform: Single-Haushalt)

Am gesamten wirtschaftlichen Geschehen eines Staates sind mehrere Akteure wie
- private Haushalte
- Unternehmen und
- der Staat (öffentliche Haushalte)

beteiligt. Wenn die einzelnen Akteure (z. B. alle Unternehmen) zusammengefasst werden, bilden sie die **Wirtschaftsbereiche**. Alle Wirtschaftsbereiche bilden zusammen mit dem Ausland die Volkswirtschaft.

Bereich private Haushalte	Bereich Unternehmen	Bereich Staat	Bereich Ausland
↓	↓	↓	↓
alle privaten Haushalte	alle Unternehmen	Bund, Länder, Gemeinden usw.	private Haushalte, Unternehmen, staatliche Einrichtungen des Auslands

Volkswirtschaft

Weitere Unterteilung des Wirtschaftsbereichs Unternehmen → S. 20

Beispiel

Petra Theisen (Bereich private Haushalte) ist Auszubildende bei der Beska GmbH (Bereich Unternehmen). Von ihrer ersten Ausbildungsvergütung kauft sie sich Sportschuhe, auf deren Kaufpreis 19 % Mehrwertsteuer (Bereich Staat) entfällt. Den größten Teil der Ausbildungsvergütung spart sie für ihren geplanten Urlaub in Spanien (Bereich Ausland).

Die Vielzahl der Akteure und die wirtschaftlichen Prozesse innerhalb einer Volkswirtschaft bedürfen einer durchdachten Betrachtungsweise. Diese Aufgabe wird im Rahmen der Wirtschaftswissenschaften wahrgenommen. Die Wirtschaftswissenschaften lassen sich nach Betriebs- und Volkswirtschaftslehre unterscheiden. Die **Betriebswirtschaftslehre (BWL)** untersucht einzelwirtschaftliche Zusammenhänge. Aus der Perspektive des einzelnen Unternehmens wird das betriebliche Geschehen erklärt.

BWL = Mikroökonomie
VWL = Makroökonomie

1.1.1 Vom Bedürfnis zur Nachfrage

Im Rahmen der **Volkswirtschaftslehre (VWL)** werden die menschlichen Bedürfnisse als zentrale Antriebskraft des wirtschaftlichen Entscheidens und Handels angesehen. Menschen haben unterschiedliche Bedürfnisse. Die Erfüllung einiger Bedürfnisse ist lebensnotwendig, wie z. B. Essen, Trinken und Schlafen. Die Erfüllung anderer Bedürfnisse macht das Leben schöner und leichter, z. B. das Bedürfnis zu reisen und Konzerte zu besuchen.

Bedürfnisse
sind Gefühle eines Mangels mit dem Bestreben, diesen zu beseitigen.

Wenn sich die Bedürfnisse des Menschen auf ganz bestimmte Waren oder Dienstleistungen beziehen, wird von Bedarf gesprochen. Erst wenn Waren oder Dienstleistungen tatsächlich gekauft werden, d. h. der Bedarf am Markt wirksam wird, handelt es sich um eine Nachfrage.

Bedarf
Bedürfnisse, die mit den vorhandenen Geldmitteln befriedigt werden können.

Markt
→ S. 21

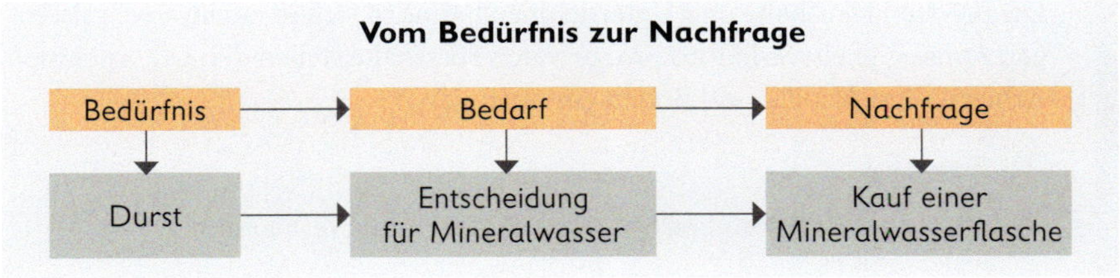

Ohne Bedürfnisse gäbe es für die Menschen keinen Grund, Waren und Dienstleistungen in großen Mengen zu produzieren und gegen Geld zu tauschen. Die in einer Volkswirtschaft produzierten Waren und Dienstleistungen werden unter dem Begriff Wirtschaftsgüter zusammengefasst.

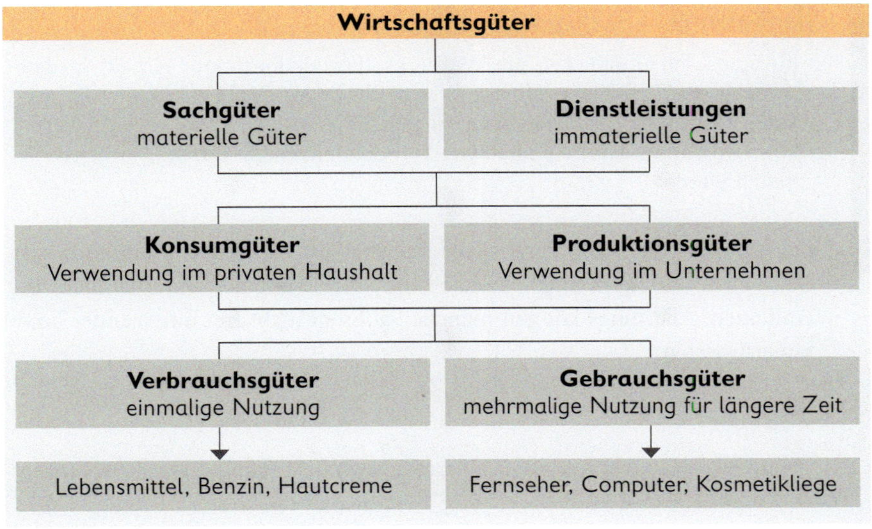

Preisbildung
→ S. 21

Da Wirtschaftsgüter nur in begrenzter Zahl zur Verfügung stehen, haben sie einen Preis (knappe Güter). Je begehrter ein Gut ist, desto höher ist der Preis. Gibt es aber etwas im Überfluss, wie z. B. herabgefallene Blätter im Herbst, dann kann der Mensch dieses Gut auch ohne Preis bekommen (freie Güter). Der Preis für Wirtschaftsgüter wird durch **Angebot** und **Nachfrage** bestimmt.

Produktionsfaktor Arbeit

Produktionsfaktor Kapital

Produktionsfaktor Boden

1.1.2 Produktionsfaktoren und Arbeitsteilung

Für die Bereitstellung der Wirtschaftsgüter werden bestimmte Mittel, so genannte Produktionsfaktoren, benötigt. Zu den klassischen Produktionsfaktoren gehören:

- **Arbeit:** Der Faktor Arbeit umfasst alle Personen, die in einer Volkswirtschaft als Erwerbstätige zur Verfügung stehen.
- **Kapital:** Unter dem Faktor Kapital versteht man die finanziellen oder sachlichen Mittel, die nicht für den Konsum verbraucht, sondern zur Anschaffung oder Nutzung von Produktionsmitteln (z. B. Maschinen, Gebäude) verwendet werden.
- **Boden** bzw. Natur: Zum Produktionsfaktor Boden bzw. Natur gehört die gesamte Bodenfläche, die für landwirtschaftliche, industrielle, gewerbliche und verkehrsmäßige Nutzung benötigt wird, sowie Luft, Wasser und die vorhandenen Bodenschätze.

Die privaten Haushalte und Unternehmen befinden sich in einem wechselseitigen Abhängigkeitsverhältnis. Die privaten Haushalte stellen den Unternehmen Arbeitskräfte, Kapital und Boden zur Verfügung:

Beispiel

- Arbeitskraft: Andrea beginnt eine Ausbildung als Verkäuferin bei der Beska GmbH.
- Kapital: Willi Kleber beteiligt sich als Gesellschafter an der Beska GmbH.
- Boden: Graf Klotz verkauft ein Grundstück an die Beska GmbH.

Für die Produktion von Waren und Dienstleistungen werden in den Unternehmen die Produktionsfaktoren kombiniert.

Beispiel

Im Spätsommer pflücken die Weinleser (Produktionsfaktor Arbeit) in den Weinbergen (Produktionsfaktor Boden) die reifen Trauben. Damit die privaten Haushalte den Wein beim Einzelhändler kaufen können, muss dieser zuvor mit Hilfe einer Abfüllanlage (Produktionsfaktor Kapital) in Flaschen gefüllt werden.

Der Unternehmer kann durch seine Entscheidungen, welche Produktionsfaktoren er in welcher Menge einsetzen will, den Erfolg des Unternehmens beeinflussen. Allerdings können manche Faktoren nicht frei miteinander kombiniert werden.

Produktionsfaktoren gehen nicht direkt in die produzierten Güter ein. Sie werden als Leistung für die Erstellung von Gütern bereitgestellt.

Beispiel

Zu jedem Lieferwagen (Produktionsfaktor Kapital) gehört mindestens ein Fahrer (Produktionsfaktor Arbeit).

In entwickelten Volkswirtschaften werden Güter mit Hilfe von Produktionsfaktoren in einem arbeitsteiligen Prozess hergestellt und gehandelt. Auf diese Weise wird die Leistungsfähigkeit der Erwerbstätigen deutlich gesteigert. Die **innerbetriebliche Arbeitsteilung** bedeutet die Aufteilung eines Arbeitsprozesses in mehrere einzelne Handlungen, z. B. in einem Supermarkt: kassieren, Ware annehmen, neue Ware einräumen, Verpackungsmaterialien entsorgen. Von **zwischenbetrieblicher Arbeitsteilung** wird gesprochen, wenn die einzelnen Schritte für die Herstellung bzw. das Handeln eines Produktes auf verschiedene Unternehmen aufgeteilt wird. So haben sich einzelne Unternehmen spezialisiert, z. B. Import von Textilien für den Großhandel und dessen Verkauf an Konsumenten durch den Einzelhandel. Die **internationale Arbeitsteilung** bedeutet, dass sich die Volkswirtschaften in der Regel auf die Herstellung der Güter spezialisieren, die sie im Vergleich zu anderen Ländern kostengünstig herstellen können.

1.1.3 Ökonomisches Prinzip

Menschen handeln wirtschaftlich, wenn Sie zielgerichtet und genau überlegen, wie viel Geld sie zum Erwerb von knappen Gütern zur Verfügung haben. Das Handeln nach dem so genannten ökonomischen Prinzip soll den Konflikt zwischen den unbegrenzten Bedürfnissen und den knappen Wirtschaftsgütern bzw. begrenzten Geldmitteln weitgehend ausgleichen. Das ökonomische Prinzip kann zwei Ausprägungen annehmen:

Das ökonomische Prinzip wird auch als Wirtschaftlichkeitsprinzip bezeichnet.

- Nach dem **Minimalprinzip** soll der Mitteleinsatz möglichst gering gehalten werden, um einen bestimmten Ertrag (= Nutzen) zu erreichen.
- Nach dem **Maximalprinzip** soll mit einem bestimmten Mitteleinsatz ein maximaler Nutzen erzielt werden.

Beispiel

- Minimalprinzip: Jemand möchte eine Wand streichen und will dafür möglichst wenig Farbe verbrauchen, also wenig Geld ausgeben.
- Maximalprinzip: Jemand kauft einen Eimer Farbe zu einem bestimmten Preis und versucht, damit möglichst viel Wandfläche zu streichen.

Eine Kombination beider Prinzipien ist nicht möglich, denn mit möglichst wenig Farbe kann nicht möglichst viel Wand gestrichen werden.
Einer der beiden Faktoren muss festgelegt werden, entweder die Farbmenge oder die Wandfläche.

Jedes Einzelhandelsunternehmen hat einen oder mehrere Eigentümer. Diese Eigentümer haben dem Unternehmen Kapital zur Verfügung gestellt und möchten dafür eine gute Verzinsung für das eingesetzte Kapital erzielen. Außerdem bezahlt das Einzelhandelsunternehmen seine Angestellten für ihre geleistete Arbeit. Auch um Waren einzukaufen, benötigt das Einzelhandelsunternehmen Geld. Im Einzelhandel werden die Produktionsfaktoren Arbeit, Kapital und Boden kombiniert, um Güter zum Verkauf anzubieten und den Gewinn zu maximieren. Dabei wendet auch der Einzelhandel das ökonomische Prinzip an.

Unternehmensziele → S. 24

Beispiel

- Minimalprinzip: Ein Einzelhandelsunternehmen möchte einen bestimmten Umsatz mit möglichst geringen Personalkosten erzielen.
- Maximalprinzip: Ein Einzelhandelsunternehmen möchte mit seinem vorhandenen Personal einen größtmöglichen Umsatz erzielen.

Umsatz ist die Menge der verkauften Güter multipliziert mit dem Verkaufspreis.

1.2 Wirtschaftskreislauf

Wirtschaftsbereiche
→ S. 14

Zwischen den Wirtschaftsbereichen vollziehen sich vielfältige Tauschvorgänge. Um die komplizierten Zusammenhänge in der Volkswirtschaft verstehen zu können, wird die Wirklichkeit in vereinfachter Form – einem Modell – dargestellt.

Mit Hilfe von Modellen wird die Wirklichkeit stark vereinfacht, um Vorgänge zu erklären. Modelle bilden also niemals die ganze Wirklichkeit ab.

1.2.1 Einfacher Wirtschaftskreislauf

Produktionsfaktoren
→ S. 16

Die durch Kombination der Produktionsfaktoren hergestellten Waren und Dienstleistungen verkauft der Bereich Unternehmen an den Bereich private Haushalte. Diese Beziehung zwischen Unternehmen und privaten Haushalten verdeutlicht ein **Güterstrom**.

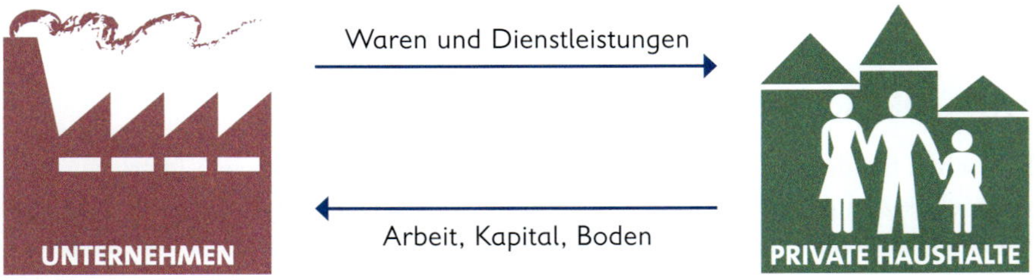

Einkommen
Entgelt für die Bereitstellung des Produktionsfaktors Arbeit (z.B. Löhne und Gehälter), des Produktionsfaktors Kapital (z.B. Gewinnbeteiligungen) und des Produktionsfaktors Boden (z.B. Mieten, Pachten)

Dem Güterströmen stehen **Geldströme** gegenüber. Der Bereich private Haushalte erhält vom Bereich Unternehmen Einkommen. Von diesem Einkommen kaufen die privaten Haushalte Waren und Dienstleistungen.

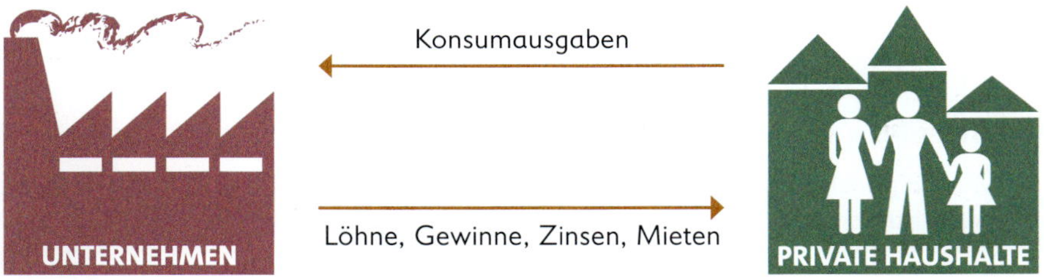

einfacher Wirtschaftskreislauf = geschlossener Wirtschaftskreislauf

Das Modell des **einfachen Wirtschaftskreislaufs** beschränkt sich auf die Betrachtung der Tauschprozesse zwischen den Bereichen private Haushalte und Unternehmen. Der Einfluss vom Bereich Staat und dem Ausland bleibt hier unberücksichtigt. In diesem einfachen Modell des Wirtschaftskreislaufs wird davon ausgegangen,

- dass die privaten Haushalte ihr gesamtes Einkommen für den Kauf von Waren und Dienstleistungen verwenden und
- dass alle von den Unternehmen bereitgestellten Waren und Dienstleistungen an die privaten Haushalte verkauft werden.

Bei dieser Annahme bilden die Beziehungen zwischen Unternehmen und privaten Haushalten einen geschlossenen Wirtschaftskreislauf.

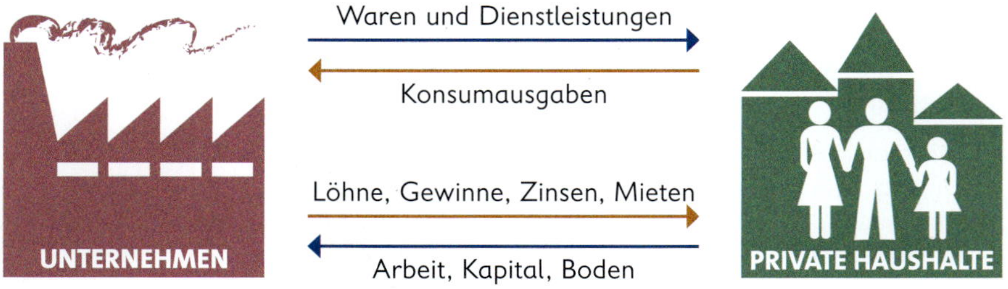

1.2.2 Wirtschaftskreislauf mit drei Bereichen

Das Modell des erweiterten Wirtschaftskreislaufes berücksichtigt auch den Bereich Staat. Neben den bereits bekannten Tauschprozessen zwischen den Bereichen private Haushalte und Unternehmen werden in diesem Modell die Güter- und Geldströme mit dem Bereich Staat ebenfalls betrachtet.

Der Staat erhält von den privaten Haushalten und den Unternehmen Steuern, Gebühren und Beiträge. **Steuern** sind Geldleistungen, für die der Steuerzahler keinen Anspruch auf eine persönliche Gegenleistung hat. Private Haushalte zahlen z. B. Einkommensteuer und Umsatzsteuer. **Gebühren** sind Zahlungen für besondere Leistungen des Bereichs Staat, z. B. Verwaltungsgebühren für die Ausstellung eines Personalausweises, die Erteilung einer Baugenehmigung oder die Eintragung eines Kaufmanns in das Handelsregister, sowie Benutzungsgebühren für die Müllabfuhr oder die Abwasserentsorgung. **Beiträge** werden für die Bereitstellung von Leistungen unabhängig von der tatsächlichen Inanspruchnahme erhoben, z. B. Sozialversicherungsbeiträge.

Umsatzsteuer → S. 134

Sozialversicherung → S. 63

Auf der anderen Seite erhalten die privaten Haushalte vom Staat Gehälter und Transferleistungen. Die Gehälter erhalten die Angestellten und Beamten des Staates, die Transferzahlungen, wie z. B. Kindergeld, Sozialhilfe oder Leistungen der Sozialversicherung, erhalten alle privaten Haushalte, die bestimmte Kriterien erfüllen.

Der Staat stellt den Unternehmen für eine Vielzahl von Tätigkeiten Subventionen zur Verfügung. **Subventionen** sind staatliche Unterstützungszahlungen, z. B. für die Neugründung eines Unternehmens oder die Schaffung von neuen Arbeitsplätzen. Damit Unternehmen diese Unterstützungszahlungen erhalten, müssen sie bestimmte Voraussetzungen erfüllen, z. B. muss ein Unternehmen eine bestimmte Anzahl von Arbeitsplätzen schaffen, um die Zahlung zu erhalten. Neben der Zahlung von Subventionen an die Unternehmen zahlt der Staat auch für seine Konsumausgaben, z. B. wenn er Kopierpapier oder Schreibtische kauft.

Transferzahlungen und Subventionen sind Zahlungen, die ein Empfänger ohne die Verpflichtung einer Gegenleistung erhält.

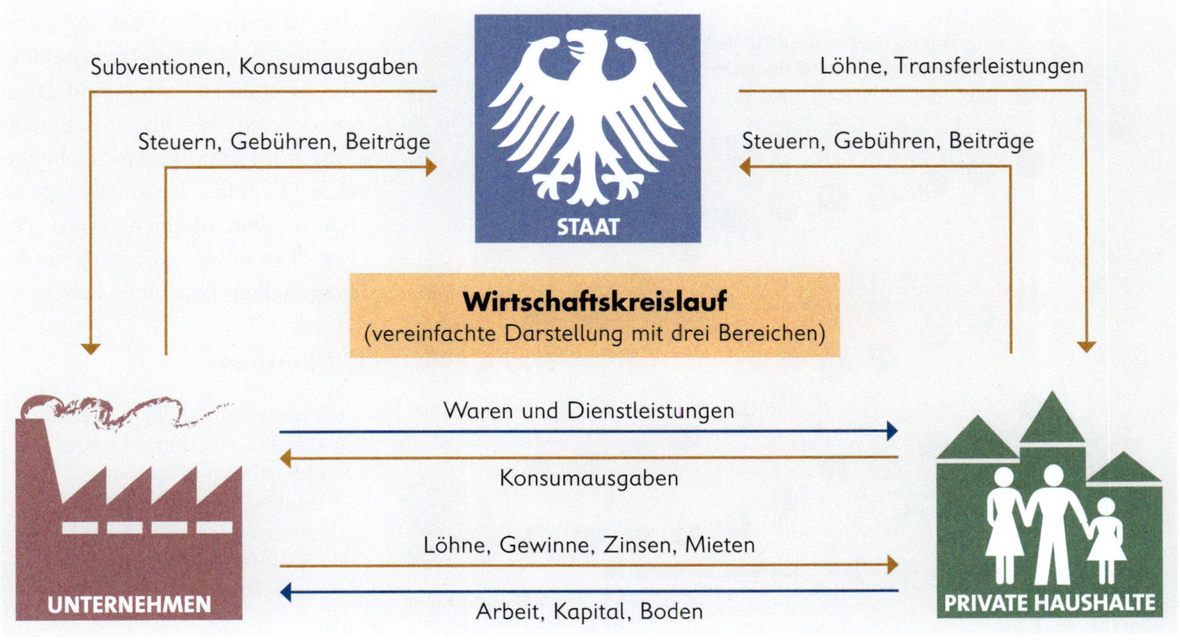

1.3 Wirtschaftsstufen

Wirtschaftsbereich Unternehmen → S. 14

primärer Wirtschaftssektor = Urproduktion

Abgesehen von wenigen Ausnahmen, bei denen die Unternehmen ihre Produkte direkt an den Endverbraucher absetzen, sind an der Herstellung und dem Vertrieb von Produkten verschiedene Unternehmen beteiligt. Daher kann der Unternehmensbereich weiter untergliedert werden. So wird zum Beispiel das für die Herstellung von Brot notwendige Getreide in landwirtschaftlichen Unternehmen angebaut. Diese Wirtschaftsstufe wird als **primärer Wirtschaftssektor** bezeichnet. Sie dient der Gewinnung von Rohstoffen.

Beispiel

Unternehmen der Landwirtschaft, Forstwirtschaft, Fischerei, des Bergbaus sowie Unternehmen der Öl- und Gasgewinnung

sekundärer Wirtschaftssektor = Unternehmen der Weiterverarbeitung oder produzierendes Gewerbe

Die zweite Wirtschaftsstufe, der **sekundäre Wirtschaftssektor**, dient der Weiterverarbeitung der Rohstoffe zu fertigen Erzeugnissen. Hier wird das Getreide mit Hilfe von Mühlen zu Mehl verarbeitet. Das Mehl wird entweder industriell in Brotfabriken oder in Bäckereien zu Brot verarbeitet.

Beispiel

Industrieunternehmen: Nahrungsmittelindustrie, Metall verarbeitende Industrie, chemische Industrie, Textilindustrie;
Handwerksunternehmen: Nahrungsmittelhandwerk, Schreinerei, Goldschmied

tertiärer Wirtschaftssektor = Verteilung (Handel) und Dienstleistungsunternehmen

Über den Groß- und Einzelhandel wird das Brot an den Endverbraucher verkauft. Neben dem Handel sind noch viele andere Unternehmen, wie Banken, Versicherungen oder Transportunternehmen, vom Getreideanbau bis zum Verkauf des Brotes beteiligt. Diese Unternehmen zählen zur dritten Wirtschaftsstufe, dem **tertiären Wirtschaftssektor**. Zu diesem Sektor gehören die Unternehmen, die Produkte durch ihre Tätigkeit verteilen und Dienstleistungsunternehmen. Hier wird die Bedeutung des Einzelhandels deutlich. Sowohl die Unternehmen des primären Sektors als auch die Unternehmen des sekundären Sektors sind darauf angewiesen, dass ihre Produkte als Waren im Einzelhandel flächendeckend in einem Sortiment angeboten werden. Möglichst viele Verbraucher sollen so Zugang zu den hergestellten Produkten haben.

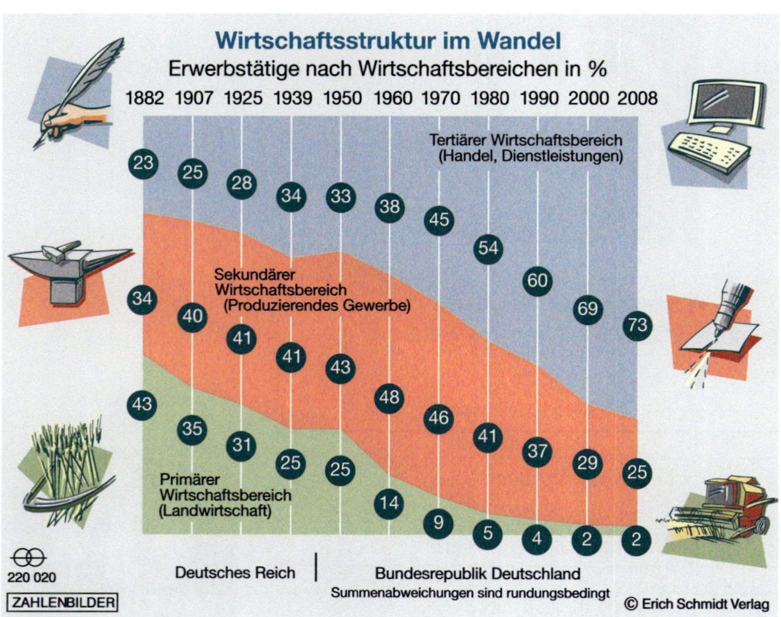

Beispiel

- Unternehmen der Verteilung: Großhandel, Einzelhandel
- Dienstleistungsbetriebe: Banken, Versicherungen, Unternehmen des Fracht- und Briefverkehrs, Beratungsunternehmen

1.4 Preisbildung auf dem Markt

Die Funktionsweise des Marktes hat sich niemand ausgedacht und dann umgesetzt; der Markt hat sich von ganz allein entwickelt. Märkte gab es seit jeher und in aller Welt. Sobald Menschen ihre eigenen Bedürfnisse im Überfluss deckten und Waren oder Dienstleistungen anderen zur Verfügung stellen konnten, funktionierte das Prinzip des Marktes beispielsweise schon als Tauschhandel.

Bedürfnisse → S. 15

Das Prinzip war auf Wochenmärkten im Altertum und Mittelalter genauso erfolgreich wie auf gegenwärtigen Trödelmärkten oder bei Ebay: Als Anbieter möchte man für seine Ware oder seinen Dienst einen möglichst hohen Preis erzielen. Interessenten (Nachfrager) möchten demgegenüber so wenig wie möglich bezahlen. Vorausgesetzt ein Markt funktioniert richtig, wird kein Anbieter auf seinen Waren sitzen bleiben, denn Käufer und Verkäufer verhandeln den Preis so lange, bis die Ware den Besitzer wechselt.

Der Markt hat verschiedene Aufgaben und Funktionen zu erfüllen

Versorgungsfunktion	Koordinationsfunktion	Preisbildungsfunktion	Verteilungsfunktion
Der Markt soll für die bestmögliche Versorgung der Bevölkerung mit Gütern sorgen.	Der Markt soll Angebot und Nachfrage zusammenführen.	Angebot und Nachfrage bewirken, dass sich auf dem Markt ein Preis bildet.	Auf dem Markt werden Waren und Dienstleistungen verteilt.

Jedes zu kaufende oder zu verkaufende Gut braucht einen Markt. Ohne Markt und die damit verbundene Nachfrage ist das Gut nutzlos, ein „Ladenhüter". Die Menge und der Zeitpunkt der Nachfrage hängt von einer Vielzahl von Faktoren ab, z. B.:

- der Stärke der Bedürfnisse
- der Höhe des verfügbaren Einkommens
- der Existenz und den Preisen von ähnlichen Gütern
- der Existenz und den Preisen von ergänzenden Gütern
- Mode- und Trenderscheinungen
- der technischen Entwicklung
- den Zukunftserwartungen der Nachfrager

Menge und Zeitpunkt des Angebots hängen auch von verschiedenen Faktoren ab, z. B.:

- dem Gewinnstreben der Anbieter
- der Konkurrenzsituation auf dem Markt
- dem erzielbaren Preis für das angebotene Gut
- den saisonalen Einflüssen
- den gesetzlichen Rahmenbedingungen durch den Staat (z. B. Gesetze)
- der Konjunkturlage
- der technischen Entwicklung

Anbieter und Nachfrager verfolgen bei ihren Tauschprozessen verschiedene Interessen. Der Anbieter will möglichst viel Geld für sein Gut bekommen, der Nachfrager dagegen möglichst wenig zahlen. Im Endeffekt ist der Preis eines Gutes ein Kompromiss zwischen beiden Parteien. Der Preis ist der in Geld ausgedrückte Gegenwert eines Gutes, zu dem Anbieter und Nachfrager bereit sind, den Tausch durchzuführen. Diese Zusammenhänge lassen sich anhand eines Modells verdeutlichen.

Für dieses Modell wird ein Markt mit idealen Bedingungen konstruiert. Dieser so genannte **vollkommene Markt** existiert nur in der Theorie. Die Vereinfachung des Marktgeschehens erfolgt durch die folgenden Annahmen:

- Alle **Güter sind homogen**, d. h., sie unterscheiden sich weder durch Qualität, Aufmachung, Farbe, Geschmack oder Verpackung (Beispiel: Banknoten, Aktien, Rohöl in Barrel, Edelmetalle in Unzen).

Präferenz
Vorliebe

- Es gibt **keine persönlichen** Präferenzen. Die Entscheidungen werden unabhängig von anderen Personen getroffen, z. B. wird ein Anbieter, der besonders freundlich ist, nicht bevorzugt.
- Es gibt **keine räumlichen Präferenzen**. Kaufentscheidungen werden z. B. nicht durch einen besonders günstigen Standort beeinflusst.
- Es gibt **keine zeitlichen Präferenzen**, d. h., es gibt keine Lieferfristen oder Abnahmetermine. Die Anbieter können sofort liefern und die Nachfrager sind bereit, die Güter sofort entgegenzunehmen.
- Es herrscht vollkommene **Markttransparenz**. Anbieter und Nachfrager kennen sämtliche Informationen. Die Anbieter kennen Preise und Mengen, zu denen die Nachfrager ein Gut kaufen wollen. Die Nachfrager wissen wiederum, zu welchen Preisen und Mengen die Anbieter ein Gut verkaufen möchten.

Beim vollkommenen Markt bestimmen Angebot und Nachfrage den **Gleichgewichtspreis**.

Beispiel

Für eine DVD werden verschiedene Marktpreise festgelegt und das Verhalten der Marktteilnehmer beobachtet.

Preis in Euro	Nachfragemenge	Angebotsmenge	Marktumsatz	
28	10	90	10	Angebotsüberhang
26	30	70	30	Angebotsüberhang
24	50	50	50	**Gleichgewicht**
22	70	30	30	Nachfrageüberhang
20	90	10	10	Nachfrageüberhang

In ein Preis-Mengen-Diagramm übertragen ergibt sich folgendes Bild:

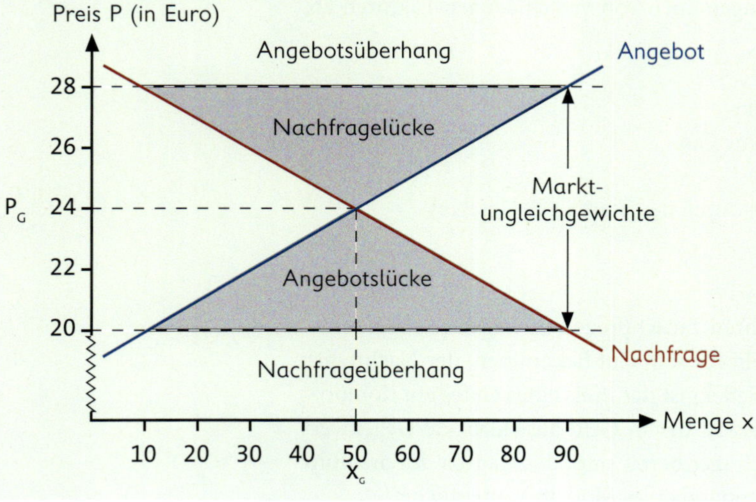

Bei einem Preis von 24 Euro sind Angebot und Nachfrage ausgeglichen. Der Markt wird bei diesem Gleichgewichtspreis vollständig geräumt, da die angebotene Menge der nachgefragten Menge entspricht.

Bei Preisen ober- bzw. unterhalb des Gleichgewichtspreises ergeben sich ein **Angebots-** bzw. ein **Nachfrageüberhang**.

Marktpreise von Gütern haben verschiedene Aufgaben bzw. Funktionen:

- Die Marktpreise eines Gutes spiegeln den Knappheitsgrad und seinen Wert wider (**Signalfunktion**).
- Ein hoher Marktpreis bewirkt, dass Anbieter dieses Gut produzieren. Die Produktionsfaktoren werden dort eingesetzt, wo sich die besten Gewinnchancen bieten bzw. Marktlücken existieren (**Lenkungsfunktion**).
- Anbieter, die nicht mehr in der Lage sind, ihre Güter zum Gleichgewichtspreis anzubieten, werden vom Markt verdrängt, da die Nachfrager sich für günstigere Güter entscheiden werden (**Ausschaltungsfunktion bzw. Auslesefunktion**). Gleiches gilt für Nachfrager, die nicht über die entsprechenden finanziellen Mittel verfügen, um sich ein Gut zu kaufen.
- Durch Marktpreise werden die Güter vergleichbar gemacht und Angebot und Nachfrage abgestimmt (**Ausgleichsfunktion**).

Produktionsfaktoren → S. 16

Die Preisbildung im Modell des vollkommenen Marktes wurde von einer Vielzahl von Bedingungen abhängig gemacht. Es liegt auf der Hand: Je mehr Bedingungen erfüllt sein müssen, desto seltener sind entsprechende Fälle in der Wirklichkeit anzutreffen. Das Marktmodell ist hilfreich, um reale Märkte (**unvollkommene Märkte**) im Hinblick darauf zu untersuchen, welche Auswirkungen Abweichungen von den Bedingungen des Modells auf die Preisbildung haben.

Unvollkommener Markt

In der wirtschaftlichen Realität sind Güter in der Regel nicht homogen, sondern heterogen, d. h., alle angebotenen Bohrmaschinen sind nicht vollkommen gleichartig in Farbe, Form, Größe und Leistung. Die Anbieter sind bestrebt, ihr Angebot aus absatzpolitischen Gründen von dem der Mitbewerber abzugrenzen.

Auch hat nicht jeder Marktteilnehmer die komplette Marktübersicht, z. B. kennen die Anbieter und die Nachfrager nicht die Preise an allen Marktorten.

Nachfrager haben in der Regel besondere Vorlieben (Präferenzen), z. B. bezüglich eines bestimmten Anbieters oder hinsichtlich bestimmter Güter. Dies lässt sich auf die unterschiedlichen Bedürfnisse zurückführen.

Bei Marktveränderungen ist eine schnelle Anpassung an die neue Situation in der Realität nicht gegeben. Anbieter sind z. B. nicht in der Lage, ihre Kapazitäten beliebig schwankenden Nachfragemengen anzupassen und auch Nachfrager benötigen Zeit, um sich z. B. über neue Güter zu informieren. Hinzu kommt, dass der freie Zugang zu Märkten aus technischen, wirtschaftlichen und rechtlichen Gründen nicht immer gewährleistet ist.

2 Organisation des Einzelhandelsunternehmens

2.1 Unternehmensziele

Sortiment
→ S. 33

Leistungsangebot des Einzelhändlers
→ S. 25

Unter Zielen versteht man Zustände, die in der Zukunft angestrebt werden. Bei Auszubildenden können das beispielsweise die abgeschlossene Abschlussprüfung und ein Arbeitsverhältnis sein. In Unternehmen ergeben sich die Ziele im Wesentlichen aus der **Kundenorientierung**, die dem Unternehmer Wettbewerbsvorteile gegenüber den Konkurrenten geben soll. Daraus leiten sich wiederum das Sortiment und das Leistungsangebot eines Einzelhändlers ab.

Rentabilität
z.B. Umsatzrentabilität, zeigt, wie viel Euro Gewinn pro 100 Euro Umsatz gemacht wird.

Wirtschaftliche Ziele beziehen sich auf den zu erreichenden Erfolg eines Unternehmens. Mit Hilfe von verschiedenen Kennzahlen, wie z.B. Rentabilität, wird gemessen, wie erfolgreich z.B. ein Einzelhändler mit seinem Angebot an Waren und Dienstleistungen innerhalb eines bestimmten Zeitabschnitts war oder eine Vorgabe festgelegt, welches Ziel erreicht werden soll. Neben den wirtschaftlichen Zielen gibt es noch **soziale Ziele**, die von einem Unternehmen verfolgt werden. Gute Leistungen werden nur von motivierten Mitarbeitern erbracht. Diese Motivation kommt aus der Mitverantwortung am Arbeitsplatz, aus einer angemessenen und gerechten Bezahlung und der Möglichkeit, persönliche Berufsziele zu erreichen. Ein gutes Betriebsklima, die mitarbeitergerechte Gestaltung von Arbeitsplätzen oder freiwillige Sozialleistungen sind weitere Beispiele für soziale Ziele, die ein Unternehmen verfolgen kann. **Umweltziele** (ökologische Ziele) beinhalten Vorgaben, die auf die Schonung der natürlichen Umwelt und ihrer Ressourcen im Rahmen des Leistungserstellungsprozesses abzielen.

Umweltschutz
→ S. 77

Die Zielvorgabe kann hinsichtlich des **Zielausmaßes** begrenzt bzw. unbegrenzt sein. Ziele können kurzfristig (ein Quartal), mittelfristig (ein bis zwei Jahre) oder langfristig (über zwei Jahre) erreicht werden.

Zwischen verschiedenen anzustrebenden Zielen können unterschiedliche Zielbeziehungen bestehen. **Zielkonflikte** bestehen dann, wenn innerhalb eines Zielsystems ein Ziel nur dann erreicht werden kann, wenn es zu Lasten eines anderen Zieles geht. So kann z.B. das Ziel der Kostenminimierung mit dem Ziel der Schonung der Umwelt in Konflikt geraten.

Hinsichtlich der Frage, ob zwischen wirtschaftlichen und ökologischen Zielen ein grundsätzlicher Konflikt besteht, gehen die Meinungen in Theorie und Praxis jedoch auseinander. **Komplementäre Ziele** sind einander ergänzende Ziele. So kann z.B. die Verbesserung des Betriebsklimas zu einer gleichzeitige Erhöhung der Rentabilität führen. Es gibt aber auch Fälle, in denen kein sinnvoller Zusammenhang zwischen zwei Zielen hergestellt werden kann, es handelt sich dann um eine **indifferente Zielbeziehung**. So hat z.B. die Aufnahme von Fremdkapital zur Finanzierung eines Investitionsvorhabens keinen Einfluss auf das Betriebsklima.

2.2 Leistungen und Funktionen

Der Handel verbindet die Gütergewinnung und -herstellung mit dem Endverbraucher. Dem Produzenten (Hersteller) und dem Endverbraucher sind beim indirekten Absatz der Großhandel und der Einzelhandel zwischengeschaltet. Durch den Handel ist die flächendeckende Verteilung der Güter an den Endverbraucher gewährleistet. Der Handel nimmt sowohl dem Verbraucher als auch dem Hersteller viele Aufgaben ab.

Lernsituation 3

Indirekter Absatz
Der Handel ist zwischengeschaltet.

Beim direkten Absatz verkauft der Produzent seine Produkte direkt an den Endverbraucher.

Der **Einzelhändler** kauft Waren beim Industriebetrieb oder Großhändler ein und verkauft sie an den Endverbraucher weiter. Der Einzelhändler macht den Markt für den Verbraucher übersichtlich, was die Wichtigkeit des Handels in der Zeit zunehmender Produktvielfalt noch verstärkt. Der **Großhändler** hingegen vertreibt die Waren in der Regel nicht direkt an den Konsumenten, sondern verkauft sie an gewerbliche Abnehmer (z. B. Einzelhändler, Krankenhäuser usw.).

Markt
→ S. 21

Früher, in der Gesellschaft der „Jäger und Sammler“, war noch kein Händler notwendig, denn alle Gesellschaftsmitglieder sorgten füreinander und alle lebensnotwendigen Güter wurden gemeinschaftlich hergestellt und genutzt bzw. verbraucht. Später wurden die Menschen sesshaft. Sie lebten in Kleingruppen oder Familienverbänden und begannen, sich je nach Bedarf und Talent auf die Herstellung bestimmter Produkte zu spezialisieren. Mit der Entstehung der Arbeitsteilung begann auch der Tauschhandel, denn nicht jede Familie konnte alles selbst herstellen oder besorgen, was zum Leben benötigt wurde.

Arbeitsteilung
→ S. 17

Mit der Erkundung anderer Regionen und Kontinente entwickelte sich auch der Beruf des Händlers. Dieser nahm Waren aus der Heimat in andere Regionen mit und tauschte sie dort gegen andere Waren ein. Der Händler brachte diese Waren wieder in seine Heimat, wo er sie ebenfalls wieder eintauschte. Damit übernahm der Händler die wichtige **Raumüberbrückungsfunktion**. Der Einzelhändler verkauft die Waren unmittelbar an den Endverbraucher, unabhängig davon, ob die Waren in der Region, im Inland oder im Ausland hergestellt werden. Dadurch bleiben dem Endverbraucher Zeit, Mühe und Kosten erspart, die Waren selbst beim Hersteller zu besorgen.

Beispiel

Die Kunden können im SB-Warenhaus Beska GmbH Uhren kaufen, die im Schwarzwald, in Sachsen und in der Schweiz hergestellt werden.

Mit der Entstehung des Geldes sowie der Ausweitung der Verkehrswege und -mittel konnte der Händler sein Gewerbe weiter ausbauen. Es war einerseits nicht mehr nötig, Waren als Tauschmittel bei den Reisen mitzunehmen. Andererseits konnte der Händler mit Hilfe besserer Transportmittel mehr Waren kaufen und verkaufen und weitere Strecken zurücklegen. Dadurch war er in der Lage, in noch weiter entfernte Orte zu reisen und den dortigen Markt zu erschließen, d. h. für seine Waren zu werben bzw. zu erfahren, welche Waren nachgefragt oder benötigt werden. In diesem Zusammenhang sprechen wir von der **Markterschließungsfunktion** des Händlers.

Werbung → S. 192

Änderungen der Einkommensverhältnisse, der Qualitätsansprüche, des Umwelt- und Gesundheitsbewusstseins führen bei den Kunden insgesamt zu einem veränderten Kaufverhalten. Der Einzelhändler beobachtet die Bedarfsveränderungen und gibt diese Informationen an den Hersteller weiter. Der Einzelhändler sammelt auch häufige Beschwerden der Kunden über die Produkte und kann Anregungen zu Verbesserungen geben (**Marktbeobachtung**).

Beispiel

Bei der Beska GmbH häufen sich die Beschwerden, dass bei einem Uhrenmodell ein halbjährlicher Batteriewechsel notwendig ist. Eine Mitarbeiterin nimmt die Kundenbeschwerden in eine Mängelliste auf und gibt diese Informationen an den Hersteller weiter.

Verkaufsgespräch → S. 88

Warenplatzierung → S. 173

Durch den Einsatz verschiedener verkaufsfördernder Maßnahmen, wie Verteilung von Flyern, Empfehlungen während des Verkaufsgespräches, geschickte Warenplatzierung, Warenvorführungen oder Angebote zu Sonder- oder Einführungspreisen, macht der Einzelhändler Produktneuheiten bekannt und fördert den Absatz von Produkten (**Absatzförderung**).

Beispiel

Eine neue Funk-Armbanduhr mit Präzisionslaufwerk wird im Schaufenster der Beska GmbH besonders hervorgehoben.

Warenlieferung im Einzelhandel

Durch die Möglichkeit, nun viel mehr Waren transportieren zu können, konnte der Händler größere Mengen einkaufen, als er sofort absetzen konnte. Zum Ausgleich richtete er sich Lager ein.

Gleichzeitig war es dem Händler aber auch möglich, von verschiedenen Kleinherstellern Waren zu kaufen und erst in großen Mengen abzugeben. Der Händler sorgte demnach für den Mengenausgleich zwischen Einkauf und Verkauf, sodass die Kunden im Einzelhandel genau die von ihnen benötigte Menge bekommen (**Mengenausgleichsfunktion**).

Beispiel

Die Beska GmbH kauft bei Porzellanherstellern ganze Kollektionen von Tellern, Tassen und Schalen. Die Kunden der Beska GmbH können bei Bedarf einzelne Tassen oder Teller erhalten.

Gleichzeitig konnte er durch die Lagerungsmöglichkeit die Zeit vom Einkauf bis zum Verkauf überbrücken; denn nur in den seltensten Fällen war und ist ein Händler in der Lage, die eingekaufte Ware sofort weiterzuverkaufen. Wir sprechen hier von der **Zeitüberbrückungs-** oder **Lagerhaltungsfunktion**. Der Einzelhändler muss eine bestimmte Auswahl an Waren in ausreichender Menge vorrätig haben, um bei jahreszeitlichen Schwankungen der Kundennachfrage zu jeder Zeit verkaufsbereit zu sein.

Beispiel

Die Beska GmbH hält für ihre Kunden das ganze Jahr über eine vielfältige Auswahl an Uhren und Schmuck bereit, obwohl 80 % des Jahresumsatzes nur in den beiden letzten Monaten des Jahres erzielt werden (Vorweihnachtszeit).

Der Händler übernimmt die Aufgabe, Waren nach einer bestimmten Gattung, z. B. Lebensmittel, Schreibwaren oder Werkzeuge, zu Sortimenten zusammenzufassen und somit dem Kunden die Übersicht über die Warenvielfalt zu verschaffen. Der Händler kann sich aber auch auf eine Warenart spezialisieren, z. B. Computer oder Fahrräder. Damit fasst er dann viele verschiedene Typen sowie das entsprechende Zubehör zu einem Sortiment zusammen. Damit nimmt der Händler dem Kunden die Aufgabe ab, den Markt selbst zu erkunden und jede Ware einzeln bei verschiedenen Herstellern bestellen zu müssen (**Sortimentsbildungsfunktion**).

Sortiment
→ S. 33

Beispiel

Die Beska GmbH bietet die Möglichkeit, „unter einem Dach" sowohl Zahnpasta, Tintenpatronen, eine Uhrenbatterie und Käseaufschnitt zu erhalten.

In diesem Zusammenhang ist auch die **Servicefunktion** zu erwähnen. Der Handel übernimmt die Beratungsfunktion für den Kunden. Durch das vielfältige Warenangebot und die schnelle technische Entwicklung sind viele Kunden nicht mehr in der Lage, ihre Kaufentscheidungen alleine zu treffen. Sie erwarten vom Einzelhandel fachkundige Bedienung und individuelle Beratung. Manche Kunden benötigen außerdem eine Betreuung nach dem Kauf wie das Verpacken und den Transport der Ware, die Montage, einen Reparaturdienst oder einen reibungslosen Umtausch. Falls notwendig übernimmt der Händler Installationsarbeiten oder Reparaturen.

Beispiel

Eine Kundin kauft bei der Beska GmbH ein neues Uhrenarmband sowie eine Batterie. Sie möchte das Armband gekürzt haben und die Batterie soll eingesetzt werden.

Der Einzelhandel bietet seinen Kunden

- Nahversorgung = Überbrückungsfunktion (räumlich)
- kundengerechtes Warenangebot = Sortimentsfunktion
- Vorratshaltung = Überbrückungsfunktion (zeitlich)
- Kundenservice = Servicefunktion
- bedarfsgerechte Mengenabgabe = Verteilungsfunktion

Der Einzelhandel bietet den Herstellern

- **Markterschließungsfunktion**
  - Marktbeobachtung
  - Absatzförderung

2.3 Organisationsstruktur

Lernsituation 4

Zunehmender Wettbewerb und schärferer Preiskampf ziehen für viele Unternehmen neue Herausforderungen nach sich. Sie müssen schneller und flexibler auf Marktänderungen reagieren und dabei gezielter auf Kundenbedürfnisse und -erwartungen eingehen. Folgerichtig wurde bereits vor Jahren eine verstärkte Kundenorientierung von der Mehrheit der deutschen Einzelhandelsunternehmen als zentrale Unternehmensstrategie erkannt, jedoch sind in der Praxis Probleme bei der Umsetzung offensichtlich. Die Zahl der Kunden, die pro Mitarbeiter zu betreuen sind, steigt ständig, hohe Anforderungen und meist auch eine hohe Arbeitsbelastung der Einzelhändler und Verkäufer sind die Folgen. Nicht selten treten Schwierigkeiten bei der Einarbeitung neuer Mitarbeiter auf, die über wenig spezifische Erfahrung im Umgang mit den Kunden verfügen, und tragen zusätzlich zur Verschlimmerung der Probleme bei.

Kundenorientierung und Unternehmensziele → S. 24

Für die Unternehmen reicht sicherlich die alleinige Festschreibung von Kundenorientierung in den Unternehmenszielen nicht aus, sondern es müssen begleitend organisatorische und personelle Maßnahmen durchgeführt werden. Kundenorientierung kann letztlich nur in einer reibungslos funktionierenden Organisationsstruktur und von fachlich, methodisch und sozial kompetenten Mitarbeitern umgesetzt werden. Der Unternehmenserfolg und die Arbeitsplätze der Mitarbeiter sind davon abhängig, dass zufriedene Kunden an das Unternehmen gebunden werden.

2.3.1 Leitungs- und Weisungssysteme

Beispiel

Petra Theisen wird am vierten Tag ihrer Ausbildung mit folgenden Worten von ihrer Ausbilderin Frau Tommvorde begrüßt: „Sie sollten möglichst bald die Kollegen in unserem Unternehmen kennen lernen. Anhand dieses Organigramms können Sie sich erst einmal einen Überblick über die Mitarbeiter und die Organisationsstrukturen der Beska GmbH verschaffen.“ Sie erhält ein Blatt Papier, auf dem eine Art Tabelle abgebildet ist. Leider kommt sie nicht mehr dazu zu fragen, was ein Organigramm ist.

Organigramm
Darstellung des hierarchischen und strukturellen Aufbaus eines Unternehmens (siehe nächste Seite)

Petra widmet sich dem Organigramm (siehe gegenüberliegende Seite) und stellt fest, dass sie gar nicht zu fragen braucht, wenn sie es sich nur genau anschaut. Es handelt sich nämlich um den genauen Aufbau der in der Beska GmbH vorhandenen Abteilungen inklusive deren Mitarbeiter. „Hier unten stehe ja sogar ich drauf“, stellt sie überrascht fest.

Hierarchie
Rangfolge

Aber noch etwas ist interessant: Anhand der Linien und der Positionierung auf der Seite kann man auch genau den hierarchischen Aufbau der Beska GmbH erkennen. Klaus List, der Geschäftsführer, ist der „Chef vom Ganzen“, denn er steht ganz oben auf dem Papier und hat zu jeder Abteilung eine Verbindung (von oben nach unten).

Alle Abteilungen sind gleichberechtigt, denn sie stehen nebeneinander auf gleicher Ebene. Die Abteilungsleiter sind gesondert in einem Kästchen erkennbar und mit allen Mitarbeitern der jeweiligen Abteilung durch eine Linie verbunden. Sie sind ihren Mitarbeitern gegenüber weisungsbefugt, d. h., die Mitarbeiter müssen den Anweisungen ihres Vorgesetzten Folge leisten. Anhand der Linien kann man also auch die Führungs- und Weisungsbefugnisse und die einzuhaltenden Dienstwege ablesen. Für jeden Mitarbeiter gibt es jeweils nur einen Vorgesetzten, der weisungsberechtigt ist.

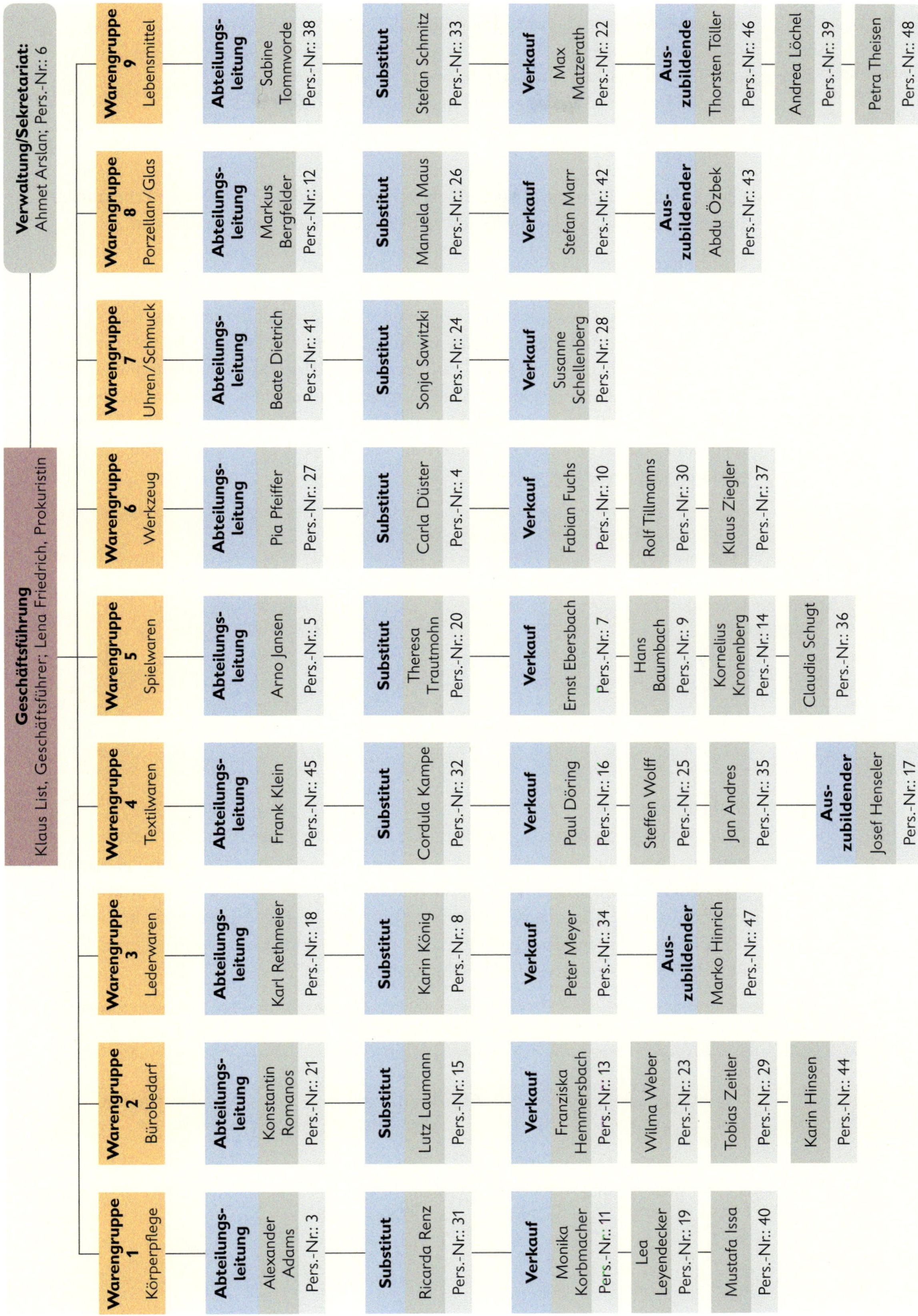
Geschäftsführung
Klaus List, Geschäftsführer; Lena Friedrich, Prokuristin
Verwaltung/Sekretariat:
Ahmet Arslan; Pers.-Nr.: 6
Warengruppe 1
Körperpflege
Abteilungs-leitung
Alexander Adams
Pers.-Nr.: 3
Substitut
Ricarda Renz
Pers.-Nr.: 31
Verkauf
Monika Korbmacher
Pers.-Nr.: 11
Lea Leyendecker
Pers.-Nr.: 19
Mustafa Issa
Pers.-Nr.: 40
Warengruppe 2
Bürobedarf
Abteilungs-leitung
Konstantin Romanos
Pers.-Nr.: 21
Substitut
Lutz Laumann
Pers.-Nr.: 15
Verkauf
Franziska Hemmersbach
Pers.-Nr.: 13
Wilma Weber
Pers.-Nr.: 23
Tobias Zeitler
Pers.-Nr.: 29
Karin Hinsen
Pers.-Nr.: 44
Warengruppe 3
Lederwaren
Abteilungs-leitung
Karl Rethmeier
Pers.-Nr.: 18
Substitut
Karin König
Pers.-Nr.: 8
Verkauf
Peter Meyer
Pers.-Nr.: 34
Aus-zubildender
Marko Hinrich
Pers.-Nr.: 47
Warengruppe 4
Textilwaren
Abteilungs-leitung
Frank Klein
Pers.-Nr.: 45
Substitut
Cordula Kampe
Pers.-Nr.: 32
Verkauf
Paul Döring
Pers.-Nr.: 16
Steffen Wolff
Pers.-Nr.: 25
Jan Andres
Pers.-Nr.: 35
Aus-zubildender
Josef Henseler
Pers.-Nr.: 17
Warengruppe 5
Spielwaren
Abteilungs-leitung
Arno Jansen
Pers.-Nr.: 5
Substitut
Theresa Trautmohn
Pers.-Nr.: 20
Verkauf
Ernst Ebersbach
Pers.-Nr.: 7
Hans Baumbach
Pers.-Nr.: 9
Kornelius Kronenberg
Pers.-Nr.: 14
Claudia Schugt
Pers.-Nr.: 36
Warengruppe 6
Werkzeug
Abteilungs-leitung
Pia Pfeiffer
Pers.-Nr.: 27
Substitut
Carla Düster
Pers.-Nr.: 4
Verkauf
Fabian Fuchs
Pers.-Nr.: 10
Rolf Tillmanns
Pers.-Nr.: 30
Klaus Ziegler
Pers.-Nr.: 37
Warengruppe 7
Uhren/Schmuck
Abteilungs-leitung
Beate Dietrich
Pers.-Nr.: 41
Substitut
Sonja Sawitzki
Pers.-Nr.: 24
Verkauf
Susanne Schellenberg
Pers.-Nr.: 28
Warengruppe 8
Porzellan/Glas
Abteilungs-leitung
Markus Bergfelder
Pers.-Nr.: 12
Substitut
Manuela Maus
Pers.-Nr.: 26
Verkauf
Stefan Marr
Pers.-Nr.: 42
Aus-zubildender
Abdu Özbek
Pers.-Nr.: 43
Warengruppe 9
Lebensmittel
Abteilungs-leitung
Sabine Tommvorde
Pers.-Nr.: 38
Substitut
Stefan Schmitz
Pers.-Nr.: 33
Verkauf
Max Matzerath
Pers.-Nr.: 22
Aus-zubildende
Thorsten Töller
Pers.-Nr.: 46
Andrea Löchel
Pers.-Nr.: 39
Petra Theisen
Pers.-Nr.: 48

Stelle
ist die kleinste Einheit in der Organisation eines Unternehmens. Jede Stelle wird von einem Mitarbeiter besetzt.

Anhand des Organigramms kann man
- die Stelleneinteilung,
- den hierarchischen Aufbau (z. B. einzuhaltenden Dienstweg),
- die Bildung der Abteilungen durch Stellenzusammenlegung und
- die bei der Stellen- und Abteilungseinführung zu Grunde gelegte Strukturierung erkennen.

Gleichzeitig bekommt man auch einen Eindruck von der Größe des Unternehmens. In der Regel werden folgende Typen von Weisungssystemen unterschieden:

Einliniensystem

Das Einliniensystem hat einen sehr übersichtlichen Aufbau. Jeder Mitarbeiter ist nur durch eine Linie (Weisungslinie) mit seinem Vorgesetzten verbunden. Keiner hat noch andere Verbindungen zu anderen Abteilungen oder ist anderen Vorgesetzten unterstellt. Das heißt, für jeden Mitarbeiter ist der Dienstweg festgelegt, den er einhalten muss: Er kann nur über seinen Vorgesetzten mit einer anderen Abteilung in Verbindung treten. Auch der Geschäftsführer gibt Anweisungen, jedoch im Regelfall nicht an einzelne Mitarbeiter, sondern er informiert die Abteilungsleitungen über Neuerungen, Änderungen usw.

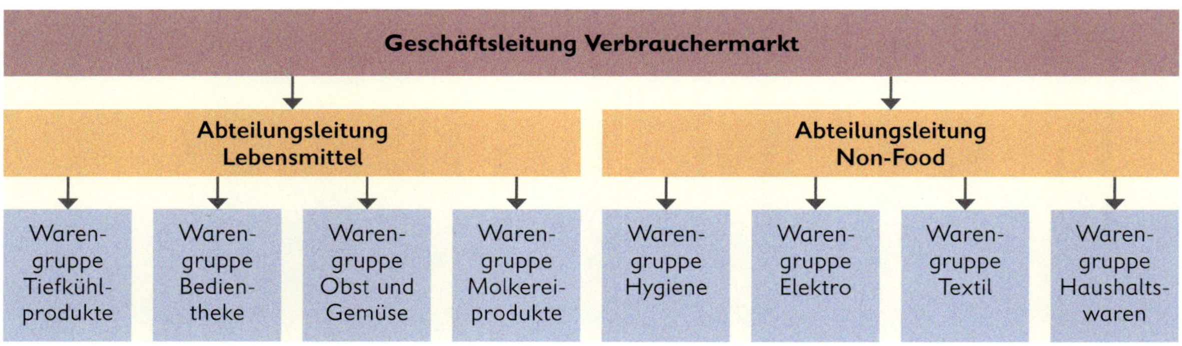

Mehrliniensystem

Beim Mehrliniensystem dagegen hat jeder Mitarbeiter einer Abteilung nicht nur einen direkten Vorgesetzten, sondern ist auch anderen höherrangigen Mitarbeitern gegenüber weisungsgebunden. Man nennt das Mehrliniensystem auch **Funktionalsystem**, weil die Mitarbeiter in Abhängigkeit von ihrer jeweiligen Aufgabe (Funktion) immer von demjenigen Vorgesetzten Anweisungen erhalten, der für diesen Bereich über das entsprechende Fachwissen verfügt.

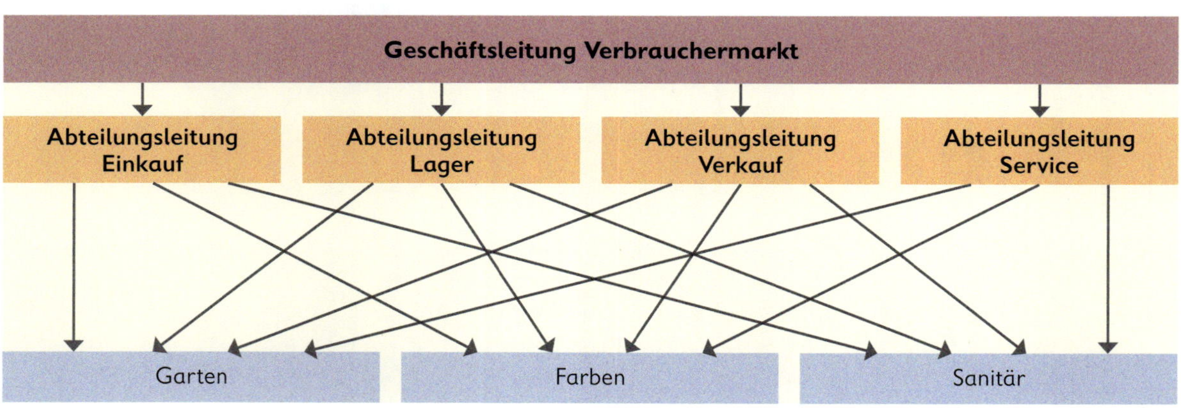

Stabliniensystem
Das Stabliniensystem ergänzt das Liniensystem durch Stäbe. Stäbe sind Abteilungen oder Stellen ohne Weisungsbefugnis. Dabei könnte es sich zum einen um Spezialisten handeln, die den anderen Abteilungen beratend zur Seite stehen, z. B. EDV-Fachleute. Zum anderen handelt es sich um Abteilungen oder Mitarbeiter, die direkt der Geschäftsleitung zuarbeiten, z. B. Qualitätsmanagement oder wie bei der Beska GmbH das Sekretariat. Allen Stäben ist aber gemein, dass sie nicht direkt der Erfüllung der primären betrieblichen Aufgabe dienen.

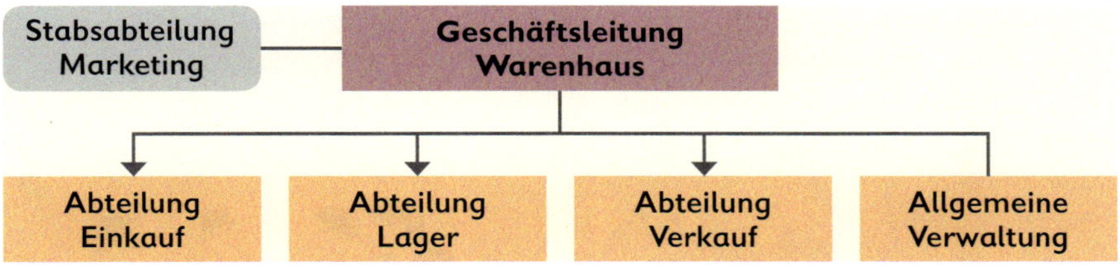

2.3.2 Führungsstile

Beispiel

Petra Theisen ist nun schon mehrere Wochen bei der Beska GmbH tätig und lernte unterschiedliche Führungsstile kennen. Zwei besonders verschiedene Typen sind ihr dabei aufgefallen: Mit Frau Tommvorde konnte sie sehr gut zusammenarbeiten und sie befolgte auch ihre Anweisungen gern, denn sie verfolgte einen kooperativen Führungsstil. So begründete sie ihr gegenüber ihre Entscheidungen, zum Teil bezog sie sie in Entscheidungen mit ein und fragte nach ihrer Meinung.

Allgemein kann man festhalten, dass der **kooperative Führungsstil** durch folgende Merkmale gekennzeichnet ist:
- Beteiligung der Mitarbeiter an betrieblichen Entscheidungen unter Berücksichtigung ihrer Qualifikation und Erfahrung
- Übertragung eigener Aufgabenbereiche
- Übertragung der Verantwortung für diese Aufgabenbereiche

Die Vorteile des kooperativen Führungsstils sind die Motivation der Mitarbeiter, die Entlastung der Vorgesetzten und die Entwicklung von Verantwortungsgefühl auf allen Unternehmensebenen. Ein möglicher Nachteil dieses Führungsstils liegt darin, dass sich einzelne Mitarbeiter durch das hohe Maß an Selbstständigkeit und Verantwortung überfordert oder überlastet fühlen können.

Beispiel

Im Gegensatz dazu erlebte Petra Herrn Karl Reithmeier als Abteilungsleiter, der grundsätzlich einen autoritären Führungsstil an den Tag legte.

Der **autoritäre Führungsstil** zeichnet sich durch folgende Merkmale aus:
- keine Beteiligung der Mitarbeiter an betrieblichen Entscheidungen
- Erwartung des (uneingeschränkten) Gehorsams durch die Mitarbeiter
- keine oder wenig Übertragung von Verantwortungsbereichen an die Mitarbeiter

Der Vorgesetzte behält sich das Recht vor, alle Entscheidungen selbst zu treffen und hat dadurch einen besseren Überblick. Vorteile dieses Führungsstils sind eine klare Strategie und eindeutige Anweisungen. Auf der anderen Seite besteht eine große Distanz zu den Mitarbeitern, die sich oft bevormundet und überwacht fühlen.

In der Praxis existieren in den seltensten Fällen „reine“ Führungsstile. Ein guter Führungsstil wird stets eine Mischung aus den verschiedenen Ausprägungen sein und sich möglichst an die gegebene Situation, aber auch an die Bedürfnisse und Fähigkeiten der Mitarbeiter anpassen. Ob dies gelingt, ist natürlich auch von der Persönlichkeit des Vorgesetzten abhängig. Inwieweit ist er bereit, Entscheidungen an die Mitarbeiter abzutreten und deren Argumente aufzunehmen und zu berücksichtigen?

2.3.3 Ablauforganisation

Nicht nur der Aufbau eines Unternehmens ist zu organisieren, auch die einzelnen Arbeitsabläufe müssen optimiert werden, um Zeit- und somit Geldverschwendung innerhalb des Betriebes zu vermeiden. Je nach Tätigkeitsfeld und Branche eines Unternehmens fallen jedoch ganz unterschiedliche Arbeitsabläufe an. Die Organisation häufig wiederkehrender Arbeitsabläufe wird daher in jedem Unternehmen individuell auf die eigenen Bedürfnisse zugeschnitten. Eine generelle Aussage zur Organisation von Arbeitsabläufen ist somit kaum möglich.

Bei der Ablauforganisation geht es vor allem darum,
- die Kommunikationswege und -zeiten zu minimieren,
- den Einsatz der Arbeitsmaterialien und Arbeitskräfte zu optimieren und
- Zeiten und Wege des innerbetrieblichen Transports zu minimieren.

3 Einzelhandelssortiment

Das Sortiment ist das Angebot von Waren und Dienstleistungen eines Einzelhandelsunternehmens, welches nach bestimmten Bausteinen systematisiert wird. Diese Systematisierung wird auch Sortimentspyramide genannt. Die Sorte wird als kleinste Einheit des Sortiments bezeichnet. Sie unterscheidet sich nach Farbe, Preis, Größe, Menge usw.

Beispiel

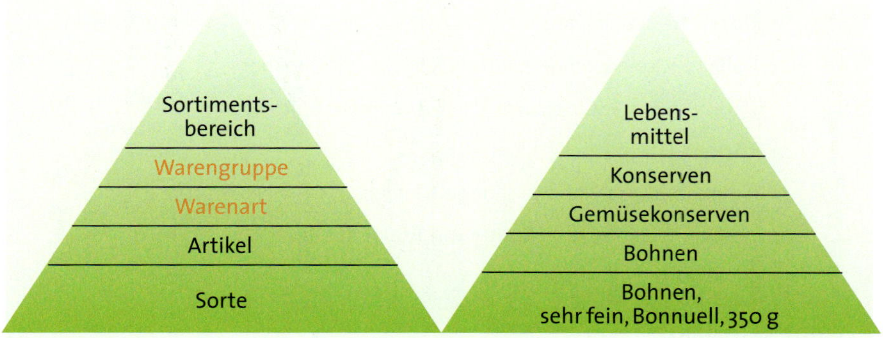

Warengruppe
Zusammenfassung verschiedener Warenarten aus ähnlichem Material oder mit ähnlicher Verwendung, Herstellung

Warenart
Oberbegriff für verschiedene Artikel, die, z. B. in ihrer Zusammensetzung oder Verwendung oder Herkunft, ähnlich oder gleich sind

3.1 Sortimentsumfang

Zum Sortimentsumfang zählen Sortimentsbreite und Sortimentstiefe.

Unter der Sortimentsbreite wird die Vielfalt von verschiedenen Warengruppen oder Warenbereichen (Branchen) verstanden. Besteht das Sortiment aus vielen Warengruppen, wird dies als breites Sortiment bezeichnet. Ist das Sortiment auf wenige oder nur eine Warengruppe beschränkt, handelt es sich um ein schmales Sortiment.

Sortimentsbreite
Vielfalt der Warengruppen

Breites Sortiment
z. B. bei Warenhäusern
→ S. 41

Schmales Sortiment
z. B. in Fachgeschäften des Lebensmitteleinzelhandels
→ S. 41

Beispiel

Breites Sortiment

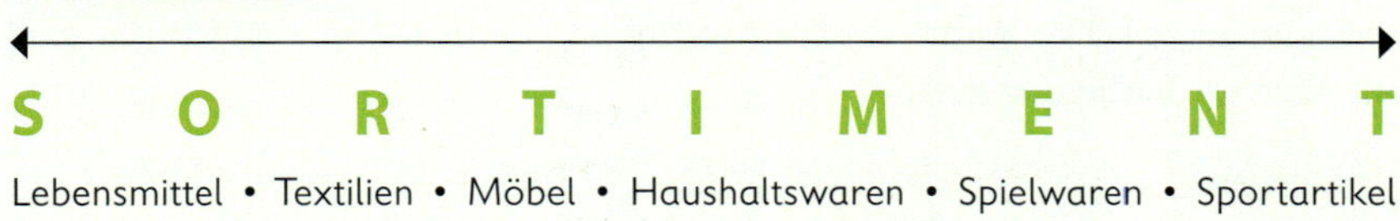

Schmales Sortiment

Sortimentstiefe
Auswahl innerhalb einer Warengruppe

Tiefes Sortiment, z.B. Spezialgeschäft
→ S. 42

Flaches Sortiment, z.B. Supermärkte im Bereich Haushaltswaren
→ S. 42

Die Auswahl an Artikeln in den Warengruppen hinsichtlich Qualität, Preis, Größen, Modellen usw. wird Sortimentstiefe genannt. Ist die Auswahl in einer Warengruppe groß, spricht man von einem tiefen Sortiment. Beschränkt sich die Auswahl auf wenige unterschiedliche Artikel, liegt ein flaches Sortiment vor.

Beispiel

Tiefes Sortiment

SORTIMENT

Kinderbekleidung (Ausschnitt aus einer Warengruppe)

- Hosen • kurze • lange
- T-Shirts • langärmlige • kurzärmlige • ohne Ärmel • mit V-Ausschnitt • mit Rundausschnitt
- Röcke • kurze Röcke • lange Röcke
- Kleider • kurze Kleider • lange Kleider
- Pullover • mit V-Ausschnitt • mit Rundausschnitt
- Strümpfe • Söckchen • usw.

Angebote in vielen verschiedenen Größen und in vielen unterschiedlichen Farben!

Flaches Sortiment

SORTIMENT

Kinderbekleidung (Ausschnitt aus einer Warengruppe)

- Hosen • lange
- T-Shirts • langärmlige
- Pullover • mit V-Ausschnitt

Angebote nur in bestimmten Größen und in wenigen unterschiedlichen Farben!

3.2 Sortimentsgerüst

Die Zusammensetzung des Sortiments im Einzelhandel ist von dem zu erzielenden Gesamtumsatz abhängig. Deshalb wird das Sortiment unterschieden in Kern-, Rand-, Saison-, Probe- und Auslaufsortiment.

Durch das **Kernsortiment** erwirtschaftet ein Einzelhandelsunternehmen den größten Umsatzanteil. Die Waren des Kernsortiments werden dem Kunden das ganze Jahr über zur Verfügung gestellt.

Beispiel

- Lebensmittel im Supermarkt
- Damen- und Herrenoberbekleidung im Fachgeschäft

Das **Randsortiment** stellt eine Ergänzung des Kernsortiments mit branchenfremden Waren dar. Sie werden vom Kunden seltener verlangt.

Beispiel

- Non-Food-Artikel im Supermarkt
- Accessoires im Textilfachgeschäft

Im **Saisonsortiment** werden Waren nur zu bestimmten Saisonzeiten angeboten.

Beispiel

- Weihnachtsschokomänner im Supermarkt
- Wintersportbekleidung im Fachgeschäft

Zum **Probesortiment** gehören Waren, die in das bestehende Sortiment eines Einzelhandelsbetriebes neu eingeführt werden.

Beispiel

- Diätprodukte (Supermarkt)
- Kinderbekleidung (Fachgeschäft)

Warenbestände, die nach dem Verkauf der Restbestände nicht mehr angeboten werden, gehören zum **Auslaufsortiment**.

Beispiel

- Fahrradzubehör (Supermarkt)
- Kopfbedeckungen (Fachgeschäft)

Beispiel

Sortiment	Supermarkt	Fachgeschäft
Kernsortiment	Lebensmittel	Damen- und Herrenoberbekleidung
Randsortiment	Non-Food-Artikel	Accessoires
Saisonsortiment	Weihnachtsschokomänner	Wintersportbekleidung
Probesortiment	Diätprodukte	Kinderbekleidung
Auslaufsortiment	Fahrradzubehör	Kopfbedeckungen

3.3 Sortimentsplanung

Das wichtigste Ziel der Sortimentsplanung ist das kundenorientierte Zusammenstellen des Gesamtsortiments. Dabei sind wichtige Kriterien zu beachten.

Aspekte/Überlegungen zur Sortimentszusammensetzung

Sortimentsumfang
- bedarfsgerecht (kundenorientiert)
- zu umfangreiches Warenangebot (Gefahr von hohen Lagerkosten)
- zu geringes Warenangebot (Gefahr des Umsatzrückgangs)

Zielgruppe/Kundenkreis
- Einkommen
- Qualitätsanspruch
- Nachfragetendenz
- Serviceorientierung
- Markenbewusstsein usw.

Mitbewerber
- Standort
- Marktvolumen
- Marktposition
- Betriebsform
- Preise

Qualität
- Trading-down: qualitative Senkung des Sortiments, z.B. Aufnahme von No-Name-Produkten
- Trading-up: qualitative Anhebung des Sortiments, z.B. durch Anbieten von Markenartikeln

Beispiel

Im Warenhaus Beska GmbH wird eine neue Abteilung „Young and hip" eingerichtet. Die Zielgruppe ist zwischen 13 und 20 Jahre alt. Es werden männliche und weibliche Kunden angesprochen. Im Angebot sind:
- ausgefallene Bekleidung,
- Accessoires und Schuhe,
- CDs,
- günstiger Modeschmuck,
- PC-Spiele usw.

Weitere Serviceleistung ist ein räumlich angrenzendes Internetcafé.

3.4 Sortiments- und Artikelarten

Markenzeichen
→ S. 181

Um sich von der Konkurrenz abzuheben, müssen Einzelhändler Waren so kundenorientiert wie möglich anbieten. Dazu ist es notwendig, die einzelnen Artikel des Sortiments denkbar vielfältig und attraktiv zu gestalten.

Markenartikel (**Herstellermarke**) sind Waren, die dem Kunden in einer gleich bleibenden Qualität angeboten werden. Sie sind überall mit gleichem Design und in gleicher Mengenabpackung erhältlich. Der Markenartikel hat einen sehr hohen Bekanntheitsgrad. Auf der Verpackung sind stets der Markenname, ein Logo oder ein Markenzeichen zu finden.

Handelsmarkenartikel (**Hausmarke**) werden ebenfalls mit gleich bleibender Qualität, Verpackung, Logo usw. angeboten. Sie sind Warenzeichen der Einzelhandelsbetriebe (Supermarkt, Warenhaus usw.). Handelsmarken sind weniger bekannt als Herstellermarken, weil der Handel das Produkt weniger bewirbt. Handelsmarken sind Eigentum der jeweiligen Unternehmen.

Ergänzungsartikel sind Waren, die mit dem Hauptartikel in einem engen Verwendungszusammenhang stehen.

Beispiel

MP3-Player (Hauptartikel) – Batterien (Ergänzungsartikel)

Impulsartikel
→ S. 176

Waren, die der Konsument im Ladengeschäft spontan kauft, werden **Impulsartikel** genannt.

Beispiel

Im Kassenbereich eines Supermarktes kauft die Kundin Helga Rausch spontan die Zeitschrift Freundin.

Alternativartikel anbieten
→ S. 115

Wenn die gewünschte Ware nicht vorrätig ist, wird ein in Qualität und Preis gleichwertiger **Ersatzartikel** (**Alternativartikel**) angeboten.

Beispiel

Sportschuhe von Mike sind nicht vorrätig, deshalb bietet der Verkäufer den Sportschuh von Adida an.

Der Kunde kauft **Suchartikel** geplant, z. B. mit Hilfe eines Einkaufszettels.

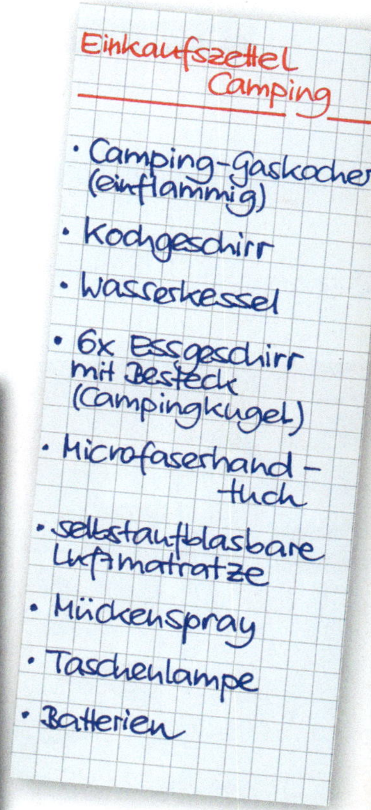

Beispiel

Herr Fontan kauft gezielt Campingzubehör für den anstehenden Sommerurlaub.

Bei **Magnetartikel** handelt es sich um attraktive Waren, die die Kunden in das Geschäft oder zu einem bestimmten Regal locken, z. B. geplante Einkäufe anhand eines Werbeprospekts.

Beispiel

Digitalkamera, 12 Mega-Pixel, 99,00 Euro
Lebensmittelbereich: Zucker, Butter

Der Händler möchte wegen der großen Gewinnspanne **Forcierartikel** (**Rennerartikel**) schnell und häufig verkaufen.

Rennerartikel platzieren → S. 178

Beispiel

Kaffeesorten, die sich sehr gut verkaufen

Artikel, die sich eher schleppend oder gar nicht verkaufen, werden **Pennerartikel** genannt.

Pennerartikel platzieren → S. 178

Beispiel

Bekleidung aus älteren Kollektionen

Durch Preissenkungen sollen **Aktionsartikel** sehr schnell und oft verkauft werden. Die Preise für Aktionsartikel sind nur befristet gültig und gelten nur, solange der Vorrat reicht.

Beispiel

Aktion: Alles für den Schulanfang! Dabei ist ein Artikel (Federmäppchen) günstiger zu erwerben.

4 Verkaufsformen

Lernsituation 6

Betriebsform
→ S. 40

Die Verkaufsformen geben an, welche Verkaufsmethoden in den verschiedenen Betriebsformen des Einzelhandels zum Tragen kommen. Das Angebot der Verkaufsmethode ist abhängig vom

- jeweiligen Standort,
- von der Warenart,
- von der Betriebsform und
- vom Bedürfnis des Kunden.

4.1 Bedienungssystem (Vollbedienung)

Die älteste Form des Verkaufs ist die Vollbedienung. Der Verkäufer führt das Verkaufsgespräch von Beginn der Verkaufsverhandlungen bis zum Ende. Er begrüßt den Kunden beim Betreten des Geschäftes, ermittelt dessen Kaufwunsch, präsentiert die ausgewählte Ware, berät den Kunden und führt den Kunden zu einem Kaufabschluss. In den meisten Verkaufsfällen kassiert der Verkäufer auch den Preis und verpackt die Ware eventuell als Geschenk. Danach verabschiedet er den Kunden. Die Vollbedienung ist bei einem beratungsintensiven (erklärungsbedürftigen), hochwertigem Sortiment zweckmäßig, da der Kunde hier eine fachkundige Beratung erwartet.

Beispiel

technische Geräte, Schmuck, Parfüm, Delikatessen
Laut Lebensmittelhygienegesetz dürfen einige Waren nur über Bedienung verkauft werden, z.B. frischer Kuchen, unverpacktes Frischfleisch.

nonverbal
nicht mit Hilfe der Sprache, sondern mit Körpersprache
→ S. 84

4.2 Vorwahlsystem (Teilbedienung)

Beim Vorwahlsystem hat der Kunde die Möglichkeit, sich selbstständig über das Warenangebot zu informieren. Die Waren werden in frei zugänglichen Regalen, Ständern usw. präsentiert. Falls der Kunde ein Beratungsgespräch wünscht, kann er auf den Verkäufer zugehen und sich beraten lassen. Durch nonverbale Signale des Kunden kann auch der Verkäufer auf den Kunden zugehen und ein Beratungsgespräch anbieten. Beim Vorwahlsystem werden die Verkaufsformen Vollbedienung und Selbstbedienung miteinander verbunden.

Beispiel

Möbel, Schuhe, Bekleidung, Hifi-Geräte, TV-Geräte

4.3 Selbstbedienungssystem

Der Kunde wählt seine Ware selbstständig aus und geht damit zur Kasse. Die Waren befinden sich, wie im Vorwahlsystem, in frei zugänglichen Regalen, Ständern usw. Zur Selbstbedienung eignen sich besonders Waren

- des täglichen Bedarfs,
- die problemlos sind und
- die der Kunde kennt.

Die Aufgaben des Verkaufspersonals konzentrieren sich im Selbstbedienungssystem auf die Auszeichnung und das Anordnen der Ware sowie auf das Kassieren.

Beispiel

Lebensmittel, Drogerieprodukte, teilweise Heimwerkerware

In vielen Einzelhandelsgeschäften erkennt man mehrere Verkaufsformen nebeneinander – so wie im Supermarkt, der grundsätzlich als Selbstbedienungssystem funktioniert, aber innerhalb des Ladengeschäfts noch eine Bedientheke für Käse oder Wurstwaren betreibt.

Selbstbedienung = SB
Umgang mit dem Kunden im Selbstbedienungssystem → S. 89

4.4 Automatenverkauf

Automaten werden an stark frequentierten Stellen, wie z. B. Bushaltestellen, Bahnhöfen, Autobahnraststätten, Fußgängerzonen, im Eingangsbereich von Einzelhandelsunternehmen, Hotelhallen, Schulen, Universitäten usw., aufgestellt.
Artikel wie Heiß- und Kaltgetränke, Zigaretten, Süßigkeiten sowie Hygieneartikel werden über Automaten vertrieben. Der Käufer kann rund um die Uhr durch das Einwerfen von Bargeld oder Benutzung von Karten die gewünschte Ware erwerben.

5 Betriebsformen

Betriebsformen sind Erscheinungen verschiedener Einzelhandelsbetriebe, die sich hinsichtlich verschiedener Faktoren voneinander unterscheiden:

- Branche,
- Standort,
- Betriebsgröße,
- Ladenausstattung,
- Preisen,
- Sortimentsgestaltung,
- Verkaufsform und
- Serviceleistungen.

Verkaufsformen → S. 38

Serviceleistungen → S. 113

Die Abgrenzung der Betriebsformen voneinander kann nicht immer ganz scharf sein, denn viele Einzelhandelsunternehmen verändern sich im Zeitverlauf. Möglicherweise entwickelt sich ein Fachgeschäft zum Fachmarkt oder ein Einzelhändler spezialisiert sich auf eine Warengruppe, sodass sich die Betriebsform ändert.

Betriebsformen

Stationärer Handel	Ambulanter Handel	Bestell- oder Versandhandel	Direktvertrieb	Besondere
• Verbrauchermarkt/ SB-Warenhaus • Warenhaus • Kaufhaus • Fachgeschäft • Spezialgeschäft • Boutique • Fachmarkt • Supermarkt • Kleinpreisgeschäft • Discounter • Partiediscounter • Megadiscounter	• kein dauerhafter Standort, z. B. Wochenmarkt	• Versandhandel per Katalog • Teleshopping • E-Commerce (Onlineshopping)	• Factory-Outlet • Factory-Outlet-Center (FOC)	• Shop-in-the-shop • Conveniencestore • Themen-Store • Einkaufszentren • Future-Store

5.1 Stationärer Handel

Bei diesen Betriebsformen sucht der Verbraucher den Verkäufer in seinem Ladenlokal auf.

Eine eindeutige Unterscheidung zwischen Verbrauchermarkt und SB-Warenhaus ist kaum noch möglich bzw. notwendig.

Ein **Verbrauchermarkt/SB-Warenhaus** ist ein auf Selbstbedienung ausgerichteter Einzelhandelsbetrieb, basierend auf einem niedrigen bis mittleren Preisgefüge. Er hat eine Verkaufsfläche von 1.500 bis 5.000 m^2, auf der in erster Linie Ware aus dem Lebensmittelbereich (Food-Artikel) angeboten wird. Demgegenüber steht ein vergleichsweise hoher Anteil an Waren aus anderen Branchen (Non-Food-Artikel), welche aus nicht erklärungsbedürftigen Produkten bestehen. Insgesamt werden ca. 30.000 bis 50.000 Artikel angeboten. Verbrauchermärkte/SB-Warenhäuser befinden sich häufig in Stadtrandnähe mit großen Parkflächen. Serviceleistungen, wie z. B. Reisebüro, Schuhreparaturdienst, Friseur usw., sind typisch für Verbrauchermärkte/ SB-Warenhäuser.

Beispiel

Marktkauf, EDEKA-center, Toom, Rewe, Real, Kaufland, Handelshof, Globus

Das **Warenhaus** wird geprägt durch das Thema: „Alles unter einem Dach!“ In einem Warenhaus finden sich zahlreiche Branchen wieder, dementsprechend groß sind Warenhäuser hinsichtlich der Verkaufsfläche, die meist über 10.000 m^2 beträgt.

Beispiel

Bekleidung, Schuhe, Haushaltswaren, Nahrungs- und Genussmittel, Wohnbedarf, Spielwaren und häufig auch Lebensmittel

Die Waren können mit Hilfe der Verkaufsformen Bedienung, Vorwahl und Selbstbedienung erworben werden. Das Warenhaus führt ein breites, aber unterschiedlich tiefes Sortiment in allen Preisklassen. Große Warenhäuser führen ca. 140.000 Artikel und Giganten mehr als 200.000. Der Standort eines Warenhauses befindet sich meist im Zentrum von Großstädten oder in Einkaufszentren.

Beispiel

KaDeWe (Kaufhaus des Westens, Berlin), Galeria Kaufhof, Karstadt, Alsterhaus

Die Abgrenzung des **Kaufhauses** zum Warenhaus liegt lediglich in der Spezialisierung auf eine Schwerpunktbranche. Das Kaufhaus befindet sich auch in Stadtteilzentren mit einem breiten und tiefen Sortiment auf über 4.000 m^2. Das Sortiment des Kaufhauses ist häufig an der Sortimentspolitik des Fachgeschäftes orientiert und bietet Waren in allen Preisklassen an. Die Waren werden vorwiegend durch die Verkaufsform Vorwahl angeboten, aber auch Bedienung und Selbstbedienung sind möglich.

Filialen
räumlich getrennte Geschäfte, die unter einheitlicher Geschäftsführung stehen

Beispiel

C&A, Peek & Cloppenburg, Sinn Leffers, Wehmeyer

Das Angebot in einem **Fachgeschäft** ist sehr anspruchsvoll, beratungsintensiv und meist mit einem höheren Preisniveau verbunden. Fachgeschäfte verfügen über eine schmale Sortimentsbreite, jedoch über eine große Sortimentstiefe und sind geprägt durch eine individuelle Ladengestaltung. Dieser Branchenbetrieb in Stadt- und Einkaufszentren verkauft seine Ware auf in Vorwahl oder Bedienung auf kleiner bis mittlerer Verkaufsfläche unter 2.000 m^2 und wird häufig von seinen Eigentümern geführt. Allerdings wird zunehmend die Tendenz zu Filialen erkennbar.

Beispiel

Douglas, Benetton, Pimkie, Görtz, Christ, Mc Paper

Spezialgeschäft für Handschuhe

Das Sortiment eines **Spezialgeschäftes** ist sehr tief und stellt im eigentlichen Sinne einen Ausschnitt des Sortiments eines Fachgeschäftes dar. In Großstadtzentren werden in den Spezialgeschäften anspruchsvolle, beratungsintensive Produkte auf höherem Preisniveau angeboten. Die Ladengestaltung ist wie bei Fachgeschäften ebenfalls individuell.

Beispiel

Brautmoden Lilly, Vinotheken, Jacques´ Wein-Depot

In **Boutiquen** werden exklusive und äußerst modische Waren, fast immer aus den Branchen Schmuck und Bekleidung, angeboten. Diese Waren werden in einem kleinen Einzelhandelsbetrieb mit betont auffälliger Verkaufsatmosphäre angeboten. Boutiquen befinden sich meist in Stadtzentren.

Beispiel

Dior (Bekleidung), aber auf dem lokalen Markt auch in anderen Branchen

Vorwahlsystem und Selbstbedienung → S. 38 f.

Gemischtwarengeschäft
Warenangebot für den kurz- und mittelfristigen Bedarf mit Bedienung (Lebensmittel, Schreibwaren, Hausrat usw.)
Beispiel: „Tante-Emma-Laden“

Der **Fachmarkt** hat eine große Verkaufsfläche von über 2.500 m^2, die sich häufig auf einer Verkaufsebene befindet. Fachmärkte sind in der Regel an Stadträndern mit guter verkehrstechnischer Anbindung zu finden. Dem Kunden stehen viele Parkplätze zur Verfügung. Aus einer bestimmten Branche wird ein breites und tiefes Sortiment angeboten, welches das untere und das mittlere Preisniveau abdeckt. Fachmärkte betreiben eine effiziente Sonderangebots- und Verkaufspolitik. Es werden gewöhnlich solche Waren präsentiert, die dem Vorwahlsystem oder der Selbstbedienung entsprechen.

Beispiel

Media Markt, Saturn, Adler, OBI, Baby-Walz, Praktiker

Der **Supermarkt** ist der Nachfolger der Gemischtwarengeschäfte. Auf einer Fläche von ca. 400 bis 1.500 m^2 werden neben Frischwaren (Fleisch/Wurst, Obst, Gemüse usw.) auch Non-Food-Artikel (ca. 20 % der Waren) vorwiegend in Selbstbedienung präsentiert. Verschiedene Betreiber sind bemüht, Bio-Produkte in ihr Sortiment aufzunehmen. Das Warenangebot entspricht einem mittleren Preisniveau. Der Supermarkt befindet sich häufig in Haupt- und Nebenstraßen von Städten.

Beispiel

EDEKA aktiv markt (z.B. Reichelt), Rewe, Kaiser´s, Tengelmann, Comet

Das **Kleinpreisgeschäft** ist eine Abspaltung aus den Warenhauskonzernen mit dem Ziel, ein schmales und flaches Sortiment zu möglichst geringen Preisen zu verkaufen. Da das Kleinpreisgeschäft keinen besonderen Kundendienst aufweist, wird die Ware zum größten Teil in Selbstbedienung angeboten. Das Sortiment ist relativ breit, aber flach (Waren für den mittelfristigen Massenverkauf). Zu finden sind Kleinpreisgeschäfte im Zentrum von Mittel- und Großstädten.

Beispiel

Woolworth und weitere Anbieter, vor allem auf dem lokalen Markt

Der Discounter bietet sein schmales und flaches Sortiment durchweg guter Qualität und zu niedrig kalkulierten Preisen an. Er verzichtet auf jeglichen Komfort bei der Ausgestaltung des Ladenlokals und bei der Darbietung seiner Waren. Der Verkauf erfolgt meist direkt aus Kartons in Selbstbedienung. Discounter befinden sich in Stadtrandgebieten sowie in Innenstädten. Die Discountstrategie hat im Lebensmittelbereich die größte Durchsetzungskraft.

discount
Abschlag

Bei **Harddiscountern** liegt der Schwerpunkt auf dem Verkauf von Eigenmarken. Neben dem Kernsortiment werden auch zunehmend Bekleidung sowie Elektro- und Haushaltsartikel usw. verkauft.

Kernsortiment
→ S. 34

Beispiel

Aldi, Lidl, Penny, Norma

Bei **Softdiscountern** liegt der Schwerpunkt dagegen in der Aufnahme von Markenartikeln in das bestehende Sortiment. Zusätzlich gibt es Bäckereien, Metzgereien usw.

Markenartikel
→ S. 36

Beispiel

PLUS, Netto

Die Waren des **Partiediscounters** werden zu Sonderangebotspreisen angeboten. Es wird Überschussware (z. B. auf Grund von Versicherungsschäden) unterschiedlicher Branchen und verschiedener Hersteller verkauft. Partiediscounter weisen kein dauerhaftes Sortiment auf. Sie haben ihren Standort entweder in 1b-Lagen mit aufwändiger Ladengestaltung oder in Gewerbegebieten mit sehr einfacher Ladengestaltung jeweils in unterschiedlichen Betriebsgrößen.

Beispiel

Havaria, Strauss Innovation, Tchibo Depot, Thomas Phillips

Kennzeichnend für einen **Megadiscounter** (**Warehouse-Club**) ist die aggressive Preispolitik, d.h. ständige Sonderangebote für viele Artikel. Die Warenpräsentation erfolgt auf Paletten und das Verkaufspersonal ist auf ein Minimum reduziert. Das Sortiment, welches ständig variiert, umfasst ca. 3.500 bis 4.000 Artikel, überwiegend aus dem Non-Food-Bereich. Die Verkaufsfläche eines Megadiscounters beträgt mindestens 10.000 m^2. Ähnlich wie bei den Discountern befinden sich die Megadiscounter am Stadtrand oder in Gewerbegebieten.

Beispiel

Bisher nur aus den USA bekannt.
Fälschlicherweise werden häufig Aldi, Lidl usw. als Megadiscounter bezeichnet.

Wochenmarkt

5.2 Ambulanter Handel

Der ambulante Handel ist die älteste Betriebsform des Einzelhandels. Er hatte das Ziel, Kunden aufzusuchen, die an sehr abgelegenen Orten wohnten, um diese mit Waren zu versorgen. Der ambulante Handel hat somit keinen festen Standort.

Beispiel

Eiswagen, Wochenmarkt, Bauchladen, Markt- und Messehandel

5.3 Bestell- oder Versandhandel

Der Versandhandel bietet seine Ware in Form von Printmedien wie Katalogen und Prospekten oder in Form von elektronischen Medien wie Fernsehen, Rundfunk und Onlinediensten an. Die Kunden bestellen ihre Ware schriftlich, per Fax, Telefon oder Internet. Die Ware wird dem Kunden per Post oder per Kurierdienst (firmeneigene oder private Zustelldienste) ausgeliefert. Die beliebtesten Versandprodukte sind Bekleidung, Möbel, Haus- und Heimtextilien.

Business
Händler

Consumer
Verbraucher

Beim **Versandhandel per Katalog** werden Versandhändler unterschieden nach:

- anzusprechenden Zielgruppen
  - B2B (Business to Business)
  - B2C (Business to Consumer) und
- Art des Angebots
  - Sortimentsversender
  - Spezialversender

Der **Sortimentsversender** bietet ein sehr breites Sortiment an, wie z.B. Lebensmittel, Bekleidung, Spielwaren, CDs, Bücher usw.

Beispiel

Otto Group, Neckermann, Heine, amazon, Weltbild

Das Angebot des **Spezialversenders** umfasst ein schmales, aber tiefes Sortiment. Die Waren gehören üblicherweise zu einer Warengruppe.

Beispiel

Bertelsmann (Bücher), Cairo (Möbel), ELV (Elektronik), Viking (Bürobedarf)

Beim **Teleshopping** werden dem Kunden über einen Werbespot Produkte präsentiert. Durch eine eingeblendete Telefonnummer kann der Verbraucher bequem vom Fernsehsessel aus seine Ware bestellen. Das Warensortiment umfasst Produkte wie z. B. Haushaltswaren, Textilien, Bücher, Autozubehör, Schmuck- und Geschenkartikel usw.

Beispiel

RTL-Shop, QVC, HSE 24, 1-2-3.tv, BESTELLER-TV

E-Commerce (**Onlineshopping**) umfasst den elektronischen Handel über das Internet. Hier werden grundsätzlich alle Produkte vertrieben. Gezeigt werden diese Produkte in einem elektronischen Katalog, der über eine Internetadresse aufgerufen werden kann. Die Kunden können sich 24 Stunden bequem und anonym über das Warenangebot informieren. Erst bei der Bestellung, die über das Internet erfolgt, muss der Kunde seine persönlichen Daten an den Händler übermitteln. Der Verbraucher kann auf Rechnung, per Kreditkarte oder per Einzugsermächtigung zahlen.

Internet
Interconnected **Net**work (offenes, dezentrales Computernetzwerk)

Kreditkarte
→ S. 132

5.4 Direktvertrieb

Ohne Einschaltung des Einzelhandels werden beim Direktvertrieb Waren des Herstellers an den Endverbraucher verkauft. Der bedeutendste Direktvertrieb ist das Factory-Outlet. Gehandelt werden häufig hochwertige Markenprodukte, die aus Überschussproduktionen oder Retouren von Kunden stammen. Die Ladenausstattung ist deshalb häufig sehr einfach. Factory-Outlets findet man an verkehrsgünstigen Standorten mit der Nähe zur Fabrik des Herstellers.

Factory-Outlet
Fabrikladen

Beispiel

HARIBO (Hans Riegel, Bonn), Bahlsen (z.B. in Berlin und Hannover), Zero (Bremen), Esprit (z.B. Ratingen), Puma (Nürnberg), AEG (Böblingen-Hulb), KPM-Porzellanmanufaktur (Berlin)

Ein **Factory-Outlet-Center** (FOC) ist ein Einkaufszentrum mit ca. 10.000 m^2 Verkaufsfläche, in dem sich zahlreiche Ladenlokale verschiedener Hersteller befinden. Die Markenartikel werden in Selbstbedienung und Vorwahl mit erheblichen Preisnachlässen verkauft. FOCs befinden sich in verkehrsgünstigen Randgebieten außerhalb von Stadtzentren und/oder in Gewerbegebieten.

Beispiel

- Ingolstadt Village (9.900 m^2)
- DOW Designer Outlets Wolfsburg (10.000 m^2)
- DOZ Designer Outlets Zweibrücken (21.000 m^2)

5.5 Besondere Betriebsformen

Neu aufkommende Betriebsformen (meist aus den USA stammend) halten auch in Deutschland vermehrt Einzug. Ziel ist es, Einkaufen zu einem besonderen Erlebnis werden zu lassen.

Bei einem **Shop-in-the-Shop**-Konzept handelt es sich nicht um eine eigenständige Betriebsform. Die Einzelhandelunternehmen (z. B. Warenhaus, Kaufhaus) gestalten die Verkaufsräume so, dass der Kunde denkt, er würde ein separates Geschäft betreten. Teilweise werden die einzelnen Shops durch angedeutete Türen und eigene Kassenbereiche begrenzt. Der Kunde kann Waren des mittleren bis hohen Preisniveaus mit Hilfe von Vorwahl oder Bedienung kaufen.

convenience
Bequemlichkeit

Conveniencestores sind Einzelhandelsgeschäfte unter 400 m^2 in zentraler Lage. Sie bieten alltägliche Produkte (breites und flaches Sortiment) für Impuls- und Genusskäufer, Singles, nachlässige Käufer, Doppelverdiener mit knapper Zeit usw. auf einem hohen Preisniveau an. Die meisten Conveniencestores haben längere Öffnungszeiten als der übliche Ladenhandel. Zusätzliche Serviceangebote sind z. B. der Mikrowellenherd für das Überbacken von Fertiggerichten, Getränkeautomaten, Geldautomaten, Faxgeräte usw. Durch die kleine Verkaufsfläche des Ladenlokals und durch die gradlinige Anordnung der Regale wird eine gute Übersicht über das Gesamtsortiment geschaffen.

Beispiel

Tankstellen-, Bahnhofs- und Flughafenshops, Kioske, Um's Eck

Comeback des Tante-Emma-Ladens (T-E-L) in ländlichen Gebieten: 1999 schlossen sich ca. 5 T-E-L zu einer Einkaufsgemeinschaft zusammen. Daraus entstanden ist der Laden Um's Eck mit ca. 120 Filialen in Bayern, Baden-Württemberg und Hessen.
Angebote von Um's Eck:
- Lotto spielen
- belegte Brötchen kaufen
- Reinigung von Textilien
- Paketannahmestelle usw.

Grundsätzlich sind **Theme-Stores** spezialisiert auf ein bestimmtes Thema einer Branche, z. B. Technik, Mode, Lebensmittel, Einrichtung, Design. Der Verbraucher findet dort häufig ein hochklassiges Angebot eines breiten und tiefen Sortiments von Markenartikeln. Die Gesamtverkaufsfläche eines Theme-Stores kann zwischen 11.000 und 20.000 m^2 liegen, wobei ein Theme-Store aus mehreren unterschiedlichen Ladenlokalen zusammengesetzt ist. Die einzelnen Ladenlokale sind zwischen 50 und 1.200 m^2 groß. Ein Theme-Store legt großen Wert auf eine anspruchsvolle Warenpräsentation, auf Beratung und Serviceleistungen. Oftmals finden in Theme-Stores Veranstaltungen, z. B. Firmenpräsentationen, Seminare oder Ausstellungen, statt. Zu finden sind Theme-Stores in erstklassigen Lagen von Stadtzentren.

Beispiel

- stilwerk (Themencenter für Einrichtung und Design) in Berlin, Düsseldorf, Hannover
- Meilenwerk in Berlin, Düsseldorf und Stuttgart

In einer innerstädtischen, verkehrsgünstigen Lage haben sich viele Einzelhändler mit verschiedenen Betriebsformen (Fach-, Spezialgeschäft, Warenhaus, Discounter usw.) zusammengeschlossen. Der Kunde erlebt das **Einkaufszentrum** (**Shoppingcenter**) als eine Einheit. Einkaufszentren verfügen über eine Mindestfläche (nicht Verkaufsfläche!) von 10.000 m^2 und über ausreichende Parkmöglichkeiten. Dienstleistungen (z. B. variantenreicher Gastronomiebereich) oder Verkaufsaktionen machen das Einkaufen zu einem besonderen Erlebnis.

Beispiel

CentrO in Oberhausen, Ruhrpark in Bochum, Elbe Einkaufszentrum in Hamburg, Mercado Einkaufszentrum in Nürnberg

Mobiler Einkaufsassistent → S. 120

Der Future-Store ist ein auf völlig neuen Technologien basierender Supermarkt. Mit dem **Mobilen Einkaufsassistenten** (MEA) steht den Kunden eine vollkommen neue Anwendung für das Mobiltelefon zur Verfügung. Dabei handelt es sich um eine Software, die unter anderem selbstständiges Scannen von Artikeln, aktuelle Preisinformationen und einen schnellen Überblick über den Warenwert des Einkaufs bietet.

Beispiel

Der Kunde scannt das Produkt „Mango" ein, das Ergebnis lautet:
- Mango
- saftiges Fruchtfleisch
- Geschmack: süß
- reichhaltig an Vitamin A
- Tipp: Mango mit Sahne oder Pudding genießen; schmeckt auch mit Käse und Schinken
- Stückpreis: 1,29 Euro

Mobiler Einkaufsassistent

Um dieses System zu realisieren, sind alle Regale mit elektronischen Beschriftungen ausgestattet. Mit Hilfe des Mobilen Einkaufsassistenten und einer Navigationssendeeinheit im Laden wird der Kunde zum gesuchten Artikel geführt. Im Future-Store werden zwei Zahlungsmöglichkeiten angeboten.

Zum einen hat der Kunde durch den Mobilen Einkaufsassistenten die Möglichkeit, die während des Einkaufs gescannten Artikel an der Zahlstation mit konventioneller elektronischer Kartentechnik zu bezahlen oder aber den Betrag direkt über den Mobilen Einkaufsassistenten abbuchen zu lassen.

Diese im Markt eingesetzen Technologien haben das Ziel, Prozesse im Handel transparenter, effektiver und zügiger zu gestalten.

Mehr Informationen zum Future-Store erhalten Sie unter www.future-store.org

Beispiel

Future-Store in Tönisvorst (Nordrhein-Westfalen)

6 Ausbildung

Lernsituation 7

Die beiden Ausbildungsberufe Kauffrau / Kaufmann im Einzelhandel und Verkäuferin / Verkäufer sind staatlich anerkannte Ausbildungsberufe. Das bedeutet, dass Inhalte und Ablauf der Ausbildung staatlich einheitlich geregelt sind. Beide Ausbildungen sind dem Berufsfeld Wirtschaft und Verwaltung zugeordnet.

Wie alle anerkannten Ausbildungsberufe gehört auch der Beruf Kauffrau / Kaufmann im Einzelhandel sowie die Verkäuferin / der Verkäufer zum dualen Ausbildungssystem, d. h., die Ausbildung findet an zwei Lernorten statt: Im Ausbildungsbetrieb werden in erster Linie fachpraktische Kenntnisse und Fertigkeiten vermittelt, während in der Berufsschule vorwiegend Berufstheorie und Allgemeinbildung auf dem Plan stehen. Grundlage einer einheitlichen und anerkannten Berufsausbildung ist das Berufsbildungsgesetz (BBiG).

6.1 Ausbildungsordnung und Rahmenlehrplan

Lernort Betrieb

Lernort Schule

Grundlage für die Ausbildung in den Betrieben ist die Ausbildungsordnung. Sie enthält Informationen über
- die Ausbildungsdauer,
- den Ausbildungsrahmenplan,
- das Ausbildungsberufsbild und
- die Prüfungsanforderungen.

Wenn besondere Bedingungen vorliegen, kann die Ausbildungszeit verkürzt werden.

Die regelmäßige Ausbildungsdauer beträgt für fast alle Berufsausbildungen drei Jahre, so auch für die Kauffrau / den Kaufmann im Einzelhandel. Kürzere Ausbildungszeiten von zwei Jahren gelten zum Beispiel für die Verkäuferin / den Verkäufer im Einzelhandel.

Der Ausbildungsrahmenplan gliedert die Berufsausbildung sachlich und zeitlich. Die sachliche Gliederung ordnet den Anforderungen des Ausbildungsberufsbildes die Inhalte zu, die den Auszubildenden im Betrieb vermittelt werden müssen. Die zeitliche Gliederung legt fest, in welchem Abschnitt der Ausbildung dies geschehen soll. Von diesen Vorgaben kann jedoch im Einzelfall abgewichen werden, wenn betriebliche Besonderheiten dies erfordern.

Das Ausbildungsberufsbild enthält die Fertigkeiten und Kenntnisse der Berufsausbildung, die den Ausbildungsberuf Einzelhandelskauffrau / Einzelhandelskaufmann inhaltlich von anderen kaufmännischen Berufen abgrenzen. In den Prüfungsanforderungen ist festgelegt, welche Inhalte der Berufsausbildung zum Zeitpunkt der Zwischen- und Abschlussprüfung von den Auszubildenden beherrscht werden sollten.

Der **Rahmenlehrplan** beschreibt die Ziele und Inhalte der schulischen Ausbildung. In so genannten Lernfeldern (thematische Einheiten) werden die Lerninhalte für den Lernort Berufsschule festgehalten. Außerdem legt er die Verteilung der Inhalte auf die Ausbildungsjahre fest.

Ausbildungsrahmenplan und Rahmenlehrplan sind aufeinander abgestimmt. Darin zeigt sich die Wirkungsweise des dualen Ausbildungssystems: Parallel zur fachpraktischen Ausbildung durch den Betrieb erfolgt die Vermittlung der theoretischen Fachkenntnisse durch die Berufsschule.

§ 8 Ausbildungsberufsbild aus der Ausbildungsordnung für den Ausbildungsberuf Verkäuferin / Verkäufer

Gegenstand der Berufsausbildung sind mindestens die folgenden Fertigkeiten und Kenntnisse:

1. Der Ausbildungsbetrieb:
1.1 Bedeutung und Struktur des Einzelhandels
1.2 Stellung des Ausbildungsbetriebes am Markt
1.3 Organisation des Ausbildungsbetriebes
1.4 Berufsbildung, Personalwirtschaft, arbeits- und sozialrechtliche Vorschriften
1.5 Sicherheit und Gesundheitsschutz bei der Arbeit
1.6 Umweltschutz

Lernfelder für die Ausbildungsberufe • Verkäuferinnen und Verkäufer (LF 1–LF 10) • Kauffrau und Kaufmann im Einzelhandel (LF 1–LF 14)

1. Ausbildungsjahr	**LF 1** Das Einzelhandelsunternehmen erkunden und präsentieren	**LF 2** Verkaufsgespräche kundenorientiert führen	**LF 3** Kunden im Servicebereich Kasse betreuen	**LF 4** Waren präsentieren	**LF 5** Werben und den Verkauf fördern
2. Ausbildungsjahr	**LF 6** Waren beschaffen	**LF 7** Waren annehmen, lagern und pflegen	**LF 8** Geschäftsprozesse erfassen und kontrollieren	**LF 9** Preispolitische Maßnahmen vorbereiten und durchführen	**LF 10** Besondere Verkaufssituationen bewältigen
3. Ausbildungsjahr	**LF 11** Geschäftsprozesse erfolgsorientiert steuern	**LF 12** Mit Marketingkonzepten den Kunden gewinnen und binden	**LF 13** Personaleinsatz planen und Mitarbeiter führen	**LF 14** Ein Einzelhandelsunternehmen leiten und entwickeln	

6.2 Zeitlicher Ablauf der Ausbildung

Mit der Neuordnung der Ausbildungsberufe Verkäuferin / Verkäufer und Kauffrau / Kaufmann im Einzelhandel wurden für die beiden ersten Ausbildungsjahre gleiche Inhalte festgelegt. Damit sollte sichergestellt werden, dass eine Durchlässigkeit und Anrechenbarkeit vom zweijährigen zum dreijährigen Berufsbild gewährleistet ist.

Verkäuferinnen und Verkäufer

Die Berufsausbildung zur Verkäuferin / zum Verkäufer dauert zwei Jahre. Zu Beginn des zweiten Ausbildungsjahres findet die schriftliche **Zwischenprüfung** statt. In 90 Minuten müssen 45 gebundene Aufgaben gelöst werden. Bei gebundenen Aufgaben sind die Antwortmöglichkeiten vorgegeben und bei Rechenaufgaben müssen die Ergebnisse eingetragen werden. Am Ende des zweiten Ausbildungsjahres findet die **Abschlussprüfung** in folgenden Fächern statt:

Prüfungsbereich	Aufgabenart	Aufgaben-zahl	Zeit in Minuten	Aufgaben-anteil in %
Verkauf und Marketing	ungebundene Aufgaben	ca.4	90	50
Warenwirtschaft und Rechnungswesen	gebundene Aufgaben	ca. 25	60	30
Wirtschafts- und Sozialkunde	gebundenen Aufgaben	ca. 28	60	20
Gesamt			**210**	**100**

Warenspezifische Kenntnisse können mit Hilfe des Vordrucks auf S. 35 im Arbeitsbuch gesammelt und systematisiert werden.

Etwa drei Wochen nach der schriftlichen Abschlussprüfung findet unabhängig von dem Ergebnis der schriftlichen Prüfung die mündliche Prüfung, das so genannte „**fallbezogene Fachgespräch**“, statt. Grundlage für die Aufgabenstellung ist der zu Beginn der Ausbildung festgelegte Wahlqualifikationsbereich (z. B. Warenannahme, Warenlagerung, Beratung und Verkauf, Kasse oder Marketingmaßnahmen). Der Auszubildende erhält aus seinem Wahlqualifikationsbereich zwei Aufgaben zur Auswahl vorgelegt. Er hat in einer Vorbereitungszeit von 15 Minuten Gelegenheit, die Lösung einer betriebsbezogenen Situation zu skizzieren, um sie danach im 20-minütigen Prüfungsgespräch dem Ausschuss vorzustellen. Der im Ausbildungsnachweis dokumentierte Warenbereich wird im Fachgespräch ebenfalls berücksichtigt.

Die Prüfungsleistungen werden mit folgendem Punkteschlüssel der IHK bewertet:

100–92 Punkte	sehr gut	66–50 Punkte	ausreichend
91–81 Punkte	gut	49–31 Punkte	mangelhaft
80–67 Punkte	befriedigend	30–0 Punkte	ungenügend

In die Punktzahl des Gesamtergebnisses gehen schriftliche Prüfung und fallbezogenes Fachgespräch je zur Hälfte ein.

Mindestleistungen zum Bestehen der Abschlussprüfung

Verkauf und Marketing	mindestens zwei schriftliche Prüfungsbereiche mit ausreichenden Leistungen	im Gesamtergebnis mindestens ausreichende Leistungen
Warenwirtschaft und Rechnungswesen		
Wirtschafts- und Sozialkunde		
Fallbezogenes Fachgespräch	mindestens ausreichende Leistungen	

Sind zwei Fächer mangelhaft, kann der Prüfling in dem Fach seiner Wahl eine Zusatzprüfung ablegen, um in dem Fach eine ausreichende Note zu erlangen und damit die Prüfung zu bestehen.

Kauffrau und Kaufmann im Einzelhandel

Die Berufsausbildung zur Kauffrau/zum Kaufmann im Einzelhandel dauert drei Jahre. In diesem Ausbildungsberuf wurde 2009 probeweise die **gestreckte Abschlussprüfung** eingeführt. Die Abschlussprüfung der Einzelhandelskaufleute wird gesplittet: **Teil 1** ist identisch mit der Abschlussprüfung der Verkäuferinnen/Verkäufer am Ende des zweiten Ausbildungsjahres, d. h., es werden die Bereiche

- Verkauf und Marketing,
- Warenwirtschaft und Rechnungswesen sowie
- Wirtschafts- und Sozialkunde

geprüft. Zum **Teil 2** am Ende der Ausbildung zählt die max. 105-minütige schriftlich Prüfung im Bereich „Geschäftsprozesse im Einzelhandel" sowie das 20-minütige **fallbezogene Fachgespräch**. Hier erhält der Auszubildende zwei Fälle aus einer der festgelegten Wahlqualifikationen. In der 15-minütigen Vorbereitungszeit löst er davon einen Fall unter Berücksichtigung von wirtschaftlichen, ökologischen und rechtlichen Zusammenhängen.

Die gestreckte Abschlussprüfung wird zurzeit erprobt. Die Erprobung läuft bis 2015.

Wahlqualifikationen der Einzelhandelskaufleute:
- Beratung, Ware, Verkauf
- beschaffungsorientierte Warenwirtschaft
- warenwirtschaftliche Analyse
- kaufmännische Steuerung und Kontrolle
- Marketing
- IT-Anwendungen
- Personal
- Grundlagen unternehmerischer Selbstständigkeit

Mindestleistungen zum Bestehen der Abschlussprüfung

Teil 1	Verkauf und Marketing (15 % der Gesamtnote)	Ein Nichtbestehen von Teil 1 ist nicht möglich.	im Gesamtergebnis mindestens ausreichende Leistungen in Teil 1 und Teil 2
	Warenwirtschaft und Rechnungswesen (10 % der Gesamtnote)		
	Wirtschafts- und Sozialkunde (10 % der Gesamtnote)		
Teil 2	Geschäftsprozesse im Einzelhandel (25 % der Gesamtnote)	mindestens ausreichende Leistungen	
	Fallbezogenes Fachgespräch (40 % der Gesamtnote)	mindestens ausreichende Leistungen	

Das Ausbildungsverhältnis endet mit dem Bestehen der Prüfung, in der Regel ist das der Termin der mündlichen Abschlussprüfung, unabhängig davon, wann der Ausbildungsvertrag endet. Tritt der Auszubildende nach erfolgreichem Abschluss der Prüfung am nächsten Tag seine Arbeit an, entsteht automatisch ein unbefristetes Arbeitsverhältnis, wenn keinerlei Vereinbarungen zwischen dem Ausbildenden und dem Auszubildenden hinsichtlich einer Weiterbeschäftigung getroffen wurden.

6.3 Ausbildungsvertrag

Rechtliche Grundlage für die Berufsausbildung ist das Berufsbildungsgesetz (BBiG). Es schreibt für jede Berufsausbildung den Abschluss eines Ausbildungsvertrages vor.

§ 10 BBiG

Wer andere Personen zur Berufsausbildung einstellt (Ausbildende), hat mit den Auszubildenden einen Berufsausbildungsvertrag zu schließen.

Ausbildender ist also derjenige, der den Auszubildenden einstellt. Der Ausbildende muss die Ausbildung aber nicht unbedingt selbst durchführen, sondern kann einen **Ausbilder** damit beauftragen.

Der Ausbildungsvertrag kommt – wie jeder andere Vertrag auch – durch zwei übereinstimmende Willenserklärungen zu Stande. Ist der Auszubildende noch nicht volljährig und damit noch nicht voll geschäftsfähig, bedarf der Vertrag der Zustimmung des gesetzlichen Vertreters (in der Regel der Eltern).

Spätestens vor Beginn der Ausbildung ist der Vertrag **schriftlich** niederzulegen. Die elektronische Form (z. B. per E-Mail) ist nicht zulässig. Die Vertragsniederschrift ist vom Ausbildenden, vom Auszubildenden und ggf. vom gesetzlichen Vertreter zu unterschreiben, dann erhält jede Vertragspartei eine Ausfertigung des unterzeichneten Vertrages. Da der Vertragsabschluss allein noch nichts über die Inhalte aussagt, schreibt das BBiG Mindestangaben vor, die der Ausbildungsvertrag enthalten muss.

Inhalte des Ausbildungsvertrages nach § 11 BBiG

Mindestanforderung	Erläuterung
1. Art, sachliche und zeitliche Gliederung sowie Ziel der Berufsausbildung, insbesondere die Berufstätigkeit, für die ausgebildet werden soll	
2. Beginn und Dauer der Berufsausbildung	Das Ausbildungsverhältnis soll nicht mehr als drei Jahre und nicht weniger als zwei Jahre dauern. Die Ausbildung endet mit Bestehen der Abschlussprüfung, unabhängig von der im Vertrag festgelegten Ausbildungsdauer.
3. Ausbildungsmaßnahmen außerhalb der Ausbildungsstätte	z. B. Seminare, andere Betriebsstätten oder Zweigstellen
4. Dauer der regelmäßigen täglichen Ausbildungszeit	richtet sich nach gesetzlichen und tariflichen Bestimmungen
5. Dauer der Probezeit	Die Probezeit darf bis zu vier Monaten betragen. Während der Probezeit kann das Ausbildungsverhältnis von beiden Vertragsparteien ohne Einhalten der Kündigungsfrist und ohne Angabe von Gründen gekündigt werden.
6. Zahlung und Höhe der Vergütung	richtet sich nach gesetzlichen und tariflichen Bestimmungen
7. Dauer des Urlaubs	richtet sich nach gesetzlichen und tariflichen Bestimmungen
8. Voraussetzungen, unter denen der Berufsausbildungsvertrag gekündigt werden kann	Nach der Probezeit kann das Ausbildungsverhältnis nur gekündigt werden: • aus einem wichtigen Grund ohne Einhalten der Kündigungsfrist (innerhalb von zwei Wochen, nachdem der wichtige Grund bekannt wurde) oder • vom Auszubildenden mit einer Frist von vier Wochen, wenn der Auszubildende die Berufsausbildung aufgeben oder sich in einem anderen Beruf ausbilden lassen will.
9. Ein allgemein gehaltener Hinweis auf die Tarifverträge, Betriebs- oder Dienstvereinbarungen, die auf das Berufsausbildungsverhältnis anzuwenden sind	

Nichtigkeit von Ausbildungsverträgen
→ § 12 BBiG

Hinweis: Der Ausbildungsvertrag wird bei der IHK in ein Verzeichnis eingetragen.

Im Ausbildungsvertrag kann nicht alles frei vereinbart werden. Manche Vereinbarungen sind grundsätzlich ungültig (nichtig), z. B.

- die Verpflichtung des Auszubildenden, für die Berufsausbildung eine Entschädigung zu zahlen,
- Vertragsstrafen oder
- den Ausschluss oder die Beschränkung von Schadenersatzansprüchen.

6.4 Rechte und Pflichten aus dem Ausbildungsvertrag

Durch die Unterzeichung des Ausbildungsvertrags entstehen für den Ausbildenden und den Auszubildenden Rechte und Pflichten, die durch das Berufsbildungsgesetz geregelt sind.

Pflichten des Ausbildenden und des Auszubildenden nach dem BBiG

Der Ausbildende verpflichtet sich,	Der Auszubildende verpflichtet sich,
• dafür zu sorgen, dass den Auszubildenden die berufliche Handlungsfähigkeit vermittelt wird, die zum Erreichen des Ausbildungszieles erforderlich ist,	• sich um den Erwerb der beruflichen Handlungsfähigkeit zu bemühen, die zum Erreichen des Ausbildungszieles erforderlich ist,
• den Auszubildenden kostenlos die Ausbildungsmittel, insbesondere Werkzeuge und Werkstoffe zur Verfügung zu stellen, die zur Berufsausbildung und zum Ablegen von Zwischen- und Abschlussprüfungen erforderlich sind,	• die ihm im Rahmen seiner Berufsausbildung aufgetragenen Aufgaben sorgfältig auszuführen,
• Auszubildende zum Besuch der Berufsschule sowie zum Führen von schriftlichen Ausbildungsnachweisen anzuhalten, soweit solche im Rahmen der Berufsausbildung verlangt werden, und diese durchzusehen,	• an Ausbildungsmaßnahmen teilzunehmen, für die er nach §15 freigestellt wird,
• dafür zu sorgen, dass Auszubildende charakterlich gefördert sowie sittlich und körperlich nicht gefährdet werden,	• den Weisungen zu folgen, die ihm im Rahmen der Berufsausbildung von Ausbildenden, von Ausbildern oder Ausbilderinnen oder von anderen weisungsberechtigten Personen erteilt werden,
• die Auszubildenden für die Teilnahme am Berufsschulunterricht und an Prüfungen freizustellen; das Gleiche gilt, wenn Ausbildungsmaßnahmen außerhalb der Ausbildungsstätte durchzuführen sind,	• Werkzeug, Maschinen und sonstige Einrichtungen pfleglich zu behandeln,
• bei Beendigung des Berufsausbildungsverhältnisses ein schriftliches Zeugnis auszustellen.	• über Betriebs- und Geschäftsgeheimnisse Stillschweigen zu wahren.

6.5 Jugendarbeitsschutzgesetz

Nicht alle Auszubildenden sind zu Beginn ihrer Ausbildung bereits volljährig, d.h. 18 Jahre oder älter. Auch für sie hat der Gesetzgeber das Jugendarbeitsschutzgesetz erlassen. Es soll Kinder und Jugendliche vor gesundheitsschädlichen Belastungen bei der Arbeit schützen. Vierzehnjährige gehören nach der Definition des Jugendarbeitsschutzgesetzes zu den Kindern. Ihre Beschäftigung ist mit geringfügigen Ausnahmen (z.B. ein Betriebspraktikum während der Schulzeit) verboten. Das Jugendarbeitsschutzgesetz enthält unter anderem Bestimmungen zu Arbeitszeit, Urlaub und Berufsschulzeiten.

Das Jugendarbeitsschutzgesetz regelt die Arbeitsbedingungen für jugendliche Arbeitnehmer und Auszubildende.

Beispiel

Dirk: Mein Chef hat mich heute gefragt, ob ich diese Woche ausnahmsweise auch am Samstag zur Arbeit kommen kann.

Tim: Samstagsarbeit – ist das für Azubis nicht verboten?

Dirk: Wieso denn? Ich bin doch einverstanden, und meine Eltern haben auch nichts dagegen. Außerdem ist das Betriebsklima sehr gut.

Schutzbestimmungen des Jugendarbeitsschutzgesetzes

Arbeitszeit	• täglich höchstens 8 bis 8,5 Stunden, wenn die wöchentliche Arbeitszeit vierzig Stunden nicht übersteigt, fünf Tage in der Woche • dreißig Minuten Pause bei 4,5 bis 6 Arbeitsstunden, sechzig Minuten Pause bei mehr als 6 Arbeitsstunden • erste Pause spätestens nach 4,5 Arbeitsstunden, Mindestdauer einer Pause fünfzehn Minuten • täglich mindestens 12 Stunden Freizeit • keine Beschäftigung zwischen 20 und 6 Uhr
Urlaub	• zu Beginn des Kalenderjahres jünger als sechzehn Jahre: 30 Werktage • sechzehn Jahre: 27 Werktage • siebzehn Jahre: 25 Werktage
Beschäftigungsverbot	• Arbeiten, die die Leistungsfähigkeit überfordern • gefährliche Arbeiten
Berufsschulbesuch	• Berufsschulbesuch wird inklusive Pausen auf die Ausbildungszeit angerechnet und vergütet. • Jugendliche müssen für den Berufsschulbesuch freigestellt werden. • keine Beschäftigung, wenn die Berufsschule vor 9 Uhr beginnt • keine Beschäftigung, wenn der Unterricht länger als fünf Unterrichtsstunden dauert, jedoch nur an einem Berufsschultag in der Woche
Prüfungen	• Freistellung für die Teilnahme an der Zwischen- und Abschlussprüfung • Freistellung am Arbeitstag vor der Abschlussprüfung

6.6 Ausbildungsvergütung

Dem Auszubildenden steht eine angemessene monatliche Ausbildungsvergütung zu, die mit Fortschreiten der Ausbildung – mindestens aber jährlich – ansteigt. Die Vergütung ist spätestens am letzten Arbeitstag des laufenden Monats zu zahlen. Bei Krankheit des Auszubildenden ist sie für den Zeitraum von sechs Wochen weiterzuzahlen.

Tarifverträge → S. 59

Die Höhe der Vergütung richtet sich nach den laufenden Tarifen und wird von den Tarifparteien festgelegt. Für tarifgebundene Ausbildungsunternehmen stellen die tariflich vereinbarten Vergütungen Mindestbeträge dar, d. h., niedrigere Vergütungen sind unzulässig. Besteht keine Tarifbindung, kann die Höhe der tariflichen Vergütung um bis zu 20 % unterschritten werden. Auskunft über die angemessene Höhe Ihrer Ausbildungsvergütung erhalten Sie bei den zuständigen Tarifparteien.

vermögenswirksame Leistungen → S. 64

Sozialversicherung → S. 63

Beispiel

Zum Ende des ersten Monats ihrer Ausbildung erhält Petra Theisen von der Personalabteilung der Beska GmbH ihre erste Verdienstabrechnung. Leider kann sie auf den ersten Blick überhaupt nicht erkennen, wie viel Geld sie denn nun auf ihr Girokonto bei der Sparkasse überwiesen bekommt. Die vielen Zahlen auf der Abrechnung erscheinen Petra zunächst sehr unübersichtlich – noch ist ihr nicht ganz klar, warum von ihrer Ausbildungsvergütung so viele Beträge abgezogen werden sollen.

Berliner Superkauf GmbH — Beska

– VERTRAULICH –
Personalnr. 532

Berliner Superkauf GmbH
Tauentzienstraße 60
10789 Berlin

Frau Petra Theisen
Bahnhofstraße 8a
13353 Berlin

Abrechnungsmonat September 20XX
Kostenstelle 0100
Sachbearbeiter/in Herr Arslan

Verdienstabrechnung
Kauffrau im Einzelhandel
1. Ausbildungsjahr

Text		Betrag €	Jahreswerte €
Steuerklasse 1 / kein Freibetrag Ev.-Lutherisch Eintritt 01.08.20XX Geburtsdatum: 17.05.19XY			
Monatsentgelt		557,00	1.114,00
VL Arbeitgeberanteil ❶		6,65	13,30
Gesamtbrutto		563,65	1.127,30
Steuerbrutto, laufende Bezüge ❷ ❸	563,65		1.127,30
Krankenversicherungsbrutto ❹	563,65		1.127,30
Krankenversicherung: AOK (7,9 %)[1]) ❹		−44,53	−89,06
Pflegeversicherung (0,975 %) ❹		−5,50	−11,00
Rentenversicherungsbrutto ❹	563,65		1.127,30
Rentenversicherung (9,95 %) ❹		−56,03	−112,06
Arbeitslosenversicherung (1,4 %) ❹		−7,89	−15,78
Gesetzliches Netto ❺		449,70	899,40
VL Bausparen ❻		−39,17	−78,34
Empfänger: Debeka Bausparkasse 5718235			
Auszahlungsbetrag ❼ auf Konto: 155555 Sparkasse Wuppertal		410,53	821,06

❶ Zur Ausbildungsvergütung werden die vermögenswirksamen Leistungen (VL) hinzugerechnet. Vermögenswirksame Leistungen werden vom Arbeitgeber zusätzlich gezahlt, damit Erwerbstätige ein Vermögen aufbauen können. Zusätzlich fördert der Staat diese Sparleistung. Der Arbeitgeber zahlt maximal 40 Euro VL im Monat. In diesem Beispiel zahlt der Ausbildungsbetrieb eine Teilleistung von 6,65 Euro und Petra Theisen eine Eigenleistung von 32,52 Euro.

❷ Vom Bruttogehalt werden die Steuern und die Sozialversicherungsbeiträge berechnet.

❸ Die Lohn- und Kirchensteuer sowie der Solidaritätszuschlag werden vom Bruttogehalt abgezogen und direkt an das Finanzamt überwiesen. Wenn das Bruttoeinkommen unter 8.004 Euro im Jahr (Stand: 2010) liegt, müssen keine Steuern abgeführt werden.

❹ Die Beiträge zur Renten- und Arbeitslosenversicherung müssen vom Ausbildungsbetrieb und dem Auszubildenden je zur Hälfte bezahlt werden. Bei der Krankenversicherung zahlt der Arbeitnehmer zusätzlich einen Sonderbeitrag in Höhe von 0,9 % des maßgeblichen Bruttogehalts. Der Beitragssatz zur gesetzlichen Krankenversicherung ist einheitlich. Bei der Pflegeversicherung zahlen kinderlose Versicherte über 23 Jahre einen Zuschlag von 0,25 %.

❺ Der Nettoverdienst entspricht dem Gesamtbruttogehalt abzüglich der Steuern und der Sozialversicherungsbeiträge.

❻ Die VL werden z. B. auf einen Sparvertrag oder einen Bausparvertrag überwiesen.

❼ Der Auszahlungsbetrag ist der Nettoverdienst minus der VL.

6.7 Fortbildungsmöglichkeiten

Über die Anerkennung von Fortbildungen siehe BBiG, §53

Ausbildungsordnung → S. 48

Mit der abgeschlossenen Berufsausbildung hat der Auszubildende ein solides Fundament an Fähigkeiten und Fertigkeiten, wie sie in seinem Beruf erwartet werden und wie sie auch in der Ausbildungsordnung festgelegt sind. Damit ist das Lernen jedoch nicht beendet. Da fortwährend neues produkt- und fachbezogenes Wissen entsteht und neue Kompetenzen im Beruf gefordert werden, muss sich der Mitarbeiter im Einzelhandel auch nach seiner Ausbildung mit dem Thema „Fort- und Weiterbildung“ beschäftigen.

Dies kann im Rahmen so genannten „Anpassungsfortbildungen“ geschehen, in denen die Beschäftigten aktuelle betriebliche Trends und neue Anforderungen kennen und bewältigen lernen. Es gibt aber auch die Möglichkeit der so genannten „Aufstiegsqualifikation“, bei der die Beschäftigten verschiedene Qualifikationsebenen erreichen können. So können die Abschlüsse „Fachberater“ für verschiedene Warenbereiche, Handelsassistent oder Handelsfachwirt für das mittlere Management eines Einzelhandelsbetriebes oder „Betriebswirt IHK / Handelsbetriebswirt“ für gehobene Führungspositionen erreicht werden.

Der Mitarbeiter hat viele Möglichkeiten, diese Fort- und Weiterbildungen zu organisieren. Er kann
- Fernlehrgänge buchen,
- Kurse der Bundesanstalt für Arbeit buchen,
- Kurse der Industrie- und Handelskammern nutzen oder
- Fachschulen des Einzelhandels besuchen.

Einen wichtigen Überblick über alle Fortbildungsmöglichkeiten bietet die Zentralstelle für Berufsbildung im Einzelhandel e.V. Der Interessent kann sich aber auch direkt an Fachinstitute wenden, z. B. in Neuwied, Springe oder Nagold.

Wesentlich ist, dass dem Beschäftigten die Bedeutung des lebenslangen Lernens bewusst ist. Die genannten Fortbildungsangebote steigern nicht nur die Einsatzmöglichkeiten des Arbeitnehmers bei bestehenden oder neuen Arbeitgebern. Sie sind auch deshalb wertvoll, weil sich über die erweiterten Einsatzbereiche und Entscheidungsbefugnisse langfristig eine größere Arbeitszufriedenheit einstellt.

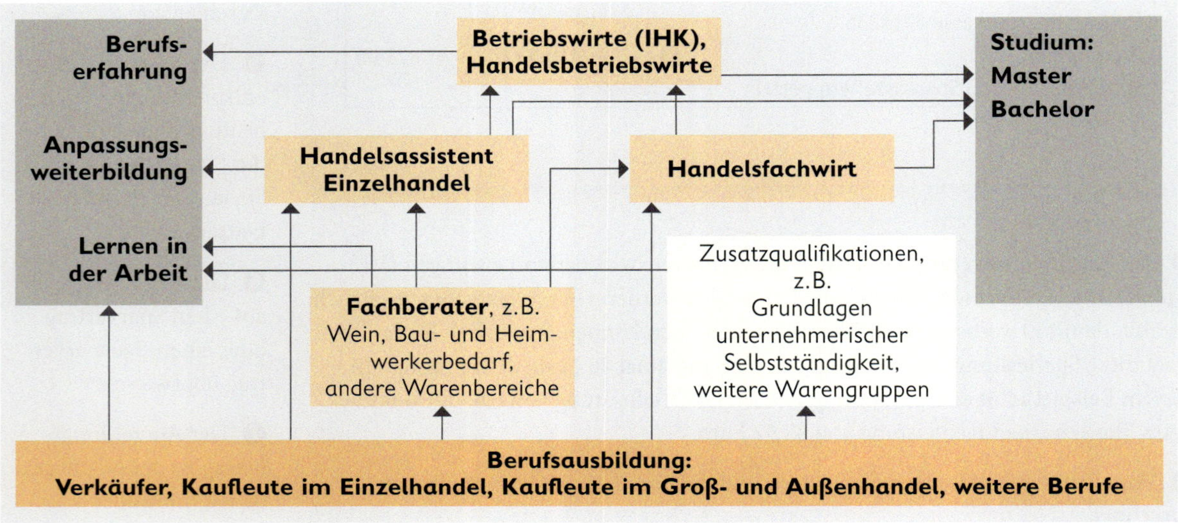

Quelle: Wilfried Malcher, HDE

7 Arbeitsvertrag

Lernsituation 8

Nach bestandener Berufsausbildung werden Auszubildende in der Regel in ein Arbeitsverhältnis übernommen. Dazu ist ein neuer Vertrag notwendig – der Arbeitsvertrag. Dieser Arbeitsvertrag, der zwischen Arbeitgeber und Arbeitnehmer geschlossen wird, ist die rechtliche Grundlage für ein Arbeitsverhältnis.

Ein Arbeitsvertrag wird unterschrieben

Wesentliche Inhalte des Arbeitsvertrages sind:
- Name und Anschrift der Vertragsparteien
- Art und Umfang der Tätigkeit
- Einsatzort
- Beginn und Dauer des Arbeitsverhältnisses
- Probezeit
- Kündigungsfristen
- Gehalt
- Dauer der Arbeitszeit
- Urlaub
- Hinweise auf anzuwendende Gesetze, Tarifverträge und Betriebsvereinbarungen

In einem Arbeitsvertrag können die Vertragsparteien aber nicht alles frei vereinbaren. Zunächst sind die **gesetzlichen Regelungen** des Arbeitsschutzes zu beachten, die in verschiedenen Gesetzen und Rechtsverordnungen sowie in den von den Trägern der Unfallversicherung erlassenen Unfallverhütungsvorschriften zu finden sind.

Tarifvertrag → S. 59

Betriebsvereinbarung → S. 61

Gesetzte zum Arbeitsschutz → S. 67

Wird ein Arbeitsvertrag zwischen Mitgliedern der Tarifvertragspartner geschlossen, so sind die Regelungen des **Tarifvertrages** auf das Arbeitsverhältnis anzuwenden. Das gilt auch, wenn im einzelnen Arbeitsvertrag nicht ausdrücklich auf den Tarifvertrag Bezug genommen wird.

Für jugendliche Arbeitnehmer unter 18 Jahre gelten besondere Schutzvorschriften, die im Jugendarbeitsschutzgesetz geregelt sind. → S. 53

Darüber hinaus können zwischen dem Betriebsrat und dem Arbeitgeber **Betriebsvereinbarungen** geschlossen werden, die für die Arbeitnehmer eines Unternehmens unmittelbar gelten. Diese Betriebsvereinbarungen müssen in schriftlicher Form getroffen und von Arbeitgeber und Betriebsrat unterzeichnet werden. Durch Betriebsvereinbarungen können z. B. geregelt werden:
- zusätzliche Maßnahmen zur Verhütung von Arbeitsunfällen und Gesundheitsschädigungen
- Maßnahmen zur Förderung der Vermögensbildung
- Pausenregelungen
- Regelungen zur flexiblen Arbeitszeit
- Sondervergütungen

Vermögensbildung → S. 64

Mit dem Abschluss des Arbeitsvertrages übernehmen Arbeitgeber und Arbeitnehmer eine Reihe von Pflichten.

Pflichten, die sich aus dem Arbeitsvertrag ergeben

Pflichten des Arbeitgebers	Pflichten des Arbeitnehmers
• Vergütungspflicht • Beschäftigungspflicht • Urlaubsgewährungspflicht • Fürsorgepflicht • Zeugnispflicht	• Arbeitspflicht • Verschwiegenheitspflicht • Verbot der Annahme von Schmiergeldern • Wettbewerbsverbot

Berliner Superkauf GmbH **Beska**

Arbeitsvertrag für Angestellte unter Verweisung auf den Tarifvertrag

Zwischen der Berliner Superkauf GmbH, Tauentzienstraße 60, 10789 Berlin (Arbeitgeber)

und ~~Herrn~~/Frau Franziska Hemmersbach geb. am 13.04.1972
wohnhaft in Knesebeckstr. 62
10712 Berlin (Arbeitnehmer) wird folgender Arbeitsvertrag geschlossen.

§ 1 Inhalt und Beginn des Arbeitsverhältnisses
I. ~~Der~~/Die Arbeitnehmer(in) tritt ab 01.09.20XX als Einzelhandelskauffrau auf unbestimmte Zeit in die Dienste des Arbeitgebers.
II. Der Arbeitsvertrag bezieht sich auf eine Tätigkeit in Berlin. Der Arbeitgeber behält sich vor, ~~dem~~/der Arbeitnehmer(in) im Rahmen des Unternehmens auch an einem anderen Ort eine andere oder zusätzliche, der Vorbildung und den Fähigkeiten entsprechende Tätigkeit zu übertragen.

§ 2 Arbeitszeit
I. Die Arbeitszeit richtet sich nach den für den Betrieb geltenden tariflichen und betrieblichen Bestimmungen.
II. ~~Der~~/Die Arbeitnehmer(in) ist verpflichtet, im Rahmen des AZG und des MTV Mehrarbeit zu leisten.

§ 3 Arbeitsvergütung und Urlaubsanspruch
I. ~~Der~~/Die Angestellte erhält eine monatliche Vergütung nach dem Gehalts-Tarifvertrag.
a) Gehalt nach der Tarifgruppe K3
b) eine außerordentliche monatliche Zulage in Höhe von 250,00 €.
II. Die Arbeitsvergütung ist jeweils am Monatsanfang auszuzahlen.
III. Der Urlaubsanspruch beträgt 25 Arbeitstage pro Kalenderjahr.

§ 4 Besondere Vergütungen
Neben dem in § 3 festgelegten Arbeitsentgelt werden noch folgende besondere Vergütungen gezahlt:
I. Urlaubsgeld 1.400,00 € II. Sonderzahlungen 500,00 € III. Sonstiges VL 6,65 €

§ 5 Arbeitsfähigkeit
I. ~~Der~~/Die Arbeitnehmer(in) ist verpflichtet, im Falle der Dienstverhinderung den Grund und die voraussichtliche Dauer der Verhinderung vorher bzw. unverzüglich mitzuteilen und im Falle der Erkrankung diese bis zum Ablauf des 3. Werktages nach Eintritt der Dienstverhinderung nachzuweisen.

§ 6 Verschwiegenheitspflicht
~~Der~~/Die Arbeitnehmer(in) ist verpflichtet, über alle Betriebs-und Geschäftsgeheimnisse sowie über alle betriebsinternen vertraulichen Angelegenheiten Stillschweigen zu bewahren.

§ 7 Beendigung des Arbeitsverhältnisses
I. Das Arbeitsverhältnis endet zum Ablauf des Monats, in dem ~~der~~/die Arbeitnehmer(in) das 65. Lebensjahr vollendet.
II. Das Arbeitsverhältnis kann mit der Frist von 1 Monat zum Monatsende gekündigt werden.
Bei längerer Betriebszugehörigkeit verändert sich die Kündigungsfrist entsprechend (siehe MTV und KSchG).

§ 8 Änderungen des Arbeitsvertrages
Änderungen dieses Vertrages bedürfen der Schriftform.

§ 9 Bestandteile des Vertrages
Die Angaben im Einstellungsfragebogen und in den Bewerbungsunterlagen sind Bestandteil des Arbeitsvertrages. Die unwahre Beantwortung der Fragen berechtigt zur Anfechtung oder außerordentlichen Kündigung des Arbeitsvertrages.

Berlin, den 27.5.20XX

Klaus List
Arbeitgeber

Franziska Hemmersbach
Arbeitnehmer(in)

AZG = Arbeitszeitgesetz → S. 67
MTV = Manteltarifvertrag → S. 59
VL = Vermögenswirksame Leistungen → S. 64
KSchG = Kündigungsschutzgesetz → S. 70

8 Tarifvertragliche Regelungen

Grundlage für die Entlohnung, den Urlaubsanspruch, die Arbeitszeiten und die Arbeitsbedingungen des Auszubildenden im Einzelhandel bildet der Tarifvertrag. Er wird zwischen den Gewerkschaften und Arbeitgeberverbänden, den so genannten **Tarifparteien**, ausgehandelt. Dabei handelt es sich um einen einzelnen Arbeitgeber oder einen Arbeitgeberverband auf der einen Seite und um eine Gewerkschaft als Interessenvertretung der Arbeitnehmer auf der anderen Seite. Gegenstand eines solchen Tarifvertrages ist die Regelung arbeitsrechtlicher Fragen. In der Regel gilt ein Tarifvertrag für einen ganzen Wirtschaftszweig.

Ausbildungsvergütung
→ S. 54

Den Tarifpartnern ist es also gestattet, die Tarife für Arbeitsleistungen durch vertragliche Verhandlungen eigenverantwortlich und ohne Einflussnahme des Gesetzgebers zu bestimmen. Deshalb spricht man auch von der Tarifautonomie. Man unterscheidet zwei Arten von Tarifverträgen.

Tarif
einheitliche Bedingungen für bestimmte Leistungen
Autonomie
Selbstbestimmung

Der **Manteltarifvertrag** regelt allgemeine Arbeitsbedingungen wie Arbeitszeit und Urlaub. Er gilt in der Regel über mehrere Jahre. Der **Lohn- und Gehaltstarifvertrag** enthält Vereinbarungen über Löhne und Gehälter und gilt meist ein bis zwei Jahre.

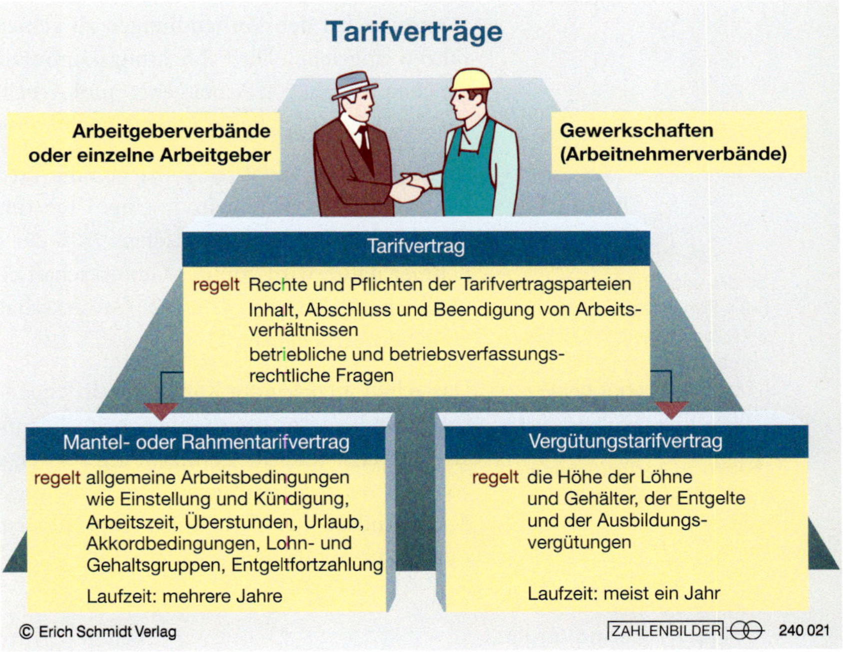

Ein Tarifvertrag gilt nur innerhalb eines bestimmten geografischen Gebiets. Nach dem Geltungsbereich unterscheidet man Landes-, Bezirks-, Orts- und Werkstarife. Der Tarifvertrag kann für das ganze Bundesgebiet gelten oder für ein oder mehrere Bundesländer, Landesbezirke oder einzelne Unternehmen.

Die Regelungen des Tarifvertrages gelten unmittelbar und zwingend für die Arbeitsverhältnisse von Mitgliedern der Tarifvertragspartner. Hierbei spricht man von **Tarifgebundenen**. Somit findet der Tarifvertrag auf ein Arbeitsverhältnis auch dann Anwendung, wenn im einzelnen Arbeitsvertrag nicht ausdrücklich auf den Tarifvertrag Bezug genommen wird.

Wirkung entfaltet ein Tarifvertrag aber nicht nur zwischen den Tarifpartnern. Durch eine so genannte **Allgemeinverbindlichkeitserklärung** des Bundesministeriums für Wirtschaft kann ein Tarifvertrag auch über die Vertragsbeteiligten hinaus erstreckt werden. Sie sichert den nicht gewerkschaftlich organisierten Arbeitnehmern die rechtliche Gleichstellung mit den Gewerkschaftsmitgliedern zu. In vielen Unternehmen werden die nicht tarifgebundenen Mitarbeiter den tarifgebundenen auch über eine Betriebsvereinbarung oder eine individuelle Klausel im Arbeitsvertrag gleichgestellt.

Günstigkeitsprinzip
Grundsätzlich gelten für den Arbeitnehmer die Verträge bzw. Vereinbarungen, die für ihn die günstigsten Bedingungen enthalten.

Die Bestimmungen der Tarifverträge sind Mindestbedingungen. Abmachungen in Ausbildungsverträgen und Einzelarbeitsverträgen zwischen Arbeitgeber und Auszubildendem bzw. Arbeitnehmer dürfen die Vorgaben des Tarifvertrags nicht unterschreiten, sie dürfen den Arbeitnehmer aber besserstellen, als es die Tarifbestimmungen regeln (Günstigkeitsprinzip).

Ein Tarifvertrag dient auch der Begründung einer so genannten **Friedenspflicht** zwischen Arbeitnehmern und Arbeitgebern. Während der Laufzeit eines Tarifvertrags darf es keine Arbeitskämpfe wegen Angelegenheiten geben, die in dem betreffenden Tarifvertrag geregelt wurden.

Läuft ein Tarifvertrag aus, formulieren die entsprechenden Ausschüsse der Tarifpartner ihre Forderungen und Absichten für den Abschluss eines neuen Tarifvertrags. Es beginnen die **Tarifverhandlungen**. Bereits während der laufenden Verhandlungen kann es zu **Warnstreiks** kommen, mit denen die Gewerkschaften ihren Forderungen Nachdruck verleihen wollen.

Kommt es bei den Verhandlungen zu keiner Einigung, wird ein **Schlichtungsverfahren** eingeleitet. Die Schlichtungskommission besteht in der Regel aus der jeweils gleichen Anzahl von Arbeitgeber- und Arbeitnehmervertretern plus einer neutralen Person, auf die sich beide Seiten einigen müssen.

Verhältnismäßigkeit
Streik und Aussperrungen betreffen nicht nur die unmittelbar Beteiligten. Deshalb unterliegen sie dem obersten Gebot der Verhältnismäßigkeit. Es sind wirtschaftliche Gegebenheiten zu berücksichtigen und das Gemeinwohl darf nicht offensichtlich verletzt werden.

Im Schlichtungsverfahren versuchen die Tarifparteien, einen Kompromiss zu erzielen. Gelingt dies nicht, wird in einer Urabstimmung über Arbeitskampfmaßnahmen entschieden. Stimmen mindestens 75 % der gewerkschaftlich organisierten Arbeitnehmer dafür, wird von der Gewerkschaft ein Streik ausgerufen. Der Streik ist ein rechtlich anerkanntes Mittel der Gewerkschaften, ihren Forderungen Nachdruck zu verleihen (Arbeitskampf).

Das selten angewandte Kampf- und Beugemittel der Arbeitgeber ist die **Aussperrung**. Sie liegt vor, wenn ein Arbeitgeber planmäßig Arbeitnehmergruppen nicht arbeiten lässt und die Lohnzahlung verweigert. Regelmäßig wird die Aussperrung von den Arbeitgebern nur als Verteidigungsmittel eingesetzt. Sie darf nicht gegen den Grundsatz der Verhältnismäßigkeit verstoßen und nicht gezielt nur gegen Gewerkschaftsmitglieder gerichtet sein.

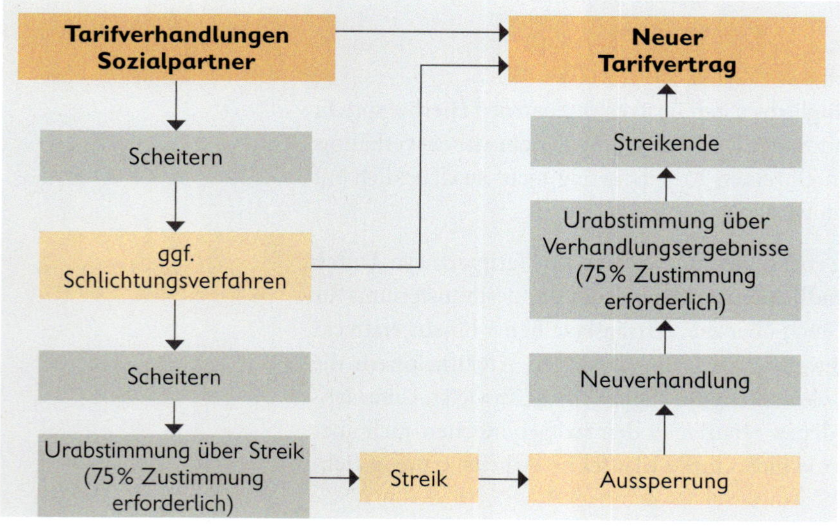

Der Arbeitgeber will sich bei einer Aussperrung nicht von den betroffenen Arbeitnehmern trennen. Im Unterschied zu einer Kündigung wird das Arbeitsverhältnis nur unterbrochen. Daher fallen Aussperrungen als Maßnahmen des Arbeitskampfes nicht unter das Kündigungsschutzgesetz. Für ausgesperrte Arbeitnehmer sichert eine so genannte Wiedereinstellungsklausel im neuen Tarifvertrag die Fortsetzung des Arbeitsverhältnisses.

9 Betriebliche Mitbestimmung

Lernsituation 9

Das **Betriebsverfassungsgesetz** (BetrVG) regelt die Interessenvertretung der Arbeitnehmer in den Unternehmen der privaten Wirtschaft. Es ermöglicht die Bildung von **Betriebsräten**, die als gewählte Vertretungsorgane der Beschäftigten über abgestufte Mitbestimmungs- und Mitwirkungsrechte verfügen. Das Betriebsverfassungsgesetz stellt damit eine wichtige gesetzliche Regelung für die Auszubildenden und Arbeitnehmer im Einzelhandel dar.

In einem Unternehmen kann immer dann ein Betriebsrat gewählt werden, wenn ständig mindestens fünf wahlberechtigte Arbeitnehmer beschäftigt sind, von denen drei wählbar sein müssen. Alle Arbeitnehmer und Auszubildenden, die mindestens 18 Jahre alt sind, dürfen den Betriebsrat wählen (**aktives Wahlrecht**). Wählbar sind alle Mitarbeiter, die mindestens sechs Monate dem Betrieb angehören (**passives Wahlrecht**). Der Betriebsrat wird regelmäßig zwischen dem 1. März und dem 31. Mai eines Jahres gewählt. Seine Amtszeit beträgt vier Jahre. Die Zahl seiner Mitglieder richtet sich dabei nach der Anzahl der Mitarbeiter im Unternehmen.

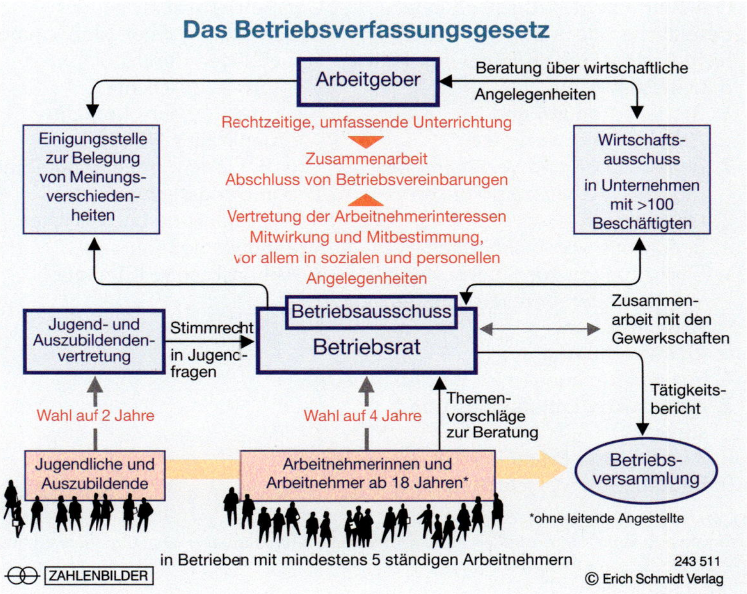

Der Betriebsrat veranstaltet regelmäßig **Betriebsversammlungen** für die Mitarbeiter. Dort werden Angelegenheiten behandelt, die das Unternehmen oder seine Arbeitnehmer unmittelbar betreffen. Die Betriebsversammlung selbst besitzt keine eigene Entscheidungskompetenz. Allerdings kann der Betriebsrat auf Grundlage eines Beschlusses der Betriebsversammlung mit dem Arbeitgeber eine **Betriebsvereinbarung** abschließen. In einer Betriebsvereinbarung werden spezielle Bedingungen für die Arbeitsverhältnisse im Unternehmen festgelegt. Sie gelten zwingend für jeden Arbeitnehmer.

Größe des Betriebsrates und Jugend- und Ausbildungsvertretung

Anzahl der wahlberechtigten Mitarbeiter im Betrieb	Anzahl der Betriebsratsmitglieder	Anzahl der wahlberechtigten Jugendlichen/ Auszubildenden	Anzahl der Mitglieder der JAV
5 – 20	1	5 – 20	1
21 – 50	3	21 – 50	3
51 – 100	5	51 – 150	5
101 – 200	7	151 – 300	7
201 – 400	9	301 – 500	9
401 – 700	11	501 – 700	11
701 – 1.000	13	701 – 1.000	13
1.001 – 1.500	15	mehr als 1.000	15

Die **Rechte des Betriebsrates** reichen von der Informationspflicht des Arbeitgebers in wirtschaftlichen Angelegenheiten bis zu Mitbestimmungsrechten in sozialen Angelegenheiten.

Rechte des Betriebsrates

Mitbestimmungsrecht in sozialen Angelegenheiten	Mitwirkungsrecht in personellen Angelegenheiten	Unterrichtungsrecht in wirtschaftlichen Angelegenheiten
Der Betriebsrat hat, soweit eine gesetzliche oder tarifliche Regelung nicht besteht, u.a. in folgenden Fällen mitzubestimmen: 1. Betriebsordnung und Arbeitnehmerverhalten 2. Beginn, Ende und Verteilung der täglichen Arbeitszeit, Pausen 3. Urlaubsplan 4. Einführung von technischen Einrichtungen zur Überprüfung von Verhalten und Leistung der Arbeitnehmer 5. Unfallverhütung 6. Sozialeinrichtungen im Betrieb 7. betriebliche Entlohnungsgrundsätze 8. Akkord- und Prämiensätze 9. betriebliches Vorschlagswesen	Der Betriebsrat ist bei der Durchführung einer Maßnahme zu beteiligen durch: 1. Informationsrechte: Einstellung, Ein- und Umgruppierung, Versetzung (z.B. Einsicht in Personalakten) 2. Vorschlagsrechte: Durchführung betrieblicher Bildungsmaßnahmen 3. Aktionsrechte: Kündigung	Der Arbeitgeber muss den Betriebsrat bzw. Wirtschaftsausschuss unterrichten, sich mit ihm beraten (Beratungsrecht) über: 1. wirtschaftliche und finanzielle Lage 2. Produktions- und Absatzlage 3. Investitionen und Rationalisierungen 4. Arbeitsmethoden 5. Stilllegen, Verlegen und Zusammenschließen von Betrieben 6. Änderungen der Betriebsorganisation 7. Gestaltung des Arbeitsplatzes

Quelle: in Anlehnung an:
Workshop Zukunft, Hans-Böckler-Stiftung, Themenheft 10, Mitbestimmen, Mitgestalten, Mitverantworten, S. 8

Informationspflicht
Der Betriebsrat kann vom Arbeitgeber die rechtzeitige Unterrichtung unter Vorlage der erforderlichen Unterlagen verlangen.

Jugend- und Auszubildendenvertretungen (JAV) werden in Unternehmen mit mindestens fünf jugendlichen Arbeitnehmern oder Auszubildenden gewählt. Die Amtszeit beträgt zwei Jahre. Die Mitgliederzahl der Jugend- und Auszubildendenvertreter richtet sich dabei nach der Zahl der Jugendlichen und Auszubildenden im Unternehmen. Je größer diese Personengruppe im Betrieb, desto größer ist auch die Anzahl ihrer Vertreter. Das Verhältnis der Wahlberechtigten zu wählbaren Vertretern entspricht nicht dem des Betriebrates (vgl. Tabelle auf der vorherigen Seite).

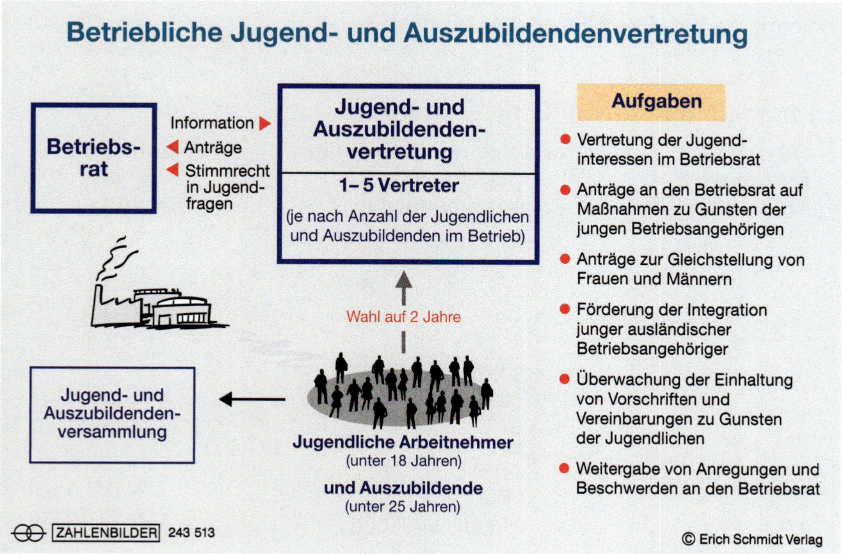

Die Jugend- und Auszubildendenvertretungen sind Teil des Betriebsrates. Wählbar sind alle Arbeitnehmer des Betriebes, die das 25. Lebensjahr noch nicht vollendet haben. Wählen dürfen alle Arbeitnehmern unter 18 Jahren und Auszubildenden bis zu 25 Jahren. Die Wahlen zur JAV finden in der Zeit zwischen dem 1. Oktober und dem 30. November statt.

10 Soziale Sicherung

Lernsituation 10

Spätestens mit Beginn der Ausbildung gewinnt für Sie die soziale Sicherung eine besondere Bedeutung. Wichtigster Bestandteil der sozialen Sicherung ist die gesetzliche Sozialversicherung. Darüber hinaus kann aber auch jeder Auszubildende im Rahmen der privaten Vorsorge einen Beitrag zu seiner sozialen Sicherung leisten, die in vielen Fällen sogar staatlich unterstützt wird.

10.1 Gesetzliche Sozialversicherung

Im Rahmen der sozialen Sicherung wird in Deutschland auch von dem Fünf-Säulen-System gesprochen. Die fünf Säulen symbolisieren dabei jeweils eine Sozialversicherung, die den Arbeitnehmer im Bedarfsfall absichert:

- die Krankenversicherung
- die Pflegeversicherung
- die Rentenversicherung
- die Arbeitslosenversicherung
- die gesetzliche Unfallversicherung

Die Sozialversicherungen sind Pflichtversicherungen, das heißt, dass jeder Auszubildende, Arbeiter und Angestellte automatisch in den Sozialversicherungen einzahlt und versichert ist (**Pflichtversicherung**).

Die **Sozialversicherungsbeiträge** werden von den Versicherten und ihren Arbeitgebern gemeinsam getragen. Arbeitgeber und Arbeitnehmer tragen die Beiträge in der Regel jeweils zur Hälfte. Zusätzlich zahlen kinderlose Arbeitnehmer ab 23 Jahren für die Pflegeversicherung einen Beitragszuschlag von 0,25 %. Außerdem müssen die Versicherten der gesetzlichen Krankenversicherungen einen Sonderbeitrag von 0,9 % leisten. Die Höhe der Sozialversicherungsbeiträge richtet sich nach dem Einkommen der Beschäftigten und den jeweiligen Beitragssätzen der Sozialversicherungen. Für die Berechnung der Beiträge wird das Arbeitsentgelt nur bis zu den jeweiligen Beitragsbemessungsgrenzen herangezogen.

Beitragsbemessungsgrenze
Einkommenshöhe, bis zu der die Beiträge zur Sozialversicherung maximal berechnet werden

Für die Kranken- und Pflegeversicherung gibt es außerdem eine **Versicherungspflichtgrenze.** Wird diese Grenze drei Jahre hintereinander überschritten, so hat der Arbeitnehmer die Möglichkeit, freiwilliges Mitglied der gesetzlichen Krankenkasse zu bleiben oder Mitglied in einer privaten Kranken- bzw. Pflegeversicherung zu werden. Für die Renten- und Arbeitslosenversicherung besteht eine solche Möglichkeit nicht.

Versicherungspflichtgrenze 2010: 4.162,50 Euro

Die Beiträge zur Unfallversicherung zahlt der Arbeitgeber alleine. Sie richten sich nach der Bruttolohnsumme des gesamten Betriebes und der jeweiligen Gefahrenklasse der dort verrichteten Tätigkeiten.

Beispiel

Ein Dachdeckerbetrieb wird in der Regel einen höheren Beitrag zur Unfallversicherung zahlen als ein gleich großer Einzelhandelsbetrieb. Die Gefahr von Unfällen ist in einem Dachdeckerbetrieb wesentlich größer.

Die fünf Säulen der Sozialversicherung Stand: Februar 2010

	Krankenversicherung	Rentenversicherung	Arbeitslosenversicherung	Pflegeversicherung	Unfallversicherung
Träger	Orts-, Ersatz-, Betriebs-, Innungs-, Seekrankenkassen, Bundesknappschaft	Deutsche Rentenversicherung	Bundesagentur für Arbeit bzw. örtliche Agenturen für Arbeit	Pflegekassen, bei den Krankenkassen angesiedelt	Berufsgenossenschaften
Beiträge	derzeit 14 % des Bruttolohnes + 0,9 % Sonderbeitrag der Versicherten	derzeit 19,9 % des Bruttolohnes	derzeit 2,8 % des Bruttolohnes	derzeit 1,95 % des Bruttolohnes + 0,25 % Zuschlag für Kinderlose ab 23 Jahre	nach Unternehmensgröße und Gefahrenklasse
Versicherte	Arbeitnehmer bis zur Bemessungsgrenze; Kinder und Ehepartner sind mitversichert, Studenten, Praktikanten, freiwillig Versicherte	Arbeitnehmer, Landwirte, Auszubildende, Studenten, Bezieher von Lohnersatzleistungen	Arbeitnehmer	wie bei Krankenversicherung	Arbeitnehmer, Schüler, Studenten, Kinder im Kindergarten
Leistungen	Heilmittel, Krankenpflege, Vorsorge- und Rehabilitationsmaßnahmen, Mutterschaftsgeld*, Familienhilfe*	Rente, Altersruhegeld, Rehabilitationsleistungen	Arbeitslosengeld I, Arbeitsförderung, Wintergeld, Winterausfallgeld, Kurzarbeitergeld	je nach Pflegebedürftigkeit Einteilung in drei Pflegestufen; Leistungen zur häuslichen und zur stationären Pflege	Unfallverhütung, Heilbehandlung, Berufshilfe, Verletztengeld, Verletztenrente, Hinterbliebenenrente

* Diese Leistungen werden von der Krankenversicherung ausbezahlt, aber aus Steuermitteln finanziert.

10.2 Private Vorsorge

Neben der gesetzlichen Absicherung durch die Sozialversicherung kann jeder Einzelne auch privat vorsorgen. Die private Vorsorge wird auf Grund des sinkenden Rentenniveaus immer wichtiger, sodass der Staat die Vermögensbildung und die Altersvorsorge besonderes fördert.

10.2.1 Staatliche Förderung der Vermögensbildung

Aus gesellschaftspolitischen Gründen hält der Staat es für unterstützenswert, dass sich Arbeitnehmer ein eigenes Vermögen aufbauen. Deshalb hat der Staat Gesetze geschaffen, mit denen die Arbeitnehmer zum Sparen angeregt werden sollen. Ein solches Gesetz ist das **5. Vermögensbildungsgesetz (VermBG)**, das alle Arbeitnehmer begünstigt, die abhängig beschäftigt sind. Vermögensbildung nach diesem Gesetz wird unter bestimmten Voraussetzungen sowohl vom Staat als auch vom Arbeitgeber gefördert.

Der Arbeitgeber fördert den Arbeitnehmer, indem er zusätzlich zum Gehalt **Vermögenswirksame Leistungen (VL)** zahlt und für ihn langfristig anlegt. Der Anspruch des Arbeitnehmers auf Vermögenswirksame Leistungen wird in Tarifverträgen, Betriebsvereinbarungen oder dem Arbeitsvertrag geregelt.

Damit ein Arbeitnehmer die VL erhält, muss er zunächst mit einem Anlageinstitut (z. B. Kreditinstitut oder Bausparkasse) einen Vermögenswirksamen Sparvertrag abschließen. Eine Durchschrift des Sparvertrages reicht er dann in der Personalabteilung ein, damit diese den entsprechenden Betrag an das Anlageinstitut überweisen kann.

Investmentsparverträge
Die Anlage der VL erfolgt in Aktienfonds.

Über die verschiedenen Anlageformen können Sie sich in ihrem Kreditinstitut beraten lassen.

Staatlich gefördert wird die Anlage der VL in **Bausparverträgen** und in Investmentsparverträgen. Die staatliche Förderung wird **Arbeitnehmersparzulage** genannt. Diese muss jährlich vom Arbeitnehmer mit der Einkommensteuererklärung beantragt werden. Das Anlageinstitut sendet dem Sparer automatisch eine Bescheinigung zu, die der Einkommensteuererklärung beigelegt wird. Die Arbeitnehmersparzulage wird nach Ablauf einer siebenjährigen Sperrfrist gezahlt. Der Sparer zahlt sechs Jahre in die gewählte Anlageform ein, im siebten Jahr ruht der Sparvertrag. Nach Ablauf der Sperrfrist kann sich der Sparer den gesamten Sparbetrag und die Arbeitnehmersparzulage auszahlen lassen. Die betrieblich gezahlte VL ist häufig geringer als die maximale staatlich geförderte Sparleistung. Deshalb kann es sinnvoll sein, wenn der Arbeitnehmer die betriebliche VL aus seinem Gehalt aufstockt. So kann er die maximale Arbeitnehmersparleistung erhalten. Erhält ein Arbeitnehmer keine Arbeitnehmersparzulage, weil er die Voraussetzungen nicht erfüllt, so kann er die VL auch in Banksparplänen oder in Form einer Kapitallebensversicherung anlegen.

Die Anlageformen Bausparvertrag und Investmentsparverträge sind kombinierbar, d.h., beide Formen können gleichzeitig angespart und gefördert werden. Die maximale Sparzulage der Staates beträgt dann 122,30 Euro.

Voraussetzungen zur staatlichen Förderung

Anlageform	Arbeitnehmersparzulage	Maximal geförderte Sparleistung	Wer erhält die Arbeitnehmersparzulage (Einkommensgrenze)?
Bausparvertrag	9 %	470 Euro im Jahr	• Ledige: 17.900 Euro pro Jahr • Verheiratete: 35.800 Euro pro Jahr
Investmentsparverträge	20 %	400 Euro im Jahr	• Ledige: 20.000 Euro pro Jahr • Verheiratete: 40.000 Euro pro Jahr

Beispiel

Die Beska GmbH zahlt ihrer Auszubildenden Petra Theisen monatlich VL in Höhe von 6,65 Euro. Um die maximale staatliche Sparzulage zu erhalten, zahlt sie monatlich 32,52 Euro aus eigener Tasche in einen Bausparvertrag ein.

Sparleistung: 6,65 € + 32,52 € = 39,17 € im Monat;

im Jahr (39,17 · 12) sind das	470,04 €
Sparzulage: 9 % von 470,00 €	42,30 €
jährliche Sparleistung	**512,34 €**

10.2.2 Staatlich geförderte Altersvorsorge

Die Arbeitnehmer zahlen Beiträge in die gesetzliche Rentenversicherung, die sofort für die laufenden Renten ausgegeben werden (Umlageverfahren). Dieses System funktioniert langfristig nicht mehr, denn immer mehr Rentner stehen immer weniger Arbeitnehmern gegenüber. Die Höhe der Renten wird sinken. Die Differenz zwischen dem finanziellen Bedarf im Ruhestand und der tatsächlich gezahlten Nettorente wird als **Versorgungslücke** im Alter bezeichnet. Die Verbraucherzentrale Stiftung Finanztest schlägt vor, dass im Alter ca. 80 Prozent des letzten Nettogehalts zur Verfügung stehen sollen. Eine betriebliche oder/und private Altersvorsorge wird immer wichtiger.

Umlageverfahren
Beiträge werden sofort wieder an die Leistungsberechtigten ausgezahlt.

Drei Säulen der Altersvorsorge:

Beim „Riestern“ ist das angesparte Kapital gegenüber Hartz IV sicher: Es muss, um Arbeitslosengeld II zu erhalten, nicht erst aufgebraucht werden.

Ein Beispiel für die private Altersversorgung ist die **Riester-Rente**, die es bestimmten Personen ermöglicht, vorzusorgen und dafür eine staatliche Förderung zu erhalten. Wer privat mit einer Riester-Rente vorsorgt, wird durch den Staat mit Geldzulagen und Steuerfreiheit der Beiträge gefördert. Am Ende der Sparphase – also zu Beginn der Rente – sind mindestens die eingezahlten Beiträge einschließlich der staatlichen Zulage garantiert. Die Förderung ist für alle Riester-Produkte gleich. Für kinderreiche Familien lohnt sich die Riester-Rente auf Grund der Kinderzulage besonders. Die Beiträge sind Aufwendungen, die vom zu versteuernden Einkommen abgesetzt werden können (max. 2.100 Euro).

Um die höchstmögliche Grundzulage (154 Euro) zu bekommen, müssen 4 % des versicherungspflichtigen Bruttoeinkommens im Jahr gespart werden. Wer im Vorjahr kein oder nur ein sehr geringes Einkommen hatte, muss mindestens 60 Euro als Eigenbetrag zahlen, um die volle gesetzliche Zulage zu erhalten. Für jedes Kind erhält der Riester-Sparer 185 Euro pro Jahr dazu. Für alle ab dem 1. Januar 2008 geborenen Kinder beträgt die Zulage sogar 300 Euro pro Jahr.

Beispiel

Ein kinderloser Arbeitnehmer, der monatlich 2.000,00 Euro verdient (Jahreseinkommen 24.000,00 Euro), muss, um die maximale staatliche Grundzulage in Höhe von 154,00 Euro zu erhalten, 4 % seines Bruttoeinkommens pro Jahr in die Riester-Rente einzahlen. D.h., er zahlt selbst nur 806,00 Euro in die Riester-Rente ein.

	4% von 24.000,00 €	960,00 €
–	Grundzulage	–154,00 €
=	Arbeitnehmersparleistung	= 806,00 € pro Jahr (= 67,17 € pro Monat)

Gefördert werden nur die Altersvorsorgeverträge, die von der Zertifizierungsstelle der Bundesanstalt für Finanzdienstleistungsaufsicht (BaFin) zertifiziert wurden. Das können z. B. sein: Rentenversicherungen, Fondssparpläne, Banksparpläne oder sogar Bausparverträge.

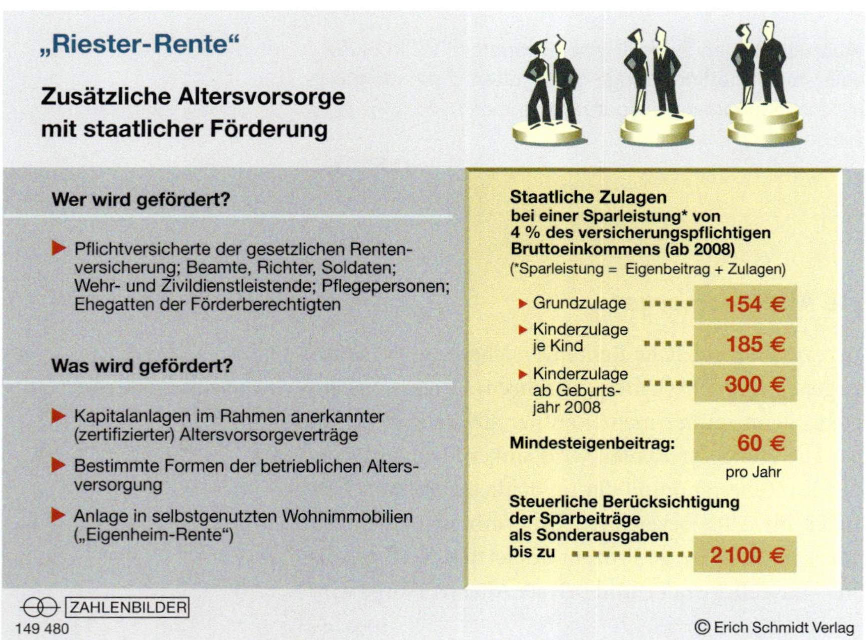

Seit 2002 muss jeder Arbeitgeber seinen Arbeitnehmern die Möglichkeit anbieten, in eine **betriebliche Altersversorgung** einzuzahlen. Jeder Arbeitnehmer hat einen Anspruch auf eine förderfähige Entgeltumwandlung in Höhe von 4 % der Beitragsbemessungsgrenze.
Der Arbeitgeber kann die betriebliche Altersversorgung zum Beispiel über eine Direktversicherung, eine Pensionskasse, einen Pensionsfond oder eine Unterstützungskasse organisieren.

11 Gesetzlicher Arbeitsschutz

Lernsituation 11

Das Leben, die Gesundheit und die Arbeitskraft der Arbeitnehmer sollen durch die Arbeit nicht gefährdet werden. Daher gibt es eine Vielzahl von Gesetzen und Rechtsverordnungen zum Arbeitsschutz, die beachtet werden müssen.

11.1 Sozialer Arbeitsschutz

Der soziale Arbeitsschutz legt die allgemeinen Arbeitsbedingungen der Arbeitnehmer bzw. einzelner, besonders schutzbedürftiger Gruppen, wie z. B. Jugendlicher, fest.

Jugendarbeitsschutzgesetz
→ S. 53

11.1.1 Arbeitszeitgesetz

Im Arbeitszeitgesetz ist die Arbeitszeit geregelt. Die werktägliche Arbeitszeit darf acht Stunden nicht überschreiten; daraus resultiert eine wöchentliche Höchstarbeitszeit von 6 x 8 = 48 Stunden. Die werktägliche Arbeitszeit kann auf zehn Stunden pro Tag ausgedehnt werden, wenn innerhalb von sechs Kalendermonaten oder innerhalb von 24 Wochen im Durchschnitt acht Stunden werktäglich nicht überschritten werden.

Werktag
alle Kalendertage, die nicht Sonn- oder gesetzliche Feiertage sind

Beispiel

Monat	Jan.	Feb.	März	April	Mai	Juni	Durchschnitt über 6 Monate
durchschnittliche tägliche Arbeitszeit	8 Std.	10 Std.	9 Std.	8 Std.	7 Std.	6 Std.	8 Std.

Bei einer Arbeitszeit von mehr als sechs bis zu neun Stunden ist die Arbeit durch eine **Ruhepause** von mindestens 30 Minuten zu unterbrechen; bei einer Arbeitszeit von mehr als neun Stunden muss die Pause mindestens 45 Minuten dauern. Länger als sechs Stunden dürfen Arbeitnehmer nicht ohne Pause beschäftigt werden.

Arbeitnehmer dürfen an **Sonn- und gesetzlichen Feiertagen** nicht beschäftigt werden. In bestimmten, vom Gesetz festgelegten Arbeitsbereichen gelten jedoch Ausnahmen. Die Ruhezeit zwischen Feierabend und Arbeitsbeginn am nächsten Tag muss mindestens elf Stunden betragen.

11.1.2 Bundesurlaubsgesetz

Das Bundesurlaubsgesetz (BUrlG) sieht vor, dass jeder Arbeitnehmer einen Urlaubsanspruch von **mindestens 24 Werktagen** pro Kalenderjahr unter Weiterzahlung des Arbeitsentgelts hat. Tarifvertraglich wird in der Regel jedoch ein höherer Urlaubsanspruch vorgegeben. Der volle Urlaubsanspruch wird erstmalig nach sechsmonatigem Bestehen des Arbeitsverhältnisses fällig. Der Urlaub soll zusammenhängend (mindestens 10 Tage) im laufenden Kalenderjahr genommen und auch gewährt werden.

Erkrankt der Arbeitnehmer während des Urlaubs, so werden die durch ärztliches Zeugnis nachgewiesenen Tage der Arbeitsunfähigkeit auf den Jahresurlaub nicht angerechnet. Während des Urlaubs soll sich der Arbeitnehmer erholen, er darf keine dem Urlaubszweck widersprechende Erwerbstätigkeit leisten.

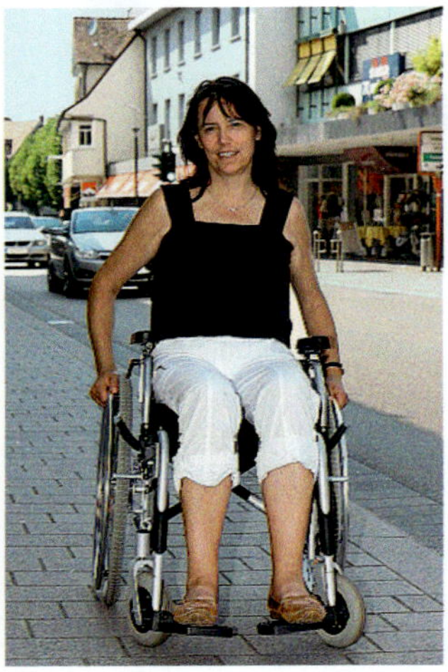

11.1.3 Schutzvorschriften für schwerbehinderte Menschen

Das Sozialgesetzbuch beinhaltet besondere Schutzvorschriften für schwerbehinderte Menschen. Als solche gelten Personen mit einem Grad der Behinderung von wenigstens 50%. Behinderte haben es schwer, einen Ausbildungs- oder Arbeitsplatz zu finden. Deshalb hat der Gesetzgeber eine **Beschäftigungspflicht** festgeschrieben: Jeder Betrieb mit mindestens 20 Arbeitsplätzen muss auf 5% seiner Arbeitsplätze Schwerbehinderte beschäftigen oder eine Ausgleichsabgabe für jeden unbesetzten Pflichtplatz bezahlen. Das Geld wird für die berufliche Förderung und Unterstützung von behinderten Personen verwendet.

Für Schwerbehinderte bestehen besondere Regelungen beim Kündigungsschutz. Das Arbeitsverhältnis eines Schwerbehinderten kann nur nach vorheriger Zustimmung des Integrationsamtes und mit einer Kündigungsfrist von mindestens vier Wochen gekündigt werden. Schwerbehinderte haben außerdem Anspruch auf zusätzlichen bezahlten Urlaub von fünf Arbeitstagen im Jahr.

11.1.4 Mutterschutzgesetz

Kündigungsschutz
→ S. 70

Das Mutterschutzgesetz gilt für alle werdenden und stillenden Mütter. In der Phase der Schwangerschaft und der Stillzeit danach sollen berufstätige Frauen keinen Belastungen ausgesetzt werden, die schädlich für Mutter oder Kind sein könnten. Auch sollen Schwangere und Mütter keine Einkommensverluste hinnehmen müssen. Der Arbeitgeber muss deshalb besondere Vorkehrungen zum Schutz von Schwangeren am Arbeitsplatz treffen. Aus diesem Grund muss die Arbeitnehmerin ihren Arbeitgeber über die Schwangerschaft und den voraussichtlichen Entbindungstermin informieren. Sechs Wochen vor und acht Wochen nach der Entbindung dürfen Schwangere nicht beschäftigt werden. In dieser Zeit zahlt die Krankenversicherung Mutterschaftsgeld. Die Differenz zwischen dem **Mutterschaftsgeld** und dem letzten Nettoarbeitsentgelt trägt der Arbeitgeber.

Schwangeren dürfen keine schweren körperlichen Arbeiten zugemutet werden. Gleiches gilt für gefährliche Arbeiten (z. B. bei erhöhter Unfallgefahr), Akkord- und Fließbandarbeit sowie für Arbeiten, bei denen sie schädlichen Einwirkungen (z. B. Staub, Dämpfen oder Gasen, Hitze, Kälte oder Nässe) ausgesetzt sind. Das Tragen oder Heben schwerer Lasten (regelmäßig über 5 kg oder gelegentlich mehr als 10 kg) ist verboten. Nach dem fünften Monat ist langes Stehen (mehr als vier Stunden) nicht mehr zulässig.

Während der Schwangerschaft und bis vier Monate nach der Entbindung darf der Arbeitgeber keine Kündigung aussprechen. Werdende und stillende Mütter dürfen keine Überstunden, Nachtarbeit (zwischen 20 und 6 Uhr) oder Sonntagsarbeit leisten.

11.1.5 Bundeselterngeld- und Elternzeitgesetz

Erwerbstätige Mütter und Väter, die ihr Kind betreuen und erziehen, haben Anspruch auf **Elternzeit**. Der Anspruch aus Elternzeit besteht bis zur Vollendung des dritten Lebensjahres des Kindes und kann zwischen den Eltern aufgeteilt oder sogar gemeinsam genommen werden. Während dieser Zeit ruht das Arbeitsverhältnis. Allerdings ist es möglich, während der Elternzeit bis zu 30 Wochenstunden zu arbeiten.

Während der Elternzeit kann der Arbeitgeber grundsätzlich keine Kündigung aussprechen. Dieser Kündigungsschutz beginnt mit der Anmeldung der Elternzeit. Nach Beendigung der Elternzeit besteht für die Eltern wieder ein Anspruch auf ihren „verlassenen" oder einen gleichwertigen Arbeitsplatz. Dabei ist eine Schlechterstellung nicht zulässig.

Wenn sich Mütter oder Väter noch in der Ausbildung befinden, wird die Elternzeit nicht auf die Ausbildungszeit angerechnet. Dadurch verlängert sich die Ausbildungszeit entsprechend. Allerdings besteht wie bei jedem Auszubildenden die Möglichkeit, die Berufsbildung zu verkürzen.

Sogar Großeltern haben einen Anspruch auf Elternzeit, wenn ihr eigenes Kinder minderjährig ist oder wenn ihr Kind während der Schulzeit sowie einer Ausbildung ein Kind bekommen hat. Die Großeltern beantragen dann die Elternzeit für ihr Enkelkind, während die Eltern allerdings den Anspruch auf Elterngeld nicht verlieren.

Elterngeld erhalten Mütter oder Väter, wenn sie ihr Kind betreuen und nicht mehr als 30 Stunden in der Woche arbeiten. Grundsätzlich werden monatlich 67 % des Nettoeinkommens als Elterngeld gewährt, jedoch maximal 1.800 Euro. Auch nicht erwerbstätige Elternteile erhalten mindestens 300 Euro.

Das Elterngeld wird maximal für die ersten 14 Lebensmonate des Kindes gezahlt. Ein Elternteil kann dabei allerdings höchstens zwölf Monate Elterngeld beziehen. Es wird zwei weitere Monate gezahlt, wenn der andere Elternteil Elternzeit nimmt.

Das Elterngeld wird steuer- und abgabenfrei gewährt. Das Elterngeld ist eine Leistung des Bundes und deshalb liegt die Verwaltung des Elterngeldes bei den einzelnen Bundesländern. Es muss schriftlich beim Amt für Familie und Soziales beantragt werden.

Die Broschüre vom Bundesministerium für Familie, Senioren, Frauen und Jugend informiert Sie ausführlich über die gesetzlichen Regelungen zum Elterngeld und zur Elternzeit.

www.bmfsfj.de/Kategorien/Publikationen/Publikationen,did=89272.html

www.elterngeld.net

12 Gesundheitsvorsorge

Lernsituation 13

Ihre Gesundheit, die körperliche sowie die seelische, stellt die wichtigste Voraussetzung dar, um während der Ausbildung und später auch im Job fit und leistungsfähig zu sein und zu bleiben. Nirgendwo verbringen Sie mehr Zeit Ihres Lebens als am Arbeitsplatz. Dabei sind Sie verschiedenen physischen (z. B. langes Stehen) und psychischen Belastungen (z. B. Termindruck) ausgesetzt. Die Folge davon können Verspannungen, Kopfschmerzen, Rückenschmerzen oder Stress sein. Es stellt sich also die Frage, wie Sie selbst aktiv werden und bewusst vorbeugen können, damit Sie gesund bleiben. Gesunde Ernährung, körperliche Fitness und seelisches Wohlbefinden stellen die Basis für eine gesunde Lebensweise dar.

12.1 Gesunde Ernährung

Eine ausgewogene, gesunde Ernährung bedeutet, dem Körper alle Nährstoffe in einem bestimmten Mengenverhältnis zuzuführen. Nahrung, also Essen, liefert dem Körper Energie, die dieser für alle Körperfunktion benötigt. Wenn Sie Ihrem Körper jedoch mehr Energie zuführen als er braucht, speichert er den Überschuss im Fettgewebe und Sie nehmen zu. Durch Übergewicht können Herz-Kreislauf- oder Stoffwechselkrankheiten entstehen. Vermeiden Sie zu fette, zu süße und zu ballaststoffarme Kost und bewegen Sie sich regelmäßig.

Der für Sie stressige Arbeitstag muss für Sie kein Hindernis für eine gesunde **Ernährung** darstellen. Hier eine paar einfache Tipps und Strategien, damit ihr Körper wertvollen Nährstoffen versorgt wird und langfristig gesund bleibt.

Tipp 1 Fünf am Tag:
Versuchen Sie am Tag 5 Portionen, also ca. 5 Hände voll, Obst und Gemüse zu sich zu nehmen. Eine Portion kann dabei auch ein Glas frisch gepresster Saft ohne Zuckerzusatz oder ein paar Trockenfrüchte sein.

Tipp 2 Nüsse machen glücklich:
Essen Sie statt Schokoriegel lieber ein paar Nüsse oder ein Müsli. Nüsse stärken Ihre die Nerven, liefern schnelle Energie und enthalten wertvolle Inhaltsstoffe.

Tipp 3 Ausgewogen ernähren:
Zu einer gesunden Ernährung gehören auch täglich Milchprodukte (z.B. Quark, Jogurt) und reichlich Getreideprodukte (z.B. Vollkornbrot).

Tipp 4 Herzgesund mit Seefisch:
Seefisch, wie die fettreichen Sorten Makrele, Lachs und Hering, enthalten Stoffe, die Ihre Venen vor Verstopfung und das Herz vor Infarkten schützen.
Empfohlen wird, mindestens zwei Mal pro Woche Fisch zu essen. Mögen Sie keinen Fisch, dann greifen Sie zu mageren Fleisch wie Hühnchen oder Pute.

Tipp 5 Sich fit trinken:
Trinken Sie täglich mindestens 1,5 bis 2,0 Liter Flüssigkeit in Form von Mineralwasser, verdünnten Schorlen und ungesüßten Früchte- oder Kräutertees.
Dies beugt Kopfschmerzen und Konzentrationsmangel vor.

Tipp 6 Auf den Körper hören:
Essen Sie nur, wenn Sie hungrig sind, hören Sie auf, wenn Sie satt sind und essen Sie nicht aus Langeweile.

Tipp 7 Sich Zeit nehmen:
Versuchen Sie im stressigen Alltag trotzdem in Ruhe zu essen und die Mahlzeit zu genießen.

Tipp 8 Alles in Maßen:
Verzichten Sie auf das Rauchen und trinken Sie nur selten und mäßig Alkohol.

12.2 Körperliche Fitness

12.2.1 Sport als Ausgleich

Bewegung macht schlank, baut Stress ab und stärkt die körpereigene Abwehr. Nach einem abgeschlossenen langen Arbeitstag sollte Ihre Gesundheit an erster Stelle stehen. Erholen Sie sich von anstrengender Arbeit, indem Sie **Sport** treiben. Als gesundheitsfördernd werden insbesondere Ausdauersportarten wie Laufen, Schwimmen und Radfahren angesehen. Tanzen ist durch seine musikalische Begleitung und die Anforderungen an Koordination eine sehr entspannende Sportart.

Sport als Ausgleich

Grundsätzlich gilt:
- Wählen Sie eine Sportart, die ihnen Freude macht.
- Integrieren Sie Bewegung in Ihren Alltag und nutzen Sie jede Gelegenheit zur Bewegung (Treppen statt Fahrstühle benutzen, den Weg zur Arbeit mit dem Rad statt mit dem Bus fahren).

Die Arbeitszeiten im Einzelhandel lassen eine regelmäßige Aktivität im Sportverein oftmals nicht zu. Aber es gibt genügend Sportarten, die man jederzeit ausüben kann, wie z. B. Laufen, Tanzen oder Radfahren. Auch bieten Fitnessstudios eine große Auswahl sportlicher Aktivitäten, in Großstädten nicht selten rund um die Uhr.

Gerade im Einzelhandel führen Sie Ihre Arbeit im Stehen aus. Hier finden Sie ein paar Tipps, für einen Ausgleich Ihrer stehenden Tätigkeit:
- Dehnen, strecken und räkeln, damit lösen Sie verspannte Muskelgruppen. Außerdem kräftigen Sie die Rückenmuskulatur und Ihre Wirbelsäule wird gerichtet.
- Lockern Sie den Schultergürtel, indem Sie mit den Schultern vor- und zurückkreisen.
- Verspannungen lösen sich, indem Sie das rechte Ohr zur rechten Schulter ziehen und wieder senken. Wiederholen Sie diese Übung auch mit dem linken Ohr mehrmals.
- Halten Sie Ihren Körper aufrecht, heben und senken Sie Ihre Knie. Dadurch regen Sie Ihren Kreislauf an und verhindern Venenerkrankungen in den Beinen.
- Heben und senken Sie Ihre Fersen im Stehen. Dies beugt Krampfadern vor.

Merkblatt zu Steh-Kassenarbeitsplätze finden Sie bei der Berufsgenossenschaft: http://medien-e.bghw.de → Merkblätter

Mehr als die Hälfte aller Verkäufer und Einzelhändler klagen über gesundheitliche Probleme. Es treten häufig Erkrankungen des Halteapparates (Rückenbeschwerden), des Gefäßsystems (Krampfadern), Kreislauferkrankungen und Müdigkeit auf. Beugen Sie mit Ihrem Verhalten körperliche Probleme gezielt vor:
- **Mischarbeit organisieren:** Versuchen Sie, das lange Stehen zu unterbrechen. Organisieren Sie, falls möglich, Ihren Arbeitstag so, dass sich stehende, sitzende und mit viel Bewegung verbundene Tätigkeiten abwechseln. Besonders das Gehen ist von großer Bedeutung. Es mindert die körperlichen Belastungen.
- **Bedarfssitze und Stehhilfen:** In Ihrer unmittelbaren Nähe des „Steharbeitsplatzes“ können Bedarfssitze und Sitzgelegenheiten aufgestellt werden. Sie ermöglichen eine kurzzeitige Entlastung. Stehhilfen eignen sich besonders für die kurzzeitige Entlastung der Beschäftigten.

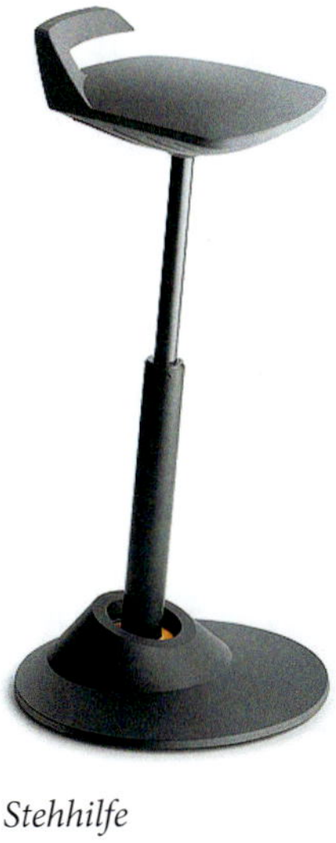

Stehhilfe

12.2.2 Rückenschule

Die Wirbelsäule ist die tragende Stütze unseres Körpers, ihre Stabilität ist Voraussetzung für den aufrechten Gang des Menschen. Gleichzeitig fängt sie durch ihre Elastizität die Erschütterungen beim Gehen auf und ermöglicht das Sitzen oder Vornüberbeugen durch ihre Flexibilität. Bei dauerhafter Fehlbelastung (z. B. schlechte Haltung bei der Arbeit an der Kasse) können jedoch Rückenschmerzen, Verspannungen und Bandscheibenvorfälle ausgelöst werden.

Die tiefe Rückenmuskulatur stabilisiert die Wirbelsäule und damit auch die Bandscheiben. Bei einer schwachen Rückenmuskulatur sackt der Oberkörper ganz schnell zusammen, die Schultern fallen nach innen und der Rücken beginnt innerhalb kürzester Zeit zu schmerzen. Aus diesem Grund steht sowohl die Stärkung der Rückenmuskulatur durch regelmäßiges Training (z. B. Aufbau von Rückenmuskulatur durch Gymnastik) als auch die Verringerung der Fehlbelastungen im Vordergrund aller präventiven Maßnahmen.

Sowohl im privaten Alltag als auch und vor allem bei der Arbeit im Einzelhandel wird der Körper immer wieder genötigt, schwere Gegenstände zu heben, zu ziehen oder zu schieben. Kennt man die richtige Technik und einsetzbare Hilfsmittel, wie z. B. Sackkarre und Schürhaken, kann die Wirbelsäule entlastet werden. Hierdurch wird Rückenbeschwerden entgegengewirkt.

Tipp zum richtigen Heben: Stellen Sie sich sicher auf beide Füße. Ihren Rücken halten Sie dabei gerade. Wichtig ist, dass Sie möglichst nah an die zu hebende Last herantreten. Dann gehen Sie breitbeinig in die Hocke, suchen einen festen Grifft, kontrollieren nochmals, ob Ihr Rücken gerade ist, fassen die Last und richten sich dann wieder durch Strecken der Beine mit einem festen Oberkörper auf.

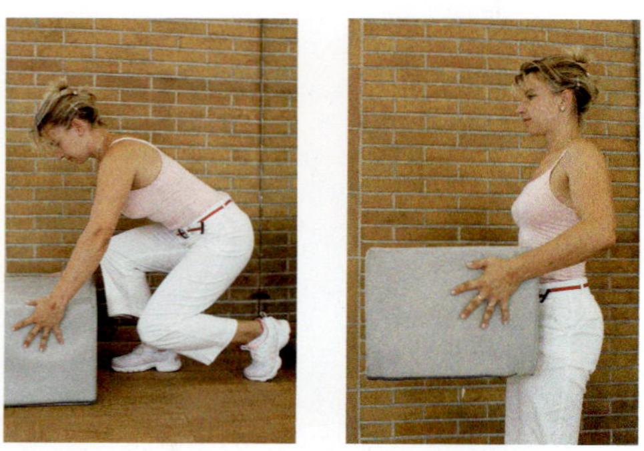

Richtig

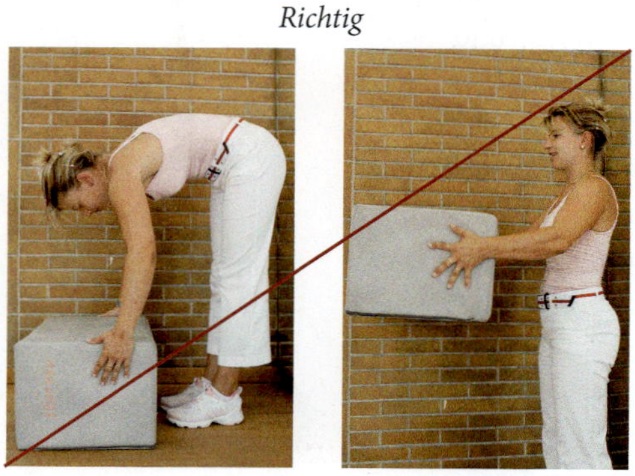

Falsch

Tipp zum richtigen Tragen: Sollten Sie einen Gegenstand von einem bestimmten Platz zum anderen tragen, vergewissern Sie sich zunächst, ob dieser Gegenstand nicht besser zu zweit getragen werden sollte. Falls Sie doch alleine tragen müssen:
- nie einseitig tragen
- verteilen Sie das Gewicht des Gegenstandes auf beide Arme
- nehmen Sie eine aufrechte Haltung ein
- tragen Sie den Gegenstand nah an Ihrem Körper
- stützen Sie den Gegenstand an Oberschenkel und Becken ab
- versuchen Sie, den Gegenstand auf dem Rücken oder der Schulter tragen

Wer viel steht, ist auf **geeignetes Schuhwerk** angewiesen. Folgende Eigenschaften sollte ein Schuh für Tätigkeiten im Einzelhandel besitzen:
- geschlossener Schuh
- stabiler Sitz am Fuß
- geringes Gewicht (< 500 g)
- niedrige Absätze mit großer Auftrittsfläche, die einen festen Stand gewährleisten
- rutschhemmende, profilierte Sohlen

12.3 Seelisches Wohlbefinden

Das seelische Wohlbefinden ist ebenso wie die körperliche Gesundheit für den Menschen von wichtiger Bedeutung. Stress lässt sich im Berufsleben nicht immer vermeiden, jedoch muss man den Umgang damit erlernen und sich Ausgleiche schaffen. Maßgeblich zur Gesundheit am Arbeitsplatz trägt auch das Arbeitsklima in Ihrem Unternehmen bei.

12.3.1 Stress und Stressbewältigung

Die Ausbildung zum Kaufmann im Einzelhandel und zum Verkäufer ist mit vielfältigen Herausforderungen verbunden, die manchmal in Stress umschlagen können. Während der schulischen Ausbildungszeit stehen mit Sicherheit die Leistungsüberprüfungen im Vordergrund, aber auch:
- langer oder auch langweiliger Unterricht,
- die Beiträger und das Verhalten der Mitschüler,
- Unruhe im Klassenraum sowie
- Gruppenarbeit mit ungeliebten Mitschülern.

In der praktischen Ausbildung sind Sie wiederum anderen möglicherweise Stress verursachenden Faktoren ausgesetzt:
- Die Arbeit in ausgeprägten Hierarchien (sie schränkt den eigenen Handlungsspielraum ein, man kann weniger entscheiden, muss es aber allen recht machen),
- Schichtarbeit, der die innere Uhr stört sowie
- nervige, stressige Kunden, die man aushalten muss, ohne unfreundlich und ungeduldig zu werden.

Andererseits entsteht Stress auch im eigenen Kopf. Es ist möglich, sich immer wieder auf das jetzt Wichtige zu konzentrieren und eins nach dem anderen zu erledigen. Allerdings muss auch das gelernt werden. Folgende Strategien können bei der Stressbewältigung hilfreich sein:
- **Abgrenzung:** Eigene Belastungsgrenzen müssen erkannt und nach außen deutlich gemacht werden. Es ist wichtig, auch mal eine Aufgabe zurückzuweisen und sich vor allem in der Freizeit Hobbys und Interessen zu bewahren oder aufzubauen, insbesondere solche, die mit Muße und Entspannung einhergehen.
- **Gespräche:** In Gesprächen können belastende Situationen beschrieben und bearbeitet werden. Im Freundes- oder Familienkreis finden sich die meisten Gesprächspartner, die sich aber vielleicht auf Dauer mit den besonderen Situationen im Einzelhandel überfordert fühlen. Kollegen kennen die Belastungen gut, finden aber häufig im Alltag nicht die Zeit zum Zuhören oder gehen selbst schlecht mit den Berufskonflikten um.
- **Entspannung:** Hier eignen sich neben diversen Wellnessangeboten (z. B. Sauna) und Sport spezielle Entspannungsverfahren, wie progressive Muskelentspannung, autogenes Training oder heilgymnastische Verfahren (z. B. Yoga, Tai Chi oder Qi Gong).
- **Meditation:** Diese Form der Versenkung und der spirituellen Praxis, die in ihren heute praktizierten Formen aus Indien und Japan stammen, hat zum Ziel, sich in Konzentration auf Leere oder einen Gegenstand zu versinken. Es wird eine intensive Übungspraxis benötigt, die in zahlreichen Kursen erlangt werden kann.

Entspannung bei Yoga

12.3.2 Arbeitsklima

Ein positives Arbeitsklima und Miteinander am Arbeitsplatz wirken sich auf Motivation, Leistungsfähigkeit und Kreativität aller Mitarbeiter aus. Jeder trägt die Verantwortung für ein gutes Arbeitsklima und kann Wesentliches dazu beitragen:

1. Achten Sie auf fairen Umgang mit Ihren Kollegen.
2. Tragen Sie Mitverantwortung für Ihre Tätigkeit.
3. Seien Sie tolerant. Erkennen Sie Ihre eigenen Stärken und Schwächen und die der anderen. Und akzeptieren Sie sie.
4. Lassen Sie kein Mobbing in Ihrem Unternehmen zu. Schauen Sie hin. Sprechen Sie zuerst in Ihrem Kollegenkreis über Vorfälle oder Handlungen, die Sie beobachtet haben. Vorzeitiges Sprechen kann verhindern, dass Konflikte eskalieren und es irgendwann zum „großen Knall" kommt.
5. Wenden Sie sich Ihren Vorgesetzten, sofern keine Verbesserung der Situation in Sicht ist.
6. Setzen Sie Ihre eigenen Stärken ein.
7. Denken Sie über sich von Zeit zu Zeit nach: Was möchte ich im Beruf? Was sind meine Wünsche und Ziele? Möchte ich mich verändern? Habe ich Eigenschaften, bei denen ich bei anderen „anecke"?
8. Fordern Sie das Respektieren Ihrer Grenzen ein und überschreiten Sie auch nicht die Grenzen Ihrer Kollegen.

Wird eine Person (oder Gruppe) von Vorgesetzten oder Kollegen schikaniert, gekränkt, ausgegrenzt usw., spricht man in der Arbeitswelt von **Mobbing**. Mobbing kann in vielen Formen vorkommen. Diese Negativhandlungen müssen allerdings wiederholt über einen längeren Zeitraum stattfinden. Eine einmalige Handlung ist noch kein Mobbing.

In den letzten Jahren und Jahrzehnten hat Mobbing stark zugenommen. Durch die Globalisierung verändern sich die Werte unserer Gesellschaften sehr schnell. Bei den Menschen wächst die Existenzangst, vor allem die Angst vor dem Verlust des Arbeitsplatzes. Schnell gerät der Mensch dann in ein typisches „Ellenbogendenken". Das Denken an Solidarität und Gemeinschaft wird stark in den Hintergrund geschoben.

Merkmale für Mobbing:

- Ein Konflikt zwischen zwei Parteien lässt sich nicht mehr lösen. Er tritt immer wieder in ähnlicher Form auf.
- Eine der beiden Parteien ist der anderen deutlich unterlegen.
- Die Negativhandlungen finden regelmäßig statt, z. B. täglich oder wöchentlich.
- Die Auseinandersetzungen dauern bereits mehrere Monate oder länger.
- Das Mobbingopfer schafft es nicht mehr, sich aus eigener Kraft aus dieser Situation zu befreien.

Um sich gegen Mobbing zu wehren, ist der erste Schritt die Erkenntnis, dass man gemobbt wird. Versuchen Sie die Angriffe zu ignorieren oder sprechen Sie den Mobber direkt an: „Dein Verhalten stört und verletzt mich." Ziehen Sie jemanden ins Vertrauen und reden Sie über die Mobbingangriffe. Sprechen Sie, wenn nötig, mit dem Betriebsrat.

Lernsituation 14

13 Umweltschutz und Nachhaltigkeit

Der Umweltschutz umfasst alle Maßnahmen zum Schutz der Umwelt und zur Vermeidung der Umweltbelastung und -verschmutzung. Themen wie globale Erwärmung und Ozonloch demonstrieren, wie dringend es ist, mit Rohstoffen und Energie wirtschaftlich umzugehen und Umweltbelastungen nachhaltig zu vermeiden.

Die meisten Menschen dürften sich bewusst sein, dass die Umwelt tagtäglich benutzt und belastet wird. Grundsätzlich ist wohl auch fast jeder für den Schutz der Umwelt. Nur das konkrete Handeln sieht meist anders aus: Auf alte Gewohnheiten will man nicht verzichten und finanzielle Opfer will man auch nicht auf sich nehmen.

Der **Umweltbegriff** umfasst die Gesamtheit aller Faktoren, die die Existenz des Menschen bestimmen, wobei Mensch und Umwelt in einem Wechselverhältnis zueinander stehen. In ökologischer Hinsicht soll der Zustand der Umweltmedien Luft, Wasser, Boden und Klima ein Überleben von Mensch, Tier und Pflanzen sichern. In ökonomischer Hinsicht sind die wirtschaftlichen Rahmenbedingungen so zu gestalten, dass Ressourcenverbrauch (z. B. Rohstoffe, Energie) und Folgen des Wirtschaftens (z. B. Schadstoffe und Abfälle) die ökologische Funktion der Umwelt nicht gefährden.

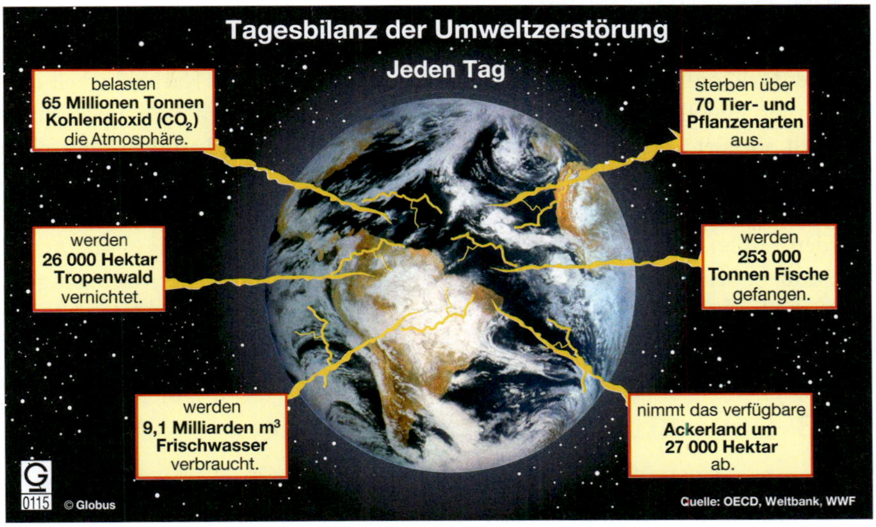

13.1 Ursachen von Umweltproblemen

Die Umwelt gehört keinem Staat und keinem Menschen alleine. Zurzeit leben auf unserer Erde ca. 6,8 Milliarden Menschen, im Jahre 2050 werden es schätzungsweise 9,1 Milliarden Menschen sein und die Weltbevölkerung wird wahrscheinlich weiter wachsen. Das starke Wachstum der Weltbevölkerung führt in vielen Bereichen zu großen Umweltproblemen, die letztendlich die natürliche Lebensgrundalge bedrohen oder zerstören. Beispielsweise müssen Regenwälder gerodet werden, um Ackerflächen für die Lebensmittelproduktion zu schaffen oder chemische Düngemittel werden verstärkt eingesetzt, um die Ernte auf bestehenden und neuen landwirtschaftlichen Flächen zu erhöhen.

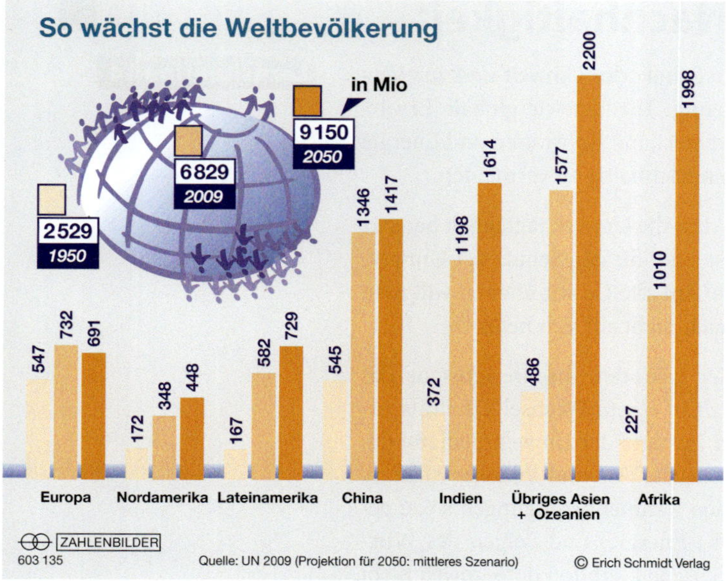

Gleichzeitig führen die vielfältigen internationalen Handelsbeziehungen dazu, dass die von den Menschen benötigten Waren teilweise mehrere tausend Kilometer zurückgelegt haben, bis sie beim Einzelhandel im Verkaufsregal stehen. Die durch den Transport per Flugzeug oder per LKW entstehenden Abgase und der damit verbundene hohe Verbrauch von Energie in Form von Treibstoffen stellen weitere schwer wiegende Belastungen der Umwelt dar. Diese Umweltprobleme können nicht durch einen einzelnen Staat und schon gar nicht durch einen einzelnen Menschen gelöst werden. Aber jeder kann für sich persönlich im privaten und beruflichen Bereich Möglichkeiten finden, die Umwelt zu schützen und zu erhalten.

13.2 Nachhaltigkeit

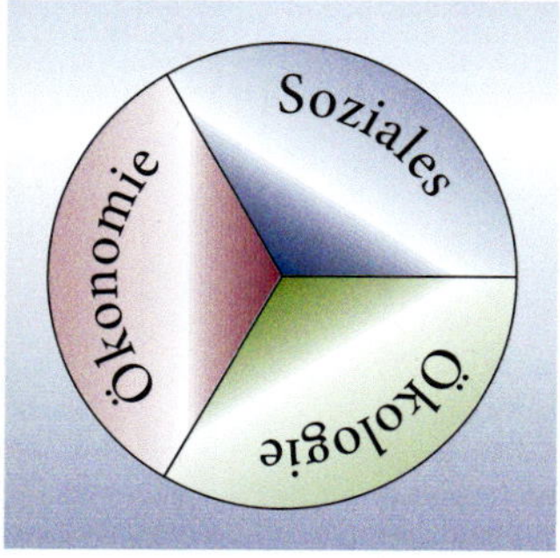

Prinzip der Nachhaltigkeit

Der Begriff der nachhaltigen Entwicklung („sustainable development“) wurde 1987 von der Weltkommission für Umwelt und Entwicklung geprägt. Nachhaltigkeit charakterisiert eine Entwicklung, die die momentanen Forderungen nach unversehrter Umwelt, sozialer Gerechtigkeit und wirtschaftlichem Wohlstand erfüllen kann, ohne die Möglichkeiten folgender Generationen einzugrenzen. Bei einer stark wachsenden Weltbevölkerung kann die Lebensqualität aller Erdenbewohner nur geschützt werden, wenn Ressourcenverschwendung, Umweltverschmutzung und Armut konsequent bekämpft werden. Demnach müssen die Prinzipien der Nachhaltigkeit – Ökologie, Ökonomie, soziale Gerechtigkeit – in allen Lebensbereichen global in Übereinstimmung gebracht werden.

13.3 Umweltschutz im Einzelhandel

Verpackungen
→ S. 211

Im Einzelhandel bieten sich zahlreiche Möglichkeiten, einen Beitrag zum Umweltschutz zu leisten. So fallen z. B. in den Verkaufs- und Lagerräumen des Einzelhandels große Mengen von umweltbelastenden Verpackungsmaterialien an. Um diese Belastung möglichst gering zu halten, sollte sich der Einzelhändler an folgenden ökologischen Grundsätzen orientieren:

- Abfallvermeidung geht vor Abfallverwertung: wiederverwendbare Container statt Pappe oder Folie als Verpackungsmaterial verwenden
- Abfallverwertung geht vor Abfallentsorgung: Recyclingmöglichkeiten nutzen (Altpapier)

Für die effektivere Nutzung der Energie gibt es viele Möglichkeiten:

- Isolierung der Lagerräume
- sparsamere Fahrzeuge im Fuhrpark
- Heizungen mit besserem Wirkungsgrad
- Nutzung von Wind- und Sonnenenergie

2

Verkaufsgespräche kundenorientiert führen

Grundlagen der Kommunikation **Lernsituation 30**

Begrüßung und Kontaktaufnahme

Bedarfsermittlung und Warenvorlage

Verkaufsargumente und Kundeneinwände

Preisnennung und Kaufentscheidung

Ergänzungs- und Alternativangebote

Serviceleistungen

Verabschiedung

1 Grundlagen der Kommunikation

Kommunikation ist der Austausch von Informationen zwischen **Sender** und **Empfänger**. Der Sender hat unterschiedliche Möglichkeiten, um dem Empfänger seine Informationen zu übermitteln, z. B. durch die Sprache, durch eine Zeitung, einen Brief oder ein Bild. Bei einem direkten Gespräch, z. B. einem Verkaufsgespräch mit einem Kunden, ist die Sprache (verbale Kommunikation) des Verkäufers von enormer Bedeutung.

Verkaufsgespräch → S. 88

verbal
mit Worten

nonverbal
ohne Worte

Unterstützt wird die Sprache durch die nonverbale Kommunikation. Zu der nonverbalen Kommunikation zählt die Körpersprache des Verkäufers. Beide Kommunikationsformen zusammen entscheiden darüber, ob die Verständigung zwischen Sender und Empfänger funktioniert und ob das Gespräch als angenehm empfunden wird.

1.1 Verbale Kommunikation

Lernsituation 15

Bei der Beratung im Verkaufsgespräch findet ein ständiger Rollentausch zwischen Sender (Sprecher) und Empfänger (Zuhörer) statt. Der Kunde tritt als Sender auf, indem er seine Wünsche äußert, während der Verkäufer die Rolle des Empfängers hat. Danach tritt der Verkäufer als Sender auf – er vermittelt Informationen zur Ware – und der Käufer nimmt die Rolle des Empfängers ein. Das Kommunikationsmodell nach Friedemann Schulz von Thun gibt eine erste Hilfestellung für die Analyse verbaler Kommunikation.

1.1.1 Kommunikationsmodell nach F. Schulz von Thun

Das Modell von Schulz von Thun ist als das so genannte **„Vier-Ohren-Modell"** bekannt geworden. Danach umfasst die verbale Kommunikation vier verschiedene Bedeutungsebenen, d. h., die Information des Senders an den Empfänger wird auf vierfache Weise wirksam. Jede Äußerung enthält vier Botschaften an den Empfänger auf vier verschiedenen Ebenen.

Die Qualität eines Gespräches hängt davon ab, in welcher Weise die „vier Ohren" und die „vier Münder" zusammenspielen.

Appell
Aufruf, Mahnung

Bedeutungsebenen des Vier-Ohren-Modells

Auf der **Sachebene** steht die Information über eine Sache im Vordergrund. Es werden Fakten, Daten, Sachverhalte vermittelt. Oberstes Ziel des Senders ist hierbei die klare und verständliche Formulierung der Information.	Alle Äußerungen des Senders beinhalten auch immer eine **Selbstkundgabe**. Jeder Mensch gibt in einem Gespräch Information über sich selbst preis, ob gewollt oder nicht gewollt.	Durch bestimmte Formulierungen oder durch den Tonfall seiner Äußerungen gibt der Sender zu erkennen, wie er zu dem Empfänger steht und was er von ihm hält. In jeder Äußerung wird die **Beziehungsebene** sichtbar.	Auf der **Appellebene** geht es dem Sender um die (wenn auch nicht immer bewusste) Beeinflussung des Empfängers. Der Sender vermittelt Appelle, Ratschläge, Handlungsanweisungen usw.

Beispiel

Dieser Satz kann über den Sender (Verkäuferin) folgendes offenbaren:

Sachebene
Verkäuferin stellt fest, dass das Kleid günstig und pflegeleicht ist.

Selbstkundgabe
Verkäuferin möchte das Kleid gerne selbst haben.

Beziehungsebene
Verkäuferin möchte, dass sich die Kundin ihrer Meinung anpasst, da sie schließlich die Fachfrau ist.

Appell
Verkäuferin fordert die Kundin auf, das Kleid zu kaufen.

Die Kundin empfängt diese Information auf ihren „vier Ohren“:

Sachebene
Kundin stellt fest, dass der Preis für ein pflegeleichtes Kleid günstig ist.

Selbstkundgabe
Kundin stellt fest, dass das Kleid, auch wenn es der Verkäuferin gefällt, ihr selbst noch lange nicht gefallen muss.

Beziehungsebene
Kundin missfällt der bestimmende Tonfall.

Appell
Kundin fühlt sich gedrängt, das Kleid zu kaufen.

Vom Sprecher werden die vier Ebenen einer Nachricht nicht gleichwertig vermittelt. Durch Wortwahl, Tonfall und seine Körpersprache macht der Sender klar, um welchen Aspekt es ihm besonders geht. Hierbei besteht natürlich die Gefahr, dass sich der Sprecher im Tonfall vergreifen kann oder seine Gestik nicht mit der Aussage übereinstimmt. Dann kommt die Botschaft des Sprechers auf mindestens einer der vier Ebenen anders als beabsichtigt beim Zuhörer an. Das Gespräch verläuft für beide Seiten nicht zufrieden stellend.

Gestik
→ S. 85

nonverbale Kommunikation
→ S. 84

Beispiel

Verkäufer geht forsch, schnellen Schrittes und freundlich auf eine Kundin zu und spricht sie mit einem sehr leisen und undeutlichen Ton an.

Zu **Kommunikationsstörungen** zwischen Verkäufer und Kunde kann es kommen, wenn

- Verkäufer und Kunde unterschiedliche Ansichten haben und sich nicht einigen können,
- der Verkäufer während des Verkaufsgespräches ständig von Dritten gestört wird,
- der Kunde seine Kaufabsichten beschreibt und der Verkäufer nicht „richtig“ zuhört und/oder
- der Verkäufer Verkaufsargumente anführt, die der Kunde nicht versteht.

Um Verständigungsschwierigkeiten zu vermeiden, sollte der Verkäufer mit der Sprache sicher umgehen können und ein aktiver Zuhörer sein.

aktives Zuhören
→ S. 83

1.1.2 Sprache des Verkäufers

Das Aushängeschild jedes Verkäufers ist seine Sprache. Jeder Verkäufer sollte seiner Sprache eine hohe Aufmerksamkeit zukommen lassen, denn sie steht im Mittelpunkt des Verkaufsgespräches. Im Folgenden werden die Gesprächsstörer (Grundfehler des Sprechens) aufgeführt und anschließend die Gesprächsförderer (Bausteine der Sprache) im Beratungsgespräch dargestellt.

Gesprächsstörer hemmen den Gesprächsverlauf und sind damit schlecht für die Gesprächsatmosphäre:

- Der Sprecher spricht undeutlich und/oder zu leise.
- Der Sprecher macht zu wenig Pausen.
- Der Sprecher spricht viel zu schnell.
- Der Sprecher benutzt Füllwörter, wie „ähm“ und „äh“.
- Der Sprecher benutzt während des Beratungsgesprächs nur Fachbegriffe.
- Der Sprecher spricht in langatmigen Sätzen.
- Der Sprecher benutzt Killerphrasen.
- Der Sprecher versucht zu überreden.

Killerphrasen
abwertende Angriffe in einem Gespräch ohne sachlichen Bezug, z. B.: „Das können Sie doch gar nicht genau wissen!“

Gesprächsförderer wirken vertrauensbildend und erhöhen die Glaubwürdigkeit:

- **Direkte Ansprache:** Sprechen sie den Kunden direkt im Sie-Stil an. Statt „Ich gebe Ihnen die Beschreibung.“ besser: „Sie erhalten von mir die Beschreibung.“
- **Betonung:** Sprechen Sie nicht monoton und abgehackt. Betonen Sie die wichtigsten Punkte im Gespräch. Ihre Sprache soll beim Kunden Interesse wecken und ihn von Ihren Ausführungen überzeugen.
- **Lautstärke/Aussprache:** Sie müssen angemessen laut und deutlich sprechen, damit der Kunde ohne Anstrengung zuhören kann.
- **Pausen:** Legen Sie während des Gesprächs wirkungsvolle Pausen ein, damit Ihnen Ihr Gegenüber folgen kann. Pausen dienen außerdem dazu, Ihrem Gesprächspartner die Gelegenheit zu geben, eine Frage zu stellen oder selbst etwas zu sagen.
- **Fachbegriffe:** Sprechen Sie abwechslungsreich und verständlich. Benutzen Sie nur Fachbegriffe, die Ihr Gesprächspartner auch versteht. Verwenden Sie eine angemessene Anzahl von Fachbegriffen. Reduzieren Sie fremdsprachliche Begriffe, damit der Kunde auf Ihre Äußerungen reagieren kann. Ihr Kunde wird es Ihnen danken.
- **Formulierung von Sätzen:** Formulieren Sie kurze, knappe Sätze. Langatmige Sätze wirken ermüdend. Der Kunde wird innerhalb kurzer Zeit das Interesse an Ihren Informationen zu der Ware verlieren.

Beispiel

„Wenn Sie diese Waschmaschine kaufen, werden Sie später auf gar keinen Fall irgendwelche Reklamationen haben.“

„Sie werden diese Waschmaschine sehr lange einsetzen können.“

Zusätzlich müssen Sie darauf achten, dass die Gesamtwirkung Ihrer Sprache wesentlich davon abhängt, ob Sie sich als Verkäufer auf die Verkaufssituation einlassen können und ob Sie in der Lage sind, sich in den Kunden hineinzuversetzen (Empathie).

Empathie
Fähigkeit, sich in jemanden hineinzuversetzen

1.1.3 Aktives Zuhören

Beispiel

Eine Kundin sucht verzweifelt nach einer Ledertasche. Die Verkäuferin holt ein aktuelles Modell aus dem Regal.
Kundin: „Das Modell finde ich nicht so schön!"
Die Verkäuferin lässt sich nicht aus der Ruhe bringen, legt die Tasche auf die Theke, wendet sie hin und her, klappt sie auf.
Kundin: „Die Tasche gefällt mir nicht!"
Die Verkäuferin zeigt nun das Innenleben der Ledertasche, bis sie endlich begreift …

Zuhören ist eine Kunst, die leider immer mehr verloren geht. Gerade als Verkäufer im Beratungsgespräch ist das Zuhören aber außerordentlich wichtig. Zuhören bedeutet für den Verkäufer eine aktive Tätigkeit. Das bedeutet: Schauen Sie Ihren Kunden während des Verkaufsgespräches an. Sie benötigen den Blickkontakt, um dem Kunden Ihr Interesse zu signalisieren. Durch die Körpersprache (Kopfnicken, Lächeln) Ihres Kunden erfahren Sie, ob die Beratung für ihn positiv verläuft.

nonverbale Kommunikation → S. 84

Aber auch durch Bestätigungslaute wie „ja", „so", „hmm" usw. und durch sprachliche Signale wie gezielte Nachfragen erkennen Sie das Interesse des Kunden. Fassen Sie anschließend das Gehörte zusammen, um festzustellen, ob Sie Ihren Gesprächspartner richtig verstanden haben. So können Sie erste Kommunikationsstörungen vermeiden.

Beispiel

Verkäufer: „Wenn ich Sie richtig verstanden habe, dann suchen Sie also einen Teppichboden, der robust und leicht zu reinigen ist?"

Aktives Zuhören ist mehr als Hören!

Hören

Geräusche werden wahrgenommen, ohne dass der Hörer auf die Bedeutung der Geräusche fixiert ist.

Der Hörer verfolgt noch seine eigenen Gedanken, er hört dem Sprecher nicht wirklich zu!

→

Hinhören

Der Hörer achtet zwar auf das, was der Sprecher sagt, aber er bemüht sich nicht zu verstehen, was der Sprecher meint.

Der Hörer ist noch unbeteiligt an dem, was der Sprecher sagt.
Der Sprecher nimmt das aber so wahr, als würde der Hörer ihm schon richtig zuhören!

→

Aktives Zuhören

Der Hörer hört nicht nur, was der Sprecher sagt, sondern er will auch wissen, was der Sprecher meint. Der Hörer achtet nicht nur auf die Wörter, sondern auch auf die Körpersprache des Sprechers.

Der Hörer zeigt dem Sprecher, durch Blickkontakt, Körpersprache und gelegentliche verbale Rückmeldungen, dass er gewillt ist, mit dem Sprecher wirklich zu kommunizieren und ihn zu verstehen. Der Hörer handelt empathisch.

1.2 Nonverbale Kommunikation

Lernsituation 16

Nonverbale Kommunikation läuft zu einem großen Teil unbewusst ab. Im Grunde ist die Körpersprache unsere Gefühlssprache. Wir erkennen ihre Hinweise oft instinktiv, können mit ihr aber auch schwieriger etwas verbergen als mit Worten, denn die Körpersprache kann nicht gut „lügen". Bei einem Verkaufsgespräch sind sowohl der erste Eindruck, Gestik, Mimik, der Blick als auch die Distanz zum Gesprächspartner Bestandteile der nonverbalen Kommunikation.

1.2.1 Erster Eindruck

Der erste Eindruck von einer Person ist zwar nicht unbedingt der richtige, dennoch ist er der entscheidende. Nur ungern sind wir bereit, später unser Anfangsurteil umzustoßen. Umso bedeutsamer ist es, den ersten Sekunden einer Begegnung besonderes Interesse zu widmen, denn es gibt schließlich keine zweite Chance für einen ersten Eindruck. Der erste Eindruck setzt sich aus drei Phasen zusammen.

Der erste Eindruck

1. Phase	erste Sekunde / Sekundenbruchteile	Wir gliedern Personen, denen wir begegnen, in ein Raster ein: bekannt/unbekannt, männlich/weiblich, alt/jung, ansprechend/belanglos.
2. Phase	erste 30 Sekunden	Auf Grund des äußeren Erscheinungsbildes und der Körpersprache – möglicherweise auch der Sprache – entsteht eine grobe Abschätzung: angenehm, abstoßend, diffus, widerspruchsvoll.
3. Phase	erste drei Minuten	Während eines Gesprächs bekommen wir die Möglichkeit, unseren Eindruck zu bestätigen oder zu korrigieren.

Verkäufer in der Galeria Kaufhof

Ein angemessenes äußeres Erscheinungsbild beeinflusst den ersten Eindruck. Kleidung, Farben, Frisur und auch der Duft, der einen Verkäufer umgibt, beeinflusst seine Ausstrahlung, seine Vertrauenswürdigkeit und seine Kompetenz. Ein Verkäufer, der den Kunden optisch nicht gefällt, wird es schwer haben, den Kunden vom Kauf eines Produktes zu überzeugen. Attraktivität im Sinne von „schön" ist hier nur bedingt gemeint, denn jeder Kunde darf ein gepflegtes, sauberes und ansprechendes Erscheinungsbild erwarten. Ein individuelles Verkaufsoutfit ist die persönliche Note des Verkäufers. In einigen Einzelhandelsunternehmen gibt es Kleidervorschriften, die vom Personal eingehalten werden müssen.

Beispiel

- Eine Verkäuferin im Parfümeriefachgeschäft ist dezent geschminkt und von einem unaufdringlichen Duft umgeben.
- Ein Verkäufer im Sportfachgeschäft trägt ein sportliches Outfit.
- Eine Verkäuferin beim Herrenausstatter kleidet sich förmlich und zurückhaltend.
- Ein Textilkaufhaus schreibt dem Personal vor, weiße Oberbekleidung und eine schwarze Hose bzw. einen schwarzen Rock zu tragen.

1.2.2 Gestik

Die Bewegung der Hände unterstützt die gesprochenen Worte. Für die Wirkung der Gestik ist ausschlaggebend, in welcher Höhe sich die Hände befinden:

- Alle Gesten, die sich unterhalb der Taille abspielen, werden als negativ gewertet, z. B. hängende Arme vermitteln den Eindruck einer wegwerfenden Geste Richtung Boden.
- Gesten oberhalb der Taille bis zu den Schultern werden als neutral bis positiv gewertet. Hier sind die Arme angewinkelt, sodass sie Hände sich im Bereich des Bauchnabels oder darüber befinden.
- Starke oder überschwängliche Gefühle drücken Sie oberhalb der Schultern und des Kopfes aus, z. B. wenn Sie sich beim Fußball über ein Tor freuen, fliegen ihre Arme in die Luft.

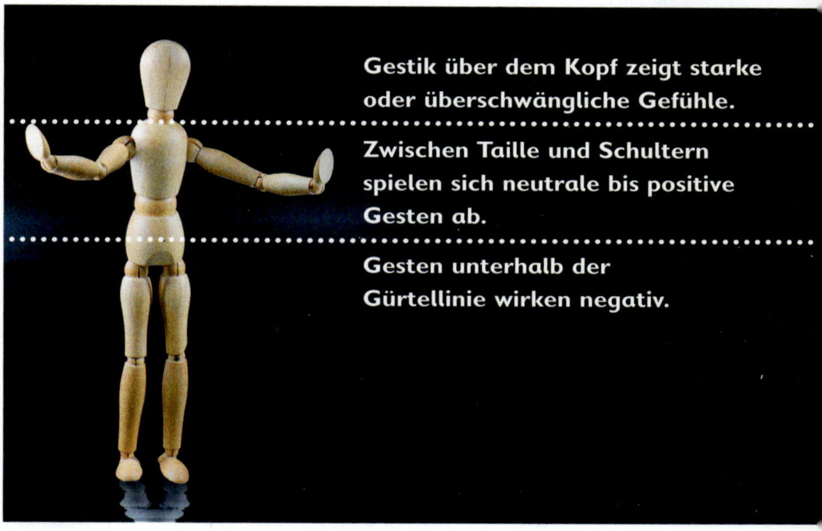

Sie sollten im Verkaufsgespräch Ihre Hände bevorzugt im positiven Bereich halten und daran denken, dass Gesten Ihren Worten Glaubwürdigkeit verleiht.

Verkaufsgespräch → S. 88

Die Sichtbarkeit der Hände ist ein wichtiges Merkmal der nonverbalen Kommunikation. Verdeckte Hände – in den Hosentaschen oder hinter dem Rücken – werden immer als Ablehnung empfunden. Es ist wichtig, wiederholt zeigende und öffnende Gesten einzusetzen. Vor der Brust verschränkte Arme oder Zeigen des Handrückens anstatt der Handfläche erscheinen als Abwehrhaltung, Schulterzucken zeigt Ablehnung und Gleichgültigkeit. Grundsätzlich gilt: Es wirkt natürlicher, wenn ablehnende Gestik vermieden wird, als wenn bewusst eine positive Gestik antrainiert wird.

1.2.3 Mimik

Ein Lächeln wirkt Wunder – das gilt natürlich besonders in Verkaufssituationen. Bemerkenswert ist dabei, dass unsere Mimik auch uns selbst beeinflusst. Wer viel lacht, hat also nicht nur eine positive Wirkung auf seine Umgebung, sondern auch die Chance, sich selbst besser zu fühlen als jemand, der mit trübem Gesicht durch den Tag geht. Denn das Lächeln wird oft vom Gegenüber erwidert und wirkt deshalb auf uns selbst zurück.

Die Mimik spiegelt Stimmungen und Gedanken wider. Ein Dauergrinsen kommt bei Ihrem Gegenüber als gekünstelt und falsch an. Der Kunde wird Ihnen nicht glauben. Ein warmes Lächeln, das ernst gemeint ist, dagegen weckt das Vertrauen des Kunden. Versuchen Sie bei Nervosität, bei schlechter Laune oder gar Angst an etwas Positives zu Denken, an etwas, das Sie spontan zum Lächeln veranlasst.

Skepsis/Ablehnung

Aufmerksamkeit/Interesse

Langeweile

Verunsicherung/Unschlüssigkeit

1.2.4 Blick

Der Blick ist die wichtigste Möglichkeit, ohne körperliche Berührung Kontakt zu anderen Menschen aufzunehmen. Ein freundlicher Blick wird vom Kunden gerne gesehen. Halten Sie stets den Blickkontakt aufrecht, denn Ihr Blick sendet Signale, wie z. B. „Sie sind gemeint" und „Es ist mir wichtig, dass Sie mich verstehen". Als besondere Unfreundlichkeit gilt es, wenn ein Mensch absichtlich übersehen bzw. ignoriert wird. Einen möglichen Kunden bewusst zu vernachlässigen, rächt sich sehr schnell. Er wird sehr wahrscheinlich nichts kaufen und auch nicht wiederkommen. Was sich mit Blicken alles ausdrücken, aber auch anrichten lässt, zeigt folgende Liste von Ausdrücken:

- „mit Blicken töten"
- „große Augen machen"
- „ein Auge auf jemanden werfen"
- „jemandem einen Wunsch von den Augen ablesen"
- „jemandem schöne Augen machen"
- „jemanden mit Blicken durchbohren"
- „der Blick spricht Bände"

Mit Ihrem Blick können Sie aber auch Informationen vom Kunden empfangen, wie z. B. „Im Gesicht des Kunden sehen ich ein Fragezeichen, deshalb erkläre ich das noch einmal." und „Der Kunde blickt mich freundlich und interessiert an."

1.2.5 Distanzzonen

Es ist wichtig, das Distanzbedürfnis anderer Menschen zu beachten. Wer jemandem zu dicht „auf die Pelle" rückt, muss sich nicht wundern, wenn er unangenehm wirkt. Das Eindringen eines Fremden in die vertrauliche Distanzzone wird fast immer als unwillkommene Grenzübertretung empfunden. Man unterscheidet folgende Distanzzonen:

Diese vertrauliche Nähe ist bei sehr guten Freunden und Familienmitgliedern möglich.

- **Vertrauliche Distanzzone:** Vor und hinter einer Person gilt ein Abstand von unter 50 cm als vertraulich, an der Seite ist der Abstand etwas kleiner. In diese Zone dürfen andere Personen nur mit einer ausdrücklichen Erlaubnis vordringen.
- **Persönliche Distanzzone:** Die persönliche Distanzzone beginnt bei der vertraulichen Zone und reicht etwa 1 bis 1,5 Meter nach vorne und hinten. Seitlich ist der Abstand auch hier etwas geringer. In dieser Zone führen wir Gespräche, ohne uns belästigt zu fühlen.
- **Öffentliche Distanzzone:** Von der Grenze der persönlichen Distanzzone bis zu einem Abstand von zirka drei Metern nach vorne und hinten reicht die öffentliche Distanzzone. In diesem Bereich nehmen wir andere Personen wahr.

1.3 Kundenorientierung als Erfolgsfaktor

Jedes Einzelhandelsunternehmen hat das Ziel der Kundenorientierung, wobei Kundenorientierung nicht allein Kundenfreundlichkeit bedeutet. Kundenorientierung ist mehr als die Haltung des Verkäufers. Kundenorientierung bedeutet, dass das gesamte Handeln und Denken eines Unternehmens sich an den Kundenwünschen, Bedürfnissen und Problemen vor, während und nach dem Kauf orientiert. Einzelhandelsunternehmen müssen daher verschiedene Anforderungen erfüllen, um wirklich kundenorientiert handeln zu können:

Unternehmensziele → S. 24

- Kundenorientierung muss im Leitbild des Unternehmens verankert sein, d. h., sie muss im Unternehmen gelebt werden. Sowohl Vorgesetzte als auch Mitarbeiter müssen nach dieser Unternehmensphilosophie handeln, dann empfindet sie auch der Kunde als positiv.
- Der Verkäufer muss die Möglichkeit haben, bei Kundenwünschen schnell und kompetent zu handeln. Dazu muss er seine Kompetenzen und die Abläufe im Unternehmen kennen. Er muss z. B. wissen, wer bei Reklamationen Entscheidungen trifft und wie diese schnell abgewickelt werden können, ohne den Kunden unnötig warten zu lassen.
- Vom Verkäufer wird ein hohes Maß an Kundenfreundlichkeit und Kundennähe erwartet. So motivierte Mitarbeiter werden bei den Kunden erfolgreich sein.

Ziel der Kundenorientierung ist es letztlich, die Erwartungen der Kunden zu übertreffen, um sie zu zufriedenen und begeisterten Kunden zu machen. Ein Kunde, der zufrieden ist, wird mit großer Wahrscheinlichkeit wiederkommen und einen weiteren Kauf tätigen. Er wird seine Erfahrungen anderen Personen erzählen und sie somit für das Unternehmen gewinnen. Dem Kunden ist u. a. Folgendes wichtig:

Zahlungsformen → S. 126

Werbung → S. 192

- Das Einfühlungsvermögen des Verkäufers: Der Verkäufer bietet dem Kunden nicht nur Produkte an, um den Umsatz zu steigern, sondern er erfasst und erkennt die Kundenwünsche und -bedürfnisse und bietet dem Kunden entsprechende Lösungen für seine Wünsche an.
- Das Auftreten des Verkäufers: Der Kunde erwartet einen freundlichen und glaubwürdigen Verkäufer mit einem gepflegten Erscheinungsbild.
- Die Serviceleistungen eines Unternehmens: Lieferungen, Reparaturen, Montage und unterschiedliche Zahlungsweisen.

Einen neuen Kunden zu gewinnen ist zehnmal teurer, als einen zufriedenen Kunden zu binden!

Kundenzufriedenheit wirkt sich konkret auf die **Kundenbindung** aus, denn zufriedene Stammkunden sichern langfristig das Bestehen des Unternehmens: Sie kaufen öfter und mehr. Sie sind weniger preissensibel. Sie werben für das Unternehmen. Sie reklamieren weniger. Sie sind gezielt ansprechbar, z. B. bei Werbemaßnahmen.

Lernsituation 17

2 Verkaufsgespräch

Lernsituation 18

2.1 Begrüßung und Kontaktaufnahme

Die Begrüßung und die Kontaktaufnahme mit dem Kunden ist für den Verlauf des Verkaufsgespräches von entscheidender Bedeutung. Nehmen Sie Ihren Kunden zur Kenntnis, d. h., nehmen Sie bewusst Blickkontakt mit ihm auf! Damit signalisieren Sie dem Kunden, dass Sie ihn willkommen heißen und ihn gerne beraten. Sprechen Sie den Kunden mit freundlicher und kräftiger, aber nicht zu lauter Stimme an. Wie die Kontaktaufnahme mit den Kunden gestaltet wird und wann sie erfolgt, hängt auch von der jeweiligen Verkaufsform im Einzelhandel ab.

Verkaufsform → S. 38

Verkaufsform: Bedienungssystem

2.1.1 Bedienungssystem

In einem Einzelhandelsgeschäft mit Bedienungssystem sollten Sie Ihren Kunden von sich aus wahrnehmen und sofort beim Eintreten in das Geschäft ansprechen, wobei Sie alle anderen Tätigkeiten unterbrechen. Die Begrüßung formulieren Sie so, dass der Kunde sie als ein freundliches Entgegenkommen empfindet. Wenn der Kunde in Ihrem Haus als Stammkunde bekannt ist, begrüßen Sie ihn selbstverständlich mit seinem Namen.

Beispiel

Verkäufer: „Guten Tag, Frau Kenarci! Schön, Sie wieder in unserem Hause begrüßen zu können. Ich hoffe, es geht Ihnen gut? Was führt Sie diesmal zu uns?"

2.1.2 Vorwahlsystem

Im Vorwahlsystem ist es der Kunde gewöhnt, sich im Laden ungestört und selbstständig umzuschauen. Nur in bestimmten Fällen erwartet er eine Beratung seitens des Verkaufspersonals. Manchmal wird er dann von sich aus auf Sie zukommen und Sie ansprechen. Häufig zeigt er aber auch durch unbewusstes Verhalten, dass er Ihre Hilfe benötigt. Beobachten Sie Ihren Kunden ganz genau! Wenn Sie solche Signale erkennen, ist es Ihre Aufgabe, den Kunden anzusprechen:

- Er hält längere Zeit die Ware in der Hand und betrachtet sie intensiv von allen Seiten.
- Er schaut sich Hilfe suchend um.
- Er geht zielstrebig auf den Verkäufer zu.
- Sein Gesicht sieht ratlos aus.
- Er probiert die Ware aus.
- Er vergleicht Waren miteinander.

Falls Sie gerade ein anderes Verkaufsgespräch führen: Lassen Sie Ihren Kunden nicht unbeachtet. Nicken Sie ihm zu oder bitten ihn um etwas Geduld. Zeigen Sie ihm, dass Sie ihn wahrgenommen haben.

Um im Vorwahlsystem den größtmöglichen Erfolg zu erzielen, nutzen Sie auch die Chance, den Kunden über die Ware anzusprechen!

Beispiel

Verkäufer: „Diese Schuhe sind ein italienisches Fabrikat und aus feinstem Kalbsleder gemacht."

Vermeiden Sie bei der Kontaktaufnahme unpräzise Floskeln. Der Kunde hat dann die Möglichkeit, mit kurzen Antworten Ihrem Verkaufsgespräch auszuweichen.

Beispiel

Verkäufer: „Suchen Sie etwas Bestimmtes?"

Kunde: „Ich schau mich nur mal um."

Verkäufer: „Wie kann ich Ihnen behilflich sein?"

Kunde: „Danke, erst mal gar nicht, ich komme dann vielleicht später auf Sie zurück."

Verkaufsform: Vorwahlsystem

2.1.3 Selbstbedienungssystem

Das Ziel der Kunden bei der Selbstbedienung ist das ungestörte Zusammenstellen seiner Waren im Geschäft. Aus diesem Grunde erwartet der Kunde keine Kontaktaufnahme seitens des Verkäufers. In manchen Fällen spricht der Kunde einen Verkäufer an, um zu erfahren, wo die gesuchte Ware zu finden ist. Anschließend setzt sich der Kunde mit diesem Artikel dann alleine auseinander.

Begegnen Sie Ihrem Kunden freundlich im Laden, nicken Sie ihm beispielsweise zu. Signalisiert Ihnen Ihr Kunde die Bitte um Hilfe, sollten Sie selbstverständlich zur Stelle sein, auch wenn Sie gerade mit anderen Arbeiten beschäftigt sind.

Beispiel

Ein Verkäufer begleitet einen älteren Herrn, der auf der Suche nach Diätmarmelade ist, zu dem Regal mit Diätprodukten.

Verkaufsform: Selbstbedienungssystem

2.2 Bedarfsermittlung

Lernsituation 19

In dieser Phase des Verkaufsgespräches wird der Kontakt zum Kunden ausgeweitet und es liegt an Ihnen, diesen Kontakt nicht zu früh abreißen zu lassen. Das Ziel in dieser Verkaufsphase besteht darin, mit Hilfe angemessener Frageformen oder auch einer probeweisen Warenvorlage herauszufinden, was der Kunde wirklich möchte. Erst wenn Sie die Wünsche des Kunden genau kennen, können Sie ihn auch gut beraten. Dies ist der erste Schritt, um ein Verkaufsgespräch erfolgreich abschließen zu können.

Motiv
Beweggrund

2.2.1 Kaufmotive

Kaufmotiv: Zeitersparnis

Das Kaufmotiv wird beschrieben als Beweggrund des Kunden, Ware zu kaufen. Kennen Sie das Kaufmotiv des Kunden, können Sie seinen genauen Bedarf gezielter ermitteln. Kaufmotive können für jeden Kunden unterschiedlich sein, weil jeder Mensch andere Bedürfnisse, Ansprüche und Vorlieben hat. So kann für einen Kunden der Kauf einer neuen Hose die reine Notwendigkeit sein, weil ihm seine alte Lieblingshose nicht mehr passt. Für einen anderen Kunden bedeutet der Hosenkauf aber ein angenehmes Erlebnis (z. B. Shopping mit der Freundin). Kaufmotive werden unterteilt in objektive und subjektive Kaufmotive.

Die **objektiven Kaufmotive** werden vom Verstand gelenkt. Der Kunde kann meist genau begründen, warum er eine bestimmte Ware will. Objektive Kaufmotive können sein:
- Notwendigkeit (z. B. Kauf von Nahrungsmitteln)
- Geldersparnis (z. B. Kauf von Sonderangeboten)
- Gesundheit (z. B. Kauf von ökologischen Lebensmitteln)
- Umweltbewusstsein (z. B. Kauf von Joghurt in Pfandgläsern)
- Bequemlichkeit/Zeitersparnis (z. B. Kauf von Fertigmenüs)

Kaufmotiv: Erlebnis

Die **subjektiven Kaufmotive** werden vom Gefühl gelenkt. Subjektive Kaufmotive können sein:
- Prestige/Anerkennung (z. B. Kauf eines Sportwagens)
- Erlebnis (z. B. Buchung eines Abenteuerurlaubs)
- Sicherheit (z. B. Kauf eines Motorrades mit ABS)
- Schönheit (z. B. Kauf von Kosmetikartikeln)
- Freizeitspaß (z. B. Kauf von Videospielen)

2.2.2 Direkte und indirekte Bedarfsermittlung

Sollte der Kunde nach der Begrüßung nicht unaufgefordert seinen Kundenwunsch äußern, versuchen Sie die Wünsche des Kunden zu ermitteln. Dies können Sie direkt erreichen, indem Sie dem Kunden Fragen stellen. Sie können Ihr Ziel aber auch indirekt erreichen, indem Sie ihm probeweise ein „Testangebot" machen.

Bei der **direkten Bedarfsermittlung** wird der Kunde durch geschickte und gezielte Fragen dazu animiert, sich möglichst genau zu seinem Kaufmotiv und zu seiner Vorstellung von der Ware zu äußern. Dies hat den Vorteil, dass Sie dann zügig die passende Ware vorlegen können. Nutzen Sie bei der direkten Bedarfsermittlung zu Beginn des Verkaufsgespräches die offene Frageform. Offene Fragen dienen der Informationsbeschaffung und fordern Ihren Kunden zu einer ausführlichen Antwort auf. Versuchen Sie etwas über den Verwendungszweck und das Kaufmotiv Ihres Kunden zu erfahren.

Warenvorlage
→ S. 93

offene Fragen („W-Fragen") sind Informationsfragen: Wer? Wie? Wo? Was? Wann? Wozu? Warum? Wie viel? Welche?

Beispiele

Verkäufer (in der Spielwarenabteilung): „Wie alt ist Ihr Sohn?"

Verkäufer: „Für welchen Anlass suchen Sie das Kleid?"

Verkäufer: „Wozu wollen Sie die Holzbuntstifte verwenden?"

Verkäufer: „Wie viele Personen kommen zum Grillfest?"

Haben Sie im Verlauf des Gespräches das Kaufmotiv Ihres Kunden eingegrenzt oder ist von vornherein klar, was Ihr Kunde sucht, dann stellen Sie ihm eher geschlossene Fragen. Bei geschlossenen Fragen hat der Kunde die Möglichkeit, einfach mit „Ja" oder „Nein" zu antworten. Sie lenken die Gedanken des Kunden damit in eine bestimmte Richtung und ersparen ihm das manchmal mühevolle Formulieren seines Einkaufswunsches. Bedenken Sie aber, dass geschlossene Fragen das Verkaufsgespräch abrupt beenden können, da der Kunde nichts zu seinem Kaufwunsch äußern muss und dem Verkaufsgespräch aus dem Weg gehen kann.

geschlossene Fragen
Kontrollfragen

Beispiele

Verkäufer: „Brauchen Sie die Skischuhe für Skiwanderungen?"

Verkäufer: „Hat Ihr Sohn Spaß am Zeichnen?"

Verkäufer: „Haben Sie die richtige Größe gefunden?"

Bei der **indirekten Bedarfsermittlung** legen Sie Ihrem Kunden ein „**Testangebot**" vor. Sie konfrontieren den Kunden also probeweise sehr schnell mit der Ware. Dies setzt voraus, dass der Kunde Sie mit einem gezielten Wunsch angesprochen hat. Achten Sie beim Vorlegen von Testangeboten darauf, dass Sie einen Bezug zwischen dem vom Kunden genannten Verwendungszweck und einem Produktmerkmal der vorgelegten Ware herstellen.

Warenmerkmal
→ S. 96

Beispiele

Kunde: „Ich suche eine Hose fürs Büro."

Verkäufer: „Diese Hose ist für das Büro (= Verwendungszweck) sehr gut geeignet. Sie ist knitterarm und sehr robust (= Warenmerkmale)."

2.2.3 Fragetechniken

Jede Frage, die der Verkäufer dem Kunden stellt, ist mit einer bestimmten Absicht verbunden. Die offene und die geschlossene Fragestellung dient vor allem der Bedarfsermittlung. Es gibt aber noch weitere Frageformen, die besonders für spätere Phasen des Verkaufsgespräches von Bedeutung sind.

suggerieren = beeinflussen, lenken

Füllwörter zur Frageformulierung: doch, sicher, wohl, auch, bestimmt …

Will der Verkäufer das Interesse des Kunden auf eine bestimmte Ware lenken, stellt er **Suggestivfragen**. Suggestivfragen dienen dazu, den Kunden in bestimmter Weise zu beeinflussen. Eine Suggestivfrage ist verkaufsfördernd, wenn mit dieser Frage ein Mehrumsatz erzielt werden kann, wenn also der Kunde z. B. eine größere Packung kauft, als er ursprünglich geplant hatte. Der Verkäufer legt durch geschickte Formulierung dem Kunden die gewünschte Antwort „in den Mund". Aber Vorsicht! Wenn der Kunde merkt, dass Sie lediglich Interesse am Umsatz und nicht an ihm haben, kann das Verkaufsgespräch schnell zu Ende sein.

Suggestivfragen finden Anwendung in folgenden Phasen des Verkaufsgespräches:
- Warenvorlage → S. 93
- Verkaufsargumentation → S. 95
- Ergänzungsangebote → S. 110

Beispiele

Verkäufer: „Sie sind doch auch der Meinung, dass Umweltfreundlichkeit besonders wichtig ist? Dann würde ich Ihnen wiederaufladbare Batterien empfehlen."
Verkäufer: „Sie finden das Angebot doch sicher auch preiswert?"

Suggestivfragen können aber auch verkaufshemmend sein, wenn der Kunde durch ungeschickte Formulierung zu einer Antwort gelenkt wird, die nicht im Sinne des Verkäufers ist.

Beispiele

Verkäufer: „Sie haben doch bestimmt nichts gegen einen kleinen Farbunterschied einzuwenden?"

Verkäufer: „Daran haben Sie kein Interesse, oder?"

Alternativfragen finden Anwendung in folgenden Phasen des Verkaufsgespräches:
- Warenvorlage → S. 93
- Verkaufsargumentation → S. 95
- Kaufentscheidung → S. 105

Alternativfragen sollen dem Kunden helfen, sich zwischen mehreren gleichwertige Kaufmöglichkeiten (Alternativen) zu entscheiden. Durch die Eingrenzung wird das Angebot übersichtlicher und dem Kunden die Entscheidung erleichtert.

Beispiele

Verkäufer: „Suchen Sie ein einfarbiges oder ein gemustertes Hemd?"
Verkäufer: „Möchten Sie lieber einen Rhein- oder einen Moselwein?"

Rhetorische Fragen dienen nicht zur Informationsbeschaffung, denn eine Antwort wird nicht erwartet. Es handelt sich oft um Aufforderungen, die in Frageform „gekleidet" werden.

2.3 Warenvorlage

Lernsituation 20

In den selbstbedienungsorientierten Verkaufsformen hat der Kunde selbst freien Zugang zu den Artikeln. Der Kunde nutzt diese Möglichkeit, indem er die Ware im wahrsten Sinne des Wortes „begreift". Nicht nur über die Augen werden die Sinne des künftigen Käufers angesprochen, sondern auch über den Tastsinn, das Gehör (z. B. durch das Geräusch, das der Stoff eines Sakkos beim Anprobieren macht) und über den Geruchssinn (z. B. wenn der Kunde das teure Leder einer Tasche auch riechen kann). Werden die Sinne des Kunden aktiviert, wächst sein Besitzwunsch schneller und intensiver als ohne diese zusätzlichen Sinnesreize. Darum werden Sie auch in einem Verkaufsgespräch möglichst bald versuchen, den Kunden mit Ware in Kontakt zu bringen und so seine fünf Sinne anzusprechen.

Selbstbedienungssystem → S. 39

Die fünf Sinne

Der Zeitpunkt der Warenvorlage ist stark abhängig von der Bedarfsermittlung. Je genauer der Kundenwunsch eingegrenzt werden konnte, desto leichter fällt es, die passende Ware vorzulegen. Oft wird aber in einem Testangebot die Ware auch dann schon vorgelegt, wenn der Kaufwunsch noch gar nicht vollständig ermittelt worden ist. Als Faustregel gilt: Je eher, desto besser, aber auch wiederum nicht so früh, dass der Kunde sich missverstanden fühlt, weil die vorgelegte Ware überhaupt nicht mit seinem Einkaufswunsch übereinstimmt.

Es ist immer von Vorteil, dem Kunden eine große Auswahl bieten zu können. Deshalb wird ein Verkäufer in der Regel zuerst ein Produkt der mittleren Preisklasse vorlegen, denn dann hat er die Möglichkeit, je nach Kundenreaktion sowohl günstigere als auch höherwertigere Angebote zu machen. Äußert der Kunde einen Preiswunsch, dann muss der Verkäufer sich zunächst daran halten.

Die Artikel sollten so vorgelegt werden, dass dadurch der Produktwert im besten Licht gezeigt und der Gebrauchsnutzen deutlich wird.

Beispiel

Im Juweliergeschäft sollten Uhren und Schmuck unter kaltem Licht und auf dunklen Filzplatten vorgelegt werden, um sie besonders zum Funkeln zu bringen und den Werteindruck zu steigern.

Waren pflegen
→ S. 179

Warenmerkmale und Kundennutzen
→ S. 96

Selbstverständlich kommt bei der Warenvorlage nur absolut einwandfreie, gepflegte Ware zum Einsatz. Verstaubte, mit Fingerabdrücken früherer Kunden übersäte Artikel wecken nicht den Kaufwunsch, sondern stoßen den Kunden eher ab. Entnehmen Sie die Artikel, wenn möglich, aus der Verpackung und führen Sie die sachgerechte Handhabung vor, damit der Kunde es Ihnen dann ohne Scheu nachmachen kann. Sie unterstützen die Warenvorlage durch Aussagen zu den speziellen Produktmerkmalen und dem Kundennutzen, der sich daraus ableiten lässt. Aber auch aus der Reaktion des Kunden auf die Ware können Sie wichtige Rückschlüsse ziehen. Das kurze Zögern vor dem Zugreifen, der ablehnende Gesichtsausdruck sind untrügliche Zeichen dafür, dass man noch nicht das Richtige gefunden hat. Solche Signale helfen, den Kaufwunsch zu präzisieren.

Warenvorlage einer Bohrmaschine

Nicht mehr benötigte Artikel sollten Sie sofort zur Seite legen und, wenn möglich, gleich wieder wegräumen, um den Kunden nicht zu verwirren. Die Zahl von etwa drei bis fünf Artikeln ist in der Regel günstig, um die Kaufentscheidung des Kunden positiv zu beeinflussen.

Warenvorlage

- alle fünf Sinne des Kunden ansprechen
- Kunden möglichst früh mit der Ware in Kontakt bringen
- mit mittlerer Preisklasse beginnen
- Produktwert „im besten Licht" präsentieren
- nur einwandfreie Ware vorlegen
- sachgerechte Verwendung vorführen
- Kundenreaktionen beachten
- nicht mehr benötigte Artikel wegräumen

2.4 Verkaufsargumente

Die Sortimentsvielfalt in Einzelhandelsläden überfordert viele Kunden, eine Kaufentscheidung zu treffen. Sie benötigen Orientierungshilfen von Verkäufern. Auch Kunden mit erheblichen Vorkenntnissen erwarten manchmal eine spezifische Beratung. Wird die Erwartungshaltung nicht erfüllt, so entsteht schnell ein schlechtes Unternehmensimage: „Die haben ja keine Ahnung". Überzeugende Beratungsgespräche setzen branchenspezifische Warenkenntnisse voraus.

Lernsituation 21

Image
Bild, das ein Einzelner oder eine Gruppe von einem Unternehmen hat

Bestimmungsfaktoren der Qualität

Zusammensetzung der Rohstoffe	Herstellungsverfahren	geografische Herkunft	Hersteller	Qualitätsstufen
z.B. 100 % Schurwolle bei Textilien	z.B. Flaschengärung bei Sekt	z.B. Uhren aus dem Schwarzwald	z.B. Markenware	z.B. Gewicht bei Papier

Ein Kunde fühlt sich gut beraten, wenn die Ware seinen Ansprüchen gerecht wird und eine angemessene Lebensdauer hat. Deshalb sollten Verkäufer auch Kenntnisse darüber haben, wie der Wert des Produktes erhalten oder gesteigert werden kann. Verkäufer sollten deshalb gut informiert sein über die Waren hinsichtlich der

- Handhabung (z. B. Bedienung eines technischen Gerätes)
- Pflege (z. B. Erhaltung von Form und Aussehen bei Schuhen)
- Haltbarkeit (z. B. Schutz vor Verderben bei Lebensmitteln)
- ergänzenden Artikel (z. B. Fliesenschneider für Bodenfliesen)

Warensteckbrief, vgl. auch Arbeitsbuch
→ S. 35

Im Wettbewerb um Kunden und Stammkunden müssen sich Verkäufer immer wieder über neue technische Entwicklungen, veränderte rechtliche Vorschriften und Trends, z. B. in den Bereichen Gesundheit, Umweltschutz, Freizeit und Mode, schnell und situationsbezogen informieren. Das notwendige **Warenwissen** liefern

- die Hersteller mit Verpackungsaufschriften, Montage- und Bedienungsanleitungen, Beipackzetteln, Faltblättern für Kurzinformationen, Schulungsfilmen, Schulungen im praktischen Umgang mit der Ware und Informationen von Vertretern und anderen Repräsentanten der Lieferfirmen
- die Einzelhandelsunternehmen selbst durch den Erfahrungsaustausch mit Kollegen und Vorgesetzten und betriebsinterne Schulungen
- Weiterbildungsorganisationen unterschiedlicher Träger
- Beiträge im Internet, in der Fachliteratur und in den Fachzeitschriften
- Veröffentlichungen von Testergebnissen

Warenkennzeichnung
→ S. 181

Je hochwertiger eine Ware ist und je seltener sie gekauft wird, desto größer ist der Beratungsbedarf beim Kunden. Versuchen Sie Ihren Kunden mit Hilfe von Verkaufsargumenten von den Vorteilen der angebotenen Ware zu überzeugen.

Die Argumentation ist gelungen, wenn der Kunde am Ende der Argumentationskette signalisiert, sich für den Kauf der vorgelegten Ware zu entscheiden. Dabei ist es wichtig, dass der Kunde das Gefühl hat, die richtige Entscheidung getroffen zu haben.

2.4.1 Vorgehensweise

Warenmerkmal
Eigenschaft der Ware = warenbezogene Aussage

Aufbau einer Argumentationskette

1. Schritt: Warenmerkmal nennen
2. Schritt: Warenvorteil beschreiben
3. Schritt: Kundennutzen ableiten

1. Schritt: Warenmerkmale nennen

Die Argumentationsphase eines Beratungsgespräches beginnt mit einer Aussage über die Merkmale der vorgelegten Ware. Sie beziehen sich z. B. auf das Material, die Zusammensetzung, die Verarbeitung oder auf technische Eigenschaften der Ware.

Beispiel

Warenmerkmale einer Freizeitjacke:

- 2-Lagen-Material
- Obermaterial: Mischgewebe aus Polyester und Polyamid
- synthetisches Untermaterial mit mikrofeinen Poren
- kein zusätzliches Futter
- Verarbeitung mit Nahtversiegelung
- auffällige Farbkombination
- klassischer Schnitt
- recycelbares Material

Wählen Sie zu Beginn der Argumentation ein Merkmal aus, das wesentlich zur Erfüllung des Kaufmotives beitragen kann.

2. Schritt: Warenvorteile beschreiben

Ob das Material aus zwei oder drei Lagen besteht und ob die Freizeitjacke ein Futter hat oder nicht, ist für den Kunden nur dann von Bedeutung, wenn er weiß, welche Vorteile mit diesen Merkmalen verbunden sind. Nennen Sie Warenvorteile, aus denen der Kunde erkennt, welche Verwendungsmöglichkeiten der von Ihnen empfohlene Artikel bietet.

Warenvorteil
Begründung, warum ein Produktmerkmal für den Kunden vorteilhaft ist = verwendungsbezogene Aussage

Beispiel

Warenmerkmale und Warenvorteile einer Freizeitjacke	
Warenmerkmal	**Warenvorteil**
Obermaterial: Mischgewebe aus Polyester und Polyamid	strapazierfähig, extrem belastbar, knitterfrei
synthetisches Untermaterial mit mikrofeinen Poren	Schutz vor Nässe, winddicht, Wärmetransport nach außen
kein zusätzliches Futter	leicht, weich, Platz sparend
Verarbeitung mit Nahtversiegelung	Wasser abweisend
auffällige Farbkombination	freundliches, modisches Aussehen
klassischer Schnitt	zeitlos
recycelbares Material	umweltschonend

Jeder Artikel verfügt über eine Vielzahl von Vorteilen. Bei einer schematischen Auflistung aller Vorteile würde der Kunde jedoch bald das Interesse verlieren und abschalten.

Nennen Sie deshalb nur die Vorteile, die für die Lösung des individuellen Kundenproblems von Nutzen sind.

Kundennutzen
Verbindung zwischen Warenvorteil und Kundenwunsch herstellen = kundenbezogene Aussage

Beispiel

Eine Kundin sucht eine Freizeitjacke für ihren Sommerurlaub an der Nordsee. Für sie ist es von besonderem Interesse, dass die Jacke vor Wind und Regen schützt, leicht und atmungsaktiv ist und sich Platz sparend im Koffer verstauen lässt.

3. Schritt: Kundennutzen ableiten

Es kommt zu einem Kaufabschluss, wenn der Kunde überzeugt ist, dass der vorgelegte Artikel für ihn einen persönlichen Nutzen hat. Stellen Sie bei der Argumentation einen konkreten Bezug zwischen den genannten Warenvorteilen und dem Nutzen für den Kunden heraus. Greifen Sie das Kaufmotiv in Ihrer Formulierung wieder auf, damit für den Kunden sichtbar wird, dass Sie sich mit seinen Problemen befasst haben.

Beispiel

„Mit dieser Jacke fühlen Sie sich bei jedem Wetter wohl. Sie knittert nicht und lässt sich leicht im Koffer verstauen."

Das Drei-Schritt-Verfahren bei der Verkaufsargumentation:

1. Warenmerkmal
„Diese zweilagige Wetterjacke mit mikrofeinen Poren im Untermaterial und den versiegelten Nähten …

2. Warenvorteil
… ist absolut wasser- und winddicht und dabei besonders atmungsaktiv.

3. Kundennutzen
Sie können sich den ganzen Tag im Freien aufhalten und fühlen sich bei jedem Wetter darin wohl."

2.4.2 Formulierung

Auch bei der Formulierung von Verkaufsargumenten steht die Kundenorientierung an erster Stelle. Die Wortwahl bei der Argumentation hat einen erheblichen Einfluss auf die Vertrauensbildung beim Kunden. Folgende Regeln sind zu beachten:

Argumentieren Sie fachkundig, aber verständlich

Eine ehrliche und fachkundige Beratung gibt dem Kunden Entscheidungshilfen und trägt außerdem dazu bei, das Vertrauen des Kunden zu gewinnen. Ein Verkäufer, der zu einer Kundin sagt: „Dieser Laufschuh wird Ihren hohen Ansprüchen sicher nicht gerecht, weil ...“, identifiziert sich mit den Problemen der Kundin und sucht nach einer Lösung.

Wenn jedoch der Verkäufer versucht, den Kunden mit einer Ansammlung von Fachbegriffen zu beeindrucken, wirkt das oft überheblich. Formulierungen, die jeder Nichtfachkundige verstehen kann, regen die Kunden dagegen zur aktiven Beteiligung am Verkaufsgespräch an. In diesem Fall haben die Kunden viel eher das Gefühl, eine eigene Entscheidung treffen zu können und nicht überrumpelt zu werden.

Beispiel

„Dieser Laminatboden mit Quick-Snap-Silent-IQ-System ist ideal für die intensive Beanspruchung im Wohnbereich.“

„Dieser Laminatboden ist ideal für den Wohnbereich, weil durch eine Trittschalldämmung im Unterboden die Gehgeräusche reduziert werden. Sie können den Boden schnell und sauber verlegen, denn die einzelnen Teile werden einfach ineinandergeklickt.“

Erkennt der Verkäufer, dass er es im Verkaufsgespräch mit einem Experten zu tun hat, sollten Fachbegriffe verwendet werden. Er ist dadurch für den Kunden ein kompetenter Ansprechpartner.

Argumentieren Sie positiv

Positive Informationen lösen beim Kunden angenehme Empfindungen aus und fördern seine Kauflust. Umgekehrt führen negative Aussagen zu unangenehmen, verkaufshemmenden Gefühlen.

Beispiel

„Mit dem Netzeinsatz an der Rückseite des Rucksacks schwitzen Sie nicht so schnell.“

„Der Rucksack ist mit einem Netzeinsatz an der Rückseite ausgestattet. Durch die Flächenverteilung der Wärme haben Sie selbst bei langen Wanderungen eine gute Rückenbelüftung.“

„Dieser Kochtopf aus Stahl geht nicht so schnell kaputt.“

„An diesem Topf aus Edelstahl werden Sie lange Freude haben.“

Argumentieren Sie anschaulich

Anschauliche und treffende Begriffe bewirken beim Kunden eine genaue, bildliche Vorstellung und prägen sich besser ein. Sie helfen dem Kunden bei seiner Kaufentscheidung, während allgemeine Formulierungen wie gut, schön, nett, hübsch eher nichts sagend sind und keinen persönlichen Nutzen für den Kunden erkennbar machen.

Beispiel

„Der frisch geriebene Parmesankäse verleiht der Lasagne einen guten Geschmack."

„Der frisch geriebene Parmesankäse verleiht der Lasagne den würzigen, typisch italienischen Geschmack."

Argumentieren Sie glaubwürdig

Überspitzte Superlative, wie z. B. extra Klasse, super oder großartig, wirken unsolide und unglaubwürdig. Sachlich vorgebrachte Argumente dagegen überzeugen nachhaltig. Die Glaubwürdigkeit der Argumentation wird besonders durch das Zitieren von Fakten (Zahlen, Statistiken oder Testergebnissen) erhöht.

Beispiel

„Dieser Kochtopf besteht aus einem fantastischen Material. Sie sparen eine Menge Zeit beim Kochen."

„Dieser Kochtopf hat einen Boden aus Mehrschicht-Edelstahl, der die Hitze besonders gut leitet. Dadurch wird die Garzeit um ein Drittel verkürzt."

Argumentieren Sie persönlich

Neben der Wortwahl bei der warenbezogenen Argumentation ist auch die persönliche Ansprache des Kunden Bestandteil einer guten Verkaufsargumentation. Wählen Sie beim Herausstellen des Kundennutzens immer die „Sie-Form". Damit stellen Sie eine unmittelbare Verbindung zwischen dem Kunden und der Ware her.

Beispiel

„Diese Alu-Trinkflasche mit abgedichtetem Trinkverschluss ist sogar für kohlensäurehaltige Getränke geeignet."

„In dieser Alu-Trinkflasche mit abgedichtetem Trinkverschluss können Sie sogar kohlensäurehaltige Getränke mitnehmen."

Formulieren von Verkaufsargumenten

- verständlich
- positiv
- anschaulich
- glaubwürdig
- persönlich

2.5 Kundeneinwände behandeln

Lernsituation 22

Im Verlauf eines Verkaufsgespräches kann es immer wieder vorkommen, dass der Kunde Einwände gegen Ihre Argumente vorbringt. Hierbei sollten Sie zunächst durch gezieltes Nachfragen feststellen, wogegen sich der Einwand konkret richtet. Ist das klar geworden, so können Sie mit Hilfe verschiedener Methoden versuchen, den Einwand zu entkräften.

Wenn der Kunde einen Einwand vorbringt, so sollten Sie vor allem ruhig und sachlich bleiben. Zeigen Sie weder verbal noch durch Ihre Körpersprache, dass Sie diesen Einwand vielleicht völlig abwegig und unberechtigt finden. Geben Sie dem Kunden vielmehr das Gefühl, dass sein Einwand ernst genommen wird. Hören Sie seinen Ausführungen aufmerksam zu und bleiben Sie dabei stets freundlich. Geben Sie ihm Recht und stellen Sie eventuell eine Gegenfrage, um selbst Zeit für eine entsprechende Antwort zu finden. Versetzen Sie sich in die Lage des Kunden, identifizieren Sie sich mit dem angesprochenen Problem und antworten Sie dann genau und sachlich.

2.5.1 Arten

Echte Einwände sind „Gold" wert.

Äußert der Kunde konkrete Kritik, z. B. an einem bestimmten Merkmal der Ware, kann dies für Sie bei der Fortführung des Verkaufsgespräches sehr nützlich sein. Je genauer Sie wissen, was Ihrem Kunden nicht gefällt, desto besser können Sie ihn beraten. Solche konkreten Einwände werden als echte Einwände bezeichnet und können sich gegen folgende Aspekte richten:

Eigenschaften der Ware

Die Ware erscheint dem Kunden von nicht geeigneter Qualität oder entspricht hinsichtlich der Farbe, der Größe, des Materials oder der Ausstattung nicht seinen Anforderungen und Vorstellungen.

Beispiel

Kundin: „Die Farbe der Bluse passt überhaupt nicht zu meiner Hose."

Preis

Vergleichsmethode → S. 104

Der Preis ist ein häufiger Ansatzpunkt für Einwände. Meistens wird der Preis als zu hoch für die angebotene Qualität oder im Vergleich zum Mitbewerber angesehen. Es kann aber auch vorkommen, dass der Kunde den Preis als zu niedrig ansieht, wenn er der Meinung ist, dass gute Qualität auch immer gleichbedeutend mit einem hohen Preis ist.

Beispiel

Kunde: „Der Preis für diesen DVD-Player erscheint mir aber ziemlich hoch. Der andere DVD-Player, den Sie mir vorhin gezeigt haben, ist wesentlich günstiger."

Geschäft

Manchmal richtet sich der Einwand des Kunden gegen das Geschäft des Einzelhändlers insgesamt. Hier können ein zu kleines Sortiment oder fehlende Serviceleistungen Gründe für Einwände sein.

Serviceleistungen → S. 113

Beispiel

Kunde: „Haben Sie nicht mehr Auswahl?“

Personal

Relativ selten sind direkte Einwände gegen das Personal. Gerade Auszubildende und junge Verkäufer hören aber manchmal Einwände in Bezug auf ihre fehlende Erfahrung, geringe Beratungskompetenz und den generellen Umgang mit dem Kunden.

Beispiel

Kunde: „Sie verkaufen aber noch nicht lange, oder?“

Allerdings sind auch solche Einwände denkbar, die der Kunde nur deshalb äußert, um das Verkaufsgespräch vorzeitig zu beenden. Diese Einwände sind meistens ungenau formuliert und werden als unechte Einwände bezeichnet. In solchen Fällen ist eine Einwandbehandlung des Verkäufers nicht erforderlich. Verabschieden Sie den Kunden freundlich, damit er Ihr Geschäft in guter Erinnerung behält.

Unechte Einwände sind „Fluchtversuche“.

Beispiel

Kunde: „Ich glaube, das ist nichts für mich, ich muss mir das noch mal überlegen.“

Verkäufer: „Selbstverständlich, gern. Ich wünsche Ihnen noch einen schönen Tag.“

2.5.2 Methoden

Viele Methoden zur Einwandbehandlung sind nicht immer klar voneinander abzugrenzen, sie gehen teilweise ineinander über. Deshalb finden Sie im weiteren Textabschnitt eine beschränkte Auswahl von den wichtigsten Methoden zur Einwandbehandlung wieder. Da sich Einwände des Kunden im Laufe des Verkaufsgesprächs nicht vermeiden lassen und sie oft auch berechtigt sind, ist es für den Verkäufer wichtig zu wissen, wie er auf diese Einwände reagieren kann. Folgende Methoden haben sich bei der Behandlung von Kundeneinwänden bewährt:

Ja-aber-Methode

Im ersten Schritt stimmen Sie dem Kunden zu. Im zweiten Schritt entkräften Sie den Einwand des Kunden mit einem Gegenargument.

Beispiel

Kunde: „Das ist aber ein älteres Modell, nicht wahr?“

Verkäufer: „Ja, da haben Sie Recht, aber dafür ist es im Preis deutlich reduziert. Außerdem hat sich diese Technik jetzt schon über viele Jahre gut bewährt.“

Ja-aber-Methode

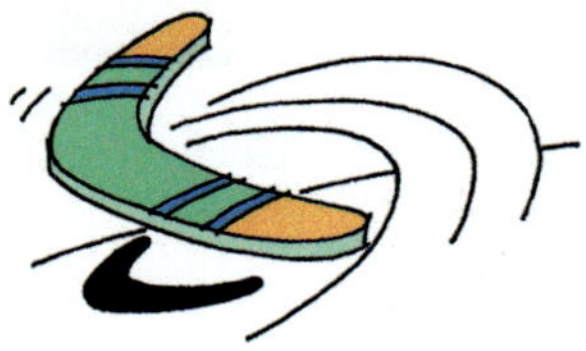

Bumerangmethode

Bumerangmethode (Umkehrmethode)

Sie nutzen den Einwand des Kunden selbst als ein wirkungsvolles Argument, das für den Kauf des Artikels spricht. Zeigen Sie dem Kunden einen Vorteil auf, den er bis zu diesem Zeitpunkt noch nicht gesehen hat.

Beispiel

Kunde: „Dieses Handy ist aber recht groß."

Verkäufer: „Gerade deswegen ist es ja besonders für die von Ihnen gewünschten Multimediafunktionen wie das Verschicken von Bildern und das Surfen im Internet geeignet."

Rückfragemethode

Rückfragemethode (Gegenfragemethode)

Gewinnen Sie ein wenig Zeit und stellen Sie dem Kunden bezüglich seines Einwandes eine Frage. Mit Hilfe der dadurch erhaltenen Informationen können Sie sich Argumente überlegen, die den Einwand des Kunden entkräften.

Beispiel

Kunde: „Diese Bioprodukte sind doch alle nicht lange haltbar."

Verkäufer: „Wie lange wollen Sie denn diesen Biokäse aufbewahren?"

Kunde: „Na, zwei bis drei Tage sollte er schon halten!"

Verkäufer: „Das ist überhaupt kein Problem. Wenn Sie den Käse hier in dem speziellen Verpackungspapier lassen, können Sie ihn im Kühlschrank ohne Probleme und ohne Geschmacksverlust vier bis fünf Tage aufbewahren."

Nachteil- Vorteil-Methode

Nachteil- Vorteil-Methode

Häufig sind Einwände des Kunden durchaus berechtigt. Hier sollten Sie dem Kunden Recht geben und Verständnis zeigen. Dann sollten Sie versuchen, den Nachteil des Artikels auszugleichen, indem Sie die sich daraus ergebenden Vorteile und somit zusätzliche Verkaufsargumente aufzeigen.

Beispiel

Kunde: „Diese Digitalkamera ist aber relativ schwer."

Verkäufer: „Das stimmt, die Kamera ist etwas schwerer als andere Modelle. Bedenken Sie aber, dass die Kamera durch das Edelstahlgehäuse sehr robust und vor allem wetterfest ist. Sie können damit ruhig einmal in einen Regenschauer kommen oder sie sogar mal fallen lassen, das ist überhaupt kein Problem."

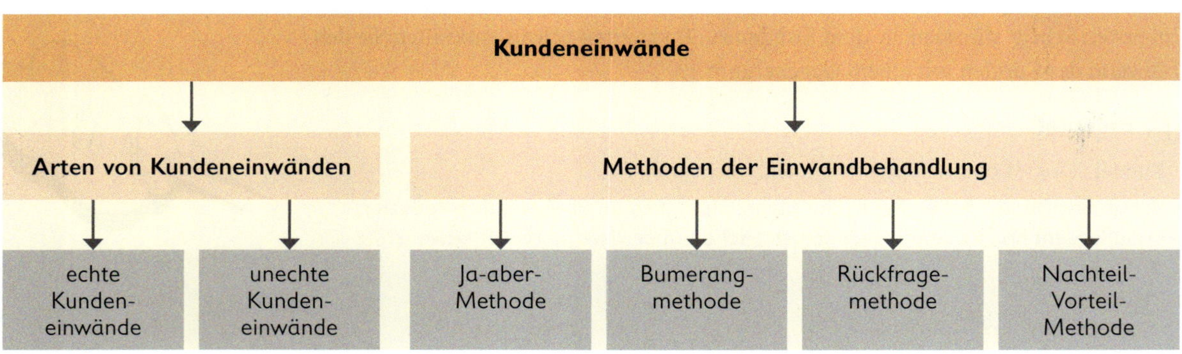

2.6 Preisnennung

Solange ein Kunde über eine Ware noch nicht genau Bescheid weiß, ist sie für ihn häufig grundsätzlich zu teuer. Während eines geschickt geführten Verkaufsgesprächs verändert sich jedoch die Sicht des Kunden. Er erkennt die Vorteile und den Nutzen der Ware, die ihm der Verkäufer nahebringt. Er erkennt das Preis-Leistungs-Verhältnis, d. h., er setzt Qualität und Nutzen der Ware in eine Beziehung zu ihrem Preis. Damit der Kunde diese Kosten-Nutzen-Relation erkennt, kann der Verkäufer unterschiedliche Methoden nutzen, um den Preis zu nennen. Es muss dem Verkäufer gelingen, dem Kunden zu verdeutlichen, dass das Produkt seinen Preis wert ist und ihm den entsprechenden Nutzen bringt.

Lernsituation 23

Kosten-Nutzen-Relation
Mit welchen Kosten erziele ich welchen Nutzen?

Die Verzögerungsmethode

Fragt ein Kunde nach dem Preis einer Ware, erwartet er eine klare Antwort. Deshalb sollte der Verkäufer die Preisnennung nicht allzu sehr hinauszögern. Trotzdem sollte der Kunde einen guten Eindruck vom Preis-Leistungs-Verhältnis der Ware bekommen.

Beispiel

Die Sandwichmethode

Hier wird die Nennung des Preises in die Verkaufsargumentation verpackt. Bevor der Verkäufer einen Preis nennt, erklärt er gezielt die Vorteile und Eigenschaften der Ware, um nach der Preisnennung damit fortzufahren:

Beispiel

Die Vergleichsmethode

Ohne genauere Informationen über die Qualität der Ware ist für Kunden der Preis oftmals nicht einsichtig, sodass es zu Einwänden gegen den aus ihrer Sicht hohen Preis kommen kann. In diesen Fällen ist das Herausstellen der Vorzüge der Ware gegenüber einer preiswerteren Vergleichsware besonders wichtig.

Beispiel

Vermeiden Sie die Begriffe „teuer“ und „billig“ im Verkaufsgespräch. Beim Begriff „teuer“ versteht der Kunde meist, dass „ihn etwas teuer zu stehen kommt“ und er wahrscheinlich zu viel Geld bezahlen soll. Den Begriff „billig“ beziehen Kunden dagegen erfahrungsgemäß auf die Warenqualität, die zu niedrig ist. Deshalb sollten beide Begriffe im Verkaufsgespräch vermieden und umformuliert werden.

Formulierungshilfen

Begriffe an Stelle von „teuer“	Begriffe an Stelle von „billig“
hochwertig	erschwinglich
exklusiv	günstig
wertvoll	reduziert
kostbar	nicht zu teuer
ausgesucht	mit besonders gutem Preis-Leistungs-Verhältnis
erstklassig	besonders knapp kalkuliert
edel	angemessen

Grundsätzlich neigen Menschen dazu, mit einem hohen Warenpreis auch eine entsprechend hohe Qualität zu verbinden. Wir vermuten also beim Vergleich zweier Waren, dass die teurere auch die hochwertigere ist. Verkaufsargumente wie „Die Qualität ist noch da, wenn der Preis längst vergessen ist“ oder aus dem Englischen „You only get what you pay for“ sind fest in unserem Einkaufsverhalten verankert. Jedoch beweisen Discountmärkte mit guten oder sehr guten Testurteilen für verschiedenste preisgünstige Waren oftmals das Gegenteil.

You only get what you pay for „Du bekommst nur das, wofür du auch bezahlst“– im Sinne von: „Wer mehr Qualität verlangt, muss dafür auch mehr bezahlen.“

Discounter → S. 43

Der Preis sagt demnach eigentlich nicht viel über Qualität und Nutzen der Ware aus. Es liegt also am Verkäufer, den Preis einer Ware zu begründen. Der Kunde ist davon zu überzeugen, dass der Preis in einem berechtigten Verhältnis zum Kundennutzen steht.

2.7 Kaufentscheidung

Lernsituation 24

Die alles entscheidende Phase im Verkaufsgespräch ist die Phase der Kaufentscheidung. Kauft der Kunde, nachdem Sie ihm den Nutzen der Ware verdeutlicht haben, seine Einwände aus der Welt schaffen konnten und auch den Preis entsprechend begründet haben? Oder verlässt der Kunde ohne Kaufabschluss das Geschäft?

Jeder Verkäufer wünscht sich natürlich die erste Variante: Der Kunde kauft nach eingehender Beratung. Aber auch wenn der Kunde das Geschäft ohne Ware wieder verlässt, heißt das nicht, dass sie nicht erfolgreich beraten haben. Eine gute Beratung zahlt sich oft erst langfristig aus, wenn der Kunde nach ein paar Tagen wiederkommt, um dann doch dort zu kaufen, wo er gut beraten worden ist.

Neben diesen beiden eindeutigen Entscheidungsformen gibt es noch eine dritte, sozusagen schwebende Variante: Der Kunde ist zwar von der Ware überzeugt, kann sich aber dennoch nicht zum Kauf entschließen. Sollte dies der Fall sein, müssen Sie als Verkäufer aktiv werden und dem Kunden eine Entscheidungshilfe geben. Diese Entscheidungshilfe hat nichts mit Überreden oder Beeinflussen des Kunden tun. Sie nehmen damit dem Kunden vielmehr die Entscheidungsangst und befreien ihn von seinen möglichen Bedenken.

Beispiel

Bedenken/Fragen von Kunden, die sich nicht entscheiden können:

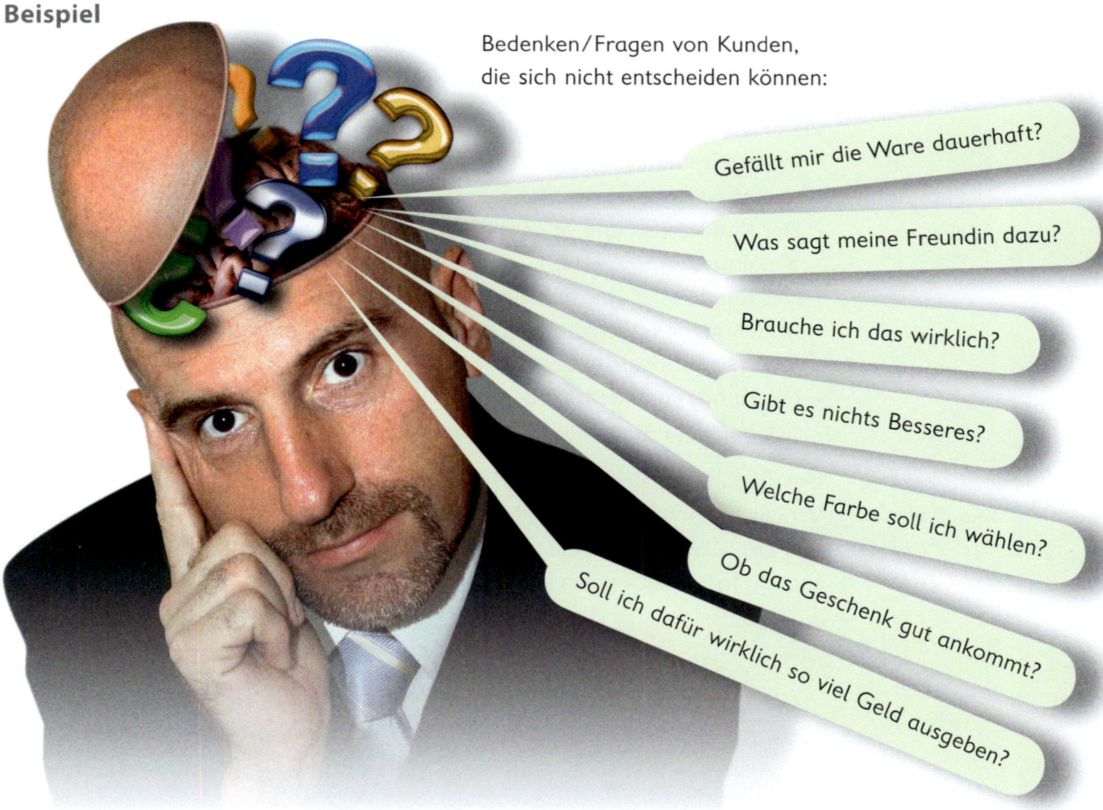

Diese Bedenken hat ein Kunde nur, wenn er sich mit der Kaufentscheidung beschäftigt und zum Kauf bereit ist. Sie als Verkäufer müssen diese generelle Kaufbereitschaft natürlich erkennen, um dann die entscheidenden Hilfestellungen geben zu können.

2.7.1 Kaufsignale

Kunden geben durch Signale zu erkennen, dass sie unmittelbar vor der Kaufentscheidung stehen. Wir unterscheiden verbale und nonverbale Kaufsignale. Häufig treten verschiedene Signale gleichzeitig auf.

Verbale Kaufsignale:
- Der Kunde äußert sich zustimmend, z. B.: „Doch, das gefällt mir sehr gut!"
- Der Kunde wiederholt die wichtigsten Kaufargumente, um zu überprüfen, ob er alles richtig verstanden hat, z. B.: „Also, dieses Sofa gibt es wirklich ohne Aufpreis auch als Viersitzer, in der Farbe Cognac und mit der Velourslederausstattung?"
- Der Kunde stellt Fragen zu weiteren Einzelheiten, wie zur richtigen Handhabung, Pflege, Garantie und zu Umtauschmöglichkeiten, z. B.: „Wenn das Kissen farblich nicht zu meinem Teppich passt, kann ich es dann umtauschen?" Hier spielt der Kunde gedanklich schon einmal durch, wie sich der Besitz der Ware auf ihn auswirken würde.
- Der Kunde fragt bei größeren Beträgen nach den Zahlungsmodalitäten, z. B.: „Kann ich das Sofa auch auf Rechnung zahlen?"
- Der Kunde fragt nach Referenzen. Er sucht hierbei noch letzte Sicherheit. Die guten Erfahrungen anderer können seine Zweifel zerstreuen, z. B.: „Und das Laminat wurde auch in der Einkaufspassage verwendet, wo es ja deutlich mehr beansprucht wird als bei mir zu Hause?"

Nonverbale Kaufsignale:
- Der Kunde ergreift erneut die Ware. Durch diese Geste zeigt er an, dass er die Ware gern besitzen würde, z. B. streichelt die Kundin vorsichtig über das extra weiche Nappaleder der Handtasche.
- Der Kunde nickt und signalisiert seine Zustimmung zu den Ausführungen des Verkäufers.
- Der Kunde zeigt eine positive Mimik, z. B. lächelt der Kunde und schaut seine Begleitung mit hochgezogenen Augenbrauen an. Damit fordert er die Zustimmung seiner Begleitung ein.
- Der Kunde simuliert den Besitz der Ware, z. B.: Die Kundin dreht und wendet sich in einem Abendkleid vor dem Spiegel, als wäre sie auf einem Ball.

aktives Zuhören
→ S. 83

Um die Kaufsignale des Kunden zu erkennen, müssen Sie ihn während des gesamten Verkaufsgespräches beobachten, ihm aktiv zuhören und seine Reaktionen analysieren. Der Kaufentschluss kann jederzeit erfolgen, sodass der Kunde die Kaufsignale auch zu jeder Zeit senden kann.

Kaufsignale des Kunden

verbale Kaufsignale	nonverbale Kaufsignale
• Zustimmung äußern • Verkaufsargumente wiederholen • Fragen zur Ware stellen • Fragen zu Zahlungsmodalitäten stellen • nach Referenzen fragen	• Waren „mit fünf Sinnen" erfassen (Besitzwunsch) • Zustimmung signalisieren • Zustimmung einfordern • positive Mimik • Besitz der Ware simulieren

2.7.2 Abschlusstechniken

Haben Sie beobachtet, dass sich der Kunde in der Entscheidungsphase befindet, aber noch unschlüssig ist, sollten Sie ihn bei seiner Entscheidung unterstützen. Zu diesem Zweck stehen verschiedene Abschlusstechniken zur Verfügung, die eine positive Kaufentscheidung vorbereiten, ohne sie zu diktieren.

Die Ja-Fragen

Der Verkäufer stellt dem Kunden Fragen zu seinen Produktwünschen, die der Kunde alle mit Ja beantworten kann, denn die zum Kauf stehende Ware erfüllt alle diese Wünsche. Am Ende der Frageserie wird dem Kunden klar, dass das Produkt perfekt auf seine speziellen Bedürfnisse zugeschnitten ist.

Beispiel

Verkäufer: „Sie wollen doch einen Ski, der gut dreht?"

Kunde: „Ja, richtig."

Verkäufer: „Und der Ski soll auch gute Gleiteigenschaften haben?"

Kunde: „Stimmt, das ist besonders wichtig."

Verkäufer: „Dann ist der Gneissel 500 genau der richtige Ski für Sie!"

Die Alternativfrage

Haben sich im Verkaufsgespräch zwei Alternativen ergeben, spitzen Sie die Auswahl und die Entscheidung auf diese beiden Artikel zu.

Alternativfragen → S. 92

Beispiel

Verkäufer: „Gefällt Ihnen der Blazer in Rot oder in Schwarz besser?"

Die Zusammenfassung

Die vom Kunden während des Verkaufsgespräches mit Zustimmung begleiteten Verkaufsargumente werden noch einmal zusammengefasst. Dabei stehen die stärksten Argumente am Schluss. Dem Kunden wird so noch einmal verdeutlicht, dass seine Vorstellungen mit diesem Produkt erfüllt werden.

Beispiel

Verkäufer: „Die Digitalkamera X 300 ist eine sehr gute Wahl, besonders, wenn Sie sich für das Modell mit optischem Zoom und dem besonders leistungsstarken Akku entscheiden."

Das Schweigen des Verkäufers

In manchen Situationen ist es angebracht, den Kunden in Ruhe überlegen zu lassen und eine Gesprächspause einfließen zu lassen. Dies führt entweder direkt zu einer Kaufentscheidung oder der Kunde erhält die Gelegenheit, sich bezüglich seiner Bedenken zu äußern. Es bestehen folgende Möglichkeiten für eine Gesprächspause:

- kurze Sprechpause, während der Kunde mit der Ware beschäftigt ist
- Hinweis: „Lassen Sie sich ruhig Zeit, ich kümmere mich nur kurz um die andere Kundin."
- Hinweis: „Ich bin gleich wieder für Sie da!" – Dabei sollte der Verkäufer sich aber nicht zu lange und nicht außer Sichtweite vom Kunden entfernen.

Die Empfehlung

Manche Kunden sind in ihrer Kaufentscheidung so unsicher, dass sie die Verantwortung dafür gerne an den Verkäufer abgeben. Aber Vorsicht: Dies setzt voraus, dass die Empfehlung aus Sicht des Kunden ausgesprochen wird. Der Verkäufer muss sich in die Lage des Kunden hineinversetzen und aus dieser Perspektive heraus die Empfehlung aussprechen. Das erfordert sehr viel Einfühlungsvermögen, denn sonst ist hier die Gefahr einer späteren Reklamation recht groß.

Einfühlungsvermögen (Empathie) → S. 87

Beispiel

Verkäufer: „An Ihrer Stelle würde ich den grünen Pullover wählen, denn die Farbe passt perfekt zu Ihren Augen!"

Einschränken der Auswahl

vgl. auch Warenvorlage → S. 93

Ist während des Verkaufgesprächs erkennbar, dass ein Artikel nicht in Frage kommt, sollte dieser beiseitegelegt werden. Dies lenkt die Aufmerksamkeit auf die wirklich relevante Ware.

Beispiel

Verkäufer: „Diese Hose kommt wohl nicht mehr in Frage?"

Die direkte Kaufaufforderung

Diese Abschlusstechnik sollten Sie nur einsetzen, wenn Sie sich der Kaufbereitschaft des Kunden sehr sicher sind. Sie fordern damit den Kunden direkt zu einer Entscheidung auf.

Beispiel

Verkäufer: „Darf ich Ihnen die Vase als Geschenk einpacken?"

Der Einsatz dieser Abschlusstechniken erfordert ein der Situation angepasstes Timing. Werden sie zu früh eingesetzt, wenn der Kunde noch gar keine Kaufbereitschaft signalisiert hat, fühlt er sich „überrollt" und zum Kauf gedrängt. Werden die Abschlusstechniken zu spät eingesetzt, so kann es leicht passieren, dass der Kunde das Geschäft verlässt, ohne sich entschieden zu haben. In beiden Fällen scheitert das Verkaufsgespräch.

2.8 Bekräftigung der Kaufentscheidung

Lernsituation 25

Viele Kunden haben direkt nach dem Kaufabschluss einen so genannten Kaufkater. Sie bereuen die getroffene Kaufentscheidung und werden vielleicht sogar von einem schlechten Gewissen geplagt. Fangen Sie den Kunden in dieser Stimmung auf, indem Sie ihm Bestätigung für seine Kaufentscheidung geben. Sie bestärken den Kunden in seinem Selbstwertgefühl und ermöglichen ihm ein positives Kauferlebnis. Außerdem zeigen Sie dem Kunden, dass sein Wohl Ihnen am Herzen liegt, denn Sie interessieren sich auch nach dem Kaufabschluss noch für ihn. Der Kunde verlässt das Geschäft mit einem guten Gefühl. Nur so können Sie ihn langfristig an Ihr Haus binden. Die Bekräftigung der Kaufentscheidung kann erfolgen durch:

Bezugnahme auf das Kaufmotiv

Der Verkäufer bestätigt erneut, dass die gewählte Ware das Kaufmotiv zu 100 % erfüllt, z. B.: „Diese Funktionsjacke ist wirklich ideal für Ihre Ansprüche: Dadurch, dass sie so leicht ist, werden Sie sie auf Ihrer Alpentour so gut wie gar nicht spüren!"

Kaufmotiv → S. 90

Die Möglichkeit zum Umtausch

Der Verkäufer gibt dem Kunden Sicherheit durch die Betonung der Umtauschmöglichkeit, denn eine eventuelle Fehlentscheidung wird keine Konsequenzen haben. Der Kunde kann die Ware ja umtauschen, z. B.: „Sollte Ihnen der Pyjama doch nicht passen, können Sie ihn selbstverständlich umtauschen."

Betonung der Qualität

Der Verkäufer als Fachmann lobt die Entscheidung und damit auch das Urteilsvermögen des Kunden, z. B.: „Mit dieser Antarktis-Daunendecke haben Sie sich wirklich für eine erstklassige Ware entschieden. An dieser besonders hochwertigen Ware werden Sie viele Jahre Freude haben."

Hinweis auf Kundendienst und Serviceleistungen

Der Verkäufer weist auf Dienstleistungen hin, die der Kunde beim Kauf der Ware in Anspruch nehmen kann. Dadurch signalisiert er dem Kunden, dass der Kunde auch bei zukünftigen Problemen nicht allein dastehen wird, sondern auf die Unterstützung des Einzelhändlers vertrauen kann, z. B.: „Sollte bei der Installation der Software wider Erwarten doch ein Problem auftreten, steht Ihnen unser Kundendienst jederzeit zur Verfügung!"

Serviceleistungen → S. 113

Tipps zum Gebrauch und zur Pflege der Ware

Der Verkäufer signalisiert dem Kunden, dass er ihn langfristig zufrieden stellen möchte. Er ist nicht nur am gerade erzielten Umsatz, sondern an einer langfristigen Kundenbindung interessiert, z. B.:„Bitte düngen Sie die Pflanze regelmäßig, dadurch stellen Sie sicher, dass sie kräftig blühen wird. Geben Sie einfach einmal in der Woche Flüssigdünger in das Blumenwasser, fertig!"

Aber wie immer bestätigen die Ausnahmen die Regel: So ist es durchaus denkbar, einen Ergänzungsartikel schon während der Warenvorlage anzubieten, nämlich dann, wenn dieser Ergänzungsartikel den Hauptartikel aufwertet.

Beispiel

Eine Verkäuferin zeigt dem Kunden, passend zum gekauften Anzug und gekauftem Oberhemd, eine Krawatte.

Ergänzungsangebote erfolgreich zu unterbreiten, ist eine echte Kunst. Kunden sind häufig misstrauisch und unterstellen dem Verkäufer als Hauptinteresse Umsatzsteigerung. Umso wichtiger ist die Art und Weise, wie Sie ein Ergänzungsangebot formulieren und präsentieren. Vermeiden Sie allgemeine Formulierungen oder solche, die dem Kunden das „Nein" förmlich in den Mund legen. Machen Sie den Kunden vielmehr fachkundig und anschaulich auf notwendige Ergänzungen aufmerksam. Nutzen Sie bei der Präsentation des Ergänzungsartikels den Hauptartikel, d. h., präsentieren Sie den Ergänzungsartikel möglichst immer am bzw. zusammen mit dem Hauptartikel.

Beispiel

- „Diese Ledertasche schützt Ihre wertvolle Kamera vor Beschädigungen."
- „Haben Sie noch genügend Schuhpflege für Wildlederschuhe?"

2.10 Serviceleistungen

Lernsituation 27

Das Wort „Service“ stammt aus dem Englischen und bedeutet „Unterstützung“, „Dienstleistung“, „Kundendienst“. Serviceleistungen sind Dienstleistungen, die der Kunde vor, während und nach dem Kauf eines Produktes in Anspruch nehmen kann. Sie können den Gebrauchswert der Ware verbessern, dem Kunden einen bequemeren Einkauf ermöglichen oder ihm zu einem finanziellen Spielraum verhelfen. Diese zusätzlichen Leistungen werden immer bedeutsamer, denn mit ihnen kann sich der Einzelhändler von der Konkurrenz abheben, ein eigenes Profil gewinnen und die Kundenbindung verstärken. Weiß ein Kunde den Service des Hauses zu schätzen, kommt er wahrscheinlich wieder, und das ist für den Einzelhändler überlebenswichtig! Welche Serviceleistung Sie einem Kunden anbieten, hängt jedoch von seinen spezifischen Bedürfnissen ab.

Beispiel

Ein Kunde kauft sich einen Tennisschläger. Früher oder später wird er eine neue Bespannung benötigen. Sie machen den Kunden deshalb schon beim Kauf des Schlägers auf den günstigen Bespannungsservice im Hause aufmerksam und gewähren ihm möglicherweise noch einen Gutschein dafür. Er wird dann sicher wiederkommen und den Bespannungsservice in Anspruch nehmen.

Serviceleistungen für den Kunden sind hauptsächlich vom Sortiment des Einzelhändlers abhängig. Man unterscheidet fünf Kategorien von Serviceleistungen.

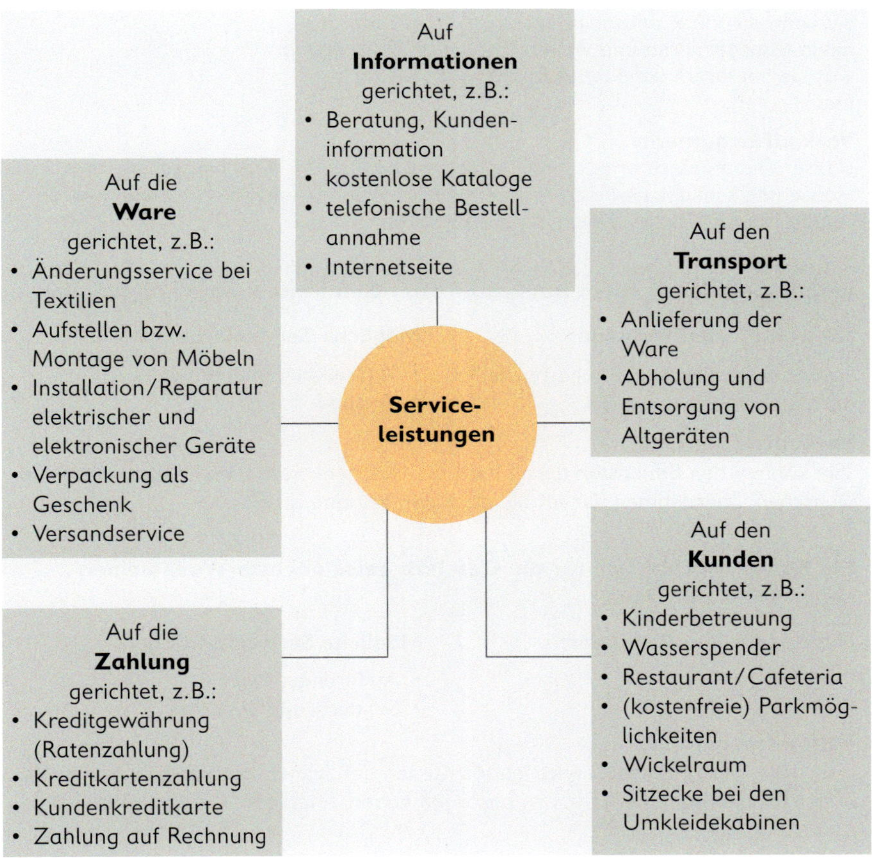

Zahlungsformen → S. 126

Serviceleistung Transport – einmal anders

Die Serviceleistungen des Einzelhändlers lassen sich während des Beratungsgesprächs als zusätzliches Verkaufsargument nutzen. Nachdem Sie den Kunden über die Eigenschaften und Nutzen der Ware informiert haben, sollte auch das Serviceangebot in das Gespräch einfließen.

Achten Sie darauf, spezielle Bedürfnisse oder Probleme Ihres Kunden richtig zu erfassen. Dann kann der Hinweis auf den guten Service der ausschlaggebende Impuls für die Kaufentscheidung sein.

Die folgenden Beispielfälle sollen dies verdeutlichen.

Beispiele

Eine Kundin möchte eine neue Waschmaschine kaufen.

Hinweis für den Verkäufer:	**Mögliche Serviceleistungen:**
Sie kann die Waschmaschine nicht allein transportieren und weiß nicht, was sie mit ihrem defekten Altgerät machen soll.	• Lieferung • Entsorgung • Anschluss

Verkaufsargument:
„Unser Lieferservice bringt Ihnen selbstverständlich die Waschmaschine nach Hause und schließt sie Ihnen fachgerecht an. Wenn Sie möchten, nehmen wir Ihre alte Maschine auch gleich mit zur Entsorgung."

Eine Kundin kauft einen Baukasten zum Geburtstag ihres Patenkindes.

Hinweis für den Verkäufer:	**Mögliche Serviceleistungen:**
Sie hat keine Zeit, den Baukasten selbst als Geschenk einzupacken.	• Verpackung als Geschenk • Versand

Verkaufsargument:
„Sie können den Baukasten gern gleich als Geschenk verpacken lassen. Wenn Sie wünschen, übernehmen wir für Sie auch den Versand als Paket."

Ein Kunde möchte sich für die Geschäftsreise nächste Woche einen neuen Anzug kaufen.

Hinweis für den Verkäufer:	**Mögliche Serviceleistungen:**
Die Ärmel sind zu lang.	• Änderungsservice • Sondergröße bestellen

Verkaufsargument:
„Für unseren Änderungsservice ist das Kürzen der Ärmel kein Problem. Wenn Sie in der Umgebung noch etwas zu besorgen haben, erledigen wir das währenddessen für Sie."

2.11 Alternativangebote

Obwohl in der Regel jeder Einzelhändler versuchen wird, sein gesamtes Sortiment nach den Wünschen seiner Kunden zu gestalten, wird es immer wieder vorkommen, dass Sie einzelne vom Kunden gewünschte Artikel nicht in Ihrem Sortiment gelistet haben. Hier ist es Ihre Aufgabe, dem Kunden sinnvolle Alternativen anzubieten. Oft verbindet der Kunde mit dem Wunsch nach einem bestimmten Artikel nur die Warenmerkmale dieses Artikels, die seinen speziellen Bedürfnissen entsprechen. Wenn Sie einen gewünschten Artikel nicht in Ihrem Sortiment führen, sollten Sie Ihrem Kunden eine Alternative anbieten, die seinen Bedürfnissen mindestens ebenso gut gerecht wird. Vermeiden Sie dabei aber Formulierungen, die Ihr Alternativangebot in den Augen des Kunden minderwertiger erscheinen lassen können.

Beispiele

„Wir haben leider nur Modelle der Marke Knorps."

„Dieser Fernseher ist aber auch ganz gut."

„Ich kann Ihnen höchstens eine Bluse von SSOB anbieten."

Sprechen Sie so wenig wie möglich über den nicht vorhandenen Artikel, sondern führen Sie dem Kunden die Vorteile Ihres Alternativangebotes direkt vor Augen. Auch die Frage nach den speziellen Warenmerkmalen des nicht vorhandenen Artikels hilft Ihnen, ein für den Kunden bedarfsgerechtes Alternativangebot zu finden.

Beispiel

Kunde: „Ich hätte gerne den neuen 17-Zoll-Flachbildschirm von Scod."
Verkäufer: „Scod führen wir nicht, aber wenn ich Sie richtig verstanden habe, suchen Sie einen Bildschirm, der eine sehr gute Auflösung besitzt und gleichzeitig nahezu flimmerfrei ist? Da kann ich Ihnen den neuen PC-Bildschirm von Helinea anbieten, der eine noch bessere Auflösung als der Scod bietet und der zudem auch noch preisgünstiger ist."
Kunde: „Können Sie mir den mal zeigen?"

2.12 Verabschiedung

Lernsituation 29

Der erste Eindruck, den der Kunde vom Verkäufer bekommt, ist sicherlich ein entscheidender. Aber ein positiver erster Eindruck kann durch einen schlechten letzten Eindruck auch wieder zunichte gemacht werden. Fatal daran ist, dass der Verkäufer dann keine Chance mehr hat, diesen schlechten Eindruck auszugleichen. Deshalb Achtung: Das Verkaufsgespräch endet erst nach der Verabschiedung. Dabei spielt es keine Rolle, ob der Kunde kauft, nicht kauft oder es sich noch einmal überlegen möchte. Für alle drei Varianten gelten die Regeln der Höflichkeit!

Die Verabschiedung sollte zwei Elemente umfassen:

1. Die eigentliche Verabschiedung. Hier bietet sich eine situations- oder personenbezogene Formulierung an.
2. Dank an den Kunden für seinen Besuch bzw. Einkauf:

situationsbezogene Formulierung, z.B. „Frohe Ostern", „Noch einen schönen Feierabend"

personenbezogene Formulierung, z.B. „Viel Spaß bei Ihrer Grillparty", „Einen schönen Urlaub"

Beispiel

„Auf Wiedersehen und vielen Dank für Ihren Besuch! Ich wünsche Ihnen viel Spaß beim Geburtstag Ihres Patenkindes!"

Bei der Verabschiedung ist außerdem zu beachten:

- Wie im gesamten Verkaufsgespräch sollten Sie sich natürlich verhalten und hochtrabende Formulierungen vermeiden, wie z. B. „Vielen Dank, gnädige Frau, und beehren Sie uns bald wieder."
- Unabhängig vom Kunden und dessen Erscheinung (Alter, Kleidung, gesellschaftliche Stellung) sollten Sie stets höflich und freundlich sein.
- Ist Ihnen der Name des Kunden bekannt, verabschieden Sie sich namentlich von ihm.
- Helfen Sie hilfsbedürftigen Kunden von sich aus beim Verlassen des Geschäftes, z. B. Müttern mit Kinderwagen oder gehbehinderten Menschen.

3

Kunden im Servicebereich Kasse betreuen

Kassensysteme **Lernsituation 36**

Warenwirtschaftssystem

Kassenorganisation und Kassenberichte

Zahlungsformen

Umsatzsteuersystem

Rechtliche Rahmenbedingungen

Wichtige Rechenverfahren

Lernsituation 31

1 Kassensysteme

Kassenbon
→ S. 127

Kassenbericht
→ S. 125

Im Einzelhandel sind viele unterschiedliche Kassensysteme im Einsatz, die die speziellen Erfordernisse des Einzelhandelsunternehmens erfüllen. Nur noch ganz selten werden **offene Ladenkassen** genutzt. Eine offene Ladenkasse kann beispielsweise die Schublade oder eine Geldkasse sein, in der das eingenommene Geld gelegt wird. **Elektronische Registrierkassen** (ECR-Kassen) sind nur noch in kleineren Geschäften zu finden. Mit elektronischen Registrierkassen können Beträge addiert, subtrahiert sowie multipliziert und der Kassenbon ausgedruckt werden. Zusätzlich können Stornierung, Auf- und Abschläge berechnet werden. Am Ende des Tages wird ein Tagesendsummenbon erstellt, der anzeigt, wie viel Geld an einem Tag in diese Kasse geflossen ist.

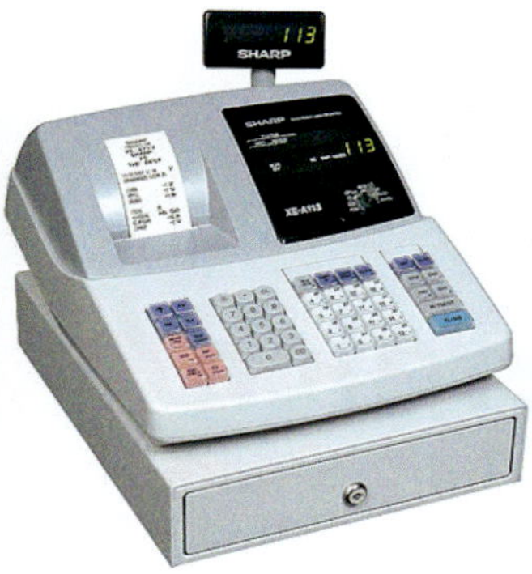

Heute ist in der Regel die **elektronische Datenkasse** im Einsatz, die an eine EDV-Anlage anschließbar bzw. angeschlossen ist. Außerdem können verschiedene automatische Etikettenlesegeräte und Datenaufzeichnungsgeräte angeschlossen werden:

Strichcode
GTIN (früher EAN-Code)
→ S. 189

Scanner und Lesepistole: Im Einzelhandel erfasst der Scanner z. B. durch den auf den Waren aufgebrachten Strichcode alle wichtigen Daten für die Identifizierung und Erfassung dieser Waren. Ist die Lesevorrichtung fest mit der Kassenvorrichtung verbunden, spricht man auch von einer Scannerkasse. Lesepistolen sind bewegliche Scanner.

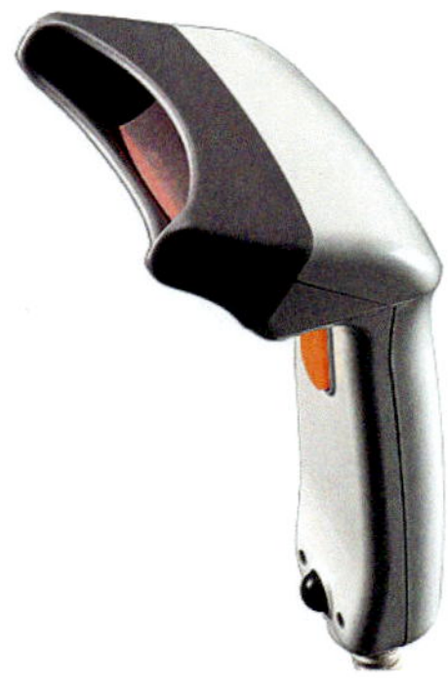

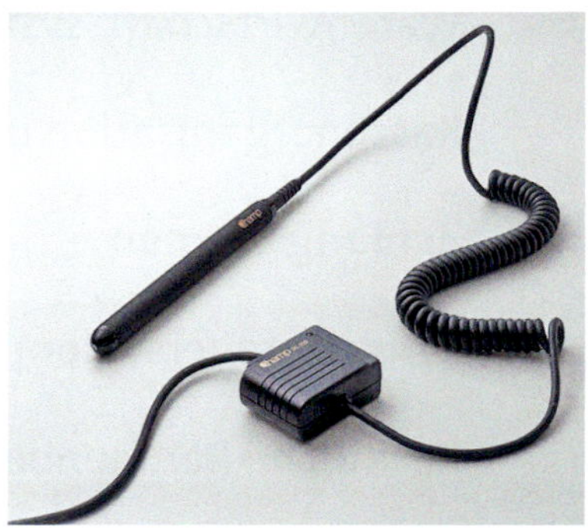

Bezahlen mit Kreditkarten, Debitkarten oder Geldkarte
→ S. 129

Kartenlesegeräte: Diese Lesegeräte werden eingesetzt, um Kreditkarten, Kundenkreditkarten, Magnetstreifenkarten und Debitkarten (Girocard) lesen zu können. Der Zahlungsvorgang erfolgt durch Einstecken der Karte in das Kartenlesegerät und Auslesen der Daten von Magnetstreifen oder dem Chip.

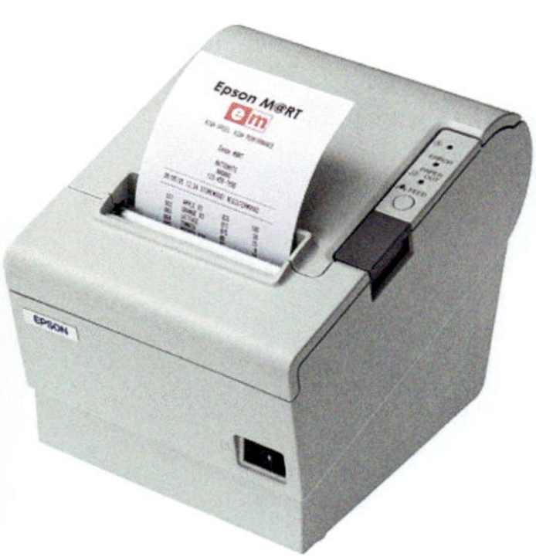

Bondrucker: Der Kassenbon wir in allen Einzelheiten ausgedruckt und der Kunde erhält den Beleg für die erfolgte Zahlung. Mit den Informationen auf dem Bon kann der Einzelhandel Rückschlüsse über das Kaufverhalten der Kunden ziehen. In diesem Zusammenhang wird auch vom „sprechenden“ Kassenbon gesprochen.

Kundendisplay: Auf dem Display kann der Kunde seinen Einkauf kontrollieren, denn jeder einzelne Preis wird beim Scannen des Strichcodes angezeigt. Zum Schluss erscheint die zu zahlende Summe.

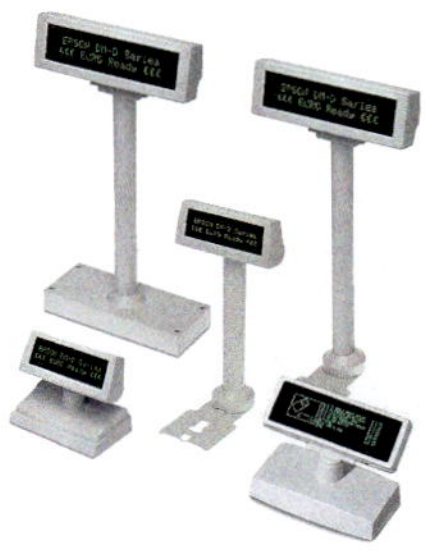

Kundendisplays

Waagensystem: Mit einer so genannten Checkout-Waage wird der Artikel aus der Obst- und Gemüseabteilung an der Kasse gewogen. Der dazugehörige Preis wird automatisch von der Kasse errechnet.

Datenkassen die einen eingebauten Datenträger (wie z. B. Diskette oder Magnetbandkassette) besitzen und deren Daten darüber nach Geschäftsschluss in eine EDV-Anlage „eingelesen" werden, werden **Stand-alone-Terminal** genannt. Besteht eine direkte Verbindung zwischen allen Datenkassen des Geschäftes und der zentralen EDV-Anlage, handelt es sich um ein **Point-of-Sale-Verbundsystem**. Die Speicherung von Daten findet nicht mehr in den einzelnen Kassen statt, sondern nur noch auf dem Zentralrechner.

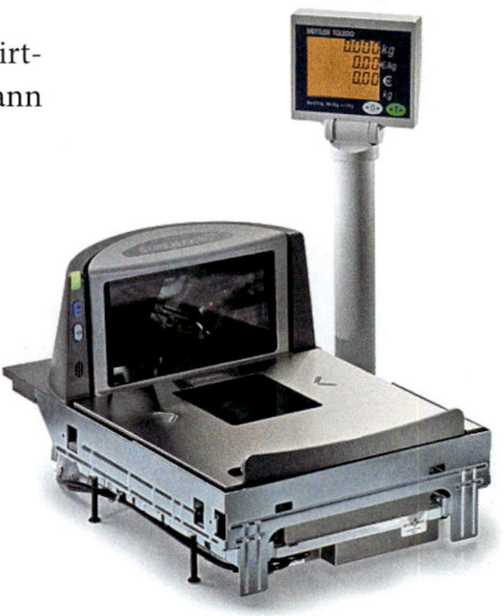

Checkout-Waage

Point-of-Sale-Verbundsysteme werden im Zusammenhang mit dem Warenwirtschaftssystem eingesetzt. Folgende Informationen und Möglichkeiten stehen dann zur Verfügung:

- Stammdaten für Artikel, Warengruppen, Kassierer, Lieferanten
- automatischer Zugriff auf Artikeldatenbank
- offener Artikel mit freier Preiseingabe
- zwei Preislisten für Privat- und Gewerbekunden
- zeitlich begrenzte Angebotspreise
- umfangreiche Preisnachlass- und Rabattfunktionen
- verkäufergenaues Kassieren
- Warengruppenverwaltung
- Kassenbericht
- Ein-/Auszahlungen
- Storno
- Bondruck mit frei konfigurierbaren Kopf- und Fußzeilen
- Werbelauftext auf dem Kundendisplay

Warenwirtschaftssystem → S. 121

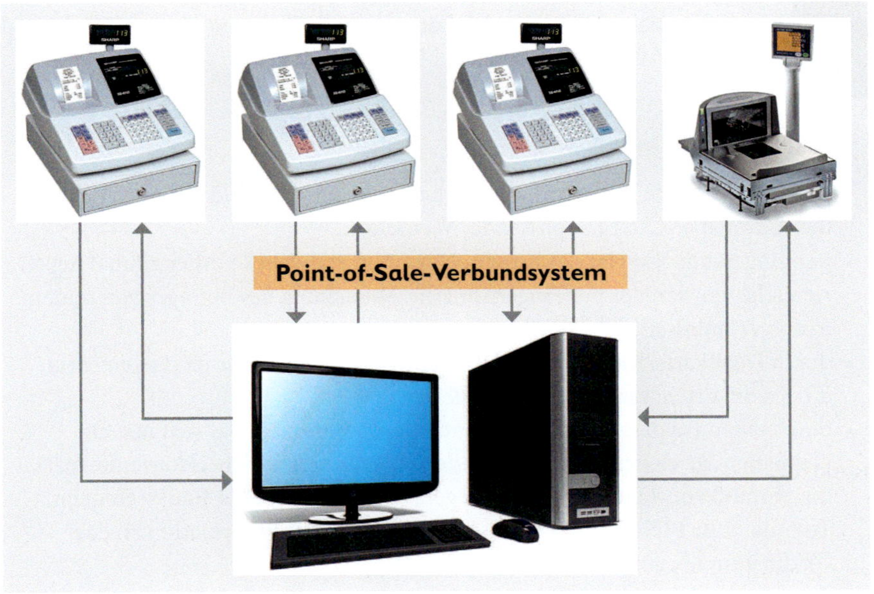

Self-checkout (SB-Kasse)

Mobiler Einkaufsassistent → S. [illegible]

Bezahlen mit Fingerabdruck

Kassieren im Selbstbedienungssystem

Kunden empfinden Warteschlangen an der Kasse oft als den lästigsten Störfaktor beim Einkaufen. Deshalb werden zur Optimierung von Kassenprozessen immer wieder neue Techniken erprobt. Neben den üblichen Servicekassen, an denen die Kassierer die Waren einscannen, werden in einigen Einzelhandelsgeschäften verschiedene Selbstbedienungssysteme, kurz SB-Kassen, eingesetzt.

Bei der **SB-Kasse** zieht der Kunde selbst die Strichcodes der Artikel über den integrierten Scanner, legt die Ware anschließend auf das Band oder packt diese in bereitstehende Tüten, die auf Waagen stehen. Zählsensoren oder der Gewichtsvergleich der Tüten mit den gebongten Artikeln soll gewährleisten, dass alle Artikel gescannt werden bzw. nur die gescannten Artikel in die Tüten eingepackt wurden. Anschließend begibt sich der Kunde zum Zahlterminal, das sich entweder direkt neben der Scanstation der an einem gesonderten Ort im Geschäft befindet.

Mit dem Mobilen Einkaufsassistenten (kurz: **MEA**), einer Kombination aus einem mit Kamera ausgestatteten Mobiltelefon und einer bestimmten Handysoftware, kann der Kunde im Markt die Waren selbstständig einscannen. Hat der Kunde vorher zu Hause seine Einkaufsliste eingegeben, kann er nichts vergessen. Nach Beendigung des Einkaufs durch Eingabe auf der Tastatur des Handys erscheint auf dem Display ein Strichcode, der an der Zahlstation gescannt wird. Somit entfällt am „Checkout" das Scannen der einzelnen Artikel und der Kunde kann sich gleich zum Zahlterminal begeben.

Die Anwendung der Radiofrequenz-Identifikation (kurz: **RFID**) macht das Scannen überflüssig. Voraussetzung für den Einsatz der innovativen Technik, die zurzeit aus Kostengründen nur an ausgewählten Artikeln getestet wird, ist, dass die Artikel mit RFID-Mikrochips ausgestattet sind, die eine automatische Produkterkennung ermöglichen. Ein RFID-Lesegerät an der Kasse erfasst die gesamten Waren im Einkaufswagen auf einmal und die Kunden können die Kassenzone zügig passieren und an der Zahlstation bezahlen.

Zahlungsformen → S. 126

Die Debitkarte wird auch Girocard, EC-Karte, Bankkundenkarte oder Maestro-Karte genannt. → S. 129

Zahlvorgang im SB-System

- in bar: Der Kunde bezahlt mit Geldscheinen oder Münzgeld am Automaten; der Automat erstattet das passende Wechselgeld.
- per Fingerabdruck: Hat der Kunde seinen Fingerabdruck vorher einmal registrieren lassen, kann er per Fingerprint die Abbuchung des Betrages von seinem Konto veranlassen.
- durch Debitkarte/Kreditkarten: Der Zahlvorgang wird über das Geldinstitut/die Kreditkartenorganisation abgewickelt.
- durch einen Paypass: Bei diesem kontaktlosen Bezahlen, das sich nur für kleine Beträge eignet, führt der Kunde den Paypass (im Scheckkartenformat) im Abstand von 4 cm an einem Lesegerät vorbei, womit per Radio-Frequenz-Technik ohne PIN-Eingabe oder Unterschrift die Zahlinformation an das Geldinstitut übermittelt wird.

2 Kasse im Warenwirtschaftssystem

Durch das Erfassen jedes Verkaufsvorgangs an einer Datenkasse im Verbund mit einem computergestützten Warenwirtschafssystem erhält der Einzelhändler beispielsweise

- Kundendaten (bei Kartenzahlungen),
- die Information, wie viele Artikel im Regal oder im Lager noch vorhanden sind und wann sie nachbestellt werden müssen und
- welche Artikel sich gut verkaufen lassen und welche auf Grund einer zu geringen Nachfrage aus dem Sortiment genommen werden sollten.

Bei einem **Warenwirtschaftssystem** (WWS) handelt es sich um ein Datenbanksystem, das zentral die Verwendung der Daten durch viele Anwender bzw. Programme kontrolliert. Das Datenbanksystem besteht aus einer Datenbank, einem System von Dateien und einem Datenverwaltungsprogramm. Mit dem Datenverwaltungsprogramm wird der Zugriff auf die Daten, die Abspeicherung und die Änderung der Daten vorgenommen. Es verhindert z. B., dass die Daten eines Kunden doppelt erfasst werden oder dass Daten in unterschiedlichen Dateien mit verschiedenen Werten existieren.

Price-look-up-Verfahren → S. 189

Der **Kassiervorgang** läuft mit Hilfe eines Warenwirtschaftssystem wie folgt ab: Nachdem die Artikelcodierung, z. B. per Scanner, eingelesen wurde, wird aus der Datenbank des Warenwirtschaftssystems der für diese Codierung hinterlegte Preis im Computer abgerufen und an der Kasse angezeigt. Dieser Vorgang wird als Price-look-up-Verfahren (PLU) oder auch Preisabrufverfahren bezeichnet. Somit wird nicht mehr jeder Artikel einzeln mit einem Preis versehen, sondern nur einmalig die auf dem Artikel vorhandene Codierung (z. B. GTIN) mit einem Preis in dem Warenwirtschaftssystem angelegt. Es reicht dann eine Preisauszeichnung am Artikelregal aus. Fehlerquellen, wie z. B. Veränderungen der Preisauszeichnung durch Kunden oder falsche Eingabe des Preises in die Kasse, werden vermieden. Zudem können bei Sonderangeboten die Preise zu Beginn und Ende der Aktion automatisch in dem Warenwirtschaftssystem umgestellt werden.

Die GTIN (Global Trade Item Number) ist eine Identifikationsnummer, mit der Produkte und Packstücke weltweit eindeutig identifiziert werden. Die GTIN ist ein Sammelbegriff für die Code-Schemata der Barcode-Kennzeichnung mit der EAN.

Nach Abschluss des Verkaufsvorgangs wird der Bestand der Artikel automatisch um die verkaufte Menge verringert. Dazu ist es wichtig, dass der Artikel mit der Codierung erfasst wurde und genau zugeordnet werden kann. Wurde bei einem Kassiervorgang statt der Codierung nur die Warengruppe und der Preis oder nur der Preis eingegeben, ergibt dies Fehler in den Lagerbeständen und die Aussagekraft der artikelgenauen Umsatzauswertungen sinkt. Ein sorgfältiges Kassieren ist deshalb eine unabdingbare Voraussetzung für den erfolgreichen Einsatz eines Warenwirtschaftssystems.

Ablauf des Kassiervorgangs mit Hilfe des Warenwirtschaftssystems

Der Kunde legt die Ware an der Kasse vor.

↓

Der Kassierer scannt die GTIN (Barcode) ein.

↓

Die Kasse übergibt den eingescannten Barcode an das Warenwirtschaftssystem.

↓

Das Warenwirtschaftssystem sucht zur Artikelnummer die passende Artikelbezeichnung und den Verkaufspreis.

↓

Die so aufbereiteten Daten werden an die Kasse zurückgeschickt und auf dem Monitor angezeigt.

↓

Der Drucker druckt die Daten auf dem Kassenbon aus.

↓

Die Kasse ist bereit für weitere Aufgaben.

↓

a) Der Kassierer scannt den nächsten Artikel des Kunden und der Prozess beginnt von vorn.

b) Der Kassierer beendet den Vorgang des Kassierens und schließt den Kassenbon ab.

c) Der Kassierer löst einen Stornoprozess aus, da der Kunden z.B. den Artikel doch nicht kaufen möchte.

↓ (nach b)

Das Warenwirtschaftssystem berechnet die Kassenbonsumme und vermindert en Warenbestand um die verkauften Artikel.

↓

Die Kasse zeigt die Gesamtsumme des Einkaufs auf dem Kassenmonitor und dem Kundendisplay an.

↓

Der Kassierer wickelt den Zahlungsvorgang ab.

↓

Der Kassenbon wird gedruckt.

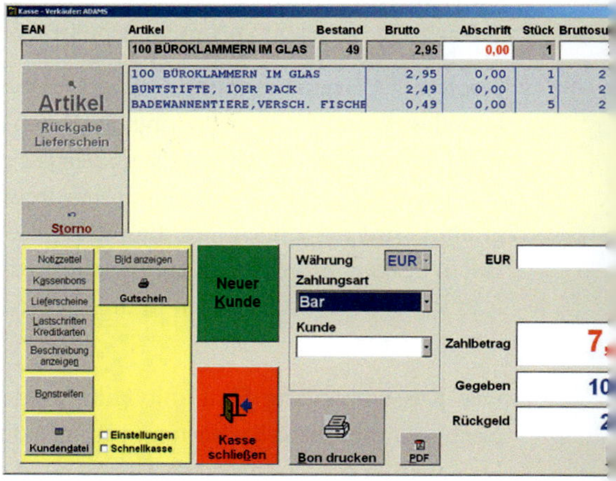

Artikelerfassung im Warenwirtschaftssystem E.V.A.

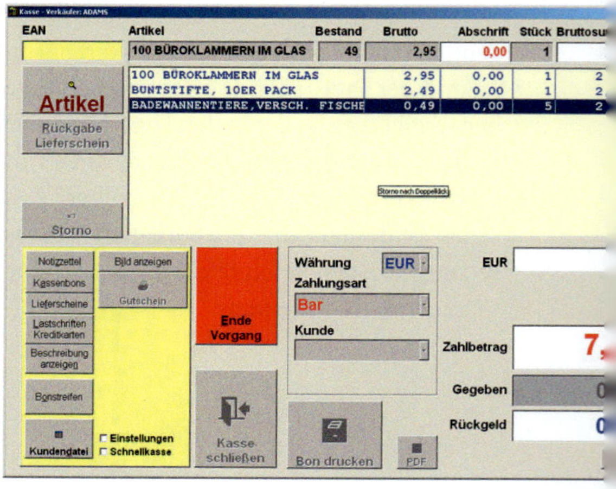

Bezahlung der Ware in bar mit dem Warenwirtschaftssystem

Exkurs: Datenschutz

Datenschutzmaßnahmen sollen die missbräuchliche Verwendung, aber auch Vernichtung oder Veränderung von Unternehmensdaten aller Art sicherstellen. Dabei waren Zugangskontrollen schon immer notwendig. Ein Schlüssel zum Archiv, der beim Chef hinterlegt ist, reicht aber schon lange nicht mehr aus. Daten sind heutzutage über Netze unternehmensintern, aber oft auch weltweit online verfügbar.

Notwendige technische und organisatorische Datenschutzmaßnahmen sind z. B.:
- Zugangsbeschränkungen, z. B. durch Passwortschutz oder Fingerabdruckscanner
- Schutz vor missbräuchlicher Versendung, Kopie, Löschung oder Veränderung, z. B. durch Hardwarebeschränkungen (keine Brenner, kein USB usw.) oder durch gestaffelte (Administratoren-)Rechte (nur lesen, nicht speichern)
- aktuelle und wirksame Antivirenprogramme und Firewalls
- Verschlüsselungstechniken bei Datenübertragungen (auch im Internet und insbesondere bei WLan-Übertragungen)

Ein weiterer Aspekt beim Datenschutz ist der Schutz **personenbezogener Daten**, die z. B. in Personal-, Kunden- oder Lieferantendateien gespeichert sind. Personenbezogene Daten sind
- Name, Anschrift, Geburtsdatum sowie
- Angaben über sachliche und persönliche Verhältnisse wie Vermögen, Beruf, Zahlungsverhalten, politische Anschauungen, Hobbys, aber auch Krankheiten

Im Umgang mit personenbezogenen Daten gibt es strenge Regeln, die durch das **Bundesdatenschutzgesetz (BDSG)** vorgegeben werden. Zweck dieses Gesetzes ist es, den Einzelnen davor zu schützen, dass er durch den Umgang mit seinen personenbezogenen Daten in seinem Persönlichkeitsrecht beeinträchtigt wird.

www.bfd.bund.de

Unternehmen, die personenbezogene Daten automatisiert verarbeiten, müssen, wenn sie damit mehr als neun Arbeitnehmer beschäftigen, einen **betrieblichen Datenschutzbeauftragten** bestellen, der zur Erfüllung seiner Aufgaben (Überwachung der Datenverarbeitung, Schulung von Mitarbeitern usw.) die erforderliche Fachkunde und Zuverlässigkeit besitzen muss. Er hat insbesondere
- die ordnungsgemäße Anwendung der Datenverarbeitungsprogramme, mit deren Hilfe personenbezogene Daten verarbeitet werden sollen, zu überwachen, und
- die bei der Verarbeitung personenbezogener Daten tätigen Personen durch geeignete Maßnahmen mit den Vorschriften dieses Gesetzes sowie anderen Vorschriften über den Datenschutz und mit den jeweiligen besonderen Erfordernissen des Datenschutzes vertraut zu machen.

3 Kassenorganisation und Kassenberichte

Verkaufsgespräche
→ S. 88

Die Aufgaben des Mitarbeiters im Einzelhandel sind sehr vielseitig. Nach erfolgreichem Abschluss eines Verkaufsgesprächs führt der Mitarbeiter den Kunden zur Kasse. Hier sind bestimmte Regeln für das Kassieren und Informationen über die Kassenorganisation und die unterschiedlichen Zahlungsformen zu beachten.

Verkaufsform
→ S. 38

Zahlungsformen
→ S. 126

Je nach Größe und Verkaufsform des Geschäfts sind die Kassensysteme im Einzelhandel unterschiedlich angeordnet. Angestrebt wird mit der gewählten Platzierung der Kasse ein für den Kunden günstiger Kassenweg. Auf dem Weg zur Kasse soll der Kunde ferner auf auffällig platzierte Waren oder Sonderangebote aufmerksam gemacht werden. Lange Wartezeiten an der Kasse sollen vermieden werden. Ziele der **Kassenorganisation** sind es

- alle baren und bargeldlosen Zahlungen zu erfassen,
- den Zahlungsvorgang zügig und schnell abzuwickeln,
- die Zahlungen zu kontrollieren und
- sämtliche Kassendaten auszuwerten.

Arbeitsschritte vor Geschäftsöffnung

- genügend Wechselgeld bereitstellen
- die Listen für Stückpreise kontrollieren und gegebenenfalls anpassen
- genügend Verpackungsmaterial (z. B. Tragetaschen) und Kassenrollen bereitstellen
- funktionsfähige Schreibmaterialien bereitstellen

Beispiel

Eine Kundin kommt mit zwei T-Shirts zu je 12,00 Euro und einer Jeans zu 69,90 Euro an die Kasse. Der Verkäufer reicht die Hände in Richtung Kundin, um die Ware entgegenzunehmen.

Verkäufer: „Guten Tag, vielen Dank! Dies sind drei Teile?"
Kundin: „Ja."
Verkäufer: „Gut." Der Verkäufer scannt die drei Teile ein.
Verkäufer: „Dies macht dann 93,90 Euro für Sie. Wie möchten Sie zahlen?"
Kundin: „Mit Bargeld."
Verkäufer: „Gut". Die Kundin reicht dem Verkäufer einen 100-Euro-Schein.
Verkäufer: „100,00 Euro, danke schön."

Der Verkäufer überprüft die Richtigkeit des 100-Euro-Scheins mit Hilfe eines Infrarotlesegerätes. Dann gibt der Verkäufer den erhaltenden Betrag in die Kasse ein. Er steckt dabei den Geldschein sichtbar in die Halterung an der Kasse und nimmt das Rückgeld in Höhe von 6,10 Euro heraus.

Verkäufer: „Bitte schön, 6,10 Euro für Sie zurück." Der Verkäufer entfernt nach der Übergabe des Rückgeldes alle Sicherheitsetiketten und legt die Waren mit dem Kassenbon in eine Tüte.
Verkäufer: „Bitte, ihr Einkauf. Der Kassenbon liegt in der Tüte. Vielen Dank für Ihren Einkauf und viel Freude mit den neuen Sache. Auf Wiedersehen und einen schönen Nachmittag."
Kundin: „Danke. Auf Wiedersehen."

Wenn man den Grundsatz „Erst Zahlung abwickeln, dann Ware und Kassenbon herausgeben!“ beachtet, erleichtert man sich den Vorgang des Kassierens. Auch der Kunde sollte während des Kassierens über den Kaufpreis (Gesamtsumme) und das erstattete Rückgeld informiert werden. Jedes Einzelhandelsunternehmen stellt dazu individuelle **Kassieranweisungen** zusammen, um einen reibungslosen Kassiervorgang durchführen zu können. Ein weiteres Gebot für den Mitarbeiter an der Kasse ist ein freundliches, höfliches und kundenorientiertes Auftreten. Dadurch trägt er dazu bei, den Kundenstamm zu erhalten bzw. zu vergrößern.

Kassieranweisungen sind von Unternehmen zu Unternehmen unterschiedlich.

Grundregeln einer Kassieranweisung

- Nennen Sie dem Kunden deutlich den Betrag, den er zahlen muss.
- Sorgen Sie dafür, dass Sie immer nachvollziehen können, welche Geldscheine der Kunde Ihnen gegeben hat. An vielen Kassen gibt es dafür spezielle Halterungen.
- Zählen Sie den Kunden das Rückgeld laut vor.
- Geben Sie Waren und Kassenbon erst heraus, wenn die Zahlung abgewickelt ist.

Mit einem Warenwirtschaftssystem ist es jeder Zeit möglich den aktuellen Bargeldbestand zu jeder Tageszeit zu überprüfen und eine Kassenkontrolle durchzuführen. Des Weiteren ist eine Leistungskontrolle des Kassenpersonals möglich, indem die Kassierzeit je Kunde und/oder die Anzahl der stornierten Zahlungsvorgänge ermittelt werden.

Zum Ende des Kassendienstes wird üblicherweise ein **Tageskassenbericht/Kassenbericht** erstellt. Der Tageskassenbericht wird in der Regel am Ende eines Tages durchgeführt oder wenn es einen Personalwechsel an der Kasse gibt. Mit einer Datenkasse wird dieser Bericht automatisch ermittelt. Bei einem Tageskassenbericht muss das folgende Grundschema beachtet werden.

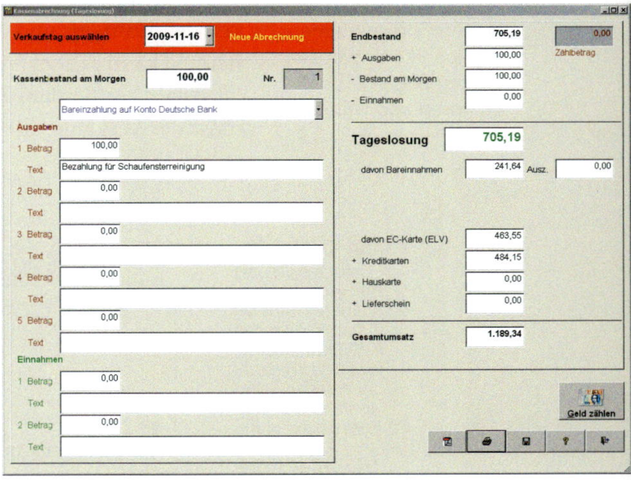

Tageskassenbericht aus dem Warenwirtschaftssystem E. V.A.

Grundschema Tageskassenbericht

Bargeldbestand
\+ Barentnahmen
\+ Kartenzahlungen
\- Wechselgeld
= Kasseneinnahmen (Tageslosung)

Barentnahmen erfolgen aus Sicherheitsgründen, wenn sich zu viel Bargeld in der Kasse befindet.

Der **Kassensturz** ist eine nicht geplante Kassenkontrolle. Hierbei sollen Kassendifferenzen wegen falschen Kassierens, Diebstahls, Unterschlagungen oder Reklamationen von Kunden („angeblich falsches Wechselgeld“) sofort aufgeklärt werden.

Der Kassensturz wird immer neben der normalen Kassenabrechnung durchgeführt. Bei der Durchführung eines Kassensturzes wird das in der Kasse vorhandene Geld gezählt und mit dem Sollbestand (laut Kassenzählwerk) verglichen.

4 Zahlungsformen

Lernsituation 32

Es gibt im Einzelhandel eine Vielzahl von Möglichkeiten seinen Einkauf zu bezahlen. Neben der Barzahlung, der Zahlung mit einer so genannten Plastikkarte ist es auch möglich, per Rechnung zu zahlen.

Rechnung → S. 136

4.1 Barzahlung

Kaufvertrag → S. 149

In vielen Betriebs- und Verkaufsformen werden am Kassenplatz die Kaufverträge abgeschlossen und erfüllt, d. h., der Kunde gibt sein Zahlungsmittel ab und erhält dafür die Ware. **Gesetzliches Zahlungsmittel** in der Bundesrepublik Deutschland ist der Euro (€).

Im Einzelhandel ist es noch immer üblich, Zahlungsvorgänge in bar abzuwickeln. Der Kunde (Zahlende) hat dabei die Verpflichtung, dem Händler (Zahlungsempfänger) Münzen und/oder Banknoten zu übergeben. Münzen sind allerdings nur in begrenztem Umfang gesetzliches Zahlungsmittel. Der Einzelhändler ist nicht verpflichtet, mehr als 50 Münzen pro Zahlungsvorgang vom Kunden anzunehmen.

Bei der Deutschen Bundesbank finden Sie unter folgender Adresse: www.bundesbank.de/bargeld/bargeld_falschgeld.php weitere Informationen und einen Leitfaden zur Überprüfung von Banknoten und Münzen.

Eine Barzahlung bedeutet eine unmittelbare Einnahme, es entfällt die Notwendigkeit des Mahnens und das Risiko einer fehlenden Kontodeckung. Beim Umgang mit Bargeld kann es aber auch zum Verlust kommen, z. B. durch falsche Herausgabe oder Diebstahl. Außerdem besteht das Risiko, auf Falschgeld hereinzufallen. Deswegen muss der Verkäufer die Sicherheitsmerkmale von Münzen und Scheine kennen.

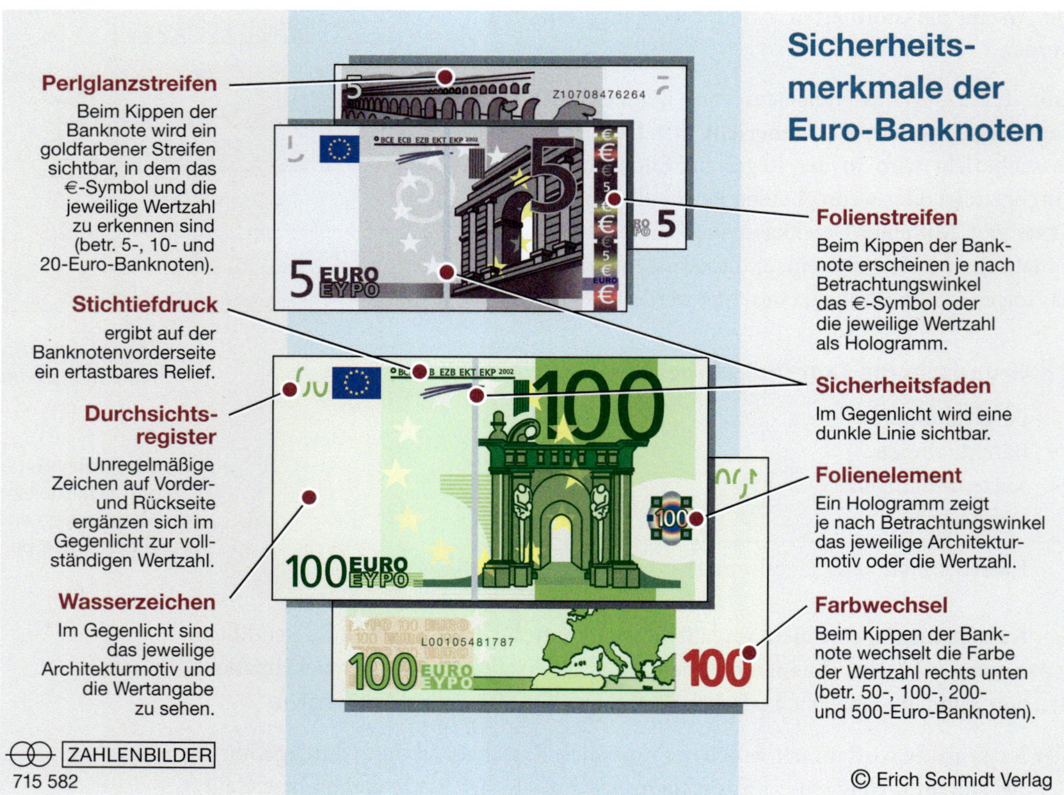

Der Verkäufer sollte in der Lage sein, Falschgeld zu erkennen. Technische Hilfsmittel, die zur Falschgelderkennung eingesetzt werden, sind z. B. Infrarotlesegeräte, UV-Lampen und Magnetierungsleser.

Bedeutung der Barzahlung

Vorteile für den Händler	Nachteile für den Händler
• Er erhält sofort Geld.	• Verlust des Geldes durch Diebstahl oder falsche Herausgabe
• Er trägt nicht das Risiko, das er kein Geld erhält, falls das Kundenkonto nicht gedeckt ist.	• Es könnte Falschgeld angenommen werden.
• Es fallen keine Kosten für Mahnungen an, wenn der Kunde nicht zahlt.	

BGB
Bürgerliches Gesetzbuch

Bei Barzahlung kann der Kunde nach § 368 BGB einen Zahlungsnachweis verlangen. Als Beweis für seine Zahlung erhält der Kunde gewöhnlich einen **Kassenbon**, der von der Kasse gedruckt wird und als Rechnungs- und Quittungsbeleg gilt.

Für die Bestandteile eines Kassenbons gelten die rechtlichen Bestimmungen einer Rechnung.
→ S. 136

Der „sprechende Kassenbon"

Beska
BERLINER SUPERKAUF GMBH
10789 Berlin
Tauentzienstr. 60
Telefon 030 936-0

BON-NR. 220115

0,946 KG x 1,89	
Aepfel	1,79 E
Feldsalat 150 g	0,79 E
Eier L	1,55 E
Butter 250 g	1,09 E
Niva Creme 150 ml	1,99 V
Papiertaschentücher 30x10	2,25 E
Vollmilch 3,5%	0,79 E
0,916 KG x 1,99	
Birnen	1,82 E
0,482 KG x 1,69	
Bananen	0,81 E
Klarspueler 500	1,99 V
Toilettenpapier	6,99 V
Schokolage Aktion	0,85 E
Brotaufstrich Schokolade	3,39 E

SUMME EUR 26,10

MwSt	ohne MwSt	mit MwSt
V 19%	9,22	10,97
E 7%	14,14	15,13

Vielen Dank für Ihren Einkauf!
22.08.20XX 14:54

USt-IdNr: DE 136543107

Schriftzug des Unternehmens → Beska

Name und Anschrift des Unternehmens → BERLINER SUPERKAUF GMBH, 10789 Berlin, Tauentzienstr. 60, Telefon 030 936-0

fortlaufende Rechnungsnummer → BON-NR. 220115

Menge und Bezeichnung der Ware → Artikelliste

Bruttorechnungsbetrag → SUMME EUR 26,10

Steuersatz → V 19 %, E 7 %

Nettobetrag (19 % und 7 %) → 9,22 / 14,14

Ausstellungsdatum und Ausstellungszeit → 22.08.20XX 14:54

Umsatzsteuer-Identifikationsnummer (USt-Id-Nr.) → USt-IdNr: DE 136543107

Gelegentlich wünschen Kunden neben dem Kassenbon eine gesonderte Quittung. Sie benötigen diesen Beleg meistens als Nachweis für das Finanzamt. Bis zu einem Betrag von 149,99 Euro reicht als Nachweis der Kassenbon, erst ab 150,00 Euro dieser Summe ist ein separater Quittungsbeleg unerlässlich.

Umsatzsteuer → S. 134

Berechnung der Umsatzsteuer → S. 139

Auf dem Quittungsbeleg wird die Umsatzsteuer (umgangssprachlich auch Mehrwertsteuer genannt) gesondert ausgewiesen. Die derzeitigen Mehrwertsteuersätze betragen:

a) 19 % = allgemeiner Steuersatz (Regelsteuersatz)

b) 7 % = ermäßigter Steuersatz, z. B. beim Verkauf von Grundnahrungsmitteln (Brot oder Milch), Büchern und Zeitschriften, Theaterkarten u. a.

Die Quittung muss enthalten

1. Zahlungsbetrag in Ziffern
2. Zahlungsbetrag in Buchstaben
3. Umsatzsteuerbetrag (ab 150,00 Euro, brutto)
4. Name des Zahlenden
5. Zahlungsgrund
6. Bestätigung des Empfangs
7. Ort und Datum der Ausstellung
8. Unterschrift des Zahlungsempfängers

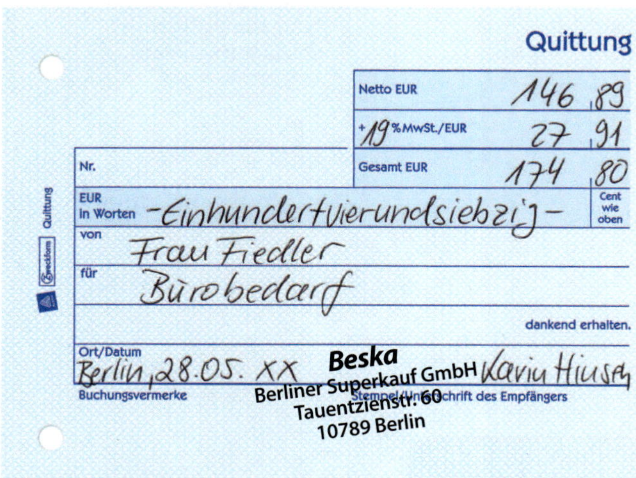

Quittung

Netto EUR 146,89

+ 19 % MwSt./EUR 27,91

Nr.

Gesamt EUR 174,80

EUR in Worten -Einhundertvierundsiebzig- Cent wie oben

von Frau Fiedler

für Bürobedarf

dankend erhalten.

Ort/Datum Berlin, 28.05. XX

Beska Berliner Superkauf GmbH Tauentzienstr. 60 10789 Berlin

Karin Hinsen

Buchungsvermerke

Stempel/Unterschrift des Empfängers

Quittung über 150,00 Euro brutto

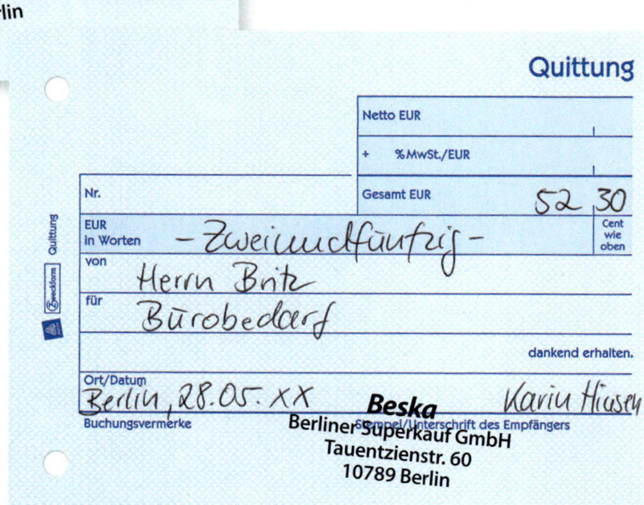

Quittung

Netto EUR

+ %MwSt./EUR

Nr.

Gesamt EUR 52,30

EUR in Worten - Zweiundfünfzig - Cent wie oben

von Herrn Britz

für Bürobedarf

dankend erhalten.

Ort/Datum Berlin, 28.05. XX

Beska Berliner Superkauf GmbH Tauentzienstr. 60 10789 Berlin

Karin Hinsen

Buchungsvermerke

Stempel/Unterschrift des Empfängers

Quittung unter 150,00 Euro brutto

4.2 Kartengestützte Zahlungssysteme

Kunden sind zunehmend ohne Bargeld unterwegs und vertrauen darauf, auch kleinere Beträge bargeldlos bezahlen zu können. Jeder, der ein Girokonto besitzt, kann am bargeldlosen Zahlungsverkehr teilnehmen. „Plastikgeld“ (Zahlungsverkehrskarten) gewinnt immer mehr an Bedeutung. Durch die Unabhängigkeit vom Bargeld erlebt der Kunde beim bargeldlosen Einkauf einen hohen Komfort. Die Nutzung des Plastikgeldes kann aber auch Kosten verursachen (z. B. durch Bankgebühren).

Unter www.kartensicherheit.de → Infos für Händler, erhalten Sie Informationen zum sicherheitsbewussten Umgang mit unbaren Zahlungsmitteln.

Zentrale Sperrnummer für Debitkarten: +49 116 116 (innerhalb Deutschlands gebührenfrei)

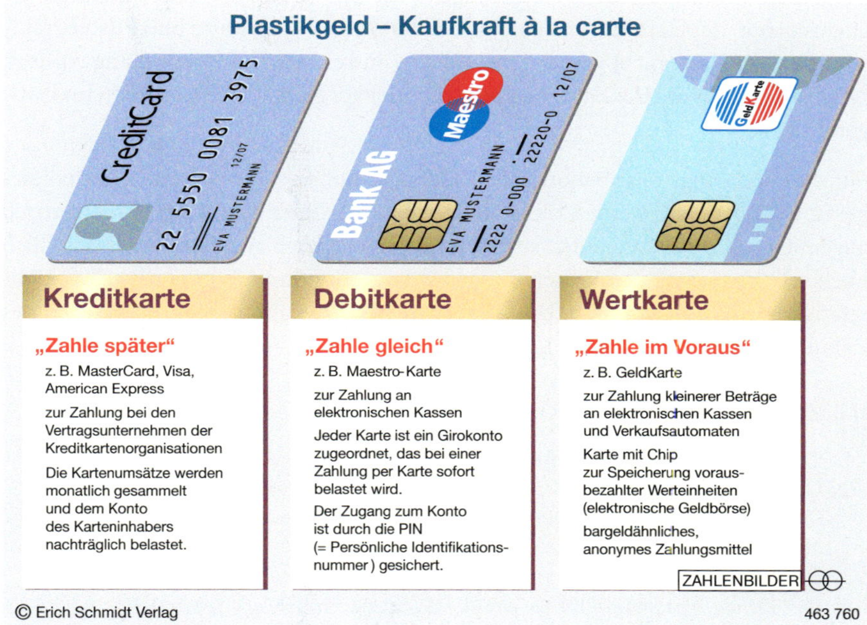

Die Debitkarte wird auch Girocard, EC-Karte, Bankkundenkarte oder Maestro-Karte genannt.

PIN
vierstellige Persönliche Identifikations-Nummer, Beweis als rechtmäßiger Karten- und Kontoinhaber

Neben der Bezahlung kann mit der Debitkarte (Girocard) und der Kreditkarte mit der PIN außerhalb der Geschäftszeiten Bargeld am Geldautomaten abgehoben werden. Wenn die Debitkarte mit einem entsprechenden Chip versehen ist, kann sie auch als Geldkarte verwendet werden.

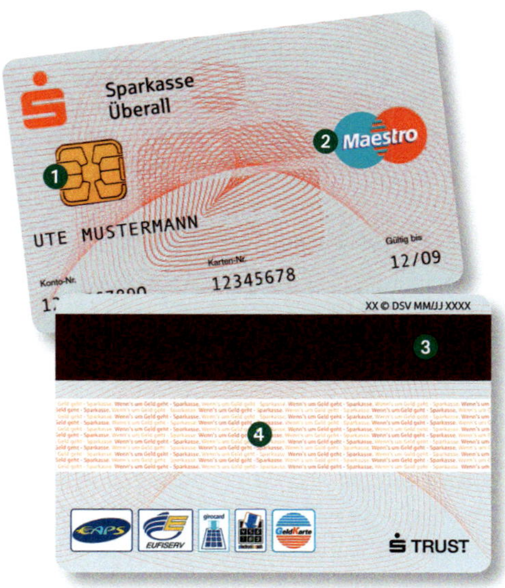

❶ Geldkartenchip und Electronic Cash mit Chip

❷ Weltweites Electronic-Cash-Logo und Logo für internationale Geldautomaten

❸ Magnetstreifen

❹ Unterschriftenfeld

Bedingt durch die verschiedenen Arten der Zahlungsverkehrskarten, gibt es verschiedene Formen von kartengestützten Zahlungssystemen. Ein Kostenvergleich der unterschiedlichen Zahlungssysteme ist für den Einzelhändler schwierig, da die Kosten auch von der Umsatzhöhe abhängen. Auf jeden Fall ist zu berücksichtigen, dass nicht nur Kosten für die Datenübertragung anfallen, sondern auch die Kosten für die notwendigen Geräte (Hardware).

POS = Point of Sale = Ort der Zahlung

4.2.1 Electronic Cash (POS-Zahlung)

Beispiel

Die Kundin Julia Lange kauft bei der Beska GmbH eine Uhr für 198,00 Euro. Da sie nicht genug Bargeld dabei hat, tätigt sie den Kauf bargeldlos mit ihrer Debitkarte. Sie wird gebeten, dazu ihre PIN in ein Kartenterminal einzugeben.

Kartenlesegeräte → S. 118

Bei dieser Zahlungsform erfolgt die Zahlung mit einer Debitkarte direkt am Ort des Verkaufes, also im Geschäft. Nach Eingabe der PIN wird über das zuständige Rechenzentrum der kontoführenden Bank (online) geprüft, ob Karte und PIN übereinstimmen, die Karte nicht gesperrt ist und eine ausreichende Kontodeckung vorliegt. Ist alles korrekt, wird die Zahlung innerhalb weniger Sekunden freigegeben und ausgeführt.

Für diese Zahlungsweise benötigt der Zahlungsempfänger ein spezielles Kartenlesegerät. Üblicherweise werden diese Geräte über die Geldinstitute im Direktvertrieb angemietet. Zu dem monatlichen Mietpreis, der je nach Anbieter unterschiedlich hoch sein kann, und den Kosten für die Onlineverbindung, kommen noch Gebühren in Prozent des getätigten Umsatzes hinzu. Diese Kosten werden zu Lasten des Zahlungsempfängers abgerechnet.

Auslaufendes (links) und neues (rechts) Akzeptanzzeichen von Electronic Cash. Im Laufe der nächsten Zeit wird es im Handel nur noch das Akzeptanzzeichen „girocard" geben. Dieses Piktogramm weist darauf hin, dass auch andere europäische Karten akzeptiert werden.
Weitere Informationen unter www.electronic-cash.de

Zahlungsablauf der POS-Zahlung

1. Der Verkäufer gibt den Zahlungsbetrag in die Kasse ein.
2. Der Kunde steckt dann seine Debitkarte in das Kartenlesergerät. Die Karte und das Kartenlesegerät sind miteinander verbunden, sodass der Geldbetrag im Lesgerät erscheint.
3. Der Kunde muss den Betrag durch „ok" bestätigen.
4. Der Kunde gibt seine PIN ein und bestätigt durch „ok".
5. Folgende Eingaben werden dann online beim zuständigen Rechenzentrum der kontoführenden Bank überprüft:
   - Stimmen Karte und PIN überein?
   - Ist die Karte gesperrt?
   - Ist genug Geld auf dem Konto?
6. Die Bestätigung der Zahlung wird durch den Hinweis „Zahlung erfolgt" angezeigt.
7. Der Kunde erhält einen Beleg als Zahlungsnachweis und seine Karte zurück.

4.2.2 Elektronisches Lastschriftverfahren (ELV)

Auslaufendes (links) und neues (rechts) Akzeptanzzeichen von ELV

Für das elektronische Lastschriftverfahren benötigt der Kunde, wie beim Electronic Cash, eine Debitkarte. Allerdings muss der Kunde seine PIN nicht angeben. Bei diesem System werden vom Magnetstreifen der Karte die Kontonummer und die Bankleitzahl des Kunden ausgelesen und ein Lastschriftenbeleg ausgedruckt. Diesen Beleg muss der Kunde unterschreiben. Mit seiner Unterschrift erteilt er dem Einzelhändler die Berechtigung, den Betrag von seinem Konto einzuziehen. Dazu reicht der Einzelhändler die Lastschrift bei seiner Bank ein, die den Betrag dann vom Konto des Kunden abbucht. Dieses Verfahren wird von den Einzelhändlern immer weniger unterstützt, da eine Onlineprüfung der Kontodeckung bzw. der Sperrung des Kontos sowie eine Überprüfung der persönlichen Identifikationsnummer (PIN) nicht stattfindet. Der Einzelhändler trifft das Risiko, dass der fällige Betrag nicht eingelöst wird.

Zahlungsablauf des ELV

1. Der Rechnungsbetrag wird in die Kasse eingegeben.
2. Der Kunde steckt dann seine Debitkarte in das Kartenlesegerät. Die Karte und das Kartenlesegerät sind miteinander verbunden, sodass der Geldbetrag im Lesegerät erscheint.
3. Von der Karte werden die Kontonummer und die Bankleitzahl des Kunden eingelesen.
4. Es werden zwei Zahlungsbelege (Lastschriften) ausgedruckt. Ein Zahlungsbeleg wird vom Kunden unterschrieben.
5. Der Einzelhändler vergleicht die Unterschrift des Kunden auf dem Beleg mit der Unterschrift auf der Karte und überprüft möglichst die Identität des Kunden mit Hilfe eines Ausweises. Er behält dann den unterschriebenen Beleg ein.
6. Der Kunde erhält einen Zahlungsbeleg, die Karte und gegebenenfalls seinen Ausweis zurück.
7. Der Einzelhändler reicht den Beleg bei seiner Bank ein und erhält die Gutschrift.

Bankleitzahl
BLZ, dient zur Identifikation des Kreditinstitutes

Claudis Shop
Günzelstr. 42
10733 Berlin

Terminal-ID: 75006309
20.08.XX 13:57 Uhr −01
ec-Nr 021832 BNr 4485

Kartenzahlung
electronic cash
mit Magnetstreifen

Zahlung EUR 18,20

Kto 10022200/0012345678
Karte 4 gültig bis 12/XX
AID-Parameter 0001510761
AID 688039B1
Zahlung erfolgt

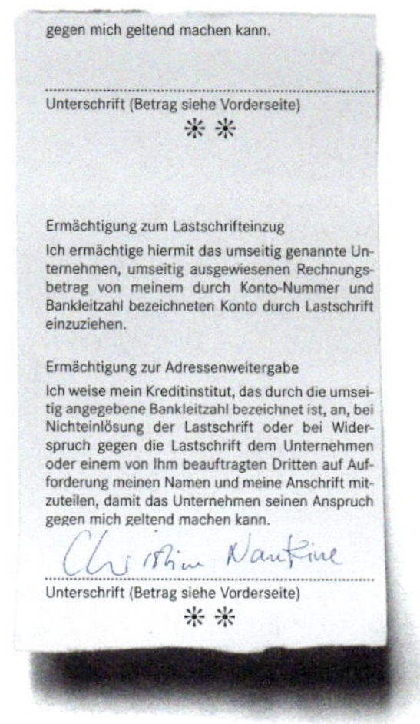
gegen mich geltend machen kann.

Unterschrift (Betrag siehe Vorderseite)
**

Ermächtigung zum Lastschrifteinzug

Ich ermächtige hiermit das umseitig genannte Unternehmen, umseitig ausgewiesenen Rechnungsbetrag von meinem durch Konto-Nummer und Bankleitzahl bezeichneten Konto durch Lastschrift einzuziehen.

Ermächtigung zur Adressenweitergabe

Ich weise mein Kreditinstitut, das durch die umseitig angegebene Bankleitzahl bezeichnet ist, an, bei Nichteinlösung der Lastschrift oder bei Widerspruch gegen die Lastschrift dem Unternehmen oder einem von Ihm beauftragten Dritten auf Aufforderung meinen Namen und meine Anschrift mitzuteilen, damit das Unternehmen seinen Anspruch gegen mich geltend machen kann.

Unterschrift (Betrag siehe Vorderseite)
**

4.2.3 Geldkarte

Beispiel

Jan Simons fährt mit der U-Bahn in die Berliner Innenstadt und zahlt seine Fahrkarte am Fahrkartenautomat mit seiner Geldkarte.

Die Geldkarte, auch „elektronisches Portemonnaie" genannt, funktioniert wie Bargeld und kann zur Zahlung von Kleinbeträgen eingesetzt werden. Eine Debitkarte kann nur dann als Geldkarte genutzt werden, wenn sie mit einem Chip versehen ist. An speziellen Ladeterminals oder am Geldautomaten der Hausbank kann der Chip bis zu maximal 200,00 Euro aufgeladen werden. Der Betrag wird dem Girokonto des Kunden sofort belastet. Eine Debitkarte mit Chip ist immer wieder aufladbar. Beim Verlust der Geldkarte kann der Finder über das Guthaben verfügen, da weder PIN noch Unterschrift zum Bezahlen erforderlich sind.

Weitere Informationen zur Geldkarte finden sie unter www.geldkarte.de

Zahlungsablauf mit Geldkarte

1. Der Verkäufer gibt den Zahlungsbetrag in das Kartenlesegerät ein.
2. Der Kunde steckt dann die Geldkarte in das Lesegerät.
3. Der Betrag wird vom Chip der Debitkarte abgebucht und dem Händler gutgeschrieben.
3. Der Kunde erhält seine Karte zurück.

4.2.4 Kreditkarte

Beispiel

Martin Doppelhammer holt sein Auto nach einer größeren Reparatur aus der Autowerkstatt ab. Da die Autowerkstatt alle gängigen Kreditkarten akzeptiert, kann Martin Doppelhammer mit seiner VISA-Karte die Rechnung über 1.589,90 Euro zahlen.

Kreditkarten (z. B. American Express, Visa, Diners Club, Mastercard) werden bei der entsprechenden Kreditkartenorganisation beantragt, die die Kreditwürdigkeit prüft und dann über die Vergabe entscheidet. Der Kreditkarteninhaber muss der Kreditkartenorganisation eine Einzugsermächtigung für sein Konto erteilen, damit die Beträge, die er mit der Kreditkarte bezahlt, abgebucht werden können. Inhaber einer Kreditkarte können überall dort, wo im In- und Ausland die entsprechende Kreditkarte akzeptiert wird, Waren oder Dienstleistungen bargeldlos bezahlen. Für die Bereitstellung einer Kreditkarte berechnen die meisten Kreditkartenorganisationen eine Gebühr (Jahresgebühr). Der Einzelhändler entscheidet sich häufig gegen die Bezahlung mit Kreditkarte, da dieses für ihn hohe Kosten verursacht. Allerdings wird die Zahlung mit Kreditkarte durch die Kreditkartenorganisation garantiert.

Kreditkarten

Bei Bezahlungen mit Kreditkarte wird dem Zahlungsempfänger (z. B. Einzelhändler) der Zahlungsbetrag von der Kreditkartenorganisation erstattet, diese wiederum belastet das Konto des Kreditkarteninhabers (Kunde) bei dessen Kreditinstitut. Dies erfolgt in der Regel elektronisch oder mittels einer mechanischen Vorrichtung, die Identifikationsmerkmale der Karte auf einen Beleg überträgt, auf dem zusätzlich der Rechnungsbetrag und das Rechnungsdatum eingetragen werden. Der Karteninhaber muss den Beleg unterschreiben und erhält einen Durchschlag als Zahlungsbeleg. Der Zahlungsempfänger reicht den Beleg bei der Kreditkartenorganisation zur Gutschrift auf sein Konto ein. Dafür muss allerdings eine Gebühr (in Prozent des Umsatzes) entrichtet werden, weshalb die Zahlung mit Kreditkarte häufig erst ab einem bestimmten Mindestbetrag akzeptiert wird. In der Regel werden die getätigten Kreditkartenumsätze gesammelt und gemeinsam (z. B. einmal pro Monat) fällig und vom Konto abgebucht.

Mit der Kreditkarte kann weltweit zusammen mit der PIN an Geldautomaten auch Geld vom Konto abgehoben werden. Hierfür werden in der Regel aber Gebühren fällig.

Zahlungsablauf mit Kreditkarte

1. Der Rechnungsbetrag wird in die Kasse eingegeben.
2. Der Kunde steckt dann seine Kreditkarte in das Kartenlesegerät. Die Karte und das Kartenlesegerät sind miteinander verbunden, sodass der Geldbetrag im Lesegerät erscheint.
3. Online wird überprüft, ob die Karte gesperrt ist. Ist die Karte nicht gesperrt, wird die Zahlung freigegeben.
4. Von der Karte werden die Kontonummer und die Bankleitzahl des Kunden eingelesen.
5. Es werden zwei Zahlungsbelege ausgedruckt. Ein Zahlungsbeleg wird vom Kunden unterschrieben.
6. Der Einzelhändler vergleicht die Unterschrift des Kunden auf dem Beleg mit der Unterschrift auf der Karte und überprüft möglichst die Identität des Kunden mit Hilfe eines Ausweises. Er behält dann den unterschriebenen Beleg ein.
7. Der Kunde erhält einen Zahlungsbeleg, die Karte und gegebenenfalls seinen Ausweis zurück.
8. Die Kreditkartenorganisation belastet das Konto des Kunden und schreibt dem Einzelhändler den Betrag gut.

Inzwischen werden auch vom Einzelhandel in Zusammenarbeit mit Kreditkartenorganisationen **Kundenkreditkarten** herausgegeben. Damit sollen die Kunde verstärkt an das Unternehmen gebunden werden. Diese Karten werden kostenlos ausgegeben und sind häufig mit zusätzlichen Serviceleistungen verbunden. Beispielsweise erhalten die Kunden am Jahresende auf alle Einkäufe einen Rabatt. Die Abrechnung der bargeldlosen Einkäufe erfolgt wie bei der Kreditkarte.

Kundenbindung → S. 87

Einkaufen im Internet

Die Verwendung von Kreditkarten, um im Internet elektronisch einzukaufen, ist noch mit gewissen Risiken verbunden. Der Händler bleibt hinter seinen Internetseiten anonym und ist für den Kunden nicht überprüfbar. Daher besteht das Risiko, dass unseriöse Anbieter im Internet übermittelte Kreditkartennummern für eigene Zwecke verwenden. Außerdem besteht immer die Möglichkeit, dass Hacker unverschlüsselte Kreditkartennummern ausfindig machen und missbrauchen. Mit Hilfe neuer Verschlüsselungstechnologien wird die Zahlung per Kreditkarte im Internet jedoch zunehmend sicherer. Bestellung und Kreditkartennummer werden verschlüsselt an den Händler verschickt. Der Händler selbst kann die Kreditkartennummer nicht entschlüsseln, er hängt lediglich ein digitales Zertifikat mit seinen eigenen Daten an die Bestellung. Gemeinsam werden die Daten an die Zentrale des Anbieters des entsprechenden elektronischen Zahlungssystems (meist ein Geldinstitut oder eine andere vertrauenswürdige Institution) weitergeleitet. Die Zentrale signalisiert der Bank, dass die Daten in Ordnung sind und die Zahlung veranlasst werden kann. Das Kreditkartenkonto des Kunden wird mit dem entsprechenden Betrag belastet. Der Händler kann die Ware ausliefern.

Beispiel

Frau Enke möchte für ihre Nichte zum Geburtstag ein Eau de Toilette kaufen. Da sie aber in den nächsten Tagen keine Zeit zum Einkaufen hat, bestellt sie das Eau de Toilette und weitere Pflegeprodukte für sich in einem Internetshop. Sie bezahlt ihren Einkauf mit der Kreditkarte.

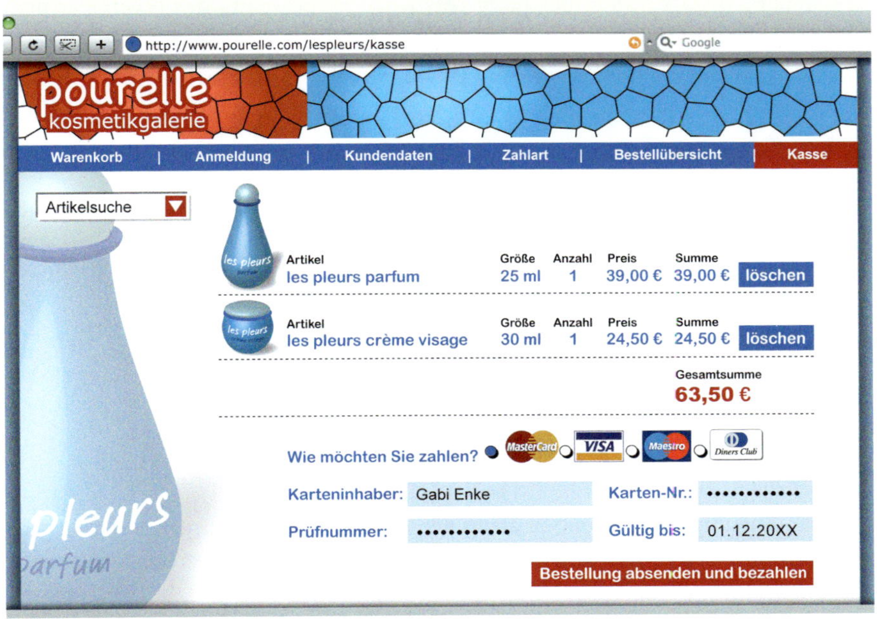

Lernsituation 33

5 Umsatzsteuersystem

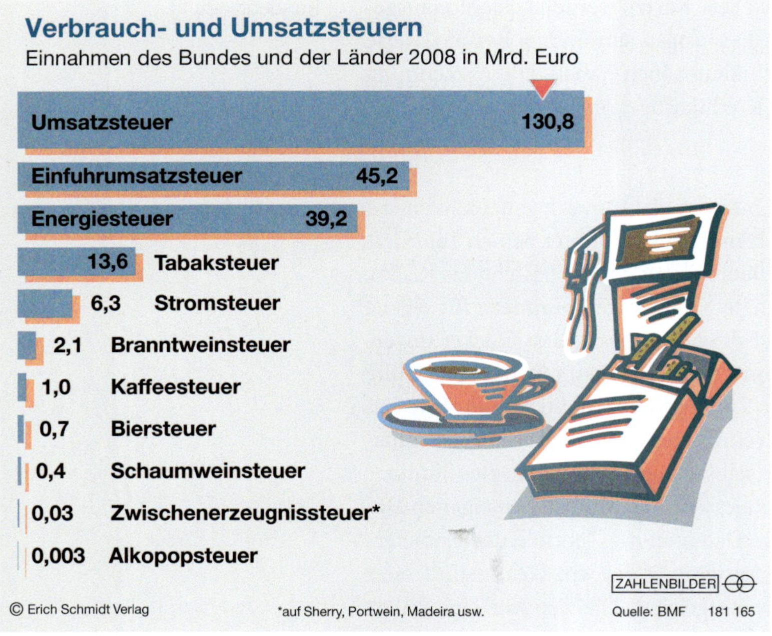

In Deutschland müssen Unternehmen, wenn sie einen Umsatz tätigen, Umsatzsteuer (USt) an den Staat abführen und darüber genaue Aufzeichnungen führen.

Die Umsatzsteuer, die umgangssprachlich auch Mehrwertsteuer genannt wird, ist in Deutschland die wichtigste Einnahmequelle des Staates. Der Begriff „**Mehrwertsteuer**“ existiert steuerrechtlich nicht mehr, wird aber noch vielfach verwendet. Die Bezeichnung ist auch auf Belegen, z. B. Quittungen erlaubt. Zu den besteuerungspflichtigen Umsätzen zählen

- Lieferungen (Warenverkäufe),
- sonstige Leistungen (z. B. Reparaturen, Provisionen, Warentransport und Lagerung) und
- der Eigenverbrauch.

Quittung → S. 128

Beispiel

- sonstige Leistungen: Die Beska GmbH stellt ihren Kunden für den Lieferservice eine Kostenpauschale in Rechnung.
- Eigenverbrauch: Klaus List entnimmt aus der Schreibwarenabteilung Kopierpapier für die Verwaltung.

Die Umsatzsteuer besteuert also den gesamten privaten und öffentlichen Konsum. Die **Steuerlast** trägt immer der Endverbraucher. **Steuerschuldner** gegenüber dem Finanzamt ist jedoch das Unternehmen, das die Steuern auf Grund seiner Umsätze berechnet und an das Finanzamt abführt.

5.1 Steuersätze

In Umsatz gebrachte Waren und Dienstleistungen unterliegen unterschiedlichen Steuersätzen. Der Regelsteuersatz (allgemeiner Steuersatz) beträgt zurzeit **19 %** (Steuersätze Stand Februar 2010). Der ermäßigte Steuersatz von zurzeit **7 %** gilt u. a für

- die meisten Lebensmittel (ausgenommen Getränke),
- Bücher, Zeitungen und andere Verlagserzeugnisse, Kunstgegenstände,
- bestimmte landwirtschaftliche Erzeugnisse (z. B. Schnittblumen),
- öffentliche Personenbeförderung bis zu einer Entfernung von 50 km,
- Kulturveranstaltungen wie Theater, Konzerte usw. und
- Übernachtungen in Hotels, Gaststätten usw.

Liste für den mit dem ermäßigten Steuersatz belegten Waren: § 12 UStG Anlage 2

Mit dem ermäßigten Satz soll vor allem der Grundbedarf der Bürger berücksichtigt werden. Im Einzelfall ist das oft nicht nachvollziehbar. Wie will man den Verkauf von Pralinen mit 7 % USt und den Verkauf von Mineralwasser mit 19 % begründen?

Kombinationsartikel, wie z. B. Süßwaren oder Kinderzeitschriften mit Spielzeug, Bücher mit CD-ROM o. Ä., werden im Einzelhandel oft als Impulsartikel eingesetzt. Umsatzsteuerlich gelten für die Einzelartikel unterschiedliche Steuersätze: Während die Anteile aus Lebensmitteln, Büchern und Zeitschriften dem ermäßigten Umsatzsteuersatz von 7 % unterliegen, gilt für Spielwaren und Tonträger der Regelsteuersatz von 19 %. Hier darf der Einzelhändler von der Vereinfachungsregelung Gebrauch machen, dass für den Kombinationsartikel ein einheitlicher Steuersatz berechnet werden kann.

Kombinationsartikel = für den Verkauf zusammengestellte Artikel, die einzeln unterschiedlichen Steuersätzen unterliegen und nur in der Gesamtmenge abgegeben werden

Impulsartikel → S. 176

Voraussetzungen für die Anwendung des ermäßigten Steuersatzes:
- Der Wertanteil der Gegenstände mit dem ermäßigten Steuersatz liegt über 90 %.
- Der Verkaufspreis des Kombinationsartikels darf nicht mehr als 20,00 € betragen.

Für die anderen Kombinationsartikel, die die 90-Prozent-Grenze nicht überschreiten, gilt der einheitliche Regelsteuersatz von 19 %. Die Wertanteile der einzelnen Komponenten ergeben sich aus dem Einkaufspreis zuzüglich der Nebenkosten.

Beispiel

Die Beska GmbH verkauft vor Muttertag 250-g-Trüffelpralinen in Keramikschalen für 19,90 Euro.

Einkaufspreispreise:
Keramikschale 1,49 € netto (Einzelartikel 19 % USt)
Trüffelpralinen 13,50 € netto (Einzelartikel 7 % USt)

Da der Wertanteil der Pralinen 91 % beträgt, darf die Beska GmbH den ermäßigten Steuersatz von 7 % einheitlich auf den gesamten Kombinationsartikel berechnen.

Der Einzelhändler kann selbst entscheiden, ob er bei Kombinationsartikeln den einheitlichen Steuersatz anwendet oder die Beträge auf den Warenanteil mit reduziertem Steuersatz und den Warenanteil mit dem Regelsteuersatz aufteilt. Der Einzelhändler hat jedoch kein Wahlrecht, wenn die Warenzusammenstellung nach den individuellen Wünschen des Kunden erfolgt.

Beispiel

Die Beska GmbH stellt für einen Kunden einen Präsentkorb mit Länderspezialitäten zusammen. Hier muss jeder einzelne Artikel mit seinem jeweiligen Steuersatz in Rechnung gestellt werden.

Unterschiedlich besteuert werden die Umsätze von Nahrungsmitteln für den Außenverkauf und den Innenverkauf. Für den Außenverkauf gilt der ermäßigte Steuersatz von 7 %, während die Abgabe für den Innenverkauf als typische Dienstleistung angesehen wird und damit dem Regelsteuersatz von 19 % unterliegt.

Beispiel

Die Beska GmbH hat neben der Bedienungstheke für Fleisch- und Wurstwaren eine „Heiße Theke“ eingerichtet. Hier können Kunden selbst zubereitetes Fingerfood kaufen und in einer eingerichteten Ecke mit Stehtischen verzehren. Solche Verkäufe unterliegen dem Regelsteuersatz von 19 %. Für Fingerfood als Mitnahmeartikel wird 7 % USt berechnet.

5.2 Pflichtangaben auf Zahlungsbelegen

Preisauszeichnung und Preisangabenverordnung → S. 187

Kassenbon und Quittung → S. 127 f.

Die Umsatzsteuer-Identifikationsnummer (USt-Id.-Nr.) gilt als Nachweis der Unternehmereigenschaft, Privatpersonen erhalten keine solche Nummer.

Skonto = Preisnachlass für vorzeitige Zahlung

Beim Verkauf von Waren und Dienstleistungen wird dem Kunden der Bruttoverkaufspreis, der die Umsatzsteuer enthält, in Rechnung gestellt. Nach der **Preisangabenverordung** müssen alle Preise brutto, also inklusive der gesetzlichen Umsatzsteuer, ausgewiesen werden. Auf Zahlungsbelegen wie Rechnungen, Quittungen und Kassenbons muss die Umsatzsteuer, die im Bruttoverkaufspreis enthalten ist, ausgewiesen werden. Das gilt allerdings nicht für kleine Beträge bis zu 150,00 Euro brutto. Hierfür genügen die Angabe des Bruttorechnungsbetrages sowie die Angabe des Steuersatzes. Die Umsatzsteuer muss nicht als Betrag gesondert ausgewiesen werden.

An die Erstellung einer ordnungsgemäßen **Rechnung** stellt das Umsatzsteuergesetz (UStG) die folgenden Anforderungen:

Beska
BERLINER SUPERKAUF GMBH

Name und Anschrift des leistenden-Unternehmens → Beska Berliner Superkauf GmbH . Tauentzienstraße 60 . 10789 Berlin

Name und Anschrift des Kunden →
Gästehaus
Gustav Siebenschläfer
Am Südhang 31
53120 Bonn

fortlaufende Rechnungs nummer → Rechnungs-Nr.: 19874

Ausstellungs-datum → Rechnungsdatum: 25.08.20XX

Lieferdatum: 25.08.20XX

Menge und Bezeichnung der Ware →

Artikel	Artikelbezeichnung	Stück	Einzelpreis (in €)	Rabatt	Gesamtpreis (in €)
54325	Bettbezüge Dormawohl	40	65,00		2.600,00
				– 10 %	260,00
				Nettobetrag (in €)	2.340,00
				+ 19 % Umsatzsteuer (in €)	444,60
				Bruttorechnungsbetrag (in €)	**2.784,60**

Nettorechnung betrag ← Nettobetrag

Steuersatz → + 19 % Umsatzsteuer

Steuerbetrag ← 444,60

Bei Bezahlung innerhalb von 10 Tagen abzüglich 2 % Skonto

Beska
Berliner Superkauf GmbH

Tauentzienstraße 60
10789 Berlin
Geschäftsführer
Klaus List

Telefon 030 936-0
Fax 030 936-14
E-Mail info@beska.de
Web www.beska.de

Handelsregister
Amtsgericht Berlin
HR B 98 72
Littenstr. 22–17
10117 Berlin

Finanzamt
Berlin Innenstadt
Siegstr. 235
10249 Berlin
USt-IdNr. DE136543107

Bankverbindungen
Deutsche Bank
BLZ 100 700 00
Konto 178 604 423

Bankgesellschaft Berlin
BLZ 100 200 00
Konto 103 016 402

Steuernummer bzw. Umsatzste er-Identifikatio nummer (USt-Nr.), ab 150,00 Euro brutto → USt-IdNr. DE136543107

Exkurs: Geschäftskorrespondenz

Geschäftsbriefe müssen einwandfrei formuliert und gestaltet sein. Mit einem korrekten Geschäftsbrief kann ein kompetenter Eindruck bei Geschäftspartnern vermittelt werden. Fehler in der Rechtschreibung oder im Layout hinterlassen einen schlechten Eindruck. Deshalb ist es besonders wichtig, die Rechtschreibung zu beachten und die Schreib- und Gestaltungsregeln für Geschäftsbriefe einzuhalten. Nur bei Beachtung dieser Regeln wird dem Geschäftspartner signalisiert: „Ich kenne mich im Geschäftsleben aus, ich gehöre dazu!“

Die Schreib- und Gestaltungsregeln für Geschäftsbriefe sind in der Norm DIN 5008 festgelegt. Die **DIN 5008** bezieht sich auf die Form von Geschäftsbriefen und ihre Briefteile sowie die Form und Schreibweise von Daten, Abkürzungen, Hervorhebungen, Gliederung von Zahlen und Texten. Die DIN 5008 wird in bestimmten Abständen aktualisiert, sodass man sich über etwaige Änderungen auf dem Laufenden halten sollte.

DIN

Diese Normen werden vom Deutschen Institut für Normungen e.V. herausgegeben

www.din.de

Auf der folgenden Seite finden Sie einen Geschäftsbrief der Beska GmbH nach DIN 5008 (zum Teil vereinfacht dargestellt). Sie finden weiterhin entsprechende Anmerkungen zur Briefgestaltung. Dabei ist zu beachten, dass jede Leerzeile mit einem Punkt markiert ist.

Wenn Sie einen Geschäftsbrief schreiben,
- beachten Sie die Zeilenanzahl der DIN 5008 streng,
- schreiben Sie keinen zu langen Brieftext und
- gliedern Sie Ihren Brieftext übersichtlich durch Absätze.

Antworten Sie direkt auf einen eingegangenen Geschäftsbrief, ist es üblich, den zu verfassenden Brief mit einem Dank für das erhaltene Schreiben zu beginnen. Wird der Geschäftsbrief mit Hilfe eines Textverarbeitungsprogramms erstellt, so ist ein Zeilenabstand von 1 bis 1,5 cm üblich. Als Schriftart wird in der Regel Times New Roman oder Arial in der Schriftgröße 12 pt verwendet. Alle Zeilen beginnen bei 2,41 cm von der linken Blattkante. Häufig wird dieser Wert aber gerundet.

Beska
BERLINER SUPERKAUF

Das Anschriftenfeld besteht aus 9 Zeilen:

1.–3. Zusatz- und Vermerkzone, z. B. Info für die Post, Einschreiben, Werbesendung, Drucksache
4. Empfängerbezeichnung/Anrede, z. B. Firmenbezeichnung oder Frau/Herr
5. Empfänger: Vor- und Nachname, ggf. mit akademischem Grad oder Titel
6. Postfach mit Nummer oder Straße mit Hausnummer
7. Postleitzahl und Bestimmungsort (Postleitzahl wird ohne Leerstelle geschrieben)
8. Bestimmungsland
9. Leerzeile

Beska Berliner Superkauf GmbH • Tauentzienstraße 60 • 10789 B

•
•
•
Wohnungsbaugesellschaft
Meyer & Meyer GmbH
Parkweg 22
12568 Berlin

Die **Bezugszeile** dient der Orientierung des Briefempfängers und des Absenders:
1. Kurzzeichen für Namen werden kleingeschrieben.
2. Für das Datum existieren zwei mögliche Schreibweisen:
a) Jahr-Monat-Tag, z. B. 20XX-07-18
b) Tag.Monat.Jahr, z. B. 18.07.20XX

•

Ihr Zeichen, Ihre Nachricht vom	Unser Zeichen, unsere Nachricht vom	Telefon 030 936-0	Datum
mm	ea/sbz	-36	15.11.20XX

•
•
Kündigung des Mietvertrages

Betreff
Stichwortartige Inhaltsangabe des ganzen Briefes. Sie dient dazu, dem Leser auf den ersten Blick eine Orientierung zu geben. Der Betreff wird ohne Schlusspunkt geschrieben, er kann z. B. durch Fettdruck hervorgehoben werden.

•
•
Sehr geehrter Herr Meyer,

Anrede
Ist der Empfänger bekannt, so wird dieser mit seinem Namen angesprochen. Ansonsten formuliert man allgemein (z. B.: Sehr geehrte Damen und Herren). Nach der Anrede steht ein Komma.

•
hiermit möchte ich im Namen der Beska GmbH die L
31.12.20XX kündigen.

Nachdem wir unsere Umbaumaßnahmen in unserem
benötigen wir das Außenlager in der Marxstraße nich

Ich danke Ihnen für die vertrauensvolle Zusammenar

Gruß
Der Geschäftsbrief wird mit einem Gruß abgeschlossen.
Üblich ist: „Mit freundlichen Grüßen" oder „Mit freundlichem Gruß".
Als distanzierte Grußformel, meist im Rahmen von Mahnungen eingesetzt, gilt die Formulierung „Hochachtungsvoll".

•
Mit freundlichen Grüßen
•
Berliner Superkauf GmbH

Wiederholung der Firma

•
i.A. Elisabeth Albrecht
•
Elisabeth Albrecht

Unterschrift
Für die Unterschrift werden in der Regel 3 Zeilen reserviert.
Ist der Unterzeichner (wie im Beispiel) nicht Inhaber des Unternehmens, so gibt ein Kürzel vor der Unterschrift die entsprechende Vollmacht des Unterzeichners an.
ppa. (per Prokura) = Prokura
i. V. (in Vertretung) = Handlungsvollmacht
i. A. (im Auftrag) = Einzelvollmacht

maschinenschriftliche Namenswiederholung des Briefverfassers

•
Anlage
Kopie des Mietvertrages

Anlagenvermerk
Wenn dem Brief eine Unterlage beigefügt ist, wird ein Anlagenvermerk gemacht und die beigefügte Unterlage aufgezählt. Aus Platzgründen kann der Anlagenvermerk auch rechts neben dem Gruß stehen.

Beska
Berliner Superkauf GmbH

Tauentzienstraße 60 | Telefon 030 936-0 | Handelsregister | Finanzamt | Bankverbindungen

5.3 Berechnung der Umsatzsteuer

Die Ermittlung der Umsatzsteuer ist eine Anwendung der Prozentrechnung. Die Höhe der Umsatzsteuer ist entweder aus dem Bruttobetrag herauszurechnen oder dem Nettobetrag hinzuzurechnen. Ist der Nettorechnungsbetrag gegeben und der Steuersatz bekannt, errechnet sich der Umsatzsteuerbetrag wie folgt:

Prozentrechnung → S. 155

Steuersatz → S. 134

$$\text{Umsatzsteuer in €} = \frac{\text{Nettorechnungsbetrag} \cdot \text{Steuersatz}}{100\,\%} = \frac{2.340{,}00\,€ \cdot 19\,\%}{100\,\%} = 444{,}60\,€$$

Ist der Bruttorechnungsbetrag und der Steuersatz bekannt, so ist die Prozentrechnung vom vermehrten Grundwert anzuwenden:

$$\text{Umsatzsteuer in €} = \frac{\text{Bruttorechnungsbetrag} \cdot \text{Steuersatz}}{(100\,\% + \text{Steuersatz})} = \frac{2.784{,}60\,€ \cdot 19\,\%}{119\,\%} = 444{,}60\,€$$

Zu einer **Steuerberichtigung** kommt es, wenn nachträglich in Anspruch genommene Preisnachlässe zur Änderung des Nettoverkaufsbetrages führen.

Beispiel

Das Gästehaus Siebenschläfer zahlt die Rechnung (siehe vorherige Seite) innerhalb der Skontierungsfrist. Es muss eine Steuerberichtigung gemacht werden.

Die Beska GmbH hat zum Zeitpunkt des Warenverkaufs 444,60 Euro Umsatzsteuer gebucht. Da sie aber durch Skontoabzug des Kunden 8,89 Euro weniger Umsatzsteuer vom Kunden erhalten hat, verringert sich die ursprüngliche Umsatzsteuerschuld von 444,60 Euro um 8,89 Euro. Die Beska GmbH schuldet dem Finanzamt nur noch 435,71 Euro.

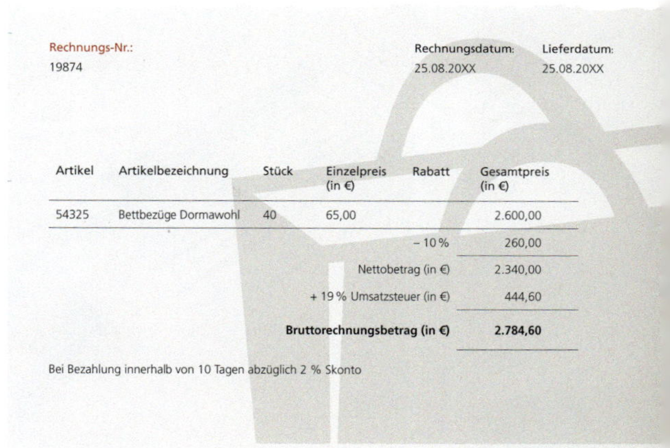

Rechnungs-Nr.: 19874

Rechnungsdatum: 25.08.20XX

Lieferdatum: 25.08.20XX

Artikel	Artikelbezeichnung	Stück	Einzelpreis (in €)	Rabatt	Gesamtpreis (in €)
54325	Bettbezüge Dormawohl	40	65,00		2.600,00
				– 10 %	260,00
				Nettobetrag (in €)	2.340,00
				+ 19 % Umsatzsteuer (in €)	444,60
				Bruttorechnungsbetrag (in €)	**2.784,60**

Bei Bezahlung innerhalb von 10 Tagen abzüglich 2 % Skonto

Steuerberichtigung

1. Berechnungsmöglichkeit:

$$\text{Skontobetrag in €} = \frac{\text{Bruttorechnungsbetrag} \cdot \text{Skontosatz}}{100\,\%} = \frac{2.784{,}00\,€ \cdot 2\,\%}{100\,\%} = 55{,}68\,€$$

Aus diesem Skontobetrag muss der Umsatzsteueranteil herausgerechnet werden:

$$\text{USt-Anteil in €} = \frac{\text{Skontobetrag} \cdot \text{Steuersatz}}{(100\,\% + \text{Steuersatz})} = \frac{55{,}68\,€ \cdot 19\,\%}{119\,\%} = 8{,}89\,€$$

2. Berechnungsmöglichkeit:

$$\text{USt-Anteil in €} = \frac{\text{Umsatzsteuerbetrag} \cdot \text{Skontosatz}}{100\,\%} = \frac{444{,}60\,€ \cdot 2\,\%}{100\,\%} = 8{,}89\,€$$

5.4 Steuerfrei einkaufen

EU-Mitgliedstaaten sind zurzeit (Stand Februar 2010): Belgien, Dänemark, Deutschland, Estland, Finnland, Frankreich, Griechenland, Großbritannien, Irland, Italien, Lettland, Litauen, Luxemburg, Malta, Niederlande, Österreich, Polen, Portugal, Schweden, Slowakei, Slowenien, Spanien, Tschechien, Ungarn, Zypern.

Reisende aus Nicht-EU-Mitgliedstaaten sind berechtigt, sich bei Einkäufen in Deutschland die gezahlte Umsatzsteuer rückerstatten zu lassen. Wenn Sie vermuten, dass einer Ihrer Kunden berechtigt ist, umsatzsteuerfrei einzukaufen, weisen Sie Ihn darauf hin und erklären Sie das Vorgehen.

Um sich die Umsatzsteuer für gekaufte Waren zurückerstatten zu lassen, müssen folgende Bedingungen erfüllt sein:

- Der Kunde muss seinen Wohnsitz außerhalb der EU haben und kann dieses durch Personaldokumente nachweisen.
- Der Kunde hat keine Aufenthaltsberechtigung, die ihn dazu berechtigt, sich länger als drei Monate im Land aufzuhalten (z. B. Studenten aus Nicht-EU-Staaten). Er besitzt lediglich ein dreimonatiges Touristenvisum.
- Die Waren müssen für private Zwecke bestimmt sein.
- Der Kunde führt die Ware im persönlichen Reisegepäck innerhalb von drei Monaten aus der EU aus.

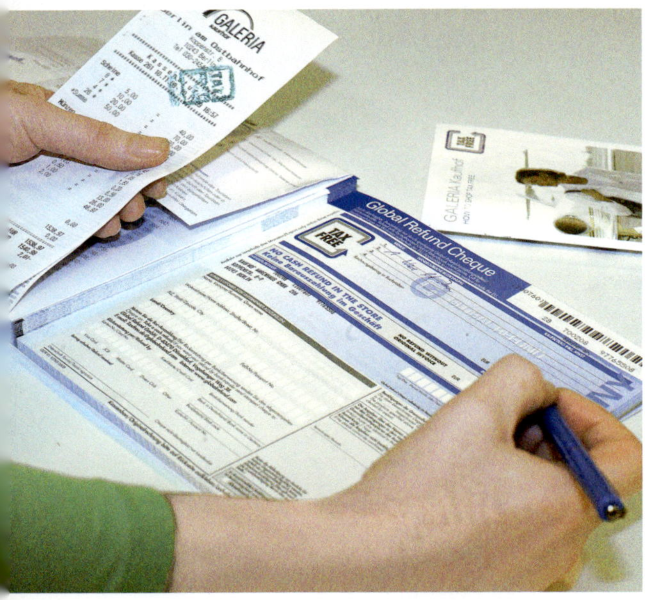

Der Kunde wird nicht von der Umsatzsteuer befreit, wenn er Waren kauft, die der Ausstattung privater Fahrzeuge (z. B. Autoersatzteile) und Waren, die zur Versorgung eines Fahrzeuges wie Kraftstoff, Motoröl und Pflegemittel dienen.

Wenn ein Kunde berechtigt ist, die Steuerbefreiung in Anspruch zu nehmen, muss er vorerst beim Einzelhändler den Bruttopreis, also einschließlich Umsatzsteuer, zahlen. Der Einzelhändler erstattet die Umsatzsteuer zurück, sobald ihm ein Nachweis vorliegt, dass die Ware ordnungsgemäß ausgeführt wurde.

Als **Ausfuhrnachweis** dient der Vordruck „Ausfuhr- und Abnahmebescheinigung für Umsatzsteuerzwecke bei Ausfuhr im nicht kommerziellen Reiseverkehr". In Teil A des Vordrucks muss der Verkäufer Angaben zum Kauf eingetragen. In Teil B des Ausfuhrnachweises bestätigt die Grenzzollstelle die Ausfuhr der Ware. Weisen Sie ihren Kunden darauf hin, dass er die Waren bei der Ausreise aus der EU am Zoll vorlegen muss, um den Ausfuhrnachweis zu erhalten.

Für die **Rückzahlung der Umsatzsteuer** gibt es verschiedene Möglichkeiten. Häufig überweist der Einzelhändler dem Käufer den Betrag nach Erhalt des Ausfuhrnachweises. Viele Einzelhandelsunternehmen schalten aber auch ein Serviceunternehmen (z. B. Global Blue, früher Global Refund) ein. Diese Serviceunternehmen sind an Grenzübergang oder an Flughäfen tätig. Dort kann der Kunde seinen bestätigten Ausfuhrnachweis vorlegen und bekommt den Steuerbetrag nach Abzug einer Bearbeitungsgebühr ausgezahlt. Das Serviceunternehmen legt die Ausfuhrbelege bei den inländischen Einzelhandelsunternehmen vor und erhält den ausgezahlten Steuerbetrag.

Global Blue

Logo des Serviceunternehmens Global Blue

TAX FREE

Logo des früheren Serviceunternehmens Global Refund. Dieses Logo wird durch Global Blue abgelöst.

Anlage zum BMF-Schreiben vom 28.05.2004
IV D 1 – S 7133 – 21/04

Ausfuhr- und Abnehmerbescheinigung für Umsatzsteuerzwecke bei Ausfuhren im nichtkommerziellen Reiseverkehr (§ 6 Abs. 3 a UStG)

(§ 17 UStDV, Abschnitt 137 Abs. 10 UStR)

A **Angaben des Unternehmers** (Zutreffendes bitte ankreuzen ☒)

Dieser Abschnitt ist leserlich auszufüllen (möglichst in Maschinenschrift oder Druckschrift) und durch Unterschrift zu bestätigen.

1	**Name/Firma und Anschrift des liefernden Unternehmers (Straße, Hausnummer, Postleitzahl, Ort)**	2	**Angaben zur Identität des Abnehmers:** – Bitte Hinweise auf der Rückseite beachten – **Name, Vorname des Abnehmers im Drittland**
			Anschrift: Land, Wohnort, Straße, Hausnummer
			Pass- bzw. Ausweisnummer:

3	**Gelieferte Gegenstände (oder Hinweis auf beigefügte Rechnungen oder Kassenzettel):** Für die Angabe der Gegenstände ist die handelsübliche Bezeichnung zu verwenden. Handelsübliche Sammelbezeichnungen reichen aus (z.B. Waschmittel), nicht dagegen Bezeichnungen allgemeiner Art (z.B. Geschenkartikel) oder die Verwendung nicht allgemein verständlicher Abkürzungen. Wird auf beigefügte Rechnungen oder Kassenzettel verwiesen, muss sich die handelsübliche Bezeichnung der Gegenstände aus diesen Belegen ergeben.	☐ **Kaufpreis** (einschl. Umsatzsteuer) ☐ **Entgelt** (Kaufpreis abzüglich Umsatzsteuer)

	Menge	Handelsübliche Warenbezeichnung	EUR	Ct
4				
5				
6				
7				
8				
9		Summe:		

10	**EURO-Betrag aus Nr. 9 in Buchstaben wiederholen.**
11	**Sonstiges (z. B. Angaben zu einer Umsatzsteuererstattung)**
12	**Ort, Datum, Unterschrift des liefernden Unternehmers oder seines Bevollmächtigten**

B **Bestätigungen der Grenzzollstelle/Customs certification/Certificat des douanes**

Kann die Abfertigung zur Ausfuhr für keinen Gegenstand bestätigt werden, erteilt die Grenzzollstelle auch keine Abnehmerbestätigung.

13	Die in Nr. 4 bis 8 bezeichneten Gegenstände wurden/The products specified under Nos. 4 - 8/Les biens indiqués ci-dessus de 4 à 8 – mit Ausnahme der in Nr. ________ bezeichneten Gegenstände – (except those listed under No. ________ /à l'exception des biens figurant sous ________) zur Ausfuhr abgefertigt (have been cleared for export/visés pour l'exportation).
14	Die Angaben über den Namen und die Anschrift des Abnehmers (Nr. 2) stimmen mit den Eintragungen in dem vorgelegten Reisepass oder sonstigen Grenzübertrittspapier des Ausführers überein. Identity and address of foreign buyer (No. 2) are identical to those on passport or travel document. Les indications ci-dessus concernant le nom et l'adresse du destinataire (no. 2) correspondent aux renseignements inscrits sur le passeport/la pièce d'identité présenté(e) par l'exportateur. **Anmerkung:** **Können die Angaben nicht bestätigt werden, ist das Feld 14 durchzustreichen.**
15	**Bemerkungen/Remarks/Remarques (Nr. 1 - 14)**
16	**Ort, Datum, Dienststempel/ Place, Date, Official Stamp/ Lieu, date, cachet du service**

6 Rechtliche Rahmenbedingungen

Lernsituation 34

Jeder Mensch steht in einer Vielzahl von rechtlichen Beziehungen zu anderen, z. B. als Auszubildender oder Arbeitnehmer, als Mieter einer Wohnung, als Abonnent einer Zeitung oder als Kunde in einem Warenhaus. Diese Beziehungen werden durch Gesetze und Vorschriften geregelt. Die Gesamtheit dieser Regeln wird **Rechtsordnung** genannt. In Deutschland umfasst die Rechtsordnung die Bereiche des öffentlichen und des privaten Rechts. Das **öffentliche Recht** regelt z. B. die Rechtsbeziehungen zwischen dem Staat und Gemeinden oder zwischen Gemeinden und Privatsubjekten. Das **Privatrecht** regelt dagegen die Rechtsbeziehungen zwischen Privatsubjekten untereinander.

Privatrecht wird auch bürgerliches Recht oder Zivilrecht genannt.

6.1 Rechtsfähigkeit

Rechtssubjekt
Träger von Rechten und Pflichten

Die in der bestehenden Rechtsordnung verankerten Rechte und Pflichten setzen immer ein Rechtssubjekt als Träger von Rechten und Pflichten voraus. Rechte und Pflichten bestehen dabei immer gegenüber anderen Rechtssubjekten. Die Fähigkeit, diese Rechte und Pflichten zu übernehmen, nennt man Rechtsfähigkeit. Rechtsfähig können natürliche und juristische Personen sein.

Natürliche Personen sind alle Menschen, unabhängig von ihrer Herkunft oder ihrer geistigen und körperlichen Leistungsfähigkeit. Die Rechtsfähigkeit der natürlichen Personen beginnt mit Vollendung der Geburt und endet mit dem Tod.

§ 1 Bürgerliches Gesetzbuch (BGB)

Die Rechtsfähigkeit des Menschen beginnt mit der Vollendung der Geburt.

Natürliche Personen sind Rechtssubjekte.

Beispiel

Nach der Geburt kann ein Mensch erben, da er rechtsfähig ist. Allerdings ist ein Kleinkind noch nicht in der Lage, seine Rechte selbst wahrzunehmen und seine Pflichten zu erfüllen (hier: Erbschaftssteuer zu zahlen). Daher handeln für Kinder deren gesetzliche Vertreter.

Das sind in der Regel die Eltern. Ein treues Haustier ist nicht rechtsfähig und kann nicht als Erbe eingesetzt werden.

Obwohl Tiere rechtlich gesehen keine Sachen sind, haben sie keine Rechte. Daraus folgt, dass sie weder als Erbe noch als Vermächtnisnehmer eingesetzt werden können. Auf Grund ihrer fehlenden Rechtsfähigkeit sind sie nicht erbberechtigt.

Tiere
→ § 90 a BGB

Juristische Personen dagegen sind in besonderer Form organisierte Personenvereinigungen (z. B. Kapitalgesellschaften, Vereine, Anstalten, Körperschaften) oder Stiftungen, denen bei der Erfüllung bestimmter Auflagen ebenfalls die Fähigkeiten verliehen wird, Träger von Rechten und Pflichten zu sein. Bei den juristischen Personen wird zwischen juristischen Personen des Privatrechts und juristischen Personen des öffentlichen Rechts unterschieden.

Die Rechtsfähigkeit **juristischer Personen des Privatrechts** entsteht durch eine Eintragung in ein Register (z. B. Vereinsregister oder Handelsregister). Beendet wird die Rechtsfähigkeit durch Auflösung der Vereinigung und Löschung im entsprechenden Register. Die Rechtsfähigkeit **juristischer Personen des öffentlichen Rechts** entsteht durch staatliche Verleihung. Sie verlieren ihre Rechtsfähigkeit durch staatlichen Entzug.

IHK

STIFTUNG WARENTEST
test FINANZtest

Juristische Personen des öffentlichen Rechts

Beispiel

- Juristische Personen des Privatrechts: eine Aktiengesellschaft (AG), eine Gesellschaft mit beschränkter Haftung (GmbH), ein eingetragener Verein (e.V.), eine Genossenschaft (e.G.)
- Juristische Personen des öffentlichen Rechts: die Stadt Potsdam, die Bundesländer, die Industrie- und Handelskammern oder die Stiftung Warentest

Juristische Personen sind zwar rechtsfähig, können aber nicht selbstständig im Wirtschaftsleben tätig werden. Hierzu ist die Hilfe natürlicher Personen notwendig. Daher handeln für die juristischen Personen deren Organe. Das kann z. B. der Vorstand eines Vereins oder einer Aktiengesellschaft sein.

Beispiel

Der Geschäftsführer der Beska GmbH, Herr List, bestellt für die Mitarbeiter neue Büromöbel. Käufer der Möbel ist aber nicht Herr List, sondern die Beska GmbH, die auch haftet, wenn die Lieferung nicht bezahlt wird.

Wer ist rechtsfähig?

- **Natürliche Personen**
  - alle lebenden Menschen
- **Juristische Personen**
  - Juristische Personen des Privatrechts
    - Private Körperschaften
      a) wirtschaftliche Vereine (z.B. Unternehmen)
      b) nicht wirtschaftliche Vereine (z.B. Sportvereine)
    - Stiftungen, z.B. Stiftung zur Förderung der Ausbildung besonders begabter Kinder
  - Juristische Personen des öffentlichen Rechts
    - Öffentliche Körperschaften, z.B. Gemeinden, Länder, Bund
    - Personalkörperschaften, z.B. IHK, Bundeswehr
    - Anstalten, z.B. Schulen

6.2 Geschäftsfähigkeit

Rechtsgeschäfte
→ S. 148

Willenserklärung
Eine geschäftsfähige Person äußert eindeutig ihren Willen, ein Rechtsgeschäft abzuschließen.

Man unterscheidet die Rechtsfähigkeit des Menschen (natürliche Personen) von dessen Geschäftsfähigkeit. Geschäftsfähigkeit ist die Fähigkeit, gültige Rechtsgeschäfte selbstständig abzuschließen. Nicht jede Person ist rechts- und geschäftsfähig. Kinder, Jugendliche und auch bestimmte andere Personengruppen sollen vor den Rechtsfolgen unüberlegt abgeschlossener Geschäfte geschützt werden. Die verschiedenen Stufen der Geschäftsfähigkeit werden in den §§ 104 bis 113 BGB geregelt.

6.2.1 Geschäftsunfähig

Geschäftsunfähig sind Kinder unter 7 Jahren sowie Personen, die dauernd geistesgestört sind. Rechtsgeschäfte, die ein Geschäftsunfähiger abschließt, sind nichtig (ungültig). Für Geschäftsunfähige handeln die gesetzlichen Vertreter, also in der Regel die Eltern oder manchmal auch ein Betreuer.

Beispiel

- Ein fünfjähriger Junge Kind kauft bei der Beska GmbH ein Spielzeugauto. Das Rechtsgeschäft, hier ist es ein Kaufvertrag, ist nichtig. Auf Verlangen der Mutter muss die Beska GmbH das Auto zurücknehmen und das Geld zurückgeben.
- Wenn dasselbe Kind aber für die Mutter einkauft, handelt es als Bote. Das heißt, es überbringt die Willenserklärung der Mutter und nicht seine eigene. Der abgeschlossene Kaufvertrag ist dann gültig.

6.2.2 Beschränkte Geschäftsfähigkeit

Beschränkt geschäftsfähig sind Minderjährige zwischen dem 7. und 18. Lebensjahr. Beschränkt Geschäftsfähige können Rechtsgeschäfte abschließen, gültig sind sie allerdings nur mit Einwilligung oder nachträglicher Genehmigung durch den gesetzlichen Vertreter. Erfolgt dies nicht, so kommt das Rechtsgeschäft nicht zu Stande. Bis zur Genehmigung oder Ablehnung ist das Rechtsgeschäft „schwebend unwirksam". Schweigt der gesetzliche Vertreter, gilt die Genehmigung als nicht erteilt und das Rechtsgeschäft ist von Anfang an schwebend unwirksam.

Beispiel

Die 16-jährige Marit ist Auszubildende im Einzelhandel. Sie möchte sich von ihrer Ausbildungsvergütung ohne Wissen der Eltern einen Laptop für 1.200,00 Euro kaufen. Der Kaufvertrag ist schwebend unwirksam, da der Preis des Laptops die Höhe der Ausbildungsvergütung übersteigt. Der Kaufvertrag wird erst gültig, wenn die Eltern nachträglich zustimmen. Er ist nichtig, wenn sie ihre Zustimmung verweigern.

In bestimmten **Ausnahmefällen** kann eine beschränkte Geschäftsfähigkeit zu einer vollen Geschäftsfähigkeit werden. Diese Ausnahmen sind im Gesetz genau festgelegt:

Taschengeldparagraf (§ 110 BGB)
Geschäfte, die ein beschränkt Geschäftsfähiger mit seinem Taschengeld begleicht, sind rechtsgültig. Das gilt allerdings nur für Geschäfte, die sofort bar bezahlt werden und nicht für Geschäfte, die auf Raten beglichen werden sollen. Über zukünftiges Taschengeld kann nicht verfügt werden.

Beispiel

Lars Friedrich ist 14 Jahre alt und großer Fußballfan. Monatlich bekommt er von seinen Eltern 20,00 Euro Taschengeld. Ohne Zustimmung der Eltern kann er sich am Kiosk eine Fußballzeitschrift für 2,50 Euro kaufen oder andere Kaufverträge bis 20,00 Euro abschließen.

Erlangung eines lediglich rechtlichen Vorteils (§ 107 BGB)
Geschäfte, die einem beschränkt Geschäftsfähigen lediglich einen rechtlichen Vorteil bringen, müssen von den gesetzlichen Vertretern nicht genehmigt werden.

Beispiel

- Die 12-jährige Jessica bekommt von ihrem Onkel ein Mountainbike geschenkt. Die Eltern halten das für zu gefährlich und sind dagegen. Da dieses Geschäft aber nur rechtliche Vorteile bringt, ist es auch ohne Zustimmung der Eltern gültig.
- Der 6-jährige Tom bekommt von seinen Großeltern ein Haustier geschenkt. Dieses Geschenk beinhaltet aber eine spätere Verpflichtung und zwar die Kosten für das Futter. Hier ist die Einwilligung der Eltern notwendig.

Selbstständiger Betrieb eines Erwerbsgeschäfts (§ 112 BGB)
Mit Erlaubnis der gesetzlichen Vertreter und des Vormundschaftsgerichtes darf ein Minderjähriger selbstständig einen Betrieb führen. Für alle Geschäfte, die den Geschäftsbetrieb betreffen, ist der Minderjährige unbeschränkt geschäftsfähig.

Kind bekommt einen Hund geschenkt – rechtlicher Vorteil?

Beispiel

Ein 16-Jähriger betreibt mit Zustimmung seiner Eltern und mit der Genehmigung des Vormundschaftsgerichts einen Internetbestellshop für Computerzubehör. Er kann die im Rahmen dieses Betriebes anfallenden Geschäfte (z.B. Warenein- und verkauf, Anmieten von Lagerräumen) selbst tätigen.

Dienst- oder Arbeitsverhältnis (§ 113 BGB und § 56 HGB)

Befindet sich ein Minderjähriger in einem Ausbildungsverhältnis sowie in einem Dienst- oder Arbeitsverhältnis, darf er Geschäfte, die dieses Verhältnis betreffen, unbeschränkt tätigen. Die gesetzlichen Vertreter haben nämlich zu diesem Verhältnis ihre Zustimmung gegeben (§ 113 BGB). Minderjährige, die in einem Laden oder einem Warenlager angestellt sind, dürfen Waren eigenmächtig an Kunden verkaufen (§ 56 HGB).

Beispiel

- § 113 BGB: Einrichtung eines Kontos für die Ausbildungsvergütung, Kauf von Berufskleidung, Kündigung des Arbeitsverhältnisses
- § 56 HGB: Die 17-jährige Wiebke ist im Einzelhandel für einen Ferienjob angestellt. Sie kann eigenmächtig Waren an einen Kunden verkaufen.

6.2.3 Unbeschränkte (volle) Geschäftsfähigkeit

Unbeschränkte (volle) Geschäftsfähigkeit besitzen alle juristischen Personen und alle natürlichen Personen über 18 Jahre (Volljährige). Die Rechtssubjekte können gültige Rechtsgeschäfte abschließen und müssen die volle Verantwortung dafür übernehmen.

Konsequenz der Geschäftsfähigkeit

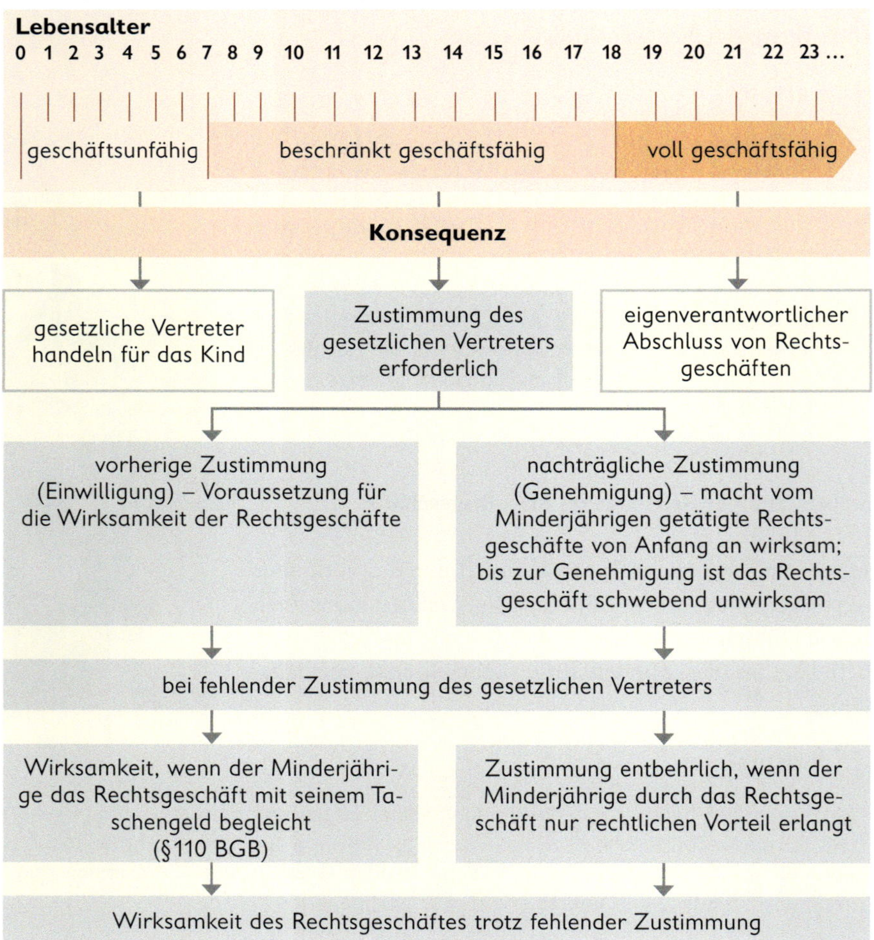

6.3 Rechtsobjekte

Gegenstand von Rechtshandlungen sind Rechtsobjekte, die sich wie folgt unterscheiden lassen. Im Sachenrecht des BGB wird unterschieden, ob jemand die rechtliche Herrschaft (**Eigentum**) oder nur die tatsächliche Herrschaft (**Besitz**) über eine Sache ausübt.

Rechtsobjekte

- **Sachen körperlicher Gegenstände**
  Beispiele: Haus, Auto, Papier
  - **unbewegliche Sachen**
    Beispiele: Grundstück, Haus
  - **bewegliche Sachen**
    Beispiele: Auto, Buch, MP3-Player
    - **vertretbare Sachen**
      Sachen, die es in der gleichen Art mehrfach gibt
      Beispiele: Neuwagen, Kopierpapier 80 g/m²
    - **nicht vertretbare Sachen**
      Sachen, die einmalig sind
      Beispiele: Kunstwerk, Gebrauchtwagen
- **Rechte nicht körperliche Gegenstände**
  Beispiele: Patente, Lizenzen, Forderungen
  - **absolute Rechte**
    gelten gegenüber der Allgemeinheit
    Beispiel: Urheberrechte
  - **relative Rechte**
    gelten nur gegenüber einem Vertragspartner
    Beispiel: Forderungen aus einer Warenlieferung

Das Eigentum an unbeweglichen Sachen wird durch Einigung und anschließende Eintragung in das Grundbuch übertragen. Ein solcher Vertrag bedarf der notariellen Beurkundung. Das Eigentum an beweglichen Sachen wird durch Übertragung verschafft, d. h. durch Einigung und Übergabe.

notarielle Beurkundung → S. 150

Beispiel

Susanne erhält von ihren Eltern zum Geburtstag eine Digitalkamera geschenkt. Sie ist damit Eigentümerin und Besitzerin der Kamera. Susanne leiht ihrer Freundin Andrea die Kamera für deren Skiurlaub. Jetzt ist Andrea Besitzerin, während Susanne Eigentümerin bleibt.

In bestimmten Fällen kann der Erwerber das Eigentum an einer Sache auch von einem Nichteigentümer erhalten, jedoch nur dann, wenn er **gutgläubig** war. Der gute Glaube schützt ihn jedoch nicht, wenn die Sache dem Eigentümer gestohlen wurde, verloren gegangen oder sonst abhandengekommen ist.

Beispiel

Andrea geht im Urlaub das Taschengeld aus. Deshalb verkauft sie Susannes Kamera an ihren ahnungslosen Skilehrer. Da der Skilehrer nicht weiß, dass die Kamera Andrea gar nicht gehört, ist er gutgläubig und erwirbt das Eigentum an der Kamera. Hätte er allerdings gewusst, dass die Kamera nur geliehen ist, wäre er nicht mehr gutgläubig gewesen und hätte das Eigentum an der Kamera nicht erwerben können.

6.4 Rechtsgeschäfte

Rechtssubjekt → S. 142

Rechtsgeschäfte sind Geschäfte zwischen Rechtssubjekten, aus denen sich Rechtsfolgen (Rechte und Pflichten) ergeben. Sie entstehen durch Willenserklärungen, die Rechtsverhältnisse

- begründen: z. B. Abschluss eines Vertrages,
- aufheben: z. B. Kündigung eines Arbeitsvertrages
- oder ändern: z. B. Herr Breuer wird nachträglich in einem Testament als Alleinerbe eingesetzt.

Die Willenserklärung ist die Äußerung des Geschäftswillens.

Ein Kaufvertrag ist ein Beispiel für ein mehrseitiges Rechtsgeschäft.

Rechtsgeschäfte werden unterschieden in **einseitige Rechtsgeschäfte**, die durch die Willenserklärung einer Person entstehen, und **mehrseitige Rechtsgeschäfte**, die durch die übereinstimmenden Willenserklärungen von mindestens zwei Personen entstehen. Bei mehrseitigen Rechtsgeschäften kann entweder nur eine der beiden Personen zu etwas verpflichtet werden (z. B. bei der Schenkung, hier muss der Beschenkte nur erklären, dass er die Schenkung annehmen will) oder beiden (mehreren) Personen erwachsen aus dem Rechtsgeschäft bestimmte Verpflichtungen (z. B. Kaufvertrag).

Bei einseitigen Rechtsgeschäften wird unterschieden in

- **empfangsbedürftige Rechtsgeschäfte**, die nur dann Gültigkeit erlangen, wenn die Willenserklärung den Empfänger erreicht sowie
- **nicht empfangsbedürftige** Rechtsgeschäfte, die allein schon durch die Abgabe der Willenserklärung rechtswirksam werden.

Beispiel

- empfangsbedürftiges Rechtsgeschäft: Die Kündigung eines Mietvertrages muss dem Mieter persönlich übergeben oder durch den Postboten in seinem Briefkasten zugestellt werden.
- nicht empfangsbedürftiges Rechtsgeschäft: Ein Testament wird bereits mit der schriftlichen Äußerung des letzten Willens gültig, ohne dass die zukünftigen Erben darüber informiert werden müssen.

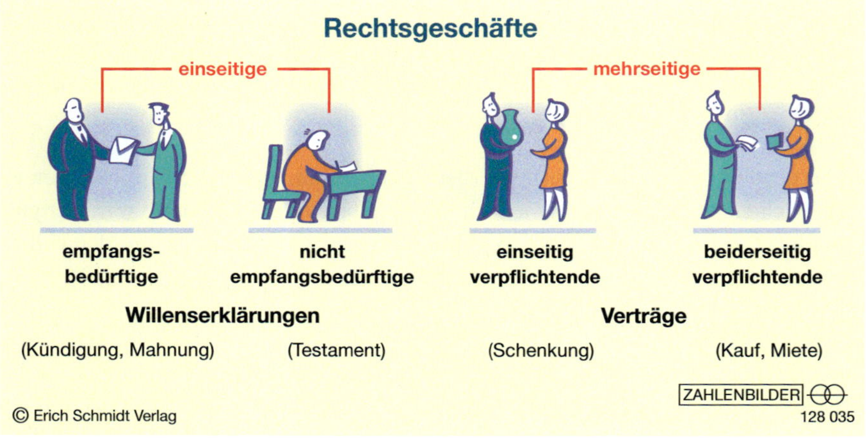

6.5 Kaufvertrag

Der Kaufvertrag kommt durch zwei übereinstimmende Willenserklärungen, den **Antrag** (1. Willenserklärung) und die **Annahme** (2. Willenserklärung) zu Stande. Wird ein Antrag nur mit Änderungen oder Einschränkungen angenommen, so gilt das nicht als Annahme, sondern als neuer Antrag, der vom Vertragspartner wiederum erst angenommen werden muss. Beim Kaufvertrag kann der Antrag sowohl vom Verkäufer als auch vom Käufer ausgehen, sodass es zwei Möglichkeiten gibt, wie ein Kaufvertrag zu Stande kommt.

Zustandekommen eines Kaufvertrages

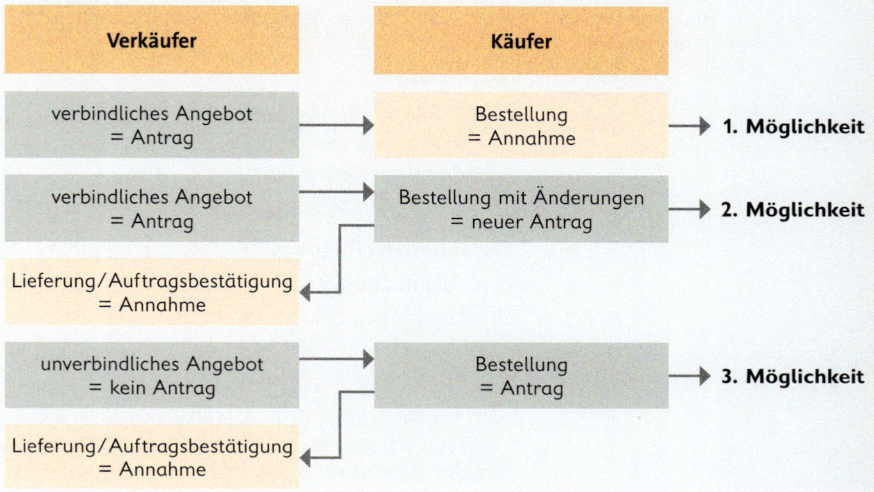

Handeln beide Vertragspartner als Privatpersonen, so spricht man von einem **Privatkauf**. Hier finden ausschließlich die allgemeinen Vorschriften zum Kaufvertrag Anwendung. Ist ein Vertragspartner ein Kaufmann und der andere Nichtkaufmann, so liegt ein **einseitiger Handelskauf** vor. Bei einseitigen Handelskäufen gibt es zusätzlich zu den allgemeinen Vorschriften zum Kaufvertrag zahlreiche Sonderbestimmungen für Kaufleute. Ist der Verkäufer ein Unternehmer und der Käufer eine Privatperson (Verbraucher), so spricht man von **Verbrauchsgüterkäufen**. Hier gibt es zahlreiche Schutzvorschriften für den Verbraucher als Käufer. Bei **zweiseitigen Handelskäufen (-geschäften)** sind beide Vertragspartner Kaufleute, sodass vor allem die Vorschriften des HGB zu beachten sind.

Verbraucherschutz
→ S. 203

Der Kaufvertrag ist sowohl ein Verpflichtungsgeschäft als auch ein Erfüllungsgeschäft. **Verpflichtungsgeschäfte** sind Rechtsgeschäfte, durch die eine Person gegenüber einer anderen Person eine Leistungspflicht übernimmt. Durch das Verpflichtungsgeschäft entsteht ein Schuldverhältnis zwischen den Vertragspartnern.

Pflichten aus dem Kaufvertrag

Pflicht des Verkäufers	Pflicht des Käufers
bestellte Ware mangelfrei und rechtzeitig liefern	die Ware abzunehmen
dem Kunden das Eigentum an der Ware verschaffen	den vereinbarten Kaufpreis rechtzeitig bezahlen
den vereinbarten Kaufpreis annehmen (d.h. beibehalten)	

Die Erfüllung der im Verpflichtungsgeschäft eingegangenen Pflichten erfolgt im **Erfüllungsgeschäft**. Der Kaufvertrag ist erfüllt, wenn

- der Verkäufer Besitz und Eigentum am Kaufgegenstand auf den Käufer übertragen und den Kaufpreis angenommen hat und
- der Käufer den Kaufgegenstand angenommen und den Kaufpreis bezahlt hat.

6.6 Vertragsfreiheit

In Deutschland hat jede geschäftsfähige Person das Recht, Rechtsgeschäfte frei und eigenverantwortlich abzuschließen. Dieser als Vertragsfreiheit bezeichnete Umstand beinhaltet die Abschluss-, die Inhalts- und die Formfreiheit.

Die **Abschlussfreiheit** stellt es jeder geschäftsfähige Person frei, zu entscheiden, ob und mit wem er einen Vertrag abschließt. Für bestimmte Berufsgruppen und Branchen, wie z. B. die Apotheker oder die Post, gibt es jedoch einen Abschlusszwang.

Abschlusszwang
Das Unternehmen ist gesetzlich verpflichtet, einen Vertrag abzuschließen.

Beispiel

Während ein Einzelhändler sich weigern kann, mit einem beliebigen Kunden einen Kaufvertrag abzuschließen, muss ein Apotheker jedem Kunden das verschriebene Medikament verkaufen.

Die **Inhaltsfreiheit** besagt, dass der Inhalt von Verträgen und die damit verbundenen Verpflichtungen frei gestaltet werden können. Allerdings müssen dabei gesetzliche Regelungen beachtet werden.

Beispiel

Ein Kunde kann bei dem Kauf eines Pkw die Ausstattung des Fahrzeuges grundsätzlich frei wählen. Er darf dabei aber nicht einen dritten Scheinwerfer einbauen lassen, denn das ist gesetzlich verboten.

Ein Kunde legt an der Supermarktkasse seine Einkäufe wortlos aufs Band. Er gibt damit durch schlüssiges Handeln eine Willenserklärung zum Kauf der Artikel ab.

Nach dem Grundsatz der **Formfreiheit** bedürfen Willenserklärungen zum Abschluss der meisten Rechtsgeschäfte keiner besonderen Form, d. h., sie können mündlich, am Telefon, schriftlich oder sogar durch schlüssiges Handeln abgeschlossen werden. Auch für die Gültigkeit eines Kaufvertrages ist die Form in den meisten Fällen ohne Bedeutung. Allerdings gibt es auch bestimmte Rechtsgeschäfte bzw. Kaufverträge, die einem **Formzwang** unterliegen, d. h., sie müssen für ihre Gültigkeit in der gesetzlich vorgeschriebenen Form abgeschlossen werden:

- **Schriftliche Form:** Der Vertragsinhalt muss in schriftlicher Form vorliegen und von den Vertragsparteien unterschrieben werden (z. B. Ausbildungsvertrag, Arbeitsvertrag).
- **Öffentliche Beglaubigung:** Der Vertragsinhalt muss ebenfalls in schriftlicher Form vorliegen, allerdings bestätigt hier ein Notar oder eine Behörde zusätzlich die Echtheit der Unterschriften der Vertragsparteien. Die Bestätigung des Notars oder der Behörde bezieht sich nur auf die Unterschriften, nicht auf den Inhalt des Vertrages.
- **Notarielle Beurkundung:** Der Notar formuliert den Vertragsinhalt und beurkundet sowohl die Echtheit des Inhalts als auch die Unterschriften der Vertragsparteien.

Beispiel

- Schriftliche Form: Ausbildungsvertrag, Arbeitsvertrag, Darlehensvertrag
- Öffentliche Beglaubigung: Schriftliche Anmeldung und Antrag zur Eintragung ins Handelsregister oder in das Grundbuch
- Notarielle Beurkundung: Kaufvertrag über ein Grundstück, Erbverträge, Eheverträge

6.7 Allgemeine Geschäftsbedingungen

Das Gesetz zur Allgemeinen Geschäftsbedingung (AGB) beschränkt die Vertragsfreiheit. Es handelt sich hierbei um vorformulierte Vertragsbedingungen, die für eine Vielzahl von Verträgen gelten sollen. Mit den AGB will der Verwender Vereinbarungen treffen, die von den gesetzlichen Vorschriften abweichen (z. B. zu den Lieferungs- und Zahlungsbedingungen, zur Gewährleistungspflicht, zu Garantien oder zum Eigentumsvorbehalt).

In den AGB darf der Verwender aber nicht nach Gutdünken vereinbaren, was er will. Das BGB setzt **rechtliche Grenzen**, um die Käufer vor unlauteren AGB zu schützen. Insbesondere darf der „Kerngehalt einer gesetzlichen Regel" nicht zum Nachteil des Vertragspartners abgeändert werden. Beispielweise wäre eine AGB-Klausel, die jegliche Haftung für Mängel ausschließt, unwirksam.

Durch die gesetzlichen Regelungen soll der wirtschaftlich schwächere Vertragspartner (Verbraucher) geschützt werden. Die AGB müssen wirksam in den Vertrag einbezogen werden, d. h., der jeweilige Kunde muss ihnen zustimmen. Theoretisch können sie zwar vom Kunden abgelehnt oder abgeändert werden, in der Praxis ist dies jedoch selten der Fall (in der Regel wird sich der Verwender nicht darauf einlassen). Durch die AGB kann eine Vielzahl von Verträgen schneller und rationeller abgewickelt werden. Auch werden einzelne Geschäftsrisiken besser kalkulierbar.

Verbraucherschutz → S. 203

Hinsichtlich der Wirksamkeit von AGB gelten u. a. folgende Regelungen:

- **Individuelle Absprachen** haben stets Vorrang vor den AGB. Auch wenn eine Klausel aus den AGB ausgeschlossen wird, geschieht dies durch eine individuelle Vereinbarung.
- **Überraschende und mehrdeutige Klauseln** werden nicht Vertragsbestandteil. Es muss sich um eine objektiv ungewöhnliche Klausel handeln (z. B. eine Gerichtsstandsvereinbarung im Ausland, obwohl deutsches Recht anzuwenden ist) und der Klausel muss ein Überrumpelungseffekt innewohnen (das wäre z. B. nicht der Fall, wenn eine solche Klausel fett gedruckt in großer Schrift verfasst ist).
- Wenn eine **Klausel unwirksam** ist, so bleibt der Vertrag im Übrigen gültig, an die Stelle der AGB treten die gesetzlichen Regelungen.

Damit die AGB Gültigkeit erlangen, müssen sie dem Kunden durch den Aufdruck in zumutbarer Weise auf Bestell- und Rechnungsformularen oder durch einen **Aushang im Ladenlokal** des Einzelhändlers bekannt gemacht werden.

6.8 Nichtige und anfechtbare Rechtsgeschäfte

Trotz weitestgehender Vertragsfreiheit kann nicht jedes beliebige Rechtsgeschäft abgeschlossen werden. Auf Grund gesetzlicher Vorschriften sind bestimmte Geschäfte von vornherein ungültig, d. h. nichtig, oder es besteht die Möglichkeit, Rechtsgeschäfte bei Vorliegen bestimmter Tatbestände anzufechten.

Rechtsgeschäfte, die **nichtig** sind, haben keinerlei Rechtsfolgen. Folgende Rechtsgeschäfte sind nichtig, also von Beginn an unwirksam:

a) Rechtsgeschäfte von geschäftsunfähigen Personen
b) Rechtsgeschäfte, die bei vorübergehender Geistesschwäche abgeschlossen werden
c) Rechtsgeschäfte, die nur zum Schein abgeschlossen werden
d) Rechtsgeschäfte, die gegen die guten Sitten verstoßen
e) Rechtsgeschäfte, die gegen ein gesetzliches Verbot verstoßen
f) Rechtsgeschäfte, die gegen Formvorschriften verstoßen

Beispiel

zu a) Ein fünfjähriges Kind kann sich von seinem Taschengeld kein Eis kaufen.
zu b) Eine stark alkoholisierte Person verschenkt ihr Auto an einen Passanten.
zu c) Um die Umsatzsteuer zu mindern, wird eine Rechnung nicht auf die tatsächliche Höhe von 1.500,00 Euro, sondern nur auf 800,00 Euro ausgestellt.
zu d) Um die finanzielle Notlage einer Person auszunutzen, wird ein Darlehensvertrag mit viel zu hohen Zinsen vereinbart.
zu e) Der Verkauf von Alkohol an einen 14-Jährigen stellt einen Verstoß gegen das Jugendschutzgesetz dar.
zu f) Ein Kaufvertrag über ein Grundstück wird ohne notarielle Beurkundung abgeschlossen.

Die **Anfechtbarkeit** von Rechtsgeschäften bedeutet, dass ein gültig zu Stande gekommenes Rechtsgeschäft rückwirkend als unwirksam erklärt werden kann. Ohne die Anfechtungserklärung bleibt das Rechtsgeschäft wirksam. Folgende Gründe können zur Anfechtung von Rechtsgeschäften führen:

a) Irrtum in der Erklärung
b) Irrtum in der Übermittlung
c) Irrtum über wesentliche Eigenschaften einer Person oder einer Sache
d) arglistige Täuschung
e) widerrechtliche Drohung

Beispiel

zu a) An Stelle des tatsächlichen Preises von 199,00 Euro wird eine Ware versehentlich mit einem Preis von 19,90 Euro ausgezeichnet.
zu b) Bei einer telefonischen Auftragserteilung werden an Stelle von 10 PC durch eine schlechte Telefonverbindung 110 PC bestellt.
zu c) Obwohl Verkäufer und Käufer eine kostbare Vase aus dem 17. Jahrhundert für echt halten, stellt sich später heraus, dass diese Vase eine Fälschung ist.
zu d) Der Verkäufer weiß, dass die Vase aus dem 17. Jahrhundert eine Fälschung ist, verkauft sie aber trotzdem für einen hohen Preis als echt antik.
zu e) Einer Person wird körperliche Gewalt angedroht, wenn sie nicht einen Kaufvertrag unterschreibt.

7 Wichtige Rechenverfahren

7.1 Dreisatzrechnung

Lernsituation 37

Die Kenntnisse der Dreisatzrechnung sind grundlegend für andere Rechenverfahren, wie z. B. Prozentrechnen, Verteilungsrechnen, Zinsrechnen, Preiskalkulationen. Mit der einfachen Dreisatzrechnung wird aus drei bekannten Größen eine vierte, gesuchte Größe ermittelt.

7.1.1 Einfacher Dreisatz mit geradem Verhältnis

Beispiel

Die Beska GmbH hat für 5 Aushilfskräfte, die für Inventurarbeiten eingestellt wurden, 4.025,00 Euro Personalkosten. Wie hoch sind die Personalkosten für 8 Aushilfskräfte?

Mit Hilfe einer Inventur werden zu einem bestimmten Stichtag die Vermögenswerte und die Schulden eines Unternehmens genau ermittelt.

Weil sich bei der Änderung einer Größe (hier: Aushilfskräfte) die andere Größe (hier: Euro) im gleichen Verhältnis ändert, spricht man von einem geraden oder auch proportionalen Verhältnis.

Gerades (proportionales) Verhältnis

Je mehr Aushilfskräfte, desto mehr Personalkosten und je weniger Aushilfskräfte, desto weniger Personalkosten.

Lösungsweg:

Bedingungssatz (Was ist bekannt?):	5 Aushilfskräfte verursachen 4.025,00 € Personalkosten.
Fragesatz (Was ist gefragt?):	8 Aushilfskräfte verursachen ? € Personalkosten.

Das ? steht für die gesuchte vierte Größe („Wie viel?").

Der Rechenweg erfolgt in drei Sätzen, deshalb nennt man das Verfahren auch Dreisatz:

1. Satz	5 Aushilfskräfte verursachen 4.025,00 € Personalkosten.
2. Satz	1 Aushilfskraft verursacht $\frac{4.025,00}{5}$ Personalkosten.
3. Satz	8 Aushilfskräfte verursachen $\frac{4.025,00 \cdot 8}{5}$ Personalkosten.
Ergebnis:	8 Aushilfskräfte verursachen 6.440,00 Euro Personalkosten.

1 Aushilfskraft:
$\frac{1}{5} \cdot 4.025,00\ € = 805,00\ €$
8 Aushilfskräfte:
$8 \cdot 805,00\ € = 6.440,00\ €$, also 8-mal so viel wie eine Aushilfskraft

Den oben beschriebenen ausführlichen Lösungsweg kann man verkürzen, indem man den 2. Satz weglässt. Die zusammengehörenden Größen können auch in einer Tabelle aufgelistet werden. Hier sind die einzelnen Größen farbig markiert:

Bedingungssatz:	5 Aushilfskräfte → 4.025,00 €
Fragesatz:	8 Aushilfskräfte → ? €
Bruchsatz:	? € $= \frac{4.025,00\ € \cdot 8}{5}$
Ergebnis:	8 Aushilfskräfte verursachen 6.440,00 Euro Personalkosten.

Dreisatz in Tabellenform:

Aushilfskräfte	€
5	4.025,00
8	?

Merke: Gleiche Größen untereinanderschreiben. Die Größe, die im Text zweimal vorkommt, steht auf der linken Seite. Die gesuchte Größe steht immer rechts unten.

7.1.2 Einfacher Dreisatz mit ungeradem Verhältnis

Beispiel

8 Aushilfskräfte erledigen die Inventurarbeiten bei der Beska GmbH in 15 Stunden. Wie viele Stunden benötigen 10 Aushilfskräfte?

Beim ungeraden Dreisatzverhältnis ändern sich die Größen gegensätzlich. Die Verringerung einer Größe (Aushilfskräfte) führt zur Vermehrung der anderen Größe (Stunden) und umgekehrt. Es handelt sich um ein **ungerades** oder **antiproportionales** Verhältnis.

Ungerades (antiproportionales) Verhältnis

Je mehr Aushilfskräfte, desto weniger Arbeitszeit und je weniger Aushilfskräfte, desto mehr Arbeitszeit.

Lösungsweg:

Bedingungssatz:	8 Aushilfskräfte benötigen 15 Stunden.
Fragesatz:	10 Aushilfskräfte benötigen ? Stunden.
Dreisatz: 1. Satz	8 Aushilfskräfte benötigen 15 Stunden.
2. Satz	1 Aushilfskraft benötigt 15 Stunden · 8.
3. Satz	10 Aushilfskräfte benötigen $\frac{8 \cdot 15}{10}$ Personalkosten.
Ergebnis:	10 Aushilfskräfte benötigen für die Inventur 12 Stunden.

1 Aushilfskraft:
8 · 15 Stunden

10 Aushilfskräfte:
$\frac{120}{10} = 12$ Stunden,
also $\frac{1}{10}$ mal so viel
wie eine Aushilfskraft.

Auch beim Dreisatz kann das verkürzte Rechenschema angewendet werden:

Bedingungssatz:	8 Aushilfskräfte → 15 Stunden
Fragesatz:	10 Aushilfskräfte → ? Stunden
Bruchsatz:	? Stunden = $\frac{15 \cdot 8}{10}$
Ergebnis:	10 Aushilfskräfte benötigen für die Inventur 12 Stunden.

Aushilfskräfte	Stunden
8	15
10	?

7.2 Prozentrechnung

Die Prozentrechnung wird u. a zur Berechnung von Preisnachlässen, Entgelten oder zur Kalkulation von Preisen angewendet. Die Prozentrechnung ermöglicht den relativen Vergleich verschiedener Zahlenverhältnisse, indem man die Werte auf eine einheitliche Vergleichszahl bezieht.

Merke:

$1\,\% = \frac{1}{100} = 0{,}01$

$100\,\% = 100 \cdot \frac{1}{100} = 1$

Beispiel

Die Beska GmbH bietet in einer Aktionswoche Textilien zu reduzierten Preisen an. Eine Kundin hat sich für zwei Artikel aus dem Aktionssortiment entschieden.

Artikel A	alter Preis:	120,00 €	**Artikel B**	alter Preis:	160,00 €
	neuer Preis:	96,00 €		neuer Preis:	136,00 €
	Preisnachlass:	24,00 €		Preisnachlass:	24,00 €

Die beiden Preisnachlässe sind betragsmäßig (absolut) gleich hoch. Sie betragen für beide Artikel 24,00 Euro. Aber im relativen Vergleich ist der Preisnachlass bei Artikel A höher, denn 24,00 Euro sind ein größerer Teil von 120,00 Euro als von 160,00 Euro. Um die Werte miteinander vergleichen zu können, müssen die Preisnachlässe auf eine einheitliche Vergleichszahl bezogen werden. Bei der Prozentrechnung ist das die Vergleichszahl 100.

Lösungsweg:

Artikel A

Bedingungssatz:	Bei einem Preis von 120,00 € entspricht der Nachlass 24,00 €
Fragesatz:	Bei einem Preis von 100,00 € entspricht der Nachlass ? €
Bruchsatz:	$? \text{ €} = \frac{24{,}00 \text{ €} \cdot 100{,}00 \text{ €}}{120{,}00 \text{ €}}$
Ergebnis:	Für Artikel A gibt die Beska GmbH auf 100,00 Euro einen Nachlass von 20,00 Euro, also 20 von Hundert = 20 Prozent (auch 20 v. H. oder 20 %).

Preis in €	Nachlass in €
120,00	24,00
100	?

Artikel B

Bedingungssatz:	Bei einem Preis von 160,00 € entspricht der Nachlass 24,00 €
Fragesatz:	Bei einem Preis von 100,00 € entspricht der Nachlass ? €
Bruchsatz:	$? \text{ €} = \frac{24{,}00 \text{ €} \cdot 100{,}00 \text{ €}}{160{,}00 \text{ €}}$
Ergebnis:	Für Artikel B gibt die Beska GmbH auf 100,00 Euro einen Nachlass von 15,00 Euro, also 15 Prozent.

Preis in €	Nachlass in €
160,00	24,00
100	?

Der Preisnachlass für Artikel A ist im relativen Vergleich mit 20 Prozent also höher als der Nachlass für Artikel B, der 15 Prozent beträgt.

7.2.1 Drei Grundbegriffe der Prozentrechnung

Grundwert und Prozentwert haben immer die gleiche Benennung (hier: Euro).

In der Prozentrechnung unterscheidet man die drei Größen **Prozentwert, Grundwert** und **Prozentsatz**. Von diesen Größen sind jeweils zwei bekannt. Die dritte, gesuchte Größe wird mit Hilfe des Dreisatzes berechnet.

Prozentwert		**Grundwert**		**Prozentsatz**
24,00 €	von	120,00 €	sind	20 % $= \frac{20}{100} = 0{,}2$
Teil des Gesamtwertes: entspricht dem Prozentsatz		Gesamtwert; entspricht immer 100 %		Teil des Gesamtwertes, der das Verhältnis zur Vergleichszahl 100 angibt

7.2.2 Prozentwert

Beispiel

Cordula Kampe kauft einen Blazer zum Preis von 180,00 Euro. Sie erhält einen Personalrabatt in Höhe von 15 %. Wie hoch ist der Rabatt in Euro?

%	€
100	180,00
15	?

Lösungsweg:

Grundwert: 180,00 € Prozentsatz: 15 % = 0,15 Prozentwert: ? €

Bedingungssatz:	100 % → 180,00 €
Fragesatz:	15 % → ? €
Bruchsatz:	$? \text{ €} = \frac{180{,}00 \text{ €} \cdot 15\,\%}{100\,\%}$
Ergebnis:	Sie erhält auf den Blazer 27,00 Euro Personalrabatt.

Berechnung des Prozentwertes

Prozentwert = Grundwert · Prozentsatz

7.2.3 Prozentsatz

Beispiel

Cordula Kampe gewährt einer Kundin auf einen am Ärmel leicht beschmutzten Mantel zum regulären Preis von 250,00 Euro einen Nachlass von 30,00 Euro. Wie viel Prozent beträgt dieser Preisnachlass?

€	%
250,00	100
30,00	?

Lösungsweg:

Grundwert: 250,00 € Prozentwert: 30,00 € Prozentsatz: ? %

Bedingungssatz:	250,00 € → 100 %
Fragesatz:	30€ → ? %
Bruchsatz:	$? \,\% = \frac{30{,}00 \text{ €} \cdot 100\,\%}{250{,}00 \text{ €}}$
Ergebnis:	Der Preisnachlass beträgt 12 %.

Berechnung des Prozentsatzes

$$\text{Prozentsatz} = \frac{\text{Prozentwert}}{\text{Grundwert}}$$

7.2.4 Grundwert

Beispiel

Cordula Kampe erhält eine Umsatzprämie in Höhe von 2 % ihres Monatsumsatzes. Im Monat April betrug die Prämie 216,00 Euro. Wie hoch war ihr Monatsumsatz?

Lösungsweg:

Prozentwert: 216,00 € Prozentsatz: 2 % = 0,02 Grundwert: ? €

Bedingungssatz:	2 % → 216,00 €
Fragesatz:	100 % → ? €
Bruchsatz:	? € = $\frac{216{,}00 \cdot 100\,\%}{2}$
Ergebnis:	Der Monatsumsatz im April betrug 10.800,00 Euro.

Umsatz (%)	Umsatz €
2	216,00
100	?

Umsatzsteuer → S. 134

Berechnung des Grundwertes

$$\text{Grundwert} = \frac{\text{Prozentwert}}{\text{Prozentsatz}}$$

Quittung → S. 128

Vermehrter Grundwert

Beispiel

Herr Becker möchte den Kauf einer Aktentasche für 297,50 Euro quittiert haben. Die in den 297,50 Euro enthaltene Umsatzsteuer in Höhe von 19 % muss auf der Quittung ausgewiesen werden.

Die 19 % Umsatzsteuer wurden vom Warenwert ermittelt. In dem Ladenpreis von 297,50 Euro sind sie aber bereits enthalten. Für das Ausstellen der Quittung muss also
a) der Warenwert in Euro und
b) der Umsatzsteueranteil in Euro berechnet werden.

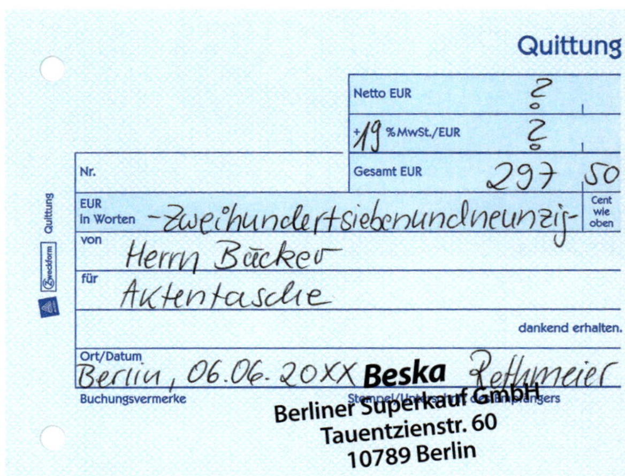
Quittung
Netto EUR ?
+19 %MwSt./EUR ?
Nr.
Gesamt EUR 297 50
EUR in Worten -Zweihundertsiebenundneunzig- Cent wie oben
von Herrn Bäcker
für Aktentasche
dankend erhalten.
Ort/Datum Berlin, 06.06.20XX
Buchungsvermerke
Beska Berliner Superkauf GmbH Tauentzienstr. 60 10789 Berlin
Rothmeier

Lösungsweg:

	Warenwert: (? €)	= 100 %		Grundwert
+	Umsatzsteuer (? €)	= 19 %	= 0,19	Prozentsatz
=	Ladenpreis (297,50 €)	= 119 %		vermehrter Grundwert

a) Berechnung des Warenwertes

Bedingungssatz:	119 % → 297,50 €
Fragesatz:	100 % → ? €
Bruchsatz:	? € = $\frac{297{,}50\,€ \cdot 100\,\%}{119\,\%}$
Ergebnis:	Der Warenwert beträgt 250,00 Euro.

%	€
119	297,50
100	?

b) Berechnung des Umsatzsteueranteils

%	€
119	297,50
19	?

Bedingungssatz:	119 % → 297,50 €
Fragesatz:	19 % → ? €
Bruchsatz:	$? \text{ €} = \frac{297{,}50 \text{ €} \cdot 19\,\%}{119\,\%}$
Ergebnis:	Der Umsatzsteueranteil beträgt 47,50 Euro.

Berechnung bei vermehrtem Grundwert

$$\text{Grundwert} = \frac{\text{vermehrter Grundwert (€)}}{(100\,\% + \text{Prozentsatz})}$$

$$\text{Prozentwert} = \frac{\text{vermehrter Grundwert (€)}}{(100\,\% + \text{Prozentsatz})}$$

Verminderter Grundwert

Beispiel

Der Verkäufer Peter Meyer verkauft einen Gürtel wegen geringer Farbschattierungen mit einem Nachlass von 10 % zum Preis von 36,00 Euro. Wie hoch war der Preis vorher?

Die 10 % Preisnachlass wurden von dem alten Ladenpreis abgezogen. Der herabgesetzte neue Preis in Höhe von 36,00 Euro entspricht also nur 90 % des ursprünglichen Preises.

Lösungsweg:

	ursprünglicher Preis: (? €) = 100 %		Grundwert
–	Preisnachlass (? €) = 10 %	= 0,10	Prozentsatz
=	reduzierter Preis (36,00 €) = 90 %		vermehrter Grundwert

%	€
90	36,00
100	?

Bedingungssatz:	90 % → 36,00 €
Fragesatz:	100 % → ? €
Bruchsatz:	$? \text{ €} = \frac{36{,}00 \text{ €} \cdot 100\,\%}{90\,\%}$
Ergebnis:	Der ursprüngliche Preis betrug 40,00 Euro.

Berechnung bei vermindertem Grundwert

$$\text{Grundwert} = \frac{\text{verminderter Grundwert (€)}}{(100\,\% - \text{Prozentsatz})}$$

7.3 Durchschnittsrechnung

Durchschnittswerte wie durchschnittliche Umsätze, durchschnittliche Lagerbestände, Umsätze je Verkaufskraft u.a werden im Einzelhandel zur Beurteilung der Wirtschaftlichkeit herangezogen. Beim Durchschnittsrechnen wird aus der Summe mehrerer Werte ein Mittelwert errechnet. Die einzelnen Werte müssen immer die gleiche Benennung haben.

Der Mittelwert wird oft auch als arithmetisches Mittel bezeichnet.

7.3.1 Einfacher Durchschnitt

Beispiel

In der Beska GmbH wurden in der 14. Kalenderwoche folgende Umsätze ermittelt:

Montag: 15.300,00 Euro
Dienstag: 12.700,00 Euro
Mittwoch: 24.500,00 Euro
Donnerstag: 41.600,00 Euro
Freitag: 43.200,00 Euro
Samstag: 48.100,00 Euro

Ermitteln Sie den durchschnittlichen Tagesumsatz.

Lösungsweg

1. Summe der einzelnen Umsätze berechnen:
   15.300,00 + 12.700,00 + 24.500,00 + 41.600,00 + 43.200,00 + 48.100,00
   = 185.400,00

2. Anzahl der Wochentage ermitteln: 6

3. Summe der Umsätze durch Anzahl der Wochentage dividieren:
   $\frac{185.400,00}{6} = 30.900,00$

Ergebnis: Der durchschnittliche Tagesumsatz beträgt 30.900,00 Euro.

Berechnung des einfachen Durchschnitts

$$\text{Einfacher Durchschnitt} = \frac{\text{Summe aller Werte}}{\text{Anzahl aller Werte}}$$

7.3.2 Gewogener Durchschnitt

Der gewogene Durchschnitt wird dann angewendet, wenn einzelne Werte häufiger vorkommen. Es kann dann sehr umständlich werden, alle Werte einzeln zu addieren. Der gewogene Durchschnitt ist also eine **Vereinfachung** der oben vorgestellten Rechenmethode, die aber zum gleichen Ergebnis kommt:

Beispiel

In der Textilabteilung der Beska GmbH erhalten als Monatsgehalt: 2 Mitarbeiter je 2.500,00 Euro, 6 Mitarbeiter je 1.600,00 Euro und 4 Mitarbeiter je 1.300,00 Euro. Wie hoch ist das monatliche Durchschnittsgehalt je Mitarbeiter in der Textilabteilung?

Lösungsweg 1: (Rechenmethode nach 7.3.1)

1. Summe der Monatsgehälter berechnen:
   2.500,00 + 2.500,00 + 1.600,00 + 1.600,00 + 1.600,00 + 1.600,00 + 1.600,00 + 1.600,00 + 1.300,00 + 1.300,00 + 1.300,00 + 1.300,00 = 19.800,00
2. Anzahl der Mitarbeiter ermitteln:
   2 + 6 + 4 = 12
3. Summe der Gehälter durch Anzahl der Mitarbeiter dividieren:
   $\frac{19.800,00}{12} = 1.650,00$

Ergebnis: Das durchschnittliche Monatsgehalt je Mitarbeiter beträgt 1.650,00 Euro.

Dieser Rechenweg ist kompliziert. Einfacher geht es, wenn festlegt wird, wie oft die einzelnen Werte vorkommen. Dann werden die Werte mit der Zahl ihrer Häufigkeit multipliziert und aus der Summe dieser gewichteten Werte der Mittelwert errechnet. Dazu wird eine Tabelle angelegt.

Lösungsweg 2: Erstellen einer Tabelle

Anzahl der Mitarbeiter	Monatsgehalt je Mitarbeiter (€)	Summe der Monatsgehälter (€)
2	2.500,00	2 · 2.500,00 = 5.000,00
6	1.600,00	6 · 1.600,00 = 9.600,00
4	1.300,00	4 · 1.300,00 = 5.200,00
Summe: 12		Summe 19.800,00

Durchschnittsgehalt: $\frac{19.800,00}{12} = 1.650,00$ €

Ergebnis: Das durchschnittliche Monatsgehalt je Mitarbeiter beträgt 1.650,00 Euro.

Lösungsweg 3: Verkürzte Schreibweise als Bruch:

$$\frac{2 \cdot 2.500,00 + 6 \cdot 1.600,00 + 4 \cdot 1.300,00}{(2 + 6 + 4)} = \frac{19.800,00}{12} = 1.650,00 \text{ €}$$

Ergebnis: Das durchschnittliche Monatsgehalt je Mitarbeiter beträgt 1.650,00 Euro.

4

Waren präsentieren

Außengestaltung

Innengestaltung

Warenplatzierung im Verkaufsraum

Warenpflege

Warenkennzeichnung

Preisauszeichnung

Dekorationen
→ S. 169
Preisauszeichnung
→ S. 187

Bei der Gestaltung eines Schaufensters gilt der Grundsatz: „The product is the hero." Das ausgestellte Produkt steht immer im Mittelpunkt. Zusätzlich können auch Dekorationsgegenstände verwendet werden. Diese müssen das Produkt hervorheben und dürfen die Aufmerksamkeit vom Produkt nicht ablenken. Wichtig ist auch eine korrekte Preisauszeichnung der im Schaufenster ausgestellten Produkte.

Ebenso muss darauf geachtet werden, dass das Schaufenster sowie die darin gezeigten Waren immer in einwandfreiem Zustand sind. Schmutzige Scheiben, Staub oder verblichene Farben werden keinen Kunden ins Geschäft locken. Die wichtigste Voraussetzung für eine gelungene Schaufenstergestaltung ist **Kreativität**. Ein fantasie- oder lieblos gestaltetes Schaufenster fällt gar nicht oder sogar negativ auf.

Nach der Gestaltung des Schaufensters und der präsentierten Ware werden unterschiedliche **Schaufenstertypen** unterschieden:

*In einem **Übersichtsfenster** kann die Sortimentsbreite eines Einzelhändlers dargeboten werden.*

__Themenfenster__ widmen sich einem bestimmten Thema, z. B. einer Jahreszeit oder einem Ereignis, das die Gesellschaft bewegt.

*Im **Markenfenster** werden aktuelle Markenprodukte präsentiert.*

*Das **Ein-Artikel-Schaufenster** präsentiert ausschließlich einen Artikel, der besonders selten, wertvoll, wichtig oder neu ist.*

Welche Gestaltungsform gewählt wird, hängt in erster Linie von dem Produkt ab, das präsentiert werden soll. Allerdings spielt auch die Architektur des Schaufensters (Breite, Höhe, Tiefe, ebenerdig, kniehoch usw.) eine Rolle.

*Im **Stapelfenster** werden Warenberge gezeigt, die dem Kunden die Fülle und den Überfluss des Angebots vermitteln sollen.*

*Ein **Ramschfenster** ähnelt einem unübersichtlichen Warenlager. Der Kunde wird dadurch eher verwirrt als zum Kauf angeregt.*

*Ein **Animationsfenster** fordert den Kunden auf, aktiv zu werden.*

*Das **Plakatfenster** ist vollständig oder zum größten Teil mit Plakaten zugeklebt, sodass der Blick ins Ladeninnere nicht möglich ist. Die Plakate bewerben häufig die aktuellen Wochenangebote oder machen auf Preisaktionen aufmerksam.*

Schaufenster entfalten eine **Fernwirkung** mit den Ausstellungsstücken, die im oberen Teil des Schaufensters zu sehen sind. Eine **Nahwirkung** entfalten vor allem die Produkte im unteren Teilbereich des Schaufensters. Besondere Beachtung verdient der „Blickfang“. Er muss den Passantenblick einfangen und neugierig machen.

Fernwirkung

Nahwirkung

Beleuchtung → S. 168

Die Wirkung des Schaufensters kann durch eine überlegte **Schaufensterbeleuchtung** verstärkt werden. Als wichtigste Grundelemente gelten breit strahlende Reflektoren für die Grundbeleuchtung. Durch Spotlights wird der Blick auf die Lichtinseln für besondere Produkte gelenkt. Sich am Rande überschneidende Lichtkugeln können den Blick durch das ganze Schaufenster lenken. Das Schaufenster sollte nicht nur während der Geschäftszeiten beleuchtet sein, sondern auch nach Geschäftsschluss, damit auch noch die Passanten angesprochen werden, die später an den Schaufenstern vorbeigehen.

Nach der Gestaltung eines Schaufensters muss sofort mit der Planung der nächsten Schaufenster begonnen werden. Untersuchungen haben ergeben, dass Schaufenster nach zirka drei Wochen in ihrer Aufmerksamkeitswirkung deutlich nachlassen. Das heißt, es muss eine Neugestaltung stattfinden. Dabei genügt es nicht, nur einige kleine Details zu verändern, sondern es muss eine ganz neue Visitenkarte erstellt werden.

Schaufenster

Arten	Typen	Gestaltungsgrundsätze
• geschlossen • halb offen • offen	• Übersichtfenster • Themenfenster • Ein-Artikel-Fenster • Markenfenster • Stapelfenster • Ramschfenster • Animationsfenster • Plakatfenster	• kreativ • informativ • aktuell • sauber

1.2 Innengestaltung

Lernsituation 39

Bei der Innengestaltung wird zunächst unterschieden, ob die Räume für den Kunden zugänglich sind oder nicht. **Nicht zugängliche Räume**, wie z. B. Reservelager, Kühllager, Leergutstationen, Büro- und Sozialräume und andere Nebenflächen, dienen der internen Arbeitsabwicklung und der Sicherstellung der Betriebsbereitschaft. Sie sind in erster Linie unter betriebswirtschaftlichen Gesichtspunkten zu gestalten Hier stehen die Optimierung der Arbeitsabläufe und die Minimierung der Kosten für Gestaltung und Instandhaltung im Vordergrund.

Aufenthaltsraum der Beska GmbH

Die Gestaltung des für die Kunden zugänglichen **Verkaufsraums** ergibt sich aus der Betriebsform. Zum Verkaufsraum gehören z. B. die Verkaufsfläche, die Umkleidekabinen, die Treppenhäuser und die Aufzüge. Die Begriffe Verkaufsraum und Verkaufsfläche werden oftmals gleichbedeutend genutzt. Als oberster Grundsatz der Verkaufsraumgestaltung sollte gelten: Der Kunde soll sich im Geschäft wohl fühlen. Dabei dürfen betriebswirtschaftliche Aspekt nicht vernachlässigt werden.

Beispiel

In Discountgeschäften kann auf eine luxuriöse Ladeneinrichtung verzichtet werden, bei einem Juwelier jedoch nicht.

Betriebsform → S. 40

Innengestaltung (Raumgestaltung)

- **kundenorientiert**
  - **Verkaufsraum**
    - Verkaufsfläche
    - Umkleidekabinen
    - Treppenhäuser
    - Aufzüge
    - Servicecenter
- **funktionsorientiert**
  - **Lagerraum**
    - Reservelager
    - Kühlräume
    - Leergutstationen
    - Werkstätten
    - usw.
  - **Büroräume**
  - **Sozialräume**
    - Aufenthaltsraum
    - Küche
    - Personaltoilette
    - Frauenruheraum

Die richtige Raumtemperatur, bequeme (Roll-)Treppen, gut zu erreichende Aufzüge, rutschfeste Fußböden und andere technische Faktoren der Raumgestaltung sorgen nicht nur für eine erhöhte Raumsicherheit, sondern auch für das Wohlbefinden des Kunden. Gleichzeitig muss die Ladeneinrichtung funktional sein und der ordnungsgemäßen Lagerung zur Qualitätserhaltung der Waren und der Sicherung der Waren gegen Diebstahl dienen. Eine aufeinander abgestimmte, wirkungsvolle Ladengestaltung lässt den Kunden gerne im Geschäft verweilen. Mit einer auf das Firmenimage und die Zielgruppen ausgerichteten Ladengestaltung kann sich der Einzelhändler gegenüber seinen Wettbewerbern profilieren und den wirtschaftlichen Erfolg sichern.

Warenpflege → S. 179

1.2.1 Visual Merchandising

visualisieren
auf optisch ansprechende Weise darstellen

Merchandising
Vermarktung

Kundenführung und Warenplatzierung
→ S. 173

Warenpräsentation
→ S. 173

Durch Visual Merchandising, d.h. durch eine aufeinander abgestimmte wirkungsvolle Ladengestaltung und Warenpräsentation, soll beim Kunden ein Kaufwunsch geweckt werden. Dazu sollte das Warenangebot klar und übersichtlich gegliedert sein, wobei Einzelstücke optisch hervorgehoben werden. Außerdem sollte die Kundenführung so gestaltet sein, dass die Kunden bestmöglich an der Ware vorbeigeführt werden.

Zu den Merkmalen des Visual Merchandising gehören:
- Beleuchtung
- Farben
- Dekoration
- Warenträger

Akzentbeleuchtung

Die **Beleuchtung** hat einen wesentlichen Einfluss auf die Verkaufsförderung und wird deshalb als Gestaltungselement in jedem Einzelhandelsgeschäft gezielt eingesetzt, denn wer seinen Laden und seine Produkte im richtigen Licht präsentiert, kann Kunden gewinnen. Licht
- schafft Atmosphäre,
- schafft und unterteilt den Raum,
- setzt Akzente,
- leitet die Blicke des Kunden,
- führt den Kunden durch das Geschäft,
- macht Preisauszeichnungen gut lesbar und
- ermöglicht die genaue Prüfung der Ware.

Künstliches Licht kann aber auch Farben verändern. Einzelhandelsunternehmen nutzen diese Funktion von Licht, um besondere Waren in attraktiven Farbtönen zu präsentieren, so z.B. bei Obst, Gemüse und Fleischwaren im Lebensmittelhandel. Zusätzliche Akzentbeleuchtung, beispielsweise mit größerer Beleuchtungsstärke oder umgewandeltem Lichteinfall, verlockt die Kunden zum Hinsehen. Die Orientierung im Verkaufsraum wird durch die Allgemeinbeleuchtung mit einheitlicher Gliederung der Leuchten oberhalb des Verkaufsraums ermöglicht. Die Lichtatmosphäre wird von der Abstimmung der Allgemein- zur Akzentbeleuchtung geprägt.

Licht gibt Obst einen attraktiven Farbton.

Farben wirken emotional und beeinflussen die Stimmung der Menschen. Die Farbenlehre gibt darüber Auskunft, welche Farben und/oder Farbkombinationen jeweils zum Wecken von Kaufwünschen zweckmäßig sind. Den Farben werden bestimmte Wirkungen zugeschrieben. Die Wirkung der Farben wird für die komplette Ladeneinrichtung, Verkaufsraumgestaltung und Beleuchtung genutzt. Farben lassen die Ware vorteilhaft und ansprechend erscheinen.

Als warme Farben gelten diejenigen, deren Rotanteil höher als der Blauanteil ist. Bei kalten Farben ist der Blauanteil höher als der Rotanteil.

Zur **Dekoration** des Ladens zählen Blenden, Rahmen, Vorhänge, Dekors, Decken- und Wandschmuck, die nicht zur dauerhaften Ladeneinrichtung gehören. Durch die Verwendung von Dekorationsmaterial werden der Verkaufsraum, das Schaufenster und das Sortiment optisch attraktiv gestaltet. Der Kreativität sind hierbei keine Grenzen gesetzt, um eine einzigartige Ladenatmosphäre zu schaffen. Durch eine angenehme Atmosphäre verbringen die Kunden mehr Zeit im Geschäft und können so die Sortimentsvielfalt und besondere Präsentationen besser wahrnehmen. Einzelhändler können sich damit außerdem sehr gut von der Konkurrenz abheben.

Zur erlebnisorientierten Präsentation der Ware dienen so genannte **Fascination-Points**. Der Kunde erlebt im Schaufenster oder an auffälligen Standorten im Verkaufs- oder Treppenraum die Ware in einem möglichen Gebrauchsumfeld.

Warenträger sind Teil der Ladeneinrichtung und dienen dazu, die Ware im Verkaufsraum zu lagern und sie sollen gleichzeitig dem Kunden das Sortiment ansprechend und gut erreichbar präsentieren. Je nach Branche und Betriebsform können verschiedene Warenträger eingesetzt werden.

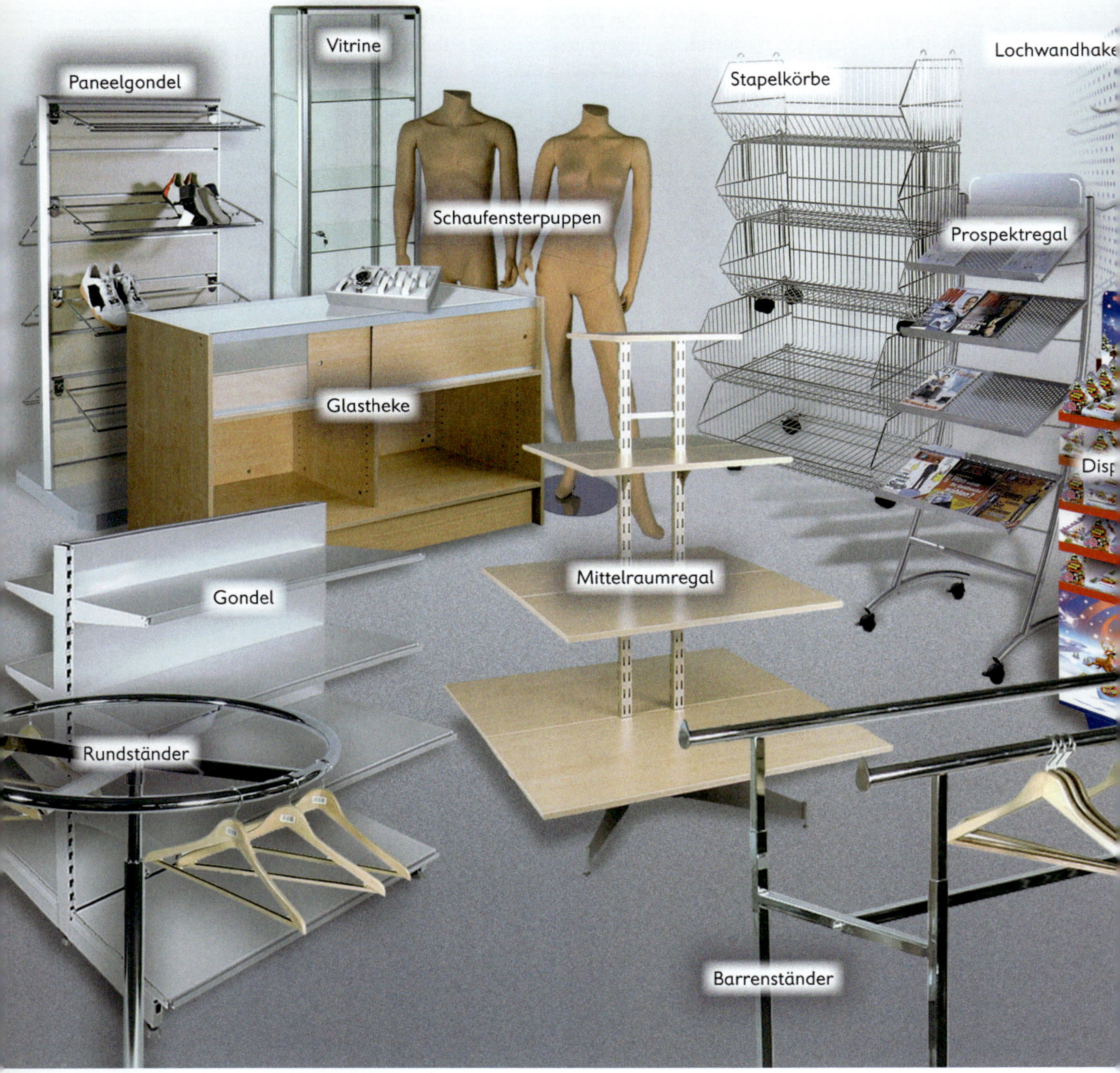

Die verschiedenen Warenträger vermitteln ganz unterschiedliche Botschaften über die darin präsentierte Ware. Ein Wühltisch enthält preisgünstige Ware und regt zu Impulskäufen an. Dagegen wirkt eine einzeln stehende Vitrine wie eine Schatztruhe, die einige wenige, besonders kostbare und exklusive Produkte enthält. Verspiegelte Regale lassen das Angebot in doppelter Menge erscheinen. Ein Warenträger muss also nicht nur funktionell sein, sondern auch zu der präsentierten Ware passen.

Impulskauf
→ S. 176

Die Ladeneinrichtung ist entscheidend für die Bestückung des Verkaufsraums mit Warenträgern. In Selbstbedienungsgeschäften dienen hauptsächlich Regale als Warenträger. Hinsichtlich der **Anordnung der Warenträger** unterscheidet man die:

Selbstbedienung
→ S. 39

- **Längsplatzierung**, die durch lange Warenträger gekennzeichnet ist, an denen der Kunde entlang geführt wird. Wegen der größeren Übersichtlichkeit sind die Regale einfacher einzuräumen und das Personal hat größere Kontrollmöglichkeiten zur Diebstahlverhütung.

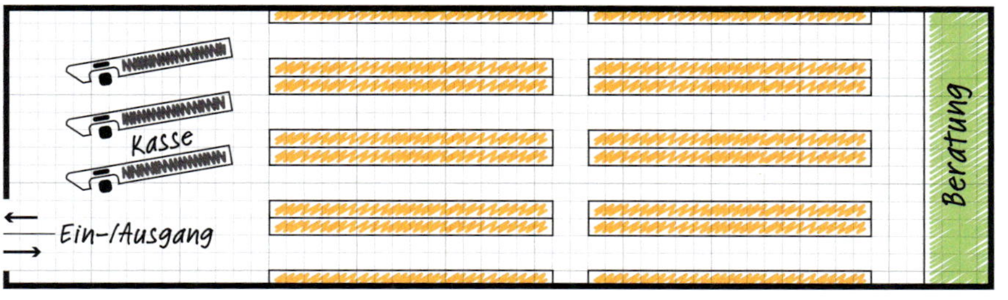

- **Querplatzierung** mit schmaleren Warenträgern, die sich für eine abwechslungsreiche Warenpräsentation eignen. Der häufige Richtungswechsel führt die Kunden an mehreren mit Verbund- und Aktionsartikeln bestückten Regalköpfen vorbei, das fördert den Impulskauf.

Verbundartikel
→ S. 178
Aktionsartikel
→ S. 37

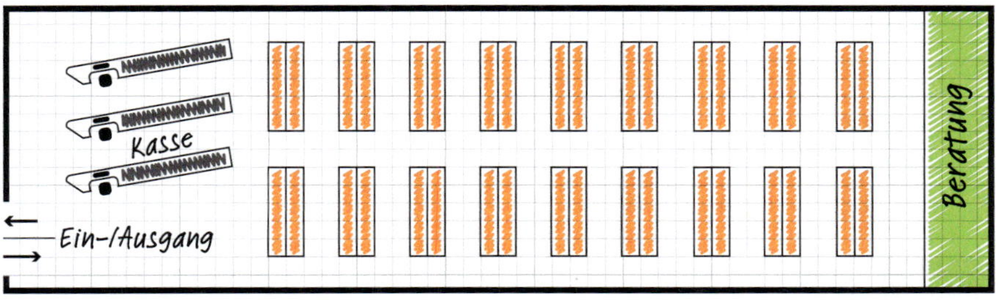

- **Mischplatzierung** mit einer Kombination aus Längs- und Querplatzierungen und anderen Regalsystemen. In Abhängigkeit vom Sortiment und von der Größe des Verkaufsraumes wird die Mittelzone belebt durch Mittelregale (z. B. Pyramidenregal für die Präsentation von Tonträgern), Verkaufsinseln (z. B. Kühlmöbel), halbrunde Regale (z. B. Weinregale) u. a.

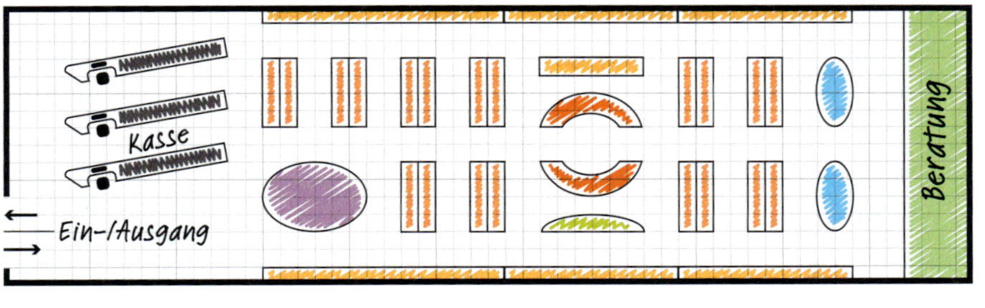

1.2.2 Einsatz von Klängen und Düften

Neben optischer (visueller) Verkaufsförderung können auch Musik, Klänge oder Düfte Emotionen bei Menschen auslösen. Mit **Musik** im Verkaufsraum lässt sich eine entspannte Einkaufsatmosphäre schaffen, denn das Geschäft wirkt lebendig. Die Auswahl der Hintergrundmusik sollte entsprechend der Zielgruppe ausgesucht werden und nicht aufdringlich sein. Auch durch verschiedene Klänge, z. B. Meeresrauschen oder Vogelgezwitscher, kann eine verkaufsfördernde Atmosphäre geschaffen werden.

Beispiele

- In einem Textilgeschäft für Jungendliche wird aktuelle Top-100-Musik gespielt. Andere Kundengruppen fühlen sich bei dieser Musikwahl weniger wohl und verkürzen die Verweildauer in diesem Geschäft.
- In einem Outdoorfachgeschäft wird Vogelgezwitscher gespielt, um Lust auf eine Reise zu machen.

Ladenfunk
Einkaufsradio

Neben der Musik können über einen so genannten Ladenfunk die Kunden z. B. auf Kaufgelegenheiten hingewiesen werden. So können Einzelhändler und sogar Hersteller gleich am Ort der Kaufentscheidung für ihre Waren werben. Sehr viele Kunden entscheiden sich erst während des Einkaufs für einzelne Artikel. Die Anzahl dieser Impulskäufe kann durch den gezielten Einsatz des Ladenfunks deutlich gesteigert werden.

Durch **Düfte** können positive Verbindungen zur Waren und der Umgebung geschaffen werden. Angenehme Dürfte bleiben den Kunden im Gedächtnis, auch wenn Sie das Geschäft schon lange wieder verlassen haben. Gerüche können stimmungsaufhellend oder appetitanregend sein. Allerdings muss beim Einsatz von Düften darauf geachtet werden, dass die Kunden diese bemerken, aber sich nicht belästigt fühlen und deshalb das Geschäft schnellstmöglich verlassen. Wichtig ist außerdem, dass der Duft und das zu verkaufende Produkt in einem Zusammenhang stehen.

Beispiel

In der Sportabteilung der Beska GmbH gibt es einen leichten Zitrusduft, der Frische und Lebendigkeit vermittelt.

Zur Weihnachtszeit duftet es in der Abteilung mit Christbaumschmuck nach weihnachtlichen Düften wie z. B. Zimt.

1.3 Warenplatzierung

Die richtige Warenplatzierung beeinflusst wesentlich die Umsatzhöhe des Einzelhandelsunternehmens, deshalb wird die Platzierung der Waren nicht dem Zufall überlassen. Die Entscheidung, wo und wie die zum Verkauf stehenden Produkte gezeigt werden, hängt von Erkenntnissen zum Einkaufverhalten der Kunden ab.

Unabhängig davon, wie die Warenpräsentation im Einzelnen gestaltet wird, sind eine Reihe von Grundregeln zu beachten, die dem Kundenbedürfnis nach Bequemlichkeit und einem angenehmen Kauferlebnis Rechnung tragen. Ware sollte

- in absolut einwandfreiem Zustand sein,
- gut sichtbar und übersichtlich angeordnet werden,
- deutlich deklariert sein,
- immer dem Preise richtig zugeordnet sein,
- in ausreichender Menge vorhanden und
- optisch ansprechend präsentiert

werden.

deklarieren
Waren kennzeichnen

Preisauszeichnung
→ S. 187

Kundenansprüche an Warenplatzierung und Warenpräsentation

Bequemlichkeit	Kauferlebnisse schaffen
• geringer Suchaufwand • Übersichtlichkeit	• Kaufanregungen • ansprechende Präsentation

1.3.1 Kundenführung

Der Hauptweg wird als Loop bezeichnet.

Große Einzelhandelsgeschäfte können durch Haupt- und Nebenwege in übersichtliche und dekorative Zonen aufgeteilt werden. In kleineren Geschäften kann die Kundenführung durch eine geschickte Regalanordnung, aber auch mit Hilfe

- eines speziellen Bodenbelages,
- der Anordnung der Lampen und
- der Gestaltung der Decke

erreicht werden. Durch die bewusste Führung werden die Kunden bestmöglich an die Ware herangeführt. Außerdem sollen so Kundenstaus, Abkürzungen und Laufüberschneidungen vermieden werden.

Kundenführung in einem Sportgeschäft

Als **Kundenlauf** wird der Weg bezeichnet, den die Kunden tatsächlich im Verkaufsraum zurücklegen. Damit bei Selbstbedienung oder Vorwahl der Kunde auch einen interessanten und erlebnisreichen Weg zurücklegt, spielt die Platzierung der Warenträger eine wichtige Rolle.

Die Untersuchung der zurückgelegten Wege von Kunden im Verkaufsraum nennt man **Kundenlaufanalyse**.

1.3.2 Warenplatzierung im Verkaufsraum

Aus den Kundenlaufanalysen ist bekannt, dass die meisten Kunden beim Betreten des Geschäfts zu einem **Linkslauf** und **Rechtsdrall** tendieren, d. h., sie bewegen sich entlang der Außenwände gegen den Uhrzeigersinn (Linkslauf) und orientieren sich hinsichtlich der Blick- und Greifrichtung nach rechts (Rechtsdrall). Die in Laufrichtung rechts platzierten Waren in der **Randzone** erhalten somit viel mehr Aufmerksamkeit als die links stehenden. Die Kunden versuchen so schnell wie möglich durch das Geschäft zu gelangen. Dabei werden die **Mittelzonen** des Geschäfts wesentlich schwächer frequentiert. Ladenecken, die hinteren Bereiche des Verkaufsraums und Richtungswechsel werden gemieden. Auf Grund dieses Kundenverhaltens ergeben sich verkaufsaktive und weniger verkaufsaktive Bereiche in einem Geschäft.

Bereiche in einem Geschäft

verkaufsaktiv	weniger verkaufsaktiv
• in Laufrichtung rechts • Kopfseiten von Regalen • Hauptgänge • Kreuzungen der Gänge • Kassenzone	• in Laufrichtung links • Mittelzonen • hinterer Teil des Verkaufsraums • Kreuzungen der Nebengänge • Eingangs- und Ausgangsbereich • obere und untere Etage in Kauf- und Warenhäusern • Bereiche hinter der Kassenzone

Um die unterschiedliche Aufmerksamkeit der Kunden für die verschiedenen Ladenbereiche zu nutzen oder zu fördern, wenden Einzelhandelsunternehmen folgende Strategien an:

- In der **Eingangszone** sollten Waren platziert werden, die den Kundenlauf verlangsamen, um zu vermeiden, dass sich Kunden zu schnell durch den Laden bewegen, denn: Je länger ein Kunde im Laden verweilt, desto mehr kauft er!
- In **verkaufsaktiven Zonen** wie den Randzonen und den Hauptgängen werden Artikel mit hohen Gewinnspannen platziert.
- Die so genannten Magnetartikel werden in weniger verkaufsaktiven Zonen platziert, also in der Mittelzone, den Eckzonen und hinteren Ladenbereichen. Aktions- und Suchartikel und Artikel des täglichen Bedarfs ziehen die Kunden auch in diese Ladenbereiche.
- Durch **Aktionsplatzierungen** können weniger verkaufsaktive Zonen aufgewertet werden.

Magnetartikel
Artikel aus Aktionen und Artikel, die auf dem Einkaufszettel stehen

Aktionsplatzierung
→ S. 178

Beispiel

- Eine Obst- und Gemüseabteilung im Eingangsbereich eines Supermarktes bremst eilige Kunden, sodass sie mehr Zeit innerhalb des Marktes verbringen.
- Magnetabteilungen für Molkereiprodukte, für Obst und Gemüse oder Bedientheken (Beratungszonen) befinden sich im hinteren Teil des Geschäfts. Die Kunden werden somit durch den gesamten Verkaufsraum geführt.

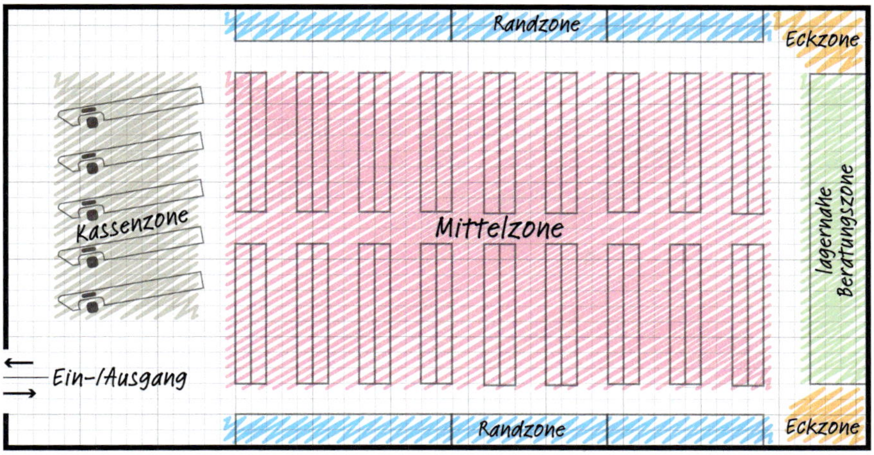

Der **Standort der Kasse** wird häufig von den baulichen Gegebenheiten des Verkaufsraumes, wie z. B. Lage des Ein-/Ausgangs oder aber auch der Anschlüsse für Daten- und Stromverbindungen, vorgegeben. Grundsätzlich sollte die Kasse für die Kunden gut zu erreichen und relativ zentral gelegen sein. Da der Kassenplatz mit Personal besetzt ist, eignet er sich auch besonders für die „Überwachung" des Verkaufsraumes, um Ladendiebstähle zu verhindern. Er sollte daher einen Überblick über den Verkaufsraum ermöglichen und sich in der Nähe des Ausganges befinden. Gleichzeitig eignet er sich besonders in Selbstbedienungsgeschäften zur Präsentation von Impulsartikeln, da durch die eventuell auftretenden Wartezeiten die Kunden zu Impulskäufen animiert werden.

Kassensysteme → S. 118

Impulsartikel → S. 176

1.3.3 Warenplatzierung im Regal

Lernsituation 40

Regalebenen

Wirtschaftlichkeit und Kundenorientierung sind wichtige Kriterien für eine optimale Regalbestückung. Die verschiedenen Ebenen eines Verkaufsregals besitzen nicht die gleiche Verkaufswirksamkeit. Da der Blick eines Kunden, der vor einem Regal steht, zunächst auf die in Sichthöhe ausgestellten Produkte gerichtet ist, hat die **Sichtzone** die größte Verkaufswirksamkeit. Die darunter liegende **Greifzone** ist als zweitbeste Regalebene auch eine verkaufsstarke Zone. Der Platz in der **Reckzone** ist relativ verkaufsschwach. Die **Bückzone** liegt nicht direkt im Sichtfeld und ist außerdem für den Kunden unbequem bei der Warenentnahme. Sie ist deshalb die verkaufsschwächste Regalzone.

Regalbestückung

Der Einzelhändler kann die Regalbestückung und -pflege selbst übernehmen oder dem Lieferanten überlassen. Übernimmt der Lieferant die Regalbestückung und -pflege, so wird von **Rackjobbing** gesprochen. Entscheidend für die Anordnung der Waren im Regal sind in beiden Fällen unternehmensinterne Daten über Absatz, Umsatz und Erträge der einzelnen Waren.

Schnelldreher werden auch Schnellläufer oder Rennerartikel genannt.
→ S. 37

Artikel, die sich schnell absetzen lassen, werden Schnelldreher genannt. Schnelldreher und Artikel mit hoher Gewinnspanne, so genannte Forcierartikel, sollten in die verkaufsstarken Regalzonen (Sicht- oder Greifzone) eingeordnet werden. **Ergänzungsartikel** stehen mit den **Hauptartikeln** in einem Verwendungszusammenhang. Der Verkauf von Ergänzungsartikeln kann gefördert werden, wenn umsatzstarke Hauptartikel und Ergänzungsartikel nebeneinander oder untereinander im Regal platziert werden. Man spricht von Verbundplatzierung.

Verbundplatzierung
→ S. 178

Beispiel

Partygeschirr und Strohhalme werden neben Getränken platziert. Das Partygeschirr und die Strohhalme sind Ergänzungsartikel, die Getränke Hauptartikel.

Artikel mit geringer Gewinnspanne und **Alltagsartikel/Suchartikel**, die der Kunde geplant kauft, gehören in die Bückzone, ebenso die Multipackungen und schwere, sperrige Großgebinde, wie z. B. 10-Liter-Farbeimer. Artikel in großen und auffälligen Verpackungen (**Signalartikel**) und Artikel, die einen hohen Bekanntheitsgrad aus der Werbung haben, eignen sich für die Reckzone. Artikel, die weniger häufig verkauft werden, heißen Langsamdreher. Damit sich diese absatzschwachen Artikel in den verkaufsaktiven Sicht- und Greifzonen besser vermarkten lassen, sollten Langsamdreher abwechselnd mit Schnelldrehern im Zebrasystem platziert werden.

Langsamdreher werden auch Pennerartikel genannt.

Zebrasystem
→ S. 178

Außerdem spielt das Wahrnehmungsverhalten der Kunden eine wichtige Rolle. Beim geplanten Einkauf hängt die erste Orientierung der Kunden von der Laufrichtung des Kunden ab. Der Kunde beginnt mit der Suche am Regalanfang.

Kundenführung
→ S. 173

Impulsartikel werden vom Kunden spontan und meistens unbewusst gekauft. Der Kunde überlegt nicht lange, ob er diese Artikel kaufen soll, weil es sich meistens um kleinere Gegenstände des Alltags handelt. Daher sollten Impulsartikel ebenfalls in verkaufsaktive Zonen eingeordnet werden, damit der Kunde bequem zugreifen kann. Regalenden bzw. Regalköpfe, an denen der Kundenstrom vorbeiläuft, sind verkaufsaktiv und eignen sich gut für die Platzierung von Impulsartikeln.

Beispiel

Typische Impulsartikel sind Batterien, saisonale Schokoladenartikel oder kleines Kinderspielzeug mit Figuren aus aktuellen Fernsehsendungen oder Kinofilmen.

Artikel, für die eine hohe Kundennachfrage besteht, werden als **Schlüsselartikel** bezeichnet. Sie sollten daher im Regal in der Sichtzone platziert werden. Die Kunden finden diese Artikel schnell und können die frei werdende Zeit für zusätzliche Einkäufe nutzen.

Beispiel

Im Heißgetränkeregal wird Kaffee als Schlüsselartikel in Laufrichtung vorne platziert, daran schließt sich Tee an.

Regalenden zwingen die Kunden oftmals zum Richtungswechsel, dadurch wird der Kundenlauf verlangsamt. Deshalb können Saisonartikel an den Regalköpfen besonders wirkungsvoll und damit verkaufsfördernd platziert werden.

Beispiel

- Osterartikel im Frühjahr
- Badesportartikel im Sommer

1.3.4 Allgemeine Platzierungsregeln

Durch die Bildung von Warenblöcken kommt man den Sehgewohnheiten der Kunden und ihrem Anspruch auf eine übersichtliche Warenpräsentation im Regal entgegen. Die Warenblöcke können nach Qualitäten, Marken, Form, Farben oder Verwendungszwecken zusammengestellt werden. Diese Blockplatzierung kann vertikal oder horizontal erfolgen.

Zu Warenblöcken werden Artikel, die der Kunde zusammen erwartet, in einem Block platziert.

Bei der **vertikalen Blockplatzierung** kann der Kunde von einem bestimmten Haltepunkt aus z. B. eine bestimmte Warengruppe von oben nach unten überblicken. Diese Platzierung eignet sich besonders für breitere Warenträger.

Soll der Kunde die vollständige Warengruppe nebeneinander vorfinden, wird die Ware horizontal platziert. Diese Platzierungsart heißt **horizontale Blockplatzierung** und eignet sich für schmale Warenträger.

Bei der **Kreuzblockplatzierung** wird die Ware nach zwei Kriterien angeordnet. In der horizontalen Ebene werden Warengruppenblöcke mit gleicher Verwendung platziert und in der vertikalen Ebene z. B. nach Farben, nach Marken- oder Herstellerblöcken sortiert.

Warengruppierungen, die in Bedarfszusammenhängen gebildet werden, regen zum Ergänzungskauf an. Eine solche **Verbundplatzierung** dient dem Kunden als Gedächtnisstütze. Wenn ein Kunde Kaffee benötigt, wird er auf die in der Nähe platzierten Kaffeefilter aufmerksam.

Für den Absatz von Saisonartikeln oder von größeren Warenmengen eignen sich **Sonderplatzierungen** wie **Zweitplatzierung** und Aktionsplatzierung. Bei den Zweitplatzierungen werden die Artikel an zwei verschiedenen Standorten im Verkaufsraum angeboten. Bei **Aktionsplatzierungen** werden die Waren zu einem bestimmten Thema zusammengestellt.

Beispiel

- Es handelt sich um eine Zweitplatzierung, wenn Kaugummi im Süßwarenregal und an der Kasse angeboten wird.
- Bei einer Aktion „Rund ums Grillen" werden auf einer Aktionsfläche Grillgeräte, Holzkohle, Grillzubehör wie Grillbesteck, Grillhandschuhe, Partygeschirr, Grillsoßen u.a. ausgestellt.

Bei der **Zebraplatzierung** werden Pennerartikel neben Rennerartikel platziert. Die umsatzschwachen Pennerartikel erhalten dadurch mehr Aufmerksamkeit, was sich verkaufsfördernd auswirken kann.

1.4 Warenpflege

Verstaubte Regale, verfaultes Obst, abgerissene Knöpfe von Kleidungsstücken, aufgerissene Verpackungen, verschmierte Schrift auf einer Preistafel – wenn im Geschäft solche Zustände herrschen, sind alle Bemühungen um eine wirkungsvolle Warenpräsentation umsonst. Zu einer optisch anregenden Warendarbietung gehört eine konsequente Waren-, Regal- und Preispflege.

Warenschäden und wirtschaftliche Folgen

Schäden an Waren und Warenträgern entstehen durch

- fahrlässigen oder sogar mutwilligen Umgang der Kunden mit der Ware,
- falsche Lagerung der Ware,
- mangelnde Qualitätskontrolle und
- unsachgemäße Behandlung der Ware durch das Verkaufspersonal.

Je nach Warengruppe können unterschiedliche Schäden auftreten

Warengruppe	Häufig auftretende Schäden
Körperpflege/Kosmetik	Mengenverluste, verschmutzte oder beschädigte Verpackungen, Bruch
Bürobedarf	Verschmutzungen, Beschädigungen wie abgebrochene Teile, zerkratzte Oberflächen, Verformungen
Lederwaren	Verfärbungen, Beschädigungen wie Kratzer, abgerissene Teile, aufgeplatzte Nähte
Textilwaren	Verschmutzungen, Verfärbungen, abgerissene Teile, aufgeplatzte Nähte
Spielwaren	Beschädigungen wie Kratzer, abgebrochene Teile, technische Defekte, aufgerissene Verpackungen, fehlende Teile
Werkzeug	aufgerissene Verpackungen, fehlende Teile, Beschädigungen wie verbogene oder abgerissene Teile
Uhren/Schmuck	angelaufener Metallschmuck, Verschmutzungen durch Fingerabdrücke, Beschädigungen durch Kratzer
Porzellan/Glas	Bruch, Kratzer, Risse
Lebensmittel	Verderb, Geschmacksverlust, Überschreitung des Mindesthaltbarkeitsdatums

Ware, die nicht mehr verkaufsfähig ist, muss aussortiert und abgeschrieben werden. Selbst Ware, die in Ordnung ist, lässt sich nicht oder nur mit Preisnachlässen verkaufen, wenn die Verpackung aufgerissen oder beschädigt ist. Auch Reststücke bleiben oft liegen, weil der Kunde gerne aus dem Vollen schöpft. Finanzielle Nachteile entstehen dem Einzelhändler auch durch die Säuberung verschmutzter und verstaubter Waren und Warenträger. Verunreinigte Textilien können nicht oder nur zu erheblich reduzierten Preisen verkauft werden. Hochwertige Bekleidungsstücke müssen professionell gereinigt werden, zerknitterte Ware wird wieder aufgebügelt.

Abschreibung = Der Wertverlust wird dokumentiert, d.h. buchhalterisch erfasst.

Hat die Ware durch Überalterung oder Zeitablauf an Wert verloren und wird zum Ladenhüter, entsteht für den Einzelhändler ein wirtschaftlicher Schaden durch erhöhte Lagerkosten und Mindereinnahmen infolge von Preisnachlässen.

Treten durch verdorbene Lebensmittel gesundheitliche Schäden beim Verbraucher auf, können auf den Einzelhändler Schadenersatzansprüche und zusätzlich noch Gerichtskosten zukommen.

Preisauszeichnungen → S. 187

Werden bei Preisumstellungen die Preise an Regalen und Waren nicht geändert, führen solche fehlerhaften Preisauszeichnungen zu Auseinandersetzungen und Ärger mit Kunden. Auch unvollständige und der Ware nicht eindeutig zugeordnete Preisauszeichnungen, wie sie beim Umräumen der Ware passieren können, wirken sich geschäftsschädigend aus.

Maßnahmen der Warenpflege

Zur Vermeidung und Verringerung von Schäden können vorbeugende Maßnahmen ergriffen werden:

- regelmäßige Qualitätskontrollen
- Beseitigung von Schmutz und anderen Verunreinigungen
- Aussortieren verdorbener, stark verschmutzter oder beschädigter Ware
- Nachfüllen der Regale, um Bestandslücken zu vermeiden
- Beachtung des Lagergrundsatzes: alte Ware nach vorne, neue Ware nach hinten einräumen
- Einlagerung nicht mehr aktueller Saisonwaren im Reservelager
- sichtbare Platzierung der Verpackungsfront, um dem Kunden einen Überblick zu verschaffen
- Berücksichtigung kleiner Grifflücken im Regal, um eine bequeme Warenentnahme zu gewährleisten
- Beachtung der Vorschriften der Berufsgenossenschaften zur Stapelung von Waren, um Unfälle zu vermeiden
- Umstellung der Preise am Regal und der Ware bei Preisänderungen
- korrekte Zuordnung der Preise

Die verschiedenen Warengruppen erfordern Besonderheiten bei der Lagerung und zusätzliche, spezielle Maßnahmen der Überwachung und Pflege der Waren.

Beispiel

Bei bestimmten Warengruppen müssen rechtliche Vorschriften der Lebensmittelhygiene in der Frische- und Kühllagerkette vom Hersteller zum Einzelhändler beachtet werden.

Eine attraktive Warenpräsentation ist nur möglich, wenn sich Waren, Verpackungen, Warenträger und Preisauszeichnungen in einwandfreiem Zustand befinden.

2 Warenkennzeichnung

Lernsituation 41

Für Kunden und Mitarbeiter sind Warenkennzeichen, die die Hersteller den Produkten mitgeben, Wegweiser für das breit gefächerte Angebot in den Einzelhandelsgeschäften. Zur **Information** und zum **Schutz** des Verbrauchers vor gesundheitlichen Risiken und wirtschaftlichen Nachteilen gibt der Gesetzgeber den rechtlichen Rahmen für die Warenkennzeichnung durch eine Vielzahl von **Gesetzen und Verordnungen** vor. Wichtige rechtliche Regelungen findet man

- im Lebensmittelgesetz mit den zahlreichen Verordnungen,
- im Textilkennzeichnungsgesetz,
- in der Preisangabenverordnung,
- im Geräte- und Produktsicherheitsgesetz und
- in der Gefahrenstoffverordnung.

Preisangabenverordnung → S. 187

Neben rechtlich vorgegebenen Mindestangaben sind freiwillige Warenkennzeichnungen mit zusätzlichen Verbraucherinformationen nicht nur Orientierungshilfen für den Kunden, sondern auch geeignete Werbemittel für den Hersteller, sofern nicht gegen das „Gesetz gegen unlauteren Wettbewerb“ verstoßen wird.

Gesetz gegen unlauteren Wettbewerb → S. 205

Warenkennzeichen befinden sich in Form von Texten oder als **Zeichen/Siegel**, so genannte **Labels**, auf Verpackungen, Etiketten und an der Ware selbst. Es handelt sich um Informationen hauptsächlich über Marken, Qualität, Sicherheit, Umwelt-/Sozialverträglichkeit und Zusammensetzung und Nutzung eines Produktes. Besonders durch Labels erhalten Kunden nützliche Hinweise für ihre Kaufentscheidungen.

Weitere Informationen zu Labels unter

label-online.de

Markenzeichen

Markenname und Markenzeichen werden vom Hersteller selbst entwickelt. Sie sollen durch Schriftbild, Form und Farben den Verbraucher ansprechen und einen hohen Bekanntheitsgrad erreichen. Die Kunden verbinden damit einen bestimmten Qualitätsstandard.

Markenartikel → S. 36

Beispiele

- Mercedes-Stern von Daimler
- Schriftzug und Farbgebung von Nivea
- Logo von Maggi

Gütezeichen und Güteklassen

Gütezeichen und Güteklassen geben Hinweise auf die Qualität eines Produktes. **Gütezeichen** werden von überbetrieblichen Vereinigungen der Hersteller verliehen, wenn die Produkte bestimmte Mindestanforderungen erfüllen, die die Gütegemeinschaft selbst bestimmt.

Beispiele

- Internationales Wollsiegel
- Echtes Leder
- Ohne Gentechnik

WOOLMARK

ECHTES LEDER

Ohne Gentechnik

Gen-Food
Lebensmittelzutaten aus Rohstoffen gentechnisch veränderter Pflanzen; bei der Erzeugung der Rohstoffe werden artfremde Inhaltsstoffe verwendet.

In der EU gelten einheitliche Regeln für die Kennzeichnung von so genanntem Gen-Food. Gentechnische Veränderungen müssen durch eine Fußnote oder durch Klammern hinter der betreffenden Zutat deutlich auf dem Preisschild oder Etikett sichtbar sein. Dabei sind beispielsweise die Formulierungen „enthält gentechnisch veränderte …“ oder „gentechnisch verändert“ erlaubt. Das gilt für alle Lebensmittel mit einem Anteil von mehr als 0,9 % gentechnisch veränderten Organismen der jeweiligen Zutat, auch wenn die Stoffe unbeabsichtigt während oder nach der Produktion der Rohstoffe in das verzehrfertige Lebensmittel gelangen. Wird der Schwellenwert von 0,9 % unterschritten, entfällt die Kennzeichnungspflicht und das Produkt darf sogar mit dem Label „ohne Gentechnik“ versehen werden.

Güteklassen werden auch Handelklassen genannt.

Güteklassen klassifizieren die Qualitäten von Lebensmitteln nach verschiedenen Kriterien, wie z. B. Aussehen, Geschmack, Herkunft, Reifegrad o. Ä.

Weitere Informationen erhalten Sie unter

www.aid.de

und

www.was-wir-essen.de

Beispiel

- Der Einzelhandel bietet Eier der Güteklasse A an sowie überwiegend die Gewichtsklassen M (mittel) und L (groß) mit Gewichten zwischen 53 und 73 Gramm. Eier der Güteklasse B werden in der Industrie verarbeitet.
- Handelsklassen bei Obst und Gemüse (EU-Qualitätsnorm)

Prüfzeichen

Prüfzeichen garantieren einen bestimmten Sicherheitsstandard oder geben Informationen für den sicheren Umgang mit dem Produkt. Sie werden meistens von wissenschaftlich-technischen Instituten vergeben, wenn das Produkt bestimmten Sicherheitsanforderungen genügt.

Das **GS-Zeichen** wird von zugelassenen Prüf- und Zertifizierungsstellen, wie z. B. vom TÜV oder von Berufsgenossenschaften, für Geräte- und Produktsicherheit vergeben. Die Vergabe dieses Zeichens gilt für maximal fünf Jahre, danach ist eine erneute Kontrolle erforderlich.

Auch das **VDE-Prüfzeichen** für die Sicherheit elektrisch betriebener Geräte wird von unabhängigen Zertifizierungsinstituten vergeben und ist wie das GS-Zeichen eine freiwillige Kennzeichnung.

Hersteller von Kinderspielzeug, Küchengeräten, Computer und -zubehör, die ihre Produkte innerhalb der Europäischen Gemeinschaft nach den Richtlinien einer vorgeschriebenen Norm produzieren bzw. solche Produkte in die Europäische Union exportieren, sind verpflichtet, das **CE-Zeichen** auf ihren Erzeugnissen zu führen. Damit erklärt der Hersteller, dass das Produkt auf die Einhaltung der jeweiligen Richtlinien geprüft wurde und der zutreffenden Norm entspricht. Der Hersteller muss die Erfüllung der Norm durch Dokumentation nachweisen können. Eine Prüfung durch eine unabhängige Institution ist nicht erforderlich, kann aber vom Hersteller zum Zweck der Verkaufsförderung veranlasst werden.

Gefahrenstoffkennzeichnung

Für Produkte, bei denen die Gefahr einer gesundheitlichen Beeinträchtigung besteht, ist eine generelle Kennzeichnungspflicht durch entsprechende Texthinweise oder einheitliche Gefahrenstoffkennzeichnung vorgeschrieben.

Beispiel

- Spülmittel: „außerhalb der Reichweite von Kindern aufbewahren“
- Scheibenwaschkonzentrat: „Flammzeichen“ für leicht entzündliche Stoffe
- Spielzeug: „ungeeignet für Kinder unter drei Jahren“

Entsprechende Gefahrenstoffkennzeichnungen warnen den Verbraucher davor, dass das Produkt bei unsachgemäßer Handhabung in irgendeiner Form negative Auswirkungen auf den Menschen und/oder sein Umfeld haben kann. Die bisherigen Gefahrensymbole für chemische Stoffe und Gemische sind durch eine neue, weltweit einheitliche Kennzeichnung abgelöst worden.

leicht entzündlich

brandfördernd

Unter Druck stehende Gase

Umwelt-gefährlich

Umweltzeichen oder Ökolabel

Diese Zeichen nehmen durch die immer größer werdende Zahl umweltbewusster Kunden zu. Sie kennzeichnen die ökologische Erzeugung der Produkte und informieren über die sozialen Bedingungen des Herstellungsprozesses.

Der blaue Engel auf nationaler Ebene und die „europäische Blume“ auf europäischer Ebene kennzeichnen die Produkte, die bestimmten Umweltauflagen genügen.

Auch in der Landwirtschaft werden Produkte z. B. mit dem Bio-Siegel, dem Bioland-Zeichen, dem Naturland-Zeichen oder einem Zeichen anderer Anbauverbände ausgezeichnet, wenn beim Anbau und der Verarbeitung bestimmte ökologische Auflagen erfüllt werden. Bei diesen Zeichen muss jedoch genau beachtet werden, was zertifiziert wird und ob die Zertifizierung wirklich bestimmten Mindestanforderungen genügt oder ob die Grenzen so gezogen sind, dass das Zeichen eigentlich seine Aussagekraft verliert.

Fair gehandelte (Fair-Trade-)Produkte sichern durch die Zahlung von Mindestpreisen oberhalb des Weltmarktniveaus die Lebenshaltungskosten der Produzenten. Außerdem garantieren die so gekennzeichneten Produkte, dass bei der Herstellung auf Kinderarbeit verzichtet wurde.

Produktkennzeichnungen, die über Zusammensetzung und Nutzung informieren

Besonders von Produkten des täglichen Gebrauchs möchte der Verbraucher wissen, woraus diese hergestellt sind und wie man mit diesen Produkten umgeht.

Beispiel

Produktkennzeichnung in den Bereichen:

- Lebensmittel, z.B. Zutatenliste, Haltbarkeit
- Textilien, z.B. textile Rohstoffe, Pflegekennzeichen
- kosmetische Artikel, z.B. Inhaltsstoffe, Haltbarkeit
- Wasch-, Pflege- und Reinigungsmittel, z.B. Produktzweck, Verwendungshinweis
- Elektro-/Elektronikgeräte, z.B. Bedienung, Entsorgung

Die **Fertigverpackungsverordnung** gilt für alle fertig verpackten Lebensmittel. Danach bezieht sich die Kennzeichnungspflicht auf folgende Mindestangaben:

1. verkehrsübliche Bezeichnung, die es erlaubt, die Art des Lebensmittels zu erkennen
2. Name/Firma/Anschrift des Herstellers, Verpackers oder Vertreibers, Information über die Herkunft
3. Verzeichnis der Zutaten in absteigender Reihenfolge nach ihren Gewichtsanteilen ohne Mengenangabe
4. Mindesthaltbarkeitsdatum (MHD): Datum, bis zu dem ein Lebensmittel seine spezifischen Eigenschaften behält bzw. Verbrauchsdatum bei leicht verderblichen Lebensmitteln
5. Mengenangabe/Füllmenge: Stückzahl, Volumen, (Abtropf-)Gewicht
6. Allergenkennzeichnung: Zutaten, die häufig allergische oder andere Unverträglichkeiten auslösen, müssen deklariert werden, auch wenn nur kleinste Mengen verwendet wurden.

Fertigpackungen, die kein Mindesthaltbarkeitsdatum enthalten oder das Mindesthaltbarkeitsdatum nicht nach Tag, Monat und Jahr ausgewiesen ist, müssen mit einer **Losnummer** gekennzeichnet sein. Das ist eine frei wählbare Kombination von Buchstaben und Ziffern, der ein „L“ voranzustellen ist. Diese Loskennzeichnung umfasst Lebensmittel, die unter praktisch gleichen Bedingungen hergestellt/erzeugt/verpackt wurden. Das erleichtert die schnelle Abwicklung bei Rückrufaktionen.

Die Bestimmungen für die **Textilkennzeichnung** gelten nicht nur für Bekleidungsstücke, sondern auch für Bodenbeläge, für Bezugsstoffe auf Möbeln und Schirmen, Matratzen und Campingartikeln sowie für Futterstoffe von Schuhen und Handschuhen, sofern die genannten Textilerzeugnisse zu mindestens 80 % ihres Gewichtes aus textilen Rohstoffen bestehen.

Damit sich der Verbraucher ein Bild über die Qualität und die Verwendbarkeit von Textilien machen kann, muss der Hersteller die Zusammensetzung der textilen Rohstoffe mit ihren prozentualen Anteilen – deutlich erkennbar am Textilerzeugnis angebracht oder eingewebt bzw. deutlich erkennbar auf den Verpackungen – angeben.

Beispiel

Oberstoff: 35 % Baumwolle, 28 % Viskose, 22 % Polyamid, 10 % Angora, 5 % Kaschmir

Die Rohstoffgehaltsangabe muss in einer festgelegten Bezeichnung in deutscher Sprache erfolgen. International bekannte Abkürzungen sind dabei erlaubt.

Beispiel

- Die Bezeichnung „Baumwolle“ darf nicht durch „Cotton“ ersetzt werden.
- PA für „Polyamid“ (= Nylon) ist erlaubt.

Hinweise auf Ausrüstungstechniken (z. B. Farbstoffe), Wasch- und Pflegesymbole und die Größenkennzeichnung u. a sind zwar **freiwillig**, jedoch für den Verbraucher unverzichtbar. International konnte man sich bei den Pflegesymbolen von Textilien auf eine Reihenfolge der Symbole einigen: Waschen, Bleichen, Tumblertrocknung, Bügeln, Professionelle Textilpflege.

INTERNATIONALE PFLEGESYMBOLE

WASCHEN (Waschbottich)

95	60	60	40	40	40	30	30	30		
Normal-waschgang	Normal-waschgang	Schon-waschgang	Normal-waschgang	Schon-waschgang	Spezial-schon-waschgang	Normal-waschgang	Schon-waschgang	Spezial-schon-waschgang	Handwäsche	nicht waschen

Die *Zahlen* im Waschbottich entsprechen den *maximalen Waschtemperaturen,* die nicht überschritten werden dürfen. Der *Balken* unterhalb des Waschbottichs verlangt nach einer (mechanisch) *milderen Behandlung* (z.B. Schongang). Er kennzeichnet Waschzyklen, die sich z.B. speziell für pflegeleichte und mechanisch empfindliche Artikel eignen. Der *doppelte Balken* kennzeichnet Waschzyklen mit weiter minimierter Mechanik, z.B. für Wolle.

BLEICHEN (Dreieck)

Chlor- und Sauerstoffbleiche zulässig	nur Sauerstoffbleiche zulässig / keine Chlorbleiche	nicht bleichen

TROCKNEN IM TUMBLER (Wäschetrockner)

Trocknen im Tumbler möglich normale Temperatur, normaler Trockenzyklus	Trocknen im Tumbler möglich niedrige Temperatur, normaler Trockenzyklus	nicht im Tumbler trocknen

Die *Punkte* kennzeichnen die Trocknungsstufe im Tumbler (Wäschetrockner).

BÜGELN (Bügeleisen)

heiss bügeln (200 °C)	mässig heiss bügeln (150 °C)	nicht heiss bügeln (110 °C) Vorsicht beim Bügeln mit Dampf	nicht bügeln

Die *Punkte* kennzeichnen die Temperaturbereiche der Reglerbügeleisen.

PROF. TEXTIL-REINIGUNG (Reinigungstrommel)

P	P	F	F	
professionelle Textilreinigung normales Verfahren	professionelle Textilreinigung Schonverfahren	professionelle Textilreinigung normales Verfahren	professionelle Textilreinigung Schonverfahren	nicht chemisch reinigen

Die *Buchstaben* sind für den professionellen Textilpfleger bestimmt. Sie geben einen Hinweis auf die in Frage kommenden *Lösemittel.*
Der *Balken* unterhalb des Kreises verlangt bei der Reinigung nach einer *Beschränkung* der mechanischen Beanspruchung, der Feuchtigkeitszugabe und/oder der Temperatur.

W	W	W	
Nassreinigung Normales Verfahren	Nassreinigung Schonverfahren	Nassreinigung Spezial-Schonverfahren	nicht Nassreinigen

Dieses Symbol bezeichnet Artikel, die im *Nassreinigungsverfahren* behandelt werden können. Es wird in der zweiten Zeile *unter dem Symbol für die Chemischreinigung* angebracht.
Die *Balken* unterhalb des Kreises verlangen bei der Nassreinigung nach einer *Beschränkung* der mechanischen Beanspruchung (siehe Waschen). Der *doppelte Balken* kennzeichnet ein noch *milderes Verfahren.*

Quelle: Arbeitsgemeinschaft Pflegezeichen für Textilien in der Bundesrepublik Deutschland, Stand 2008

Auch für **Körperpflege- und Kosmetikprodukte** gibt es bestimmte Vorschriften. Um den Verbraucher vor gesundheitlichen Risiken durch Verderb zu bewahren, ist der Hersteller von kosmetischen Artikeln verpflichtet, auf die Haltbarkeit nach dem Öffnen des Produktes hinzuweisen. Das Symbol eines geöffneten Cremetopfes mit der Angabe von Monaten informiert darüber, wie viele Monate das Produkt nach dem Anbruch bei sachgerechter Lagerung und Anwendung bedenkenlos verbraucht werden kann. Das gilt nur für verderbliche Kosmetika.

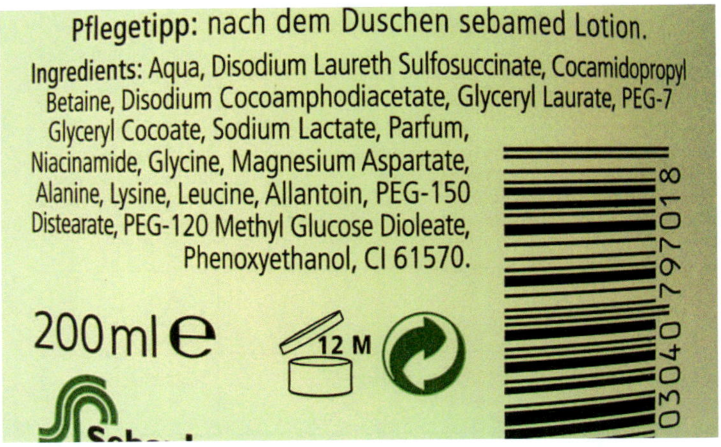

Kennzeichnung eines Reinigungsproduktes

Da die Unverträglichkeiten bei Anwendung kosmetischer Erzeugnisse zunehmen, müssen die Hersteller die Verbraucher über die Inhaltsstoffe mit europaweit einheitlichen Bezeichnungen informieren. Die Produkte sind dementsprechend zu kennzeichnen. Die Reihenfolge der Inhaltsstoffe erfolgt nach absteigender Konzentration.

Werden **Wasch-, Pflege- und Reinigungsmittel** an private Verbraucher abgegeben, muss das Etikett die wichtigsten Angaben für sichere, material- und umweltschonende Verwendung enthalten. Der Produktzweck muss allgemein verständlich formuliert werden.

Beispiel

Angaben auf einer Flasche Reinigungsmittel:
- Multi-Fettreiniger ⟶ Produktzweck
- Nicht für Ceran-Glas … ⟶ Verwendungshinweis
- Darf nicht in die Hände … ⟶ Sicherheitshinweis

Elektro- und Elektronikgeräte müssen so gekennzeichnet sein, dass der private Nutzer erkennt,
- wer das Gerät hergestellt hat,
- wann das Gerät in den Verkehr gebracht wurde und
- dass das Gerät nicht im Hausmüll entsorgt werden darf.

Diese Informationen sind gesetzlich vorgeschrieben und müssen mit dem Gerät dauerhaft verbunden sein. Sie sind sehr nützlich in Reklamationsfällen und bei Rückrufaktionen.

Die Bedienung der Geräte wird durch verständliche Symbole erleichtert.

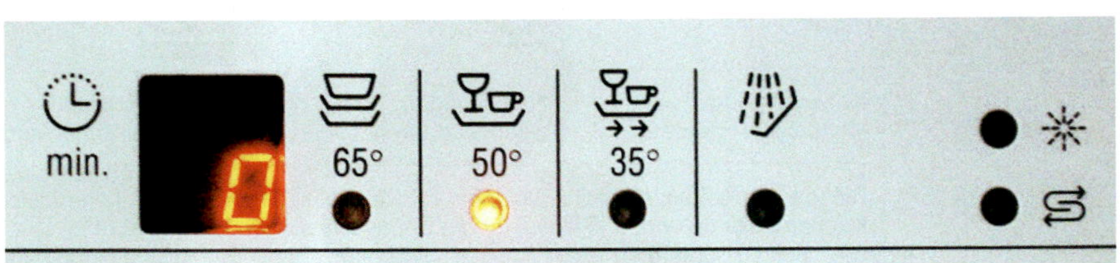

Bediensymbole einer Geschirrspülmaschine

3 Preisauszeichnung

Beispiel

Eine Kundin steht mit einer Flasche Körperlotion in der Hand zwischen zwei Regalen und schaut sich Hilfe suchend nach einem Verkäufer um. Endlich eilt ein Verkäufer den Gang entlang. „Entschuldigen Sie bitte, können Sie mir sagen, wie viel diese Körperlotion kostet?" Der Verkäufer antwortet im Vorbeieilen: „Das muss da irgendwo stehen." Die Kundin schaut sich noch einmal um, kann aber weder an der Ware noch am Regal eine passende Preisauszeichnung entdecken.

Vom verkaufsschädigenden Verhalten des Verkäufers einmal abgesehen, hat der Einzelhändler hier seine Pflicht zur korrekten Preisauszeichnung missachtet. Es liegt hier ein Verstoß gegen die Preisangabenverordnung vor, die als Ordnungswidrigkeit vom Gewerbeaufsichtsamt mit einem nicht unerheblichen Bußgeld geahndet werden kann.

3.1 Preisangabenverordnung

Lernsituation 42

Verordnung zur Regelung der Preisangaben (PAngV)

§ 1 Grundvorschriften

(1) Wer Letztverbrauchern gewerbs- oder geschäftsmäßig oder regelmäßig in sonstiger Weise Waren oder Leistungen anbietet oder als Anbieter von Waren und Leistungen gegenüber Letztverbrauchern in Zeitungen, Zeitschriften, Prospekten, auf Plakaten, im Rundfunk oder Fernsehen oder auf sonstige Art und Weise unter Angabe von Preisen wirbt, hat die Preise anzugeben, die einschließlich der Umsatzsteuer und sonstiger Preisbestandteile, unabhängig von einer Rabattgewährung, zu zahlen sind (Endpreise).

Umsatzsteuer → S. 134

Die Preisangabenverordnung (PAngV) verpflichtet den Händler zur Preisauszeichnung seiner Waren. Grundsätzlich schreibt sie vor, dass

- bei einem konkreten Warenangebot Endpreise (**Bruttopreise**) genannt werden müssen, d. h. die Preise müssen die Umsatzsteuer und sonstige Preisbestandteile, unabhängig von Rabattgewährung, enthalten; eine Pfandforderung, z. B. bei Mehrwegflaschen, ist gesondert auszuweisen,
- die handelsübliche **Waren-/Gütebezeichnung** der Ware genannt wird,
- die **Verkaufseinheit** der Ware genannt wird (z. B. kg, pro Meter, 0,5 l) und
- die Ware zusätzlich mit dem **Grundpreis** (Preis für 1 Liter, für 1 kg) ausgezeichnet wird.

Diese Vorschrift gilt für alle Waren, die

- in Schaufenstern,
- in Schaukästen innerhalb oder außerhalb des Verkaufsraums,
- auf Verkaufsständern oder in sonstiger Weise sichtbar ausgestellt werden, und für
- Waren, die vom Verbraucher unmittelbar entnommen werden können.

Ausgenommen von der Pflicht zur Preisauszeichnung sind

- Kunstgegenstände, Sammlerstücke, Antiquitäten sowie
- Blumen und Pflanzen, die direkt vom Freiland oder aus dem Gewächshaus verkauft werden.

Nach der Preisangabenverordnung müssen die Preisangaben den Grundsätzen von **Preisklarheit** und **Preiswahrheit** entsprechen, d. h. die Preise müssen dem Angebot oder der Werbung eindeutig zugeordnet, leicht erkennbar und deutlich lesbar sein. Der Gesetzgeber hat bewusst strenge Anforderungen an den Handel gestellt, um die Endverbraucher besser zu schützen. Durch die Pflicht zur Preisauszeichnung soll der Verbraucher die Möglichkeit erhalten, Preise besser vergleichen zu können. Dadurch erhält er auch eine bessere Marktübersicht.

3.2 Arten

Das Preisschild dient nicht nur der Information des Kunden, sondern ist auch ein Instrument der innerbetrieblichen Organisation und Kommunikation. Denn neben die gesetzlich vorgeschriebenen Angaben auf dem Preisschild setzt der Einzelhändler gerne noch freiwillige Angaben.

- Das **Eingangsdatum** kann das Alter der Ware ausweisen und somit schnell auf Ladenhüter verweisen.
- Die **Artikelnummer** erleichtert bei der Inventur die Erfassung der Ware.
- Der **verschlüsselte Einkaufspreis** zeigt dem Verkäufer bei Preisverhandlungen den möglichen Spielraum an.
- Die **Lieferantennummer** erleichtert die Nachbestellung und die Abwicklung von Mängelrügen.

Informative Preisetiketten können somit die Verkaufsberatung unterstützen und die Verkäufer brauchen die Preise nicht auswendig zu lernen.

Für die Preisauszeichnung sind entweder die Waren selbst mit Etiketten/Preisschildern zu versehen oder die Warenträger, in denen sich die Waren befinden. Dabei müssen die Preise deutlich lesbar und den Waren eindeutig zugeordnet sein. Bei Waren, die nach Musterbüchern (z. B. Fliesen, Tapeten, Parkett usw.) ausgewählt werden, sind entweder die Muster mit Preisen zu versehen oder es müssen Preislisten ausliegen.

Elektronische Preisauszeichnung

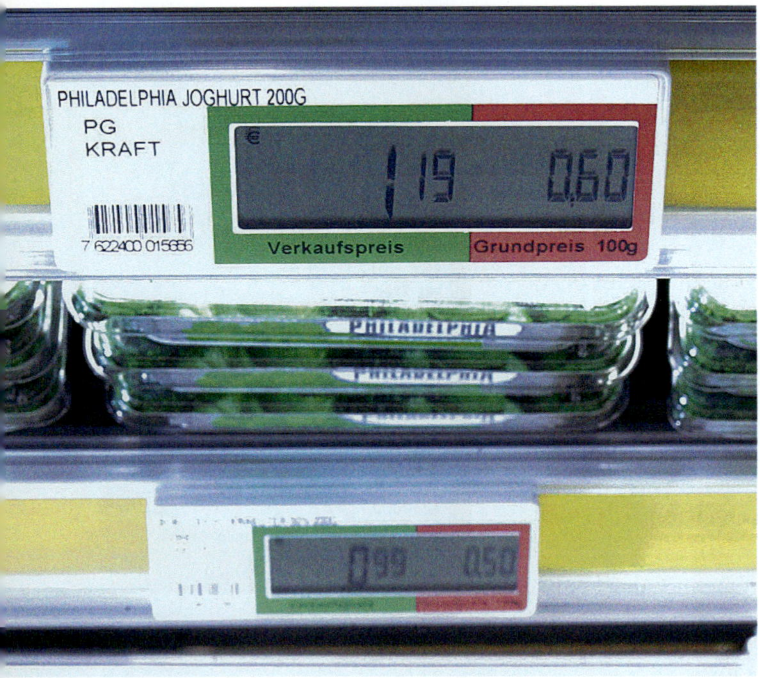

Die Zukunft der Preisauszeichnung wird in elektronischen Preisauszeichnungssystemen liegen. Hier werden z. B. die Regale mit digitalen Preisschildern versehen, die per Funk mit einem Server in Verbindung stehen. Sollte das gesamte Sortiment einer Preisänderung unterzogen werden, so ist dies bei dem elektronischen Verfahren innerhalb von ein paar Stunden möglich. Lediglich die Preisänderungen müssen in das System eingegeben werden, der neue Preis wird dann vom Computer berechnet und über Funk wird das digitale Preisschild umgestellt.

3.3 Price-look-up-Verfahren

Das Preisetikett selbst spielt für die Eingabe des Warenpreises an der Kasse mittlerweile nur noch eine untergeordnete Rolle. Nur in den seltensten Fällen wird an der Kasse überhaupt noch ein Preis eingegeben. Bei den meisten Kassiervorgängen im Einzelhandel wird inzwischen das Price-look-up-Verfahren (PLU) angewandt.

Price-look-up-Verfahren
Preis-Abruf-Verfahren

Voraussetzung für das Price-look-up-Verfahren ist die Vergabe von **Artikelnummern** für jedes einzelne Produkt. Mit Hilfe von modernen Kassensystemen wird nach dem Scannen oder nach Eingabe der Artikelnummer diese an die hausinterne Datenbank übermittelt. In der Datenbank werden der Artikelnummer die entsprechende Artikelbezeichnung sowie der gültige Preis zugeordnet und zurück an die Kasse gesendet. Die übermittelten Daten erscheinen dann auf dem Kassenbon des Kunden. Dabei spielt es keine Rolle, ob hauseigene Artikelnummern oder Artikelnummern nach der internationalen Norm GTIN (früher: EAN) verwendet werden.

Warenwirtschaftssystem
→ S. 121

GTIN
Global Trade Item Number

Artikelnummern

- **hauseigene Artikelnummer**
- **Global Trade Item Number (GTIN)**

Auszug aus Artikeldatenbank

Art.-Nr.	Art.-Bezeich.	Preis
1256	Körperlotion	3,59

Bei der **hausinternen Vergabe der Artikelnummern** kann der Einzelhändler die Artikelnummern nach seinen internen betrieblichen Belangen festlegen und vergeben.

Global Trade Item Number (GTIN)

Damit aber eine Kommunikation zu anderen Unternehmen möglich wird, muss eine Standardisierung der Artikelnummern erfolgen. Mit der **Internationalen Artikelnummerierung** (GTIN), die die bisherige Europäische Artikelnummer (EAN) ersetzt, wurde ein weltweit gültiger Standard geschaffen. Dieses Kennzeichnungssystem, dem sich mehr als 125 Länder der Welt angeschlossen haben, ermöglicht unabhängig von Betriebsform, Branche und Erdteil einen zwischenbetrieblichen Austausch von Artikeldaten. Die GTIN besteht im Regelfall aus 13 Ziffern und wird vom Hersteller/Vertreiber/Importeur in Eigenverantwortung auf der Basis der von der Global Location Number (GLN) vergeben. Diese sieben- bis neunstellige Basisnummer wird von der zuständigen Länderorganisation GS 1 (Global Standard 1) – in Deutschland GS 1 Germany – zugeteilt. Die drei- bis fünfstellige Artikelnummer wird vom Hersteller individuell vergeben. Dabei erhält jede Artikelvariante nach ihrer spezifischen Ausführung, z. B. Größe, Farbe, Verpackungseinheit, eine eigene GTIN.

Nähere Informationen unter
www.gs1-germany.de

Die weltweit eindeutige und überschneidungsfreie GTIN wird bereits vom Hersteller auf die Packungen der Produkte gedruckt. Die GTIN ist eine reine Zählnummer. Sie kann am Artikel als offene Zahl, als Barcode (Strichcode) oder auch in einem Chip als Identifizierung für die RFID angebracht sein. Mit Hilfe der Ziffern werden bestimmte Daten verschlüsselt. Die GTIN enthält selbst keine gespeicherten betriebswirtschaftlichen Daten, sondern sie bildet nur den Schüssel (Zugang) zu den entsprechenden Computerdateien, wo die Informationen zum Beispiel über Warengruppierungen, Lieferanten, Konditionen und Preise abgerufen werden können.

RFID
→ S. 120

GTIN

Basisnummer	Individuelle Artikelnummer	Prüfziffer
7- bis 9-stellig	3 bis 5-stellig	1-stellig
Die ersten drei Ziffern können länderspezifisch sein und gewähren weltweite Überschneidungsfreiheit. 400–440 steht für Deutschland, die restlichen Stellen werden für den Hersteller vergeben.	Der Hersteller erstellt seine eigenen Artikelnummern, die je nach Bedarf auf Antrag 3- bis 5-stellig sein können. Somit stehen 1.000 bis 100.000 Artikelnummern für einen Hersteller zur Verfügung.	Die 1-stellige Prüfziffer gewährt durch datentechnische Plausibilität eine fast hundertprozentige Eingabesicherheit.
Beispiel: 4311596	44944	6
Die GTIN kann also unterschiedlich aufgebaut sein. Bei dem Beispiel handelt es sich um das 1-Liter-Pack frische Vollmilch, länger haltbar, des Herstellers Edeka unter dem Markennamen „GUT&GÜNSTIG".		

Strichcode und OCR-Code

Damit an der Kasse die Artikelnummern automatisch gelesen werden können, müssen die Artikelnummern in einer maschinenlesbaren Sprache auf den Produkten/Preisetiketten vorhanden sein. Derzeit existieren zwei maschinenlesbare Codierungen: Der Strichcode und der OCR-Code.

Strichcode
auch Balkencode genannt

OCR
Optical Character Recognition

Der Strichcode wird überwiegend genutzt, um die GTIN maschinenlesbar aufzubereiten. Die Zahlen der Artikelnummer werden jeweils als Kombination aus einem weißen und einem schwarzen Balken unterschiedlicher Breite dargestellt. Der Strichcode allein ist für das menschliche Auge nicht lesbar.

Der OCR-Code wird hingegen überwiegend bei der hausinternen Artikelnummerierung verwendet und ist sowohl für den Menschen als auch für die Maschine lesbar. Er besteht aus eckigen, normierten Schriftzeichen und wird im Einzelhandel häufig im Textilbereich eingesetzt, um hauseigene Artikelnummern zu dokumentieren.

Vorteile des Price-look-up-Verfahrens

Das Price-look-up-Verfahren bedeutet für die Preisauszeichnung, dass nicht mehr alle Artikel einzeln ausgezeichnet werden müssen. Somit ist bei Preisänderungen ein Umzeichnen der Ware nicht mehr notwendig. Die Preisänderung erfolgt nun per Knopfdruck, indem die aktuellen Preise in die Artikeldatenbank eingegeben werden. Dies führt natürlich zu einer enormen Zeit- und somit auch Kostenersparnis.

Des Weiteren brauchen beim Price-look-up-Verfahren die Kassenangestellten keine Preise mehr auswendig zu lernen. Somit werden beim Kassieren auch weniger Fehler gemacht. Außerdem ist das Price-look-up-Verfahren um einen wesentlichen Faktor schneller als herkömmliche Kassiervorgänge. Dies führt zu schnelleren Kassiervorgängen und somit zu zufriedeneren Kunden.

5

Werben und den Verkauf fördern

Absatzwerbung

Verkaufsförderung (Salespromotion)

Direktmarketing

Verbraucherschutz

Gesetz gegen den unlauteren Wettbewerb

Verpackungen

1 Absatzwerbung

Lernsituation 43

„Wer nicht wirbt, der stirbt“, heißt eine Binsenweisheit des Einzelhandels. Gerade in Zeiten, in denen die Konkurrenz immer zahlreicher und stärker wird und die Konsumenten ihr Geld immer überlegter ausgeben, erhält dieser Satz große Bedeutung. Unter Absatzwerbung (im allgemeinen Sprachgebrauch kurz „**Werbung**“ genannt) versteht man jede Kommunikation, die warenspezifische Informationen und Verhaltensempfehlungen an eine bestimmte Zielgruppe transportiert. Alle Werbemaßnahmen, die sich mit dem Absatz bzw. der Positionierung des Warenangebots am Markt beschäftigen, gehören zur Absatzwerbung.

Häufig ist die Absatzwerbung auf eine breite Streuung und langfristige Wirkung angelegt. Je nach Zielsetzung des Unternehmens sollen mit Hilfe der Werbung Umsätze gesteigert (**Expansionswerbung**) bzw. Umsatzrückgänge (**Erinnerungswerbung**) vermieden oder neue Waren/Dienstleistungen bekannt gemacht werden (**Einführungswerbung**).

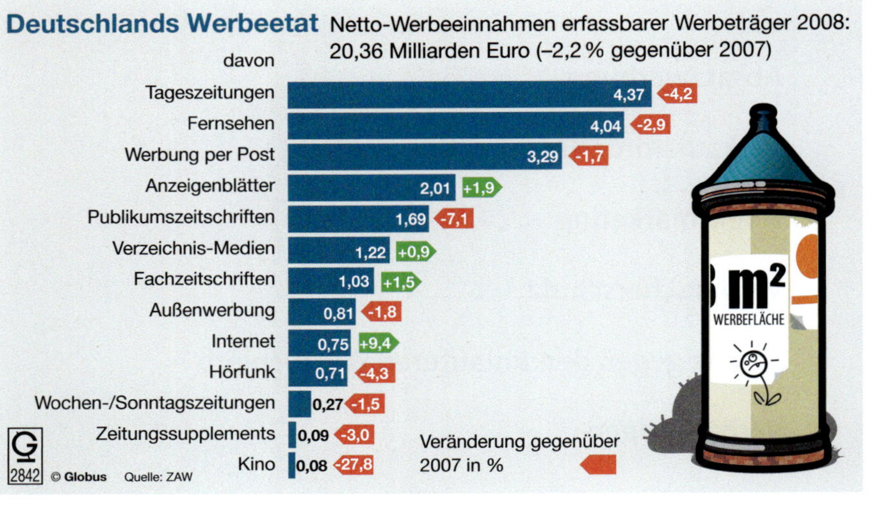

1.1 Werbearten

Absatzwerbung lässt sich auf unterschiedliche Weise realisieren. Je nach Zielsetzung und den zur Verfügung stehenden Finanzmitteln nutzen Einzelhandelsunternehmen Einzelwerbung und Kollektivwerbung.

Bei der **Einzelwerbung** wirbt der Einzelhändler alleine mit dem Namen seines Unternehmens bzw. für einzelne Artikel aus seinem Sortiment. Die Kosten der Werbung sind in der Regel recht hoch. Eine Sonderform der Einzelwerbung ist die **Herstellerwerbung**. Hier wirbt ein Hersteller für ein einzelnes Produkt bzw. für seine gesamte Produktpalette. Von dieser Werbung profitieren alle Einzelhändler, die diese Produkte im Sortiment aufgenommen haben. Häufig werden bei der Herstellerwerbung von den profitierenden Einzelhändlern Kostenbeiträge für die Herstellerwerbung verlangt bzw. sind in den Kaufverträgen zwischen Hersteller und Einzelhändler vereinbart. Auf Grund des erheblich höheren Werbebudgets auf Seiten der Hersteller und der Kostenbeteiligung des Einzelhandels, ist Herstellerwerbung oft sehr aufwändig und mit hohen Kosten produziert.

Herstellerwerbung

Gemeinschaftswerbung

Beispiel

Der Kettensägenhersteller Stihl bewirbt einzelne Kettensägenmodelle aus seinem Produktionsprogramm. Alle Einzelhändler, die diese Modelle gelistet haben, profitieren von dieser Werbung.

Bei der **Kollektivwerbung** werben mehrere Unternehmen gemeinsam. Es können Gemeinschaftswerbung, Sammelwerbung und Verbundwerbung unterschieden werden.

Gemeinschaftswerbung: Eine ganze Branche wirbt gemeinsam, ohne einzelne Unternehmensnamen zu nennen (z. B. „die Milch macht's"). Die Werbung wird durch freiwillige Beiträge der Branchenmitglieder finanziert und soll ein positives Bild der Branche vermitteln. Problematisch ist der Trittbrettfahrereffekt, d. h. auch Branchenmitglieder, die keine Beiträge gezahlt haben, profitieren vom Werbeeffekt. Ob die Werbung für das einzelne Unternehmen Erfolg gebracht hat, lässt sich in der Regel nicht zweifelsfrei feststellen.

Sammelwerbung: Viele Unternehmen z. B. einer Region werben gemeinsam unter Namensnennung aller beteiligten Unternehmen (z. B. Sammelwerbung an **Flughäfen, Bahnhöfen oder am Ortseingang).**

Sammelwerbung

Verbundwerbung: Wenige (meist zwei) Unternehmen mit einem sich ergänzenden Angebot werben gemeinsam bei Namensnennung. Die Werbenden möchten vom guten Image des jeweiligen Verbundpartners profitieren (z. B. Waschmaschinen und Waschmittelhersteller). Verbundwerbung lässt sich eher selten realisieren.

1.2 Werbegrundsätze

Werbung soll Aufmerksamkeit erregen, um dadurch Kaufwiderstände zu reduzieren bzw. Kaufwünsche auszulösen. Um zu verhindern, dass um der Aufmerksamkeit willen übertriebene oder bewusst falsche Aussagen gemacht werden, sollten sich Unternehmen an bestimmte Grundsätze halten.

Werbegrundsätze

Wirksamkeit	Wahrheit und Klarheit	Wirtschaftlichkeit	gesellschaftliche Akzeptanz
Werbung muss zielgruppengerecht entwickelt werden, um einen möglichst großen Erfolg zu erzielen. Streuverluste sind zu vermeiden.	Werbung darf keine falschen oder irreführenden Angaben zu den angepriesenen Leistungen machen. Zwar sollen die Waren im positiven Licht erscheinen, dies darf aber nur in sachlich einwandfreiem Rahmen geschehen.	Werbung muss immer in einem wirtschaftlichen Verhältnis zu dem erzielten Erfolg stehen. Das heißt, der zusätzliche Erfolg (z.B. Umsatzwachstum) muss deutlich höher sein als die Werbekosten.	Werbung sollte gesellschaftliche Wertvorstellungen nicht missachten oder Minderheiten zwecks Effekthascherei missbrauchen (Moral). Auch das Beachten von Gesetzen (Gesetz gegen den unlauteren Wettbewerb) gehört natürlich dazu.

Gesetz gegen den unlauteren Wettbewerb → S. 205

www.interverband.com/werberat

Nicht alle Unternehmen halten sich an diese Werbegrundsätze. Deshalb hat die Werbebranche freiwillig ein Kontrollgremium installiert, den **deutschen Werberat**. Dieses Gremium prüft und ahndet besonders weit reichende Verstöße gegen die Werbegrundsätze. Juristische Konsequenzen haben die Ahndungen des Werberates jedoch nicht. Zum Schutz von Mitbewerbern und Verbrauchern hat der Gesetzgeber daher ein Gesetz gegen unlauteren Wettbewerb (UWG) erlassen.

Beispiel

Diese Schockwerbung vom italienischen Textilunternehmen „Benetton" löste 2001 weltweite Proteststürme aus. Der Bundesgerichtshof in Karlsruhe verbot diese Werbung, da sie die Menschenwürde AIDS-Kranker verletzt.

1.3 Werbebotschaft, Werbemittel und Werbeträger

Beispiel

Die Beska GmbH wirbt in der Berliner B-Zeitung für eine Vielzahl von Artikeln aus ihrem Sortiment. Die Tageszeitung hat einen hohen Verbreitungsgrad in der Berliner Bevölkerung. Neben den einzelnen Artikel werden insbesondere die günstigen Preise und das umfangreiche Serviceangebot der Beska GmbH beworben.

Werbebotschaft

Beska
BERLINER SUPERKAUF GMBH

premium
BESKA HANDELSMARKE

Premium-Büropapier
Mattpost Silk
jetzt 25 % Rabatt!

für anspruchsvolle Kunden

Werbemittel: Anzeige

Werbeträger: Zeitung

Jede Kommunikation enthält eine Information, die der Sender (Verkäufer) dem Empfänger (möglicher Kunde) mitteilen möchte. Der Inhalt bei der absatzpolitischen Kommunikation heißt **Werbebotschaft**. Die Werbebotschaft soll beim möglichen Kunden ein gewünschtes Verhalten – meist den Kauf eines Produktes oder einer Dienstleistung – auslösen. Sie muss textlich, grafisch und/oder akustisch dargestellt werden. Da die Werbebotschaft das zentrale Element der Absatzwerbung ist, schalten viele Unternehmen professionelle Werbeagenturen ein, um die Inhalte möglichst wirkungsvoll und zielgerichtet zu formulieren und zu gestalten.

Transportiert wird die Botschaft mit Hilfe eines Werbemittels. **Werbemittel** enthalten die eigentliche Werbebotschaft und sind gekennzeichnet durch Schrift, Bild oder Sprache. Damit die Werbebotschaft die möglichen Kunden auch erreicht, benötigt man ein Medium, das die mit Hilfe eines Werbemittels gestaltete Werbebotschaft an mögliche Kunden transportiert. Diese Medien heißen Werbeträger.

Werbeträger mit eigenen Kommunikationsangeboten sind z. B. Druckerzeugnisse (Printmedien) wie Tageszeitungen, Anzeigenblätter, Wochenzeitungen mit lokalem oder regionalem Bezug, Kundenzeitschriften, eigens angefertigte Handzettel (Flyer), Adressbücher usw. Wichtige Werbeträger sind auch Fernsehen und Radio (Lokalfunk). Werbeträger ohne eigenes Kommunikationsangebot, so genannte Außenwerbung, sind z. B. Litfaßsäulen, Gebäude, City-Lights an Haltestellen oder Knotenpunkten, Busse, Straßenbahnen und Autos. Die Direktwerbung nutzt Werbebrief, Telefon, Handy und Internet.

Jedes Werbemittel hängt mit einem passenden Werbeträger zusammen: Werbebotschaft, Werbemittel und Werbeträger müssen unbedingt zielgruppengerecht aufeinander abgestimmt werden, um eine optimale Wirkung zu erzielen.

Beispiel

Werbemittel	Werbeträger
Annonce	Tageszeitung, Fachzeitschrift
Werbespot	Fernsehen, Radio
Plakat	Liftaßsäule
bedruckte Folie	Verkehrsmittel
Homepage, E-Mail	Internet

1.4 Werbeplanung

Absatzwerbung möchte auf Grund der hohen Konkurrenz in erster Linie Aufmerksamkeit erregen, um anschließend möglichst eine Kaufhandlung auszulösen. Deshalb nutzt man im Rahmen der Werbung die AIDA-Formel, die diese Zielsetzung weit gehend unterstützt. Erfolgreiche Werbung folgt daher fast immer den folgenden vier Kommunikationsstufen:

AIDA-Formel

A ttention: Aufmerksamkeit erregen
I nterest: Interesse wecken
D esire: den Kaufwunsch hervorrufen
A ction: die Kaufhandlung auslösen

Dabei bedient man sich unterschiedlicher Ideen. Entweder versucht man, beim künftigen Kunden bestimmte Assoziationen zu wecken (wenn ich diesen Artikel kaufe, bin ich stark) oder durch „Zeugenaussagen" die Qualität eines Artikels „bestätigen" zu lassen.

Absatzwerbung entsteht nicht zufällig oder spontan. Vielmehr wird sie genau geplant und läuft in einer Reihenfolge ab. Folgende Aspekte müssen geplant und festgelegt werden, wobei die Reihenfolge verändert werden kann.

Ablaufschema Werbeplanung

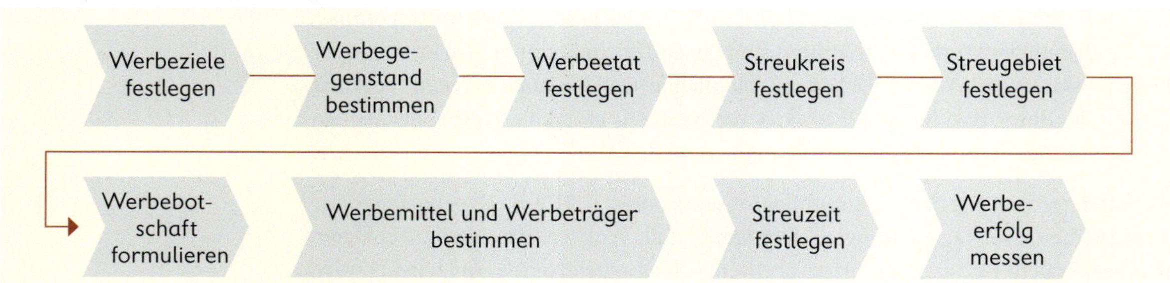

Werbeziele: Zu Beginn der Werbeaktion müssen sich die Verantwortlichen die Frage stellen, warum sie werben wollen, d. h., sie müssen sich über die konkreten Ziele der Werbemaßnahme klar werden. Die Einführung eines neuen Artikels oder die Erinnerung an einen bereits vorhandenen Artikel können Ziele sein.

Werbegegenstand: Viele Einzelhandelsunternehmen vertreiben ein umfangreiches Sortiment. Deshalb muss das Werbeobjekt genau bestimmt werden: Soll ein einzelner Artikel, eine Warengruppe oder das komplette Sortiment beworben werden?

Werbeetat: Der Einzelhändler muss festlegen, welche Finanzmittel für die Werbung zur Verfügung stehen sollen.

Streukreis = Zielgruppe

Streukreis: Ein Einzelhandelsunternehmen muss sich vor der Durchführung einer Werbekampagne genau überlegen, welchen Personenkreis es umwerben will. So hätte z. B. eine Werbung für ein Herztonikum bei Kindern wenig Aussicht auf Erfolg. Werbung, die eine falsche Zielgruppe erreicht, bedeutet eine Verschwendung finanzieller Mittel. Es kommt darauf an, die gewünschte Zielgruppe möglichst zielgruppengerecht anzusprechen.

Streugebiet: Nicht jede Werbung soll in einem größeren Umkreis erscheinen. Der lokale Supermarkt wird seine Waren nicht weit über die Stadtgrenzen hinaus anpreisen wollen und das Fachgeschäft in Düsseldorf ist kaum an einer Werbung in ganz Deutschland interessiert. Es kommt daher darauf an, den Werberadius an das Produkt und an die Werbeziele anzupassen. Streuverluste sind zu vermeiden.

Werbebotschaft: Bei der heutigen Flut verschiedenster Werbung entscheiden oftmals Kleinigkeiten darüber, ob eine Werbung bei der gewünschten Zielgruppe Beachtung findet. Da die Unternehmen dies genau wissen, oftmals aber nicht in der Lage sind, professionelle Werbung im eigenen Hause zu formulieren, werden für die Werbebotschaften häufig Werbeagenturen und professionelle Texter eingeschaltet.

Werbemittel und Werbeträger: Mit der Festlegung der Werbemittel und -träger bestimmt das Unternehmen, auf welche Weise die Informationen dem Kunden vorgestellt werden sollen.

Streuzeit: Die Streuzeit gibt an, zu welchem Zeitpunkt und wie lange die Werbung in dem entsprechenden Medium erscheinen soll. Die richtige Wahl des Werbezeitpunktes kann den Werbeerfolg maßgeblich beeinflussen. So hätte es z. B. wenig Sinn, bereits im Juni für weihnachtliche Geschenkpapiere zu werben. Im Rahmen der Mediaplanung wird gewährleistet, dass die Anzeigen und Spots zum gewünschten Zeitpunkt erscheinen (z. B. Kontakt zu den Zeitungen und Sendern herstellen, Erscheinungszeiträume buchen).

Werbeerfolg messen: Werbung ist erst dann erfolgreich, wenn die festgelegten Werbeziele erreicht werden konnten. Jedes Unternehmen sollte dies nach dem Ende der Werbeaktion überprüfen. Gerade weil für die Entwicklung und Verbreitung der Werbung sehr viel Geld ausgegeben wird, ist eine Kontrolle des Erfolges der Werbung für den Einzelhändler vor dem Hintergrund des hohen allgemeinen Kostendrucks im Einzelhandel dringend erforderlich.

1.5 Werbeerfolgskontrolle

Lernsituation 45

Da jede Werbung auch Kosten verursacht, sollte geprüft werden, ob die Werbung tatsächlich zur Erfolgsverbesserung beigetragen hat. Nach jeder Werbemaßnahme gilt es, den Werbeerfolg zu überprüfen. Je genauer zuvor das Werbeziel festgelegt war, desto leichter lässt sich der Erfolg feststellen. In Abhängigkeit von den gesetzten Werbezielen kann der Einzelhändler mit Hilfe folgender Kennzahlen den Erfolg seiner Werbung ermitteln.

- Die Abverkaufsdaten kann z. B. das elektronische Warenwirtschaftssystem auf Knopfdruck für einen bestimmten Artikel liefern.
- Auch die Entwicklung der durchschnittlichen Bonsummen kann mit dem Warenwirtschaftssystem festgestellt werden.
- Kundenfrequenzzahlen können einen Hinweis darauf geben, ob die Kunden nach einer Werbemaßnahme ein erhöhtes Interesse an dem Produkt gezeigt haben.

Abverkaufsdaten
verkaufte Artikel nach Art, Mengen, Preisen, Verkaufsdatum

durchschnittliche Bonsummen
durchschnittlicher Umsatz pro Kunde

Kundenfrequenz
Anzahl der Ladenbesucher, ermittelt durch Kassendaten oder Infraroteingangskontrolle

Als weitere Kennzahlen können auch die Veränderungen von **Umsatz** und **Marktanteil** überprüft werden. Basis dieser Erfolgskontrolle sind also Messgrößen, die den ökonomischen Erfolg des Unternehmens direkt bestimmen.

Neben der Werberendite und dem Marktanteil kann aber auch der **Aufmerksamkeitsgrad** als weitere Kennzahl der Werbeerfolgskontrolle gemessen werden.

Werberendite, Marktanteil und Aufmerksamkeitsgrad

$$\textbf{Werberendite} = \frac{\text{Umsatzzuwachs pro Periode}}{\text{Werbekosten pro Periode}}$$

Ist die Werberendite > 1, ist der Umsatzzuwachs also größer als die durch die Werbung entstandenen Kosten, kann die Werbung als erfolgreich bewertet werden.

$$\textbf{Marktanteil} = \frac{\text{Umsatz}}{\text{Gesamtumsatz des Marktes}}$$

Der Vergleich der Marktanteile vor und nach der Werbung zeigt den Erfolg der Werbung.

$$\textbf{Aufmerksamkeitsgrad} = \frac{\text{Zahl der von der Werbung Angesprochenen}}{\text{Zahl der Umworbenen (Zielgruppe)}}$$

Beispiel

Die Kosten für eine ganzseitige Werbeanzeige in der Samstagsausgabe der Berliner B-Zeitung betragen 12.500,00 Euro. Der Umsatz der Beska GmbH stieg laut Finanzbuchhaltung an diesem Samstag um 18.200,00 Euro.

$$\text{Werberendite} = \frac{18.200{,}00}{12.500{,}00} = 1{,}456$$

Damit war die Werbung rein mathematisch erfolgreich.

Der Werbende muss aber auch immer externe Einflüsse, die nicht aus seiner Werbeaktion herrühren, beachten. So könnte z. B. auch eine Umsatzstagnation oder eine Umsatzminderung ein Werbeerfolg sein, nämlich dann, wenn die Mitbewerber höhere Umsatzeinbußen hinnehmen mussten.

2 Verkaufsförderung (Salespromotion)

Lernsituation 44

Neben der Absatzwerbung steht dem Einzelhändler auch noch die Verkaufsförderung (Salespromotion) zur Steigerung des Absatzes zur Verfügung. Während die Absatzwerbung überwiegend außerhalb des Ladenlokals des Einzelhändlers durch verschiedene Medien stattfindet, richtet die Verkaufsförderung ihr Hauptaugenmerk auf Aktionen innerhalb der Verkaufsräume. Ziel der Verkaufsförderung ist es, den Kunden zu Impulskäufen zu animieren und ihm den letzten Anstoß zum Kauf eines Produktes zu geben. Im Gegensatz zur Absatzwerbung ist die Verkaufsförderung eher **kurzfristig** angelegt. Sie soll relativ schnell zu spürbaren Absatzsteigerungen führen.

Verkaufsraum
Point of Purchase (POP)
bzw. Point of Sale (POS)

Häufig werden Maßnahmen der Verkaufsförderung durch die Produkthersteller, insbesondere von Markenartikeln, durchgeführt. Aber auch größere Handelsorganisationen und der Einzelhändler selbst greifen auf die verschiedenen Möglichkeiten der Verkaufsförderung zurück. Je nachdem, wer durch die Aktion angesprochen wird, unterscheidet man drei Arten der Verkaufsförderung:

Arten der Verkaufsförderung

Kundenpromotion	Handelspromotion	Mitarbeiterpromotion
Es werden Kunden bzw. Endverbraucher angesprochen, um den Absatz kurzfristig zu steigern.	Am Verkauf beteiligte Personen (Einzelhändler, Verkäufer) erhalten Unterstützungsmaßnahmen, um die Waren bevorzugt zu empfehlen und zu verkaufen.	Zielgruppe ist der eigene Vertrieb, z. B. Außendienstmitarbeiter bzw. Reisende.
• Produktvorführungen, Verkostungen • Aktionen mit Prominenten • Gewinnspiele, Gutscheine und Coupons, Preisausschreiben, Geschenke • Tag der offenen Tür, Jubiläumsveranstaltungen • Treueprämien	• Kaufnachlässe, Rabatte • Schulungen • Prämiensystem • Informations- und Werbeartikel • Verkaufsdisplays • Gratiswaren	• Schulungen • Prämien • Prospekte • Messen und Ausstellungen

Vorteile der Verkaufsförderung:
- gezielte Kundenauswahl
- direkte Ansprache
- schnelle Wirkung
- subtile Form der Beeinflussung durch direkten Kontakt

Nachteile der Verkaufsförderung:
- geringe Streubreite
- nicht bei allen Waren und Zielgruppen einsetzbar
- hoher Arbeitsaufwand, hohe Kosten

Geschenkgutscheine und Couponing

Viele Einzelhändler verkaufen an ihre Kunden **Geschenkgutscheine** als Maßnahme der Verkaufsförderung. Die Kunden möchten Gutscheine verschenken. Der Beschenkte kann den Gutschein beim Einzelhändler einlösen, indem er z. B. eine bestimmte Ware aussucht oder eine Dienstleistung in Anspruch nimmt, die dem jeweiligen Wert des Gutscheines entspricht. Geschenkgutscheine sind **Inhaberpapiere**, d. h. jeder, der einen Gutschein besitzt, kann die Einlösung verlangen. In der Praxis sind die meisten Geschenkgutscheine befristet. Derartige Fristen dürfen allerdings nicht zu knapp bemessen sein. Nach dem Urteil verschiedener Gerichte haben Geschenkgutscheine allgemein eine **Einlösefrist** von drei Jahren. Allerdings haben die Inhaber von Geschenkgutscheinen keinen Rechtsanspruch auf eine Auszahlung des jeweiligen Wertes in Bargeld.

Besitz → S. 147

Coupons werden häufig auch als Gutscheine bezeichnet. Sie sind aber nicht mit Geschenkgutscheinen zu verwechseln.

Coupons jeder Art und Form dienen ebenfalls der Verkaufsförderung. Damit sollen z. B. Neukunden gewonnen werden. Sie dienen auch dazu, neue Produkte einzuführen und Produkte am Markt wieder in Erinnerung zu bringen. Sie können aber auch zur Stammkundenbindung eingesetzt werden. Coupons können vom Hersteller oder auch Einzelhändler an eine ausgewählte Personengruppe ausgegeben werden. Häufig sind Coupons in Anzeigen, Mailings, Prospekten, Handzetteln, Postwurfsendungen oder Couponkatalogen zu finden. Der Besitzer eines Coupons erhält dann in bestimmten Akzeptanzstellen (z. B. Geschäfte oder Internetshops) innerhalb eines festgelegten Zeitraums z. B. einen Preisvorteil, einen Mengenvorteil, eine Zugabe oder auch eine Information.

Es gibt eine Vielzahl verschiedener Arten und Formen von Coupons, z. B.:

- **Bundling-Coupon**/Waren-Coupon: Der Besitzer dieses Coupons wird zum kostenlosen Bezug eines Produktes oder Dienstleistung berechtigt. Dies geschieht häufig in Gestalt von „Buy one, get one free“ oder „Two for one“ oder einer einfachen Produktzugabe zu einem andern Kauf.
- **Rabatt-Coupons**/Cash-Coupons/Shopping-Coupons: Dieser Coupon gewährt einen Preisnachlass. Beim Kauf eines bestimmten Produktes wird der Wert des Gutscheins vom regulären Verkaufspreis abgezogen. Der Preisvorteil ist entweder in Prozent oder als Euro-Betrag ausgewiesen.
- **Treue-Coupons**: Diese Coupons erhalten Stammkunden. Der Kunde erhält für seine langfristige Beziehung zum Unternehmen z. B. Rabatte oder eine virtuelle Währung (z. B. Meilen oder Bonuspunkte), die dem Kundenkonto gutgeschrieben werden. Häufig sind auf Markenartikeln auch Treuepunkte zu finden. Sie müssen gesammelt und zum Erhalten eines Geschenkes eingesendet werden.
- **Sampling-Coupon**: Diese Coupons berechtigen zum Bezug einer Testpackung oder einer Warenprobe.

3 Direktmarketing

Beim Direktmarketing versucht der Einzelhändler durch die direkte Ansprache eines möglichen Kunden sofort auch eine entsprechende Antwort zu erhalten. Das Direktmarketing ist eine Vorstufe zum Direktvertrieb und beinhaltet eine Vielzahl von Möglichkeiten zur Umsetzung. So ist z. B. der Einsatz von **Callcentern** ein praktikables Mittel, um von potenziellen Kunden im persönlichen Telefongespräch Informationen zu erhalten und auf spezielle Bedürfnisse einzugehen. Allerdings hat der Gesetzgeber den Möglichkeiten des Direktmarketing rechtlich enge Grenzen gesetzt. So sind vom Kunden nicht genehmigte Anrufe von Callcentern seit 2009 grundsätzlich verboten.

Eine häufig gewählte Form des Direktmarketing ist auch der **Werbebrief**. Er ist ein wirkungsvoller Werbeträger. Er sollte wie alle Geschäftsbriefe klar, freundlich, übersichtlich und in einem sauberen Schriftbild erfasst sein.

Geschäftsbrief → S. 137

Beim Aufbau des Werbebriefes sollte der Einzelhändler die **AIDA-Formel** berücksichtigen:

AIDA-Formel → S. 196

A = Attention: Der Werbebrief muss sofort die Aufmerksamkeit des Lesers wecken. Sonst liest er nicht weiter. Eine packend formulierte Betreffzeile wirkt dann wie die Schlagzeile einer Zeitungsanzeige. Auch ein wirkungsvoller Briefeinstieg führt dazu, dass der Leser neugierig wird oder aufhorcht.

I = Interest: Der Einzelhändler sollte sich an die Interessen des Lesers wenden. Der Werbebrief sollte Fragen klären wie z. B. Welche Probleme hat der Kunde? Welche Hilfen kann der Einzelhändler ihm bieten? Der Übergang vom Einstieg zu diesem Briefteil ist nicht leicht. Ungeschickte oder langweiligen Überleitungen müssen vermieden werden und durch überzeugende Argumente ersetzt werden.

D = Desire: Bei der Formulierung des Angebots sollte der Einzelhändler darauf achten, dass der Leser den Wunsch hat das Produkt zu besitzen oder Zusatzinformationen, Proben u. a. anzufordern. Der Einzelhändler sollte herausstellen, wie wichtig das Angebot für den Kunden ist und wie leicht er es nutzen kann.

A = Action: Der Leser soll etwas tun: Ausführliche Informationen anfordern oder gleich bestellen.

Mit dem Fernglas vor dem Bildschirm?

Sehr geehrte Damen und Herren,

Wie können Sie Unlust, Stress und Krankheit Ihrer PC-Anwender vermeiden? Eine gute Frage, auf die es eine gute Antwort gibt.

Sie wissen wie sich Ihre Mitarbeiter den Bildschirm wünschen. Er soll
- stufenlos zu drehen, zu neigen und in der Höhe zu verstellen sein;
- nicht spiegeln, nicht flimmern, aber eine klare Schrift zeigen;
- möglichst geringe elektromagnetische und statische Felder haben

Zugegeben, das sind sehr hohe Ansprüche. Wir haben sie durch ergonomisches Denken erfüllt. Das Ergebnis ist der neue Bildschirm „Argus". Beweglich nach allen Seiten – ohne Reflexion, ohne Flimmern, mit bester Zeichendarstellung. Wie Sie die Akzeptanz und Motivation Ihrer Mitarbeiter für die Bildschirmarbeit sichern können, das sagt Ihnen der aktuelle Ratgeber „Welcher Bildschirm für den PC?". Die Lektüre lohnt sich für Sie und für alle PC-Anwender Ihres Unternehmens.

Sie können diese nützliche Broschüre kostenlos und unverbindlich mit der beiliegenden Karte anfordern. Senden Sie die Karte heute noch ab, dann ist unser Ratgeber spätestens übermorgen bei Ihnen.

Mit freundlichen Grüßen

Tipps für Ihre Werbebriefe:

1. Verwenden Sie oft die Wörter „Sie“ und „Ihre“, weniger oft dagegen „wir“ und „uns(ere)“. Wiederholen Sie Ihren Firmennamen oder Ihr Markenzeichen nicht zu oft.
2. Suchen Sie stets das treffende Wort, achten Sie dabei besonders auf die Verben (Zeitwörter). Sie geben Ihrem Stil Leben und Farbe.
3. Wörter auf -ung, -heit, -keit wirken meist blass. Kurzsilbige Wörter sind frischer und leichter zu lesen.
4. Bringen Sie nicht zu viele Präpositionen (Verhältniswörter) in einem Satz unter. Der Satz wirkt dann leicht holprig und unbeholfen, z. B.: statt „In dem Gesamtverzeichnis, das Sie mit der beiliegenden Karte anfordern können, finden Sie auf der letzten Seite auch unsere Liefer- und Zahlungsbedingungen.“ sollten Sie besser schreiben: „Bitte fordern Sie mit der beiliegenden Karte das Gesamtverzeichnis an. Die letzte Seite nennt Ihnen auch die Liefer- und Zahlungsbedingungen.
5. Schreiben Sie einfach und packend. Vermeiden Sie Phrasen und Floskeln.
6. Achten Sie auf Klang und Rhythmus Ihrer Sätze. Lesen Sie Ihren Entwurf laut. Achten Sie dabei auf den Wechsel zwischen kurzen und längeren Sätzen, zwischen Hauptsätzen und Satzgefügen.
7. Schreiben Sie öfter Fragesätze, sie beleben und sind eindringlicher als Aussagen.
8. Verwenden Sie neben Punkt und Komma auch Gedankenstrich und Doppelpunkt. Der Gedankenstrich erzeugt Spannung, der Doppelpunkt erspart eine verbale Ankündigung. Übertriebener Einsatz dieser Satzzeichen mindert allerdings die Wirkung.
9. Der Anfang beim Werbebrief ist besonders wichtig. Amerikanische Werbefachleute haben rund 100 Möglichkeiten für den Anfang eines Werbebriefs zusammengetragen. Nachfolgend finden Sie eine kleine Auswahl:
   - Ausverkauf: „Am Ende der Saison ist Platz kostbarer als Modeschmuck. Wir müssen Platz schaffen für die neue Kollektion. Das bringt Ihnen heute ein Sonderangebot ins Haus.“
   - Wissenswertes: „Wussten Sie, dass jeder zweite Bewerbungsbrief allein schon an seinem Äußeren scheitert?“
   - Wie es früher war: „Erinnern Sie sich an die Zeit, als Sie für 250 Euro eine schöne Dreizimmerwohnung mieten konnten? Dazwischen liegen Weiten und niemand weiß, wie hoch die Mieten noch klettern. Darum überlegen nicht wenige Mieter, wie sie …“
   - Lob: „Flexibel zu sein – und zu bleiben, das zählt zu Ihren Tugenden als Ausbilder. Deshalb werden Sie sich das beiliegende Ansichtsexemplar bestimmt näher betrachten. Es zeigt Ihnen …“
   - Schmeichelei: „Sie gehören zu dem kleinen Kreis, den wir für den Probebezug der Zeitschrift XY ausgewählt haben.“
   - Einmalige Gelegenheit: „Sie schätzen alte Stiche, aber wohl kaum die hohen Preise, die dafür verlangt werden. Doch heute erhalten Sie ein Angebot, wie wir es Ihnen nie wieder vorlegen können.“
   - Reservierung: „Sie sind ein guter Weinkenner, verwöhnt und anspruchsvoll. Für Sie haben wir einen edlen Tropfen reserviert …“

4 Verbraucherschutz

„Bei uns ist der Kunde König!" – Dieses Sprichwort hört man oft, wenn Unternehmen ihre Produkte oder ihren Service anpreisen. Aber auch ein König kann nicht alles wissen und manchmal den Überblick verlieren. Der Verbraucher sieht sich deshalb oft mit einer Reihe von Problemen konfrontiert:

- Die wachsende Warenvielfalt erschwert die Auswahl sowie den Preis- und Qualitätsvergleich (z. B. bei Haushaltsgeräten).
- Häufig fehlt das Fachwissen, um die in der Werbung gemachten Behauptungen zu überprüfen (z. B. bei technischen Geräten wie Computern).
- Vertragsbedingungen sind unverständlich formuliert, sodass sich der Verbraucher über die Folgen seiner Unterschrift nicht im Klaren ist (z. B. AGB).
- Viele Produkte enthalten Zusatzstoffe, die u. U. gesundheitliche Probleme verursachen können (z. B. Lebensmittel oder Wandfarben).

Verbraucher
ist im rechtlichen Sinne jede natürliche Person, die ein Rechtsgeschäft ausschließlich aus privatem Zweck abschließt.

Um diesen Problemen entgegenzuwirken, wurde eine Reihe gesetzlicher Regelungen erlassen, die den Verbraucher informieren und vor Benachteiligungen schützen sollen. Inzwischen ist der Verbraucherschutz zu einem wesentlichen Schutzprinzip des BGB geworden.

Beispiel

Gesetzlichen Regelungen sind:
- die Preisangabenverordnung, die z.B. die Ausweisung der Preise gegenüber dem Verbraucher stets einschließlich Umsatzsteuer verlangt
- die Kennzeichnungspflicht von Lebensmitteln, die die Angabe aller Inhaltsstoffe von Lebensmitteln verlangt

Preisangabenverordnung → S. 187

Mit dem Inkrafttreten des Verbraucherinformationsgesetzes hat der Gesetzgeber den Verbraucherschutz weiter ausgebaut. Danach haben alle Verbraucher einen Anspruch auf Informationen über Produkte (z. B. Lebensmittel, Kosmetika und Bedarfsgegenstände), die den Behörden vorliegen. Die Behörden haben ihrerseits das Recht, der Öffentlichkeit Unternehmen zu benennen, die z. B. Grenzwerte bei der Lebensmittelproduktion überschreiten.

Verbraucherinformationsgesetz (VIG)
Gesetz zur Verbesserung der gesundheitsbezogenen Verbraucherinformation

Ein wichtiges Ziel des Verbraucherschutzes ist der Schutz des Verbrauchers vor dem Abschluss nachteiliger Verträge. Dies kann z. B. den Vertragsabschluss als solchen betreffen. Hier soll verhindert werden, dass der Verbraucher auf Grund seiner unterlegenen Position dazu bewegt wird, einen Vertrag abzuschließen, den er unter anderen Rahmenbedingungen nicht abgeschlossen hätte.

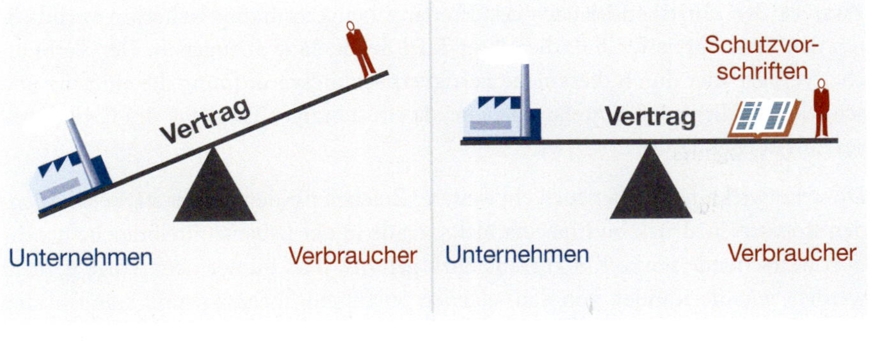

Verbraucherschutzbestimmungen verhindern vertragliche Benachteiligungen des Verbrauchers.

Beispiel

- Bei Verträgen, die an der Haustür, im Bereich der Wohnung, im öffentlichen Verkehrsbereich (z.B. Fußgängerzone), am Arbeitsplatz oder auf Freizeitveranstaltungen (z.B. Kaffeefahrten) abgeschlossen werden, wird der Verbraucher besonders geschützt: Der Verbraucher kann laut Haustürwiderrufsgesetz das Geschäft innerhalb von zwei Wochen ohne Angaben von Gründen widerrufen.
- Beim Fernabsatzgeschäft handelt es sich um eine besondere Art des Kaufvertrages, der ausschließlich über die Verwendung von Fernkommunikationsmitteln (z.B. Telefon, E-Mail, Briefe, Kataloge) zu Stande gekommen ist. Hier kann der Verbraucher die Bestellung innerhalb von zwei Wochen ebenfalls widerrufen.

Allgemeine Geschäftsbedingungen → S. 151

Verbrauchsgüterkauf → S. 149

www.verbraucherzentrale.de

Die Vorschriften des Verbraucherschutzes können sich aber auch auf die konkrete Vertragsgestaltung beziehen. Hier sind z. B. das Recht der Allgemeinen Geschäftsbedingungen und die Regelungen zum Verbrauchsgüterkauf zu nennen.

Zum Schutz des Verbrauchers haben sich in Deutschland Verbraucherschutzverbände gebildet. Sie haben die Aufgabe, Verbraucher im persönlichen Beratungsgespräch, im Rahmen von Informationsveranstaltungen sowie durch Broschüren und Zeitschriften umfassend zu informieren. Die **Verbraucherzentralen** unterhalten Beratungsstellen in vielen größeren Städten, in denen sich Verbraucher zu Fragen der Ernährung und Gesundheit, zu Finanzen und Verschuldung und in Rechtsfragen beraten lassen können.

www.stiftung-warentest.de

Preisangabenverordnung → S. 187

Die **Stiftung Warentest** hat sich dem Verbraucherschutz ebenfalls verpflichtet. Sie führt Preis- und Qualitätsvergleiche für die verschiedensten Waren und Dienstleistungen durch. Die Ergebnisse werden u.a in den Zeitschriften „test" und „Finanztest" veröffentlicht.

Bei allen Verbesserungen des Verbraucherschutzes in den letzten Jahren hat es aber gerade aus Sicht der Verbraucherschutzverbände auch Rückschritte gegeben. So erlaubt die neue Fertigverpackungsverordnung mittlerweile auch Verpackungsgrößen in den für Verbraucher unüblichen Mengeneinheiten. Eine Tafel Schokolade muss nun nicht mehr 100 g wiegen, sondern darf durchaus als 92-g-Tafel verpackt sein. Die Verbraucherschützer befürchten hier, dass durch die Verkleinerung der Verpackungseinheiten indirekt Preiserhöhungen durchgesetzt werden sollen.

Zwar ist der Einzelhandel nach der Preisangabenverordnung weiterhin verpflichtet, den Grundpreis für z.B. die 100-g-Tafel Schokolade anzugeben. Der Verbraucher verliert aber durch diese neue Fertigverpackungsverordnung die einfache und schnelle Möglichkeit für Preisvergleiche, da ein ständiger Vergleich des Grundpreises nun notwendig wird.

Diese Entwicklung ist aber auch ein weiteres Zeichen für den immer stärker werdenden Konkurrenzdruck im Einzelhandel. Gerade in der Lebensmittelbranche hat die dort herrschende starke Konkurrenz dazu geführt, dass immer neue Wege gesucht werden, wie die Kunden von dem eigenen Sortiment überzeugt und somit in den Verkaufsraum „gelockt" werden können.

5 Gesetz gegen den unlauteren Wettbewerb

Lernsituation 46

Zum weiteren Schutz der Verbraucher und zum Schutz der Unternehmen vor den Mitbewerbern ist das Gesetz gegen den unlauteren Wettbewerb (UWG) geschaffen worden. Es setzt geschäftlichen Handlungen rechtliche Grenzen, die vor, bei oder auch nach einem Geschäftsabschluss fallen.

Gesetz gegen den unlauteren Wettbewerb

§ 1 Zweck des Gesetzes
Dieses Gesetz dient dem Schutz der Mitbewerber, der Verbraucherinnen und Verbraucher sowie der sonstigen Marktteilnehmer vor unlauteren geschäftlichen Handlungen. Es schützt zugleich das Interesse der Allgemeinheit an einem unverfälschten Wettbewerb.

§ 3 Verbot unlauterer geschäftlicher Handlungen
(1) Unlautere geschäftliche Handlungen sind unzulässig, wenn sie geeignet sind, die Interessen von Mitbewerbern, Verbrauchern oder sonstigen Marktteilnehmern spürbar zu beeinträchtigen.
(3) Die im Anhang dieses Gesetzes aufgeführten geschäftlichen Handlungen gegenüber Verbrauchern sind stets unzulässig.

In § 3 UWG wird aufgeführt, dass geschäftliche Handlungen dann als unlauter anzusehen sind, wenn sie dazu geeignet sind, die Interessen von Mitbewerbern, Verbrauchern oder sonstigen Marktteilnehmern spürbar zu beeinträchtigen. Nach § 3 Abs. 3 UWG sind alle im Anhang des UWG aufgeführten geschäftlichen Handlungen gegenüber Verbrauchern stets unzulässig. Im Anhang des Gesetzes sind 30 Tatbestände aufgeführt, die auch ohne „spürbare Beeinträchtigung" grundsätzlich verboten sind. Dieser Anhang wird als „Schwarze Liste" bezeichnet.

In den nachfolgenden Paragrafen des UWG werden beispielhaft unlautere und irreführende geschäftliche Handlungen sowie vergleichende Werbung und unzumutbare Belästigung aufgezählt.

Gesetz gegen den unlauteren Wettbewerb (UWG)

§ 3	§ 4	§ 5	§ 5a	§ 6	§ 7
Verbot unlauterer geschäftlicher Handlungen Absatz 3: Schwarze Liste im Anhang des Gesetzes	**Unlautere geschäftliche Handlungen** • Ausübung psychologischen Druckes • Ausnutzung geschäftlicher Unerfahrenheit • Schleichwerbung • Herabsetzung und Verunglimpfung von Mitbewerbern • nicht nachweislich die Wahrheit sagen • Behinderung eines Mitbewerbers • Missachtung gesetzlicher Vorschriften	**Irreführende geschäftliche Handlungen** • unwahre Angaben und Täuschung • Verwechslungsgefahr • Preisherabsetzung	**Irreführung durch Unterlassung**	**Vergleichende Werbung**	**Unzumutbare Belästigung**

5.1 Unzulässige geschäftliche Handlungen

Grundsätzlich verboten sind unzulässige geschäftliche Handlungen die in der „**Schwarzen Liste**“ (Anhang zu **§ 3 UWG**) stehen. Die Nummern 1–24 der „Schwarzen Liste“ behandeln spezielle Fälle der irreführenden Handlung und in den Fällen 25–30 werden spezielle aggressive Handlungen beschrieben.

Es ist beispielsweise verboten:

Gütezeichen, Kennzeichen
→ S. 181

- Gütezeichen, Qualitätskennzeichen oder Ähnliches ohne die erforderliche Genehmigung zu verwenden.
- Waren- oder Dienstleistungsangebote zu einem bestimmten Preis, die der Unternehmer nicht für einen angemessenen Zeitraum in angemessener Menge zum genannten Preis bereitstellen kann. Ist die Bevorratung kürzer als zwei Tage, muss der Unternehmer die Angemessenheit nachweisen.
- die unwahre Angabe, bestimmte Waren oder Dienstleistungen seien allgemein oder zu bestimmten Bedingungen nur für einen sehr begrenzten Zeitraum verfügbar, um den Verbraucher zu einer sofortigen geschäftlichen Entscheidung zu veranlassen, ohne dass dieser Zeit und Gelegenheit hat, sich auf Grund von Informationen zu entscheiden.
- Werbung für eine Ware oder Dienstleistung, die der Ware oder Dienstleistung eines Mitbewerbers ähnlich ist, wenn dies in der Absicht geschieht, über die betriebliche Herkunft der beworbenen Ware oder Dienstleistung zu tauschen.
- die unwahre Angabe, der Unternehmer werde demnächst sein Geschäft aufgeben oder seine Geschäftsräume verlegen.
- die Angabe, durch eine bestimmte Ware oder Dienstleistung ließen sich die Gewinnchancen bei einem Glücksspiel erhöhen.
- die unwahre Angabe, eine Ware oder Dienstleistung könne Krankheiten, Funktionsstörungen oder Missbildungen heilen.
- das Angebot eines Wettbewerbs oder Preisausschreibens, wenn weder die in Aussicht gestellten Preise noch ein angemessener Ersatz vergeben werden.
- das Angebot einer Ware oder Dienstleistung als „gratis“, „umsonst“, „kostenfrei“ oder dergleichen, wenn hierfür gleichwohl Kosten zu tragen sind. Dies gilt nicht für Kosten, die im Zusammenhang mit dem Eingehen auf das Waren- oder Dienstleistungsangebot oder für die Abholung oder Lieferung der Ware oder die Inanspruchnahme der Dienstleistung unvermeidbar sind.
- die Übermittlung von Werbematerial unter Beifügung einer Zahlungsaufforderung, wenn damit der unzutreffende Eindruck vermittelt wird, die beworbene Ware oder Dienstleistung sei bereits bestellt.

Unzulässige geschäftliche Handlung, wenn es sich nicht um eine endgültige Geschäftsaufgabe handelt.

5.2 Unlautere geschäftliche Handlungen

Beispiele für unlautere geschäftliche Handlungen liefert dann **§ 4 UWG**. Verboten sind beispielsweise geschäftliche Handlungen,

- die auf den Kunden psychologischen Druck ausüben und ihn so in seiner Entscheidungsfreiheit beeinträchtigen.
- die geschäftliche Unerfahrenheit von Verbrauchern, insbesondere Kindern und Jugendliche, das Alter und die Leichtgläubigkeit oder bestehende Zwangslagen von Verbrauchern ausnutzen.
- die den Werbecharakter von Wettbewerbshandlungen verschleiert (Schleichwerbung), wobei die Beworbenen nicht auf Anhieb erkennen können, dass es sich um Werbung handelt.
- die Waren, Dienstleistungen, Tätigkeiten eines Mitbewerber herabsetzen oder verunglimpfen.
- die über Personen des Unternehmens Tatsachen verbreiten, die den Betrieb des Unternehmens oder den Ruf des Unternehmens schädigen können und die nicht nachweislich der Wahrheit entsprechen.
- die gezielt Mitbewerber behindern.
- die einer gesetzlichen Vorschrift zuwiderhandeln.

Beispiel

- Psychologischer Druck wird ausgeübt, wenn es in einer Werbung heißt: „Bei jedem Kauf eines Produktes der Boch GmbH helfen Sie den Flutopfern in der Dominikanischen Republik."
- Einer 90-jährigen sehbehinderten Rentnerin wird ein deutlich überteuertes Fernsehgerät mit der Begründung verkauft, dass sie nun wieder besser fernsehen könnte. Hier wird die Leichtgläubigkeit eines Verbrauchers ausgenutzt.
- Um Schleichwerbung handelt es sich, wenn in der Fernsehshow „Wetten, dass ...?" Gummibärchen von Haribo verzehrt werden.
- Ein Lebensmitteleinzelhändler behauptet, ohne dies nachweisen zu können, dass sein Mitbewerber Lebensmittel mit abgelaufenen Mindesthaltbarkeitsdaten verkauft. Hier wird einem Mitbewerber herabgesetzt bzw. verunglimpft.
- Der Bäcker Kohlhaas unterstellt seinem Mitbewerber, dass dieser minderwertige Rohstoffe bei den Backwaren verwendet. Er schädigt den Ruf des Bäckers Schulze, da er nicht nachweisliche Verunglimpfungen verbreitet.
- Ein Mitbewerber wird behindert, wenn gezielt Werbeplakate des Wettbewerbes überklebt werden.
- Ein Mobilfunkbetreiber schließt mit einem 17-jährigen einen Handyvertrag über zwei Jahre ab.
  Dies ist rechtlich nicht zulässig.

5.3 Irreführende geschäftliche Handlungen

Eine geschäftliche Handlung gilt beispielsweise nach **§ 5 UWG** dann als irreführend, wenn sie **unwahre Angaben** oder zur **Täuschung** geeignete Angaben über folgende Umstände enthält:

- die wesentlichen Merkmale der Ware oder Dienstleistung, wie z. B. Zusammensetzung, Beschaffenheit, Herkunft und Ergebnisse von Tests
- den Anlass des Verkaufs wie das Vorhandensein eines besonderen Preisvorteils

Beispiel

Ein Einzelhändler wirbt mit guten Testergebnissen einer Fachzeitschrift, obwohl seine Artikel gar nicht getestet worden sind.

vergleichende Werbung → S. 209

Auch wenn im Zusammenhang mit der Vermarktung von Waren, z. B. durch vergleichende Werbung, eine **Verwechslungsgefahr** mit einer anderen Ware eines Mitbewerbers hervorgerufen wird, handelt es sich um eine verbotene, irreführende geschäftliche Handlung.

Irreführend und daher verboten, ist ebenfalls die Werbung für **Preisherabsetzungen**, sofern der ursprüngliche höhere Preis nur für eine unangemessene kurze Zeit verlangt worden ist. Bei Rechtstreitigkeiten muss der Einzelhändler beweisen, dass der höhere Preis tatsächlich über eine längere Zeit bestanden hat.

Aber nicht nur wer falsche Angaben im Rahmen von geschäftlichen Handlungen macht, handelt irreführend, sondern auch **unterlassene Angaben** können zu einer Irreführung der Verbraucher beitragen und sind somit laut **§ 5 a UWG** verboten. Dies ist immer dann der Fall, wenn der Verbraucher unter Kenntnis aller wesentlichen Informationen seine Kaufentscheidung anders getroffen hätte. Zu den wesentlichen Informationen und daher aufzuführenden Informationen zählen

- die wesentliche Merkmale der Ware oder Dienstleitung in Abhängigkeit vom gewählten Werbeträger,
- die Identität und Anschrift des Einzelhändlers,
- der Endpreis der Ware einschließlich aller Nebenkosten, wie z. B. Fracht-, Liefer- und Zustellkosten,
- die Zahlungs- und Lieferbedingungen sowie
- das Bestehen eines Rechts zum Rücktritt oder Widerruf.

Auf wesentliche Informationen kann verzichtet werden, wenn sie sich unmittelbar aus den Umständen der Werbung ergeben.

Beispiel

Ein Einzelhändler, der in der örtlichen Tageszeitung mit der Preisreduzierung genau bezeichneter Artikel aus seinem Sortiment und seiner Geschäftsadresse wirbt, muss in der Regel keine weiteren Angaben mehr hinzufügen.

Gerade der Umstand, dass immer mehr Menschen eine Vielzahl von Artikeln aus dem Internet beziehen, macht es den schwarzen Schafen unter den Einzelhändlern einfach, wichtige Angaben für die Kaufentscheidung zu unterlassen. Der Kunde, der im Internet kauft, tut dies ja in der Regel, weil er unter anderem damit auch Zeit sparen will. Sehr schnell ist dann ein Häkchen an der Stelle gemacht worden, das unter Kenntnis aller Angaben gar nicht gemacht worden wäre.

5.4 Vergleichende Werbung

Die vergleichende Werbung (§ 6 **UWG**) ist eine Werbung, in der die Qualität und/oder der Preis der eigenen Produkte mit denen des Mitbewerbers verglichen werden. Diese Art der Werbung ist rechtlich erlaubt.

Sie ist allerdings verboten, wenn der Vergleich irreführend, herabsetzend oder verunglimpfend ist. Es dürfen nur nachprüfbare und typische Wareneigenschaften miteinander verglichen werden. Durch die Werbung darf es nicht zu Verwechslungen der Mitbewerber oder der angebotenen Waren und Dienstleistungen kommen.

Beispiel

Aus einer Anzeige eines Mitbewerbers der Beska GmbH: „Selbstverständlich können Sie Ihre Lebensmittel bei der Beska GmbH kaufen, aber haben Sie sich schon einmal den Schmutz hinter der Fleischtheke angesehen?! Kommen Sie lieber zu uns, wir arbeiten hygienisch sauber."

5.5 Unzumutbare Belästigung

Von einer unzumutbaren Belästigung (§ 7 **UWG**) ist auszugehen, wenn erkennbar ist, dass der Empfänger die Werbung nicht wünscht. Dies gilt insbesondere bei einer Direktwerbung durch Telefonautomaten, per Fax oder E-Mail (Spam), ohne dass eine Einwilligung des Empfängers vorliegt.
Für (persönliche) Anrufe bei Verbrauchern muss ebenfalls eine ausdrückliche Einwilligung vorliegen; bei Telefonaten mit anderen Marktteilnehmern ist deren mutmaßliche Einwilligung ausreichend.

Beispiel

- Grundsätzlich sind Brief- und Briefkastenwerbung zulässig. Sie ist verboten, wenn der Verbraucher einen Hinweis „Keine Werbung" auf dem Briefkasten angebracht hat.
- Die Keil GmbH möchte ihr neu eingeführtes Produkt bekannt machen. Von allen privaten Stammkunden gibt es in der Datenbank Telefonnummern, allerdings liegt der Keil GmbH von keinem Stammkunden die Einwilligung vor, telefonisch beworben zu werden. Die Geschäftsführung beschließt trotzdem, alle Stammkunden anzurufen.

Zulässig ist die Telefon-, Fax- oder E-Mail-Werbung aber, wenn der Verbraucher vorher sein Einverständnis abgegeben hat und die Identität des Absenders klar zu erkennen ist. Die E-Mail-Werbung ist ebenfalls zulässig, wenn der Verbraucher mit dem Werbenden bereits wegen einer ähnlichen Arbeitsleistung in Kontakt getreten ist.

Beispiel

Frau Jung hat bei einer Buchhandlung verschiedene Bücher bestellt und dabei ihre E-Mail-Adresse hinterlassen. Der Buchhandel kann Frau Jung eine Werbemail für Bücher zusenden. Frau Jung kann dieser Werbeart aber widersprechen.

6.2 Funktionen

Die Verpackung der Ware erfüllt sowohl für den Einzelhändler als auch für den Verbraucher wichtige Funktionen:

Transportfunktion der Verpackung

Schutzfunktion einer Verpackung

Transportfunktion: Die Verpackung umhüllt die eigentliche Ware und schafft somit einheitliche Maße. Dadurch lässt sich die Ware stapeln und ein Massentransport von Produkten, z. B. auf Paletten, wird möglich.

Schutzfunktion: Verpackungen stellen sicher, dass der Kunde die Ware hygienisch einwandfrei erhält. Verpackungen schützen vor vorzeitigem Verderben, vor dem Eindringen von Schädlingen und ggf. vor Licht und Sauerstoff. Weiterhin schützt die Verpackung natürlich die Ware selbst vor Transportschäden und Berührungen der Kunden.

Lagerungs- und Präsentationsfunktion: Die Verpackung ermöglicht u. a durch ihre Stapelfähigkeit eine wirtschaftliche Lagerung, weil der zur Verfügung stehende Lagerraum optimal ausgenutzt wird. Gleichzeitig ermöglicht die Verpackung eine ansprechende Präsentation der Ware im Verkaufsraum, denn häufig entsteht erst durch die Verpackung ein ordentlicher und aufgeräumter Eindruck.

Gebrauchs- und Servicefunktion: Eine intelligente Verpackung kann die Handhabung der Ware deutlich verbessern, sodass durch die Verpackung der Gebrauchswert der Ware steigt, z. B. durch den Drehverschluss bei wiederverschließbaren Tetrapackungen und Aufreißdeckel bei Dosen. Bei Convenienceprodukten erhält die Verpackung zunehmend auch eine Servicefunktion. Lebensmittel können mittlerweile in ihrer Verpackung zubereitet bzw. serviert werden, z. B. werden Mikrowellengerichte und Kochbeutelgerichte mit der Verpackung in den Mikroherd geschoben.

Diebstahlsicherungsfunktion: Verpackungen erschweren durch ihre starren Materialien und unhandlichen Maße den Diebstahl der Waren (Blister). Des Weiteren sind die Verpackungen Träger von Warensicherungsetiketten.

Informationsfunktion: Die Verpackung enthält wichtige Informationen für den Verbraucher, z. B. über Warenart, Menge, Herkunft, Zusammensetzung und Bestandteile der Ware, Gebrauchsanweisung, Haltbarkeit und Preis.

Absatzfunktion: Die Verpackung ist mittlerweile selbst Werbemittel und zugleich Werbeträger geworden. Sie hat die Aufgabe, die Aufmerksamkeit des Kunden zu wecken und zum Kauf anzuregen. Durch gestalterische Elemente wie Form, Farben, Markenzeichen soll die Verpackung einen hohen Wiedererkennungswert erhalten und bewirken, dass die einzelne Ware unverwechselbar hervorsticht.

Mengenfunktion: Die Ware wird bereits beim Hersteller abgefüllt und in verkaufsgerechte Mengen abgepackt. Damit bewirkt die Verpackung einen Mengenzwang, der den Einzelhändler vor dem Verkauf von unwirtschaftlichen Kleinmengen bewahrt.

6.3 Vor- und Nachteile

Verpackungen bieten sowohl dem Einzelhändler als auch dem Verbraucher eine Reihe von Vor- und Nachteilen.

Für den **Einzelhändler** liegt der wesentliche **Vorteil** in der Einsparung von Personal (Rationalisierungseffekt). Personal kann gespart werden, da
- Verpackungen die Selbstbedienung ermöglichen,
- das Abpacken und Abfüllen der Ware vom Hersteller übernommen wird und
- die Warenpflege durch die Verpackung erleichtert wird.

Mogelpackung

Aber auch für den **Verbraucher** entstehen **Vorteile**:
- Massenproduktion wird möglich, dadurch sinken die Preise.
- Produkte werden saisonunabhängig angeboten, da der Transport aus fremden Ländern/Regionen möglich ist.
- Produkte sind frisch und hygienisch einwandfrei erhältlich.
- Selbstbedienung ermöglicht schnelleres Einkaufen.

Allerdings bringen Verpackungen für den Einzelhändler, die Verbraucher und die Gesellschaft auch einige **Nachteile** mit sich:
- Es gibt Produkte, deren aufwändige Verpackung bedeutend mehr kostet als die Ware selbst, z. B. teure Parfümflakons und Getränkedosen. Dies ist natürlich nicht die Regel, aber dennoch fallen für die Verpackung immer Kosten an, die letztendlich der Endverbraucher zu zahlen hat.
- Verpackungen können aber auch dazu dienen, den Verbraucher zu täuschen. Verpackungen sollen den Kunden locken und zum Kauf animieren.
  Bei **Mogelpackungen** wird über die tatsächliche Menge oder Beschaffenheit hinweggetäuscht. Verpackungen, die eine wertvolle Aufmachung haben, können vortäuschen, dass es sich um eine wertvolle Waren handelt, obwohl die Qualität minderwertig sein kann. Verpackungen können durch z. B. große Dosieröffnungen oder durch größere Füllmenge zum Mehrverbrauch verführen.
- Verpackungen stehen auf Grund ihrer Umweltbelastung zu Recht in der Kritik. Beklagt wird zum einen die Verschwendung wertvoller Rohstoffe für vermeintlich überflüssige Verpackungen sowie die Umweltbelastung, die durch die Entsorgung des Verpackungsmülls entsteht. Wichtigen Aufschluss darüber, welches Verpackungsmaterial unter Umweltaspekten das beste ist, geben so genannte **Ökobilanzen**, die die Verpackung über den gesamten Lebensweg von der Herstellung bis zu ihrer Entsorgung auf ihre Umweltauswirkungen hin untersuchen.

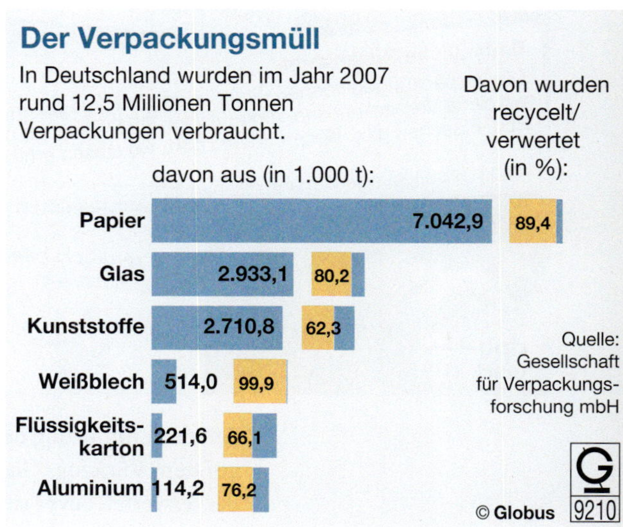

Der ständige Anstieg der Verpackungsmenge hat den Gesetzgeber 1991 veranlasst, die **Verpackungsverordnung** zu erlassen. Diese Verordnung soll die Auswirkungen von Abfällen aus Verpackungen auf die Umwelt vermeiden oder verringern.

6.4 Verpackungsverordnung

Verpackungsverordnung
Verordnung über die Vermeidung und Verwertung von Verpackungsabfällen

Bis 1991 waren ausschließlich die Gemeinden für die Abfallentsorgung zuständig. 1991 wurde die Wirtschaft durch die Verpackungsverordnung verpflichtet, Verpackungen nach Gebrauch zurückzunehmen und bei der Entsorgung mitzuwirken. Auf dieser Grundlage wurde in Deutschland ein flächendeckendes Sammel- und Entsorgungssystem, das Duale System, in Verantwortung der Wirtschaft eingerichtet.

Duales System Deutschland GmbH
→ S. 217

Laut der Verpackungsverordnung gelten folgende **abfallwirtschaftlichen Grundprinzipien**:
- Verpackungsabfällen sind in erster Linie zu vermeiden: Diese Aufgabe kommt überwiegend dem Hersteller zu, z. B. durch abfallarme Produktgestaltung. Aber auch der Handel und die Verbraucher können durch ihr Nachfrageverhalten Einfluss auf die Produktgestaltung der Hersteller nehmen.
- Ist keine Vermeidung der Verpackungsabfälle möglich, ist der Wiederverwendung bzw. Verwertung von Verpackungsabfällen durch Recycling Vorrang vor der Beseitigung von Verpackungsabfällen einzuräumen.
- Die Beseitigung nicht verwertbarer Verpackungsabfälle ist in einer Art und Weise, die die Gesellschaft nicht weiter belastet und belästigt, vorzunehmen.

Seit Inkrafttreten der Verpackungsverordnung hat es im Lauf der Jahre verschiedene Anpassungen gegeben. Beispielsweise wurde das so genannte **Dosenpfand** eingeführt. Dieses Pfand gilt für folgende **Einweggetränkeverpackungen**:
- Mineralwasser (mit und ohne Kohlensäure)
- Bier- und Biermischgetränke (auch alkoholfreies Bier, Bier mit Limo etc.)
- Erfrischungsgetränke (mit und ohne Kohlensäure), z. B. Cola-Getränke, Brausen, Bittergetränke und Eistee
- alkoholhaltige Mischgetränke

Ausgenommen von der Pfandpflicht sind Kartonverpackungen (z. B. Tetra-Pak), Schlauchbeutel und Folien-Standbodenbeutel (z. B. Capri-Sonne).

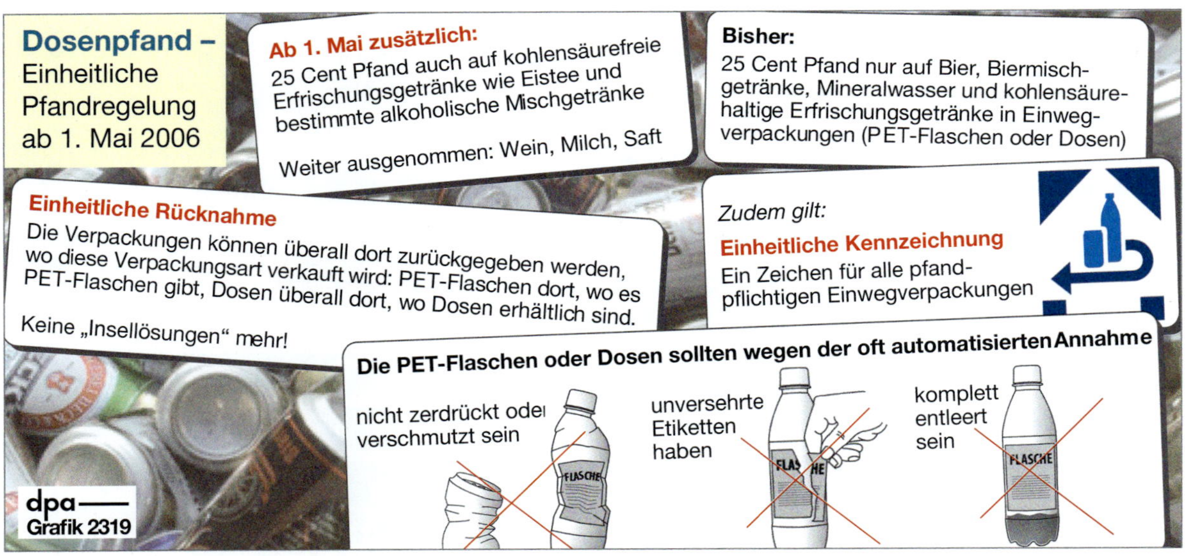

Seit der Einführung des Dosenpfands sind Mehrwegflasche aus Glas und Kunststoff auf dem Rückzug. Glasmehrwegflaschen werden beispielsweise bis zu 40-mal wiederverwertet, bevor sie dann zu neuem Glas verarbeitet werden.

Allein die Tatsache, dass auf eine Flasche Pfand erhoben wird, heißt noch nicht, dass es sich dabei um eine Mehrwegflasche handelt. Mehrwegflaschen sind am Mehrwegzeichen, am Umweltzeichen „Blauer Engel“ oder am Hinweis „Mehrweg“, „Mehrwegflasche“ erkennbar.

In der Verpackungsverordnung ist aber nicht nur die Rücknahmepflichten von Einweggetränkeverpackungen geregelt, sondern auch für Transportverpackungen, Umverpackungen und Verkaufsverpackungen.

Transportverpackungen müssen vom Hersteller und Lieferanten nach Gebrauch zurückgenommen und einer erneuten Verwertung oder einer stofflichen Verwertung zugeführt werden. Viele Hersteller und Lieferanten greifen verstärkt auf wieder verwendbare Transportverpackungen zurück und schonen so nicht nur die Umwelt, sondern senken damit auch ihre Kosten. Sie verwenden z. B. wieder verwendbare Plastikcontainer statt Kartons und Paletten.

Mülltrennung im Handel

www.mehrweg.org
www.blauer-engel.de

Werden Waren in **Umverpackungen** angeboten, muss der Handel diese entweder vor dem Verkauf entfernen oder vom Endverbraucher, gesammelt nach Wertstoffgruppen, wieder zurücknehmen und anschließend im Sinne der Verpackungsverordnung verwerten. Deutliche Hinweisschilder müssen den Verbraucher über die Rückgabemöglichkeit am Point of Sale informieren. Viele Hersteller verzichten mittlerweile auf Umverpackungen. Beispielsweise werden Zahnpastatuben mittlerweile wie selbstverständlich ohne Faltschachtel verkauft.

Laut Verpackungsverordnung ist der Handel eigentlich auch zur Rücknahme von **Verkaufsverpackungen** verpflichtet. Zu diesem Zweck hatte der Handel zusammen mit den Herstellern 1991 ein flächendeckendes Entsorgungssystem gegründet – das Duale System Deutschland mit seinem Markenzeichen „Grüner Punkt“. Dieses Entsorgungssystem befreit den Handel von dieser kostenlosen Rücknahmepflicht, vorausgesetzt, der Hersteller der Ware ist am Dualen System beteiligt. Heute muss jeder Einzelhändler seine Verkaufsverpackung fachgerecht entsorgen lassen. Da es aber neben dem Dualen System Deutschland heute zahlreiche weitere Entsorgungsunternehmen gibt, kann der Handel im Prinzip unter den Anbietern frei wählen.

Grüner Punkt
→ S. 217

Weitere zugelassene duale Systeme sind zurzeit
- BellandVision GmbH
- Eko-Punkt GmbH
- Interseroh Dienstleistungs GmbH
- Landbell AG
- Redual GmbH & Co. KG
- Veolia Umweltservice Dual GmbH
- VfW-GmbH
- Zentek GmbH & Co. KG.

Die Hersteller haben auf Grund dieser Regelung die Entwicklung von Konzentraten und Nachfüllpackungen, insbesondere im Wasch-, Putz- und Reinigungsbereich, ausgeweitet. Des Weiteren wurden Mehrwegsysteme eingeführt und in vielen Bereichen ist eine Umstellung auf umweltverträglichere Verpackungsmaterialien erfolgt.

Eine Sonderform der Verkaufsverpackung stellen die **Serviceverpackungen** da, die erst beim Kauf eines Produktes im Laden befüllt werden. Hierzu zählen z. B. die Kunststofftragetasche, die Brötchentüte und die Einwickelfolien für Wurst/Käse. Serviceverpackungen sind laut Verpackungsverordnung aber genauso zu behandeln wie Verkaufsverpackungen.
Diese Vielzahl der Regelungen zum Umweltschutz in der Verpackungsverordnung wird von der Wirtschaft und dem Einzelhandel meist kritisch gesehen, denn Umweltschutzmaßnahmen werden häufig pauschal mit zusätzlichen Kosten für das Unternehmen gleichgesetzt.

Das ist zum einen natürlich richtig, insofern umweltpolitische Vorschriften zu Neuerungen und damit zu Neuinvestitionen führen, z. B. die zuvor bereits aufgeführten Rücknahmesysteme für Einweggetränkeverpackungen. Leider endet die Bewertung des Umweltschutzes durch die Wirtschaft häufig an dieser Stelle und die Chancen/Vorteile des Umweltschutzes werden nicht erkannt:

- **Kosteneinsparungen durch umweltorientierte Unternehmensführung:** Der sorgsame Umgang mit Rohstoffen, in welcher Form auch immer, sei es z. B. mit Energie oder Verpackungsmaterial, führt zu Kosteneinsparungen, die sich positiv auf das Betriebsergebnis auswirken.
- **Ansprache umweltbewusster Kunden:** Vielen Kunden ist der Aspekt Umweltverträglichkeit bei Waren und Verpackungen wichtig und ein nicht zu vernachlässigendes Kaufmotiv. Indem ein Einzelhändler für ein ökologisch vertretbares Sortiment sorgt, werden auch diese Kunden angesprochen. Hier bietet sich die Chance zur Umsatzsteigerung.
- **Positives Firmenimage durch praktizierten Umweltschutz:** Praktizierter Umweltschutz kommt der Allgemeinheit zugute und wird somit von der Gesellschaft als wünschenswert erachtet. Anstrengungen des Einzelhandels für den Umweltschutz sollten deshalb auch für Marketingmaßnahmen genutzt werden.
  Ein positives Firmenimage steigert das Vertrauen der Kunden und führt langfristig zu einer positiven Umsatzentwicklung.

EMAS = **E**co-**M**anagement and **A**udit **S**cheme = EU-Öko-Audit

Seit 1998 besteht für Einzelhandelsunternehmen die Möglichkeit sich am EU-weiten Gemeinschaftssystem für Umweltmanagement und Umweltbetriebsprüfung (EMAS) zu beteiligen. Einzelhändler können ihre umweltorientierte Unternehmensführung von unabhängigen Umweltgutachtern überprüfen und bestätigen lassen. An EMAS nehmen Unternehmen teil, die

- mehr für den Umweltschutz als das gesetzlich Geforderte tun,
- sich regelmäßig durch unabhängige, fachkundige und staatlich zugelassene Umweltgutachter überprüfen lassen,
- ständige Verbesserungen ihrer Tätigkeiten, Produkte und Dienstleistungen erbringen sowie
- offen über ihre Arbeit informieren und den aktiven Dialog mit der Öffentlichkeit suchen.

Alle Unternehmen, die diese Anforderungen erfüllen und damit ihren betrieblichen Umweltschutz über die gesetzlichen Verpflichtungen hinaus kontinuierlich und nachweisbar verbessern, erhalten eine **EU-Öko-Audit-Registrierungsurkunde** und dürfen mit dem EMAS-Logo werben.

EMAS
GEPRÜFTES UMWELTMANAGEMENT

Die Rolle des Einzelhandels im Rahmen des Umweltschutzes muss als Schlüsselrolle bezeichnet werden. Denn nur der Handel hat direkten Kontakt mit den Herstellern und den Kunden. Er sollte folglich diese einflussreiche Position im Sinne des Umweltschutzes nutzen und ebenso seine eigene Betriebsführung an den Prinzipien der Nachhaltigkeit ausrichten.

6.5 Entsorgung des Verpackungsmülls

Laut Verpackungsverordnung wäre der Handel nicht nur zur Rücknahme der Umverpackungen verpflichtet, sondern müsste ausnahmslos alle Verpackungen, die in Privathaushalten anfallen, entsorgen. Dabei hat der Gesetzgeber vorgeschrieben, dass diese Entsorgung nicht mehr durch den Händler selbst, sondern nur durch ein flächendeckendes Rücknahmesystem zulässig ist.

Daher haben Handel und Hersteller 1990 das privatwirtschaftliche Non-Profit-Unternehmen Duales System Deutschland GmbH (Der grüne Punkt) gegründet. Es ist für die Erfassung, Sortierung und Verwertung aller Verkaufsverpackungen nach den Vorgaben der VVO zuständig.

Non-Profit-Unternehmen haben nicht das Ziel der Erwirtschaftung und Ausschüttung von Gewinnen. Sie übernehmen Aufgaben im öffentlichen Interesse.

Das Duale System wird durch die Lizenzierung der Marke „Der grüne Punkt“ finanziert. Die jeweils abpackende bzw. abfüllende Industrie, Importeure oder Handelsunternehmen, die am Dualen System beteiligt sind, zahlen für das Abdrucken der Marke „Der grüne Punkt“ eine Lizenz. Die Höhe des Lizenzentgeltes ist abhängig vom Gewicht und von der Verpackungsfläche bzw. dem Verpackungsvolumen. Das Lizenzentgelt zahlt letztendlich der Verbraucher, da die Unternehmen diese Kosten in ihre Preiskalkulation einfließen lassen.

www.gruener-punkt.de

Beispiel

Für ein Kilo Kunststoffverpackung, z. B. Joghurtbecher, fallen 1,7 Cent Lizenzgebühren an.

Seit der Einführung des Dualen Systems kümmern sich bis heute neun weitere zugelassene Entsorgungysysteme um die Entsorgung des Verpackungsmülls nach den Vorgaben der Verpackungsverordnung. Seit dem 1. Januar 2009 gilt eine neue Verpackungsverordnung, die die bis zu diesem Zeitpunkt zwingend vorgeschriebene Kennzeichnungspflicht der Verpackungen mit dem grünen Punkt des Dualen Systems aufgehoben hat. Aber auch ohne die Kennzeichnung der Verpackung mit dem grünen Punkt ist der Handel verpflichtet, den Verpackungsmüll über das Duale System oder seine Konkurrenten weiterhin ordnungsgemäß zu entsorgen.

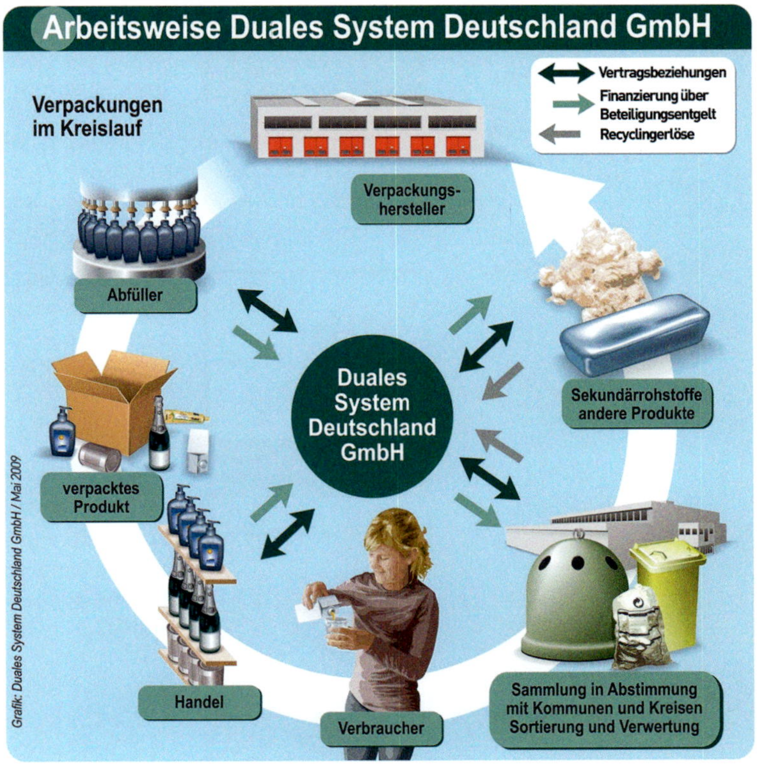

Langfristig soll das Ziel angestrebt werden, den Verpackungsmüll so weit wie möglich zu reduzieren. Erste Entwicklungen von kompostierbaren und damit biologisch abbaubaren und die Umwelt daher nicht belastenden Verpackungen laufen schon für bestimmte Verpackungstypen.

Durch die Verpackungsverordnung und die Gründung des Dualen Systems und seiner Mitbewerber wurde in Deutschland die umfassende Mülltrennung eingeführt. Die Mülltrennung erfolgt durch den Endverbraucher nach folgenden Richtlinien:

Mülltrennung

Icon	Erklärung	Beispiel
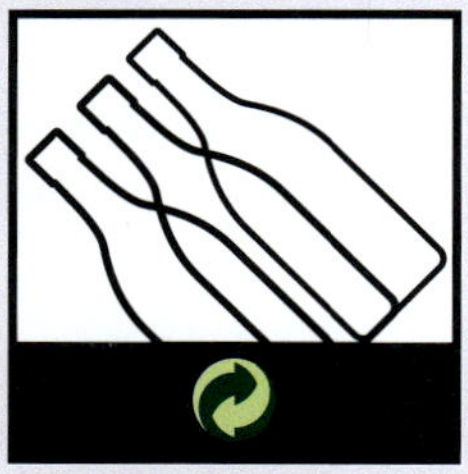	Glas wird nach Farben getrennt (Grün, Braun und Weiß) in Glascontainern entsorgt. Blaues Glas gehört in den Container für grünes Glas.	• Flaschen für Saft, Wein, Speiseöl oder Ketschup • Schraubgläser für Honig, Senf oder Gurken
	Papier gehört in Papiercontainer oder Papiertonnen (blaue Tonne).	• Zeitungen • Zeitschriften • Faltschachteln • Kartons • Einwickelpapier • Papiertüten wie Brötchentüten
	Leichtverpackungen – das sind Verpackungen aus Kunstoffen, Verbundstoffen, Aluminium und Weißblech – werden in der gelben Tonne oder dem gelben Sack entsorgt.	• Kunststofffolien • Kunststoffflaschen und -becher • Getränkekartons • Aluminiumschalen • Konserven- und Getränkedosen
Was nicht in die Altpapiersammlung, den Glascontainer oder die gelbe Tonne kommt, ist Restmüll. Für die Entsorgung des Restmülles sind nicht die Entsorgungspartner des grünen Punkts zuständig, sondern die Kommunen. Restmüll teilt sich in kompostierbare organische und nicht kompostierbare Abfälle.		
	Kompostiergut gehört in die Biotonne oder auf den Komposthaufen.	• Obst- und Gemüseabfälle • Baum- und Rasenschnitt
	Nicht kompostierbare Abfälle gehören in die Restmülltonne (graue Tonne).	• Windeln • Hygienepapier • Tapeten- und Teppichreste • Papiertaschentücher und Küchenrollenpapier • Kugelschreiber und Textmarker

Verbundstoffe
Verpackung besteht aus mindestens zwei verschiedenen Materialien, die so miteinander verbunden sind, dass sie nicht von Hand getrennt werden können, z.B. Getränkekartons.

Kommune
Stadt, Gemeinde, Kreis

Anhang

Grundsätzliches zum Thema „Lernen“

Lese- und Schreibtechniken

Lerntechniken

Kreativitätstechniken

Vortrags- und Präsentationstechniken

Arbeitsmethoden

Teamarbeit

Sprachkompetenz Englisch

1 Grundsätzliches zum Thema „Lernen"

Sie leben in einer Zeit, in der Wissen so schnell wächst und veraltet, dass Sie Ihr ganzes Leben lang immer wieder neu lernen müssen. Es reicht nicht aus, sich einmal das nötige Wissen anzueignen, um dann das ganze Leben davon zehren zu können. Sie müssen in der Lage sein, sich selbstständig und effektiv Wissen zu beschaffen, es anzuwenden und immer wieder auf Aktualität zu überprüfen. Dazu ist es nützlich zu verstehen, wie das Lernen überhaupt funktioniert und welche Hilfsmittel man einsetzen kann, um es so effektiv wie möglich zu gestalten.

1.1 Eine Einstellung zur Schule entwickeln

Jede Veränderung ist auch immer eine Chance, Dinge zu ändern, die man gerne ändern möchte. Oft wird diese Chance nicht genutzt; denn die Erfahrungen, die wir in der früheren Schule gemacht haben, beeinflussen unser Handeln auch an der neuen Schule. Machen Sie sich doch einmal bewusst, welche Erfahrungen Sie an früheren Schulen gemacht haben:

- Welche Gedanken verbinden Sie mit dem Wort Schule?
- Welche Situationen haben Sie an Ihrer früheren Schule gehasst, wann haben Sie sich wohl gefühlt?
- Welche Lehrer haben Sie in guter Erinnerung; was hat Ihnen an diesen Lehrern gefallen?
- Gab es Lieblingsfächer?
- Wie war Ihre Beziehung zu Ihren Mitschülern? Welche Rolle haben Sie in der Klasse gespielt (z. B. Pausenclown, Anführer, Schlichter)?
- Wie sah Ihr Nachmittag aus, mussten Sie lernen? Haben Sie das gerne getan? Wie viel Zeit haben die Hausaufgaben beansprucht?
- In welcher Erinnerung haben Sie Klassenarbeiten und Prüfungen: als Zusatzstress oder als etwas, das man locker packen kann?

Wichtig ist, dass Sie sich nicht nur die negativen Dinge in Erinnerung rufen, sondern gerade auch die Momente, in denen sie sich wohl gefühlt haben.

Welche Bedeutung die richtige Einstellung hat, zeigt sich am Vergleich zwischen Erfolg und Misserfolg: Wenn Sie Erfolg haben, fühlen Sie sich gut, lernen gerne, ernten Lob. Bei Misserfolg ist es genau andersherum: Alles fällt einem schwer, Sie brauchen für die einfachsten Dinge viel Zeit und haben das Gefühl, trotzdem nicht weiterzukommen. Deshalb ist es wichtig, dass Sie negativen Gedanken Mut machende (positive) Gedanken entgegenhalten.

Panikmacher	**Mutmacher**
Ich darf keinen Fehler machen.	Jeder Mensch macht Fehler.
Ich verstehe das sowieso nicht.	Ich muss einfach noch mal genau überlegen.
Mir gelingt überhaupt nichts.	Ich habe auch schon viel geschafft.
Ich kann das nicht.	Ich versuche das einfach mal.
Rechnen kann ich nicht.	Wenn ich übe, werde ich auch das hinbekommen.

1.2 Gedächtnisarten

Alles, was Sie lernen, muss Ihr Gedächtnis erst vom Ultrakurzzeitgedächtnis über das Kurzzeitgedächtnis ins Langzeitgedächtnis transportieren.

Das **Ultrakurzzeitgedächtnis** nimmt die Informationen auf, seine Speicherdauer ist sehr kurz. Es verankert nur die Informationen, denen eine gezielte Aufmerksamkeit bzw. Emotion zugewandt wird.

Das **Kurzzeitgedächtnis** speichert einen Teil des bereits bearbeiteten Informationsmaterials für einige Minuten ab. Dabei nimmt es vor allem visuelle und akustische Informationen auf. Um das Wissen nicht wieder zu verlieren, muss es durch wiederholtes Abrufen und das aktive Bearbeiten und Einbinden in bestehende Zusammenhänge verankert werden. Werden zu schnell neue Informationen aufgenommen, werden ältere, nicht verankerte Informationen ersetzt.

Fest gespeichertes Wissen befindet sich im **Langzeitgedächtnis**. Informationen werden erst dann abrufbar, wenn sie durch ähnliche Inhalte „angestoßen“ werden. Lernprozesse, die sich auf vorhandenes Wissen beziehen, erfolgen schneller als bei völlig neuen Kontexten und Inhalten.

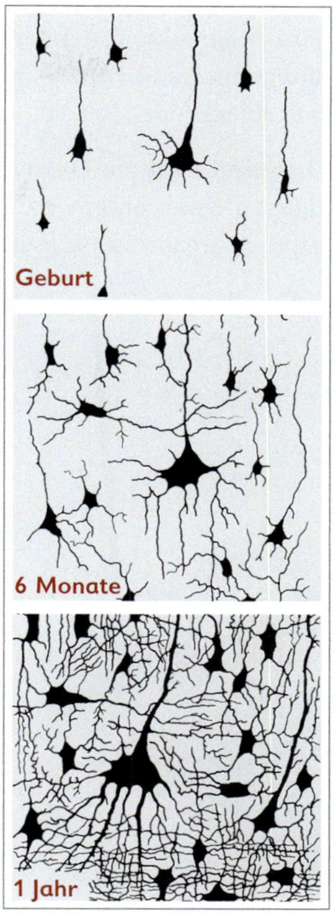

Ausschnitt aus der Großhirnrinde des Menschen: Bei der Geburt ist die Verbindung zwischen den Nervenzellen in der Großhirnrinde noch unvollständig. Erst wenn die Verknüpfungen ausgebildet sind, erreicht das Gehirn seine volle Leistungsfähigkeit.

→ Arbeitsauftrag 5, S. 243

1.3 Lerntypen

Wenn Sie bis heute schlechte Erfahrungen mit Schule und Lernen gemacht haben, kann das auch daran liegen, dass Sie falsch gelernt haben. Wenn Sie, z. B. vor Klassenarbeiten, viel lernen müssen, versuchen Sie sich durch möglichst abwechslungsreiche Aufgaben bei Laune zu halten. Dabei spielt es eine wichtige Rolle, welcher **Lerntyp** Sie sind:

- Der **Sehtyp** muss die Dinge mit den Augen erfassen. Er lernt am besten, wenn er den Stoff zu Bildern verarbeitet. Sind Sie ein Sehtyp, arbeiten Sie mit Schaubildern, Mindmaps, Diagrammen und Strukturbildern. Diese Arbeitstechnik nennt man visualisieren.
- Der **Hörtyp** muss etwas hören, damit er es sich merken kann. Er kann den Lernstoff z. B. auf eine Kassette sprechen, ihn sich laut vorlesen lassen oder, das ist vermutlich das einfachste, mit einem Mitschüler oder Mitbewohner darüber sprechen.
- Der **Handlungstyp** braucht viel Abwechslung. Alle Sinne müssen angesprochen werden. Er kann nicht stundenlang am Tisch sitzen, er bewegt sich beim Lernen, läuft im Zimmer hin und her und macht sich gelegentlich Notizen.

visualisieren (lat.) = optisch/bildlich darstellen

Überlegen Sie einmal, welcher Lerntyp Sie sein könnten und probieren Sie verschiedene Lernstrategien aus. Sie werden schnell merken, dass sich Ihre Freude am Lernen erhöht, wenn Sie die für Sie richtige Herangehensweise gefunden haben. Wahrscheinlich werden sich dann auch Ihre Ergebnisse verbessern.

1.4 Konzentration

Konzentration
die willentliche Ausrichtung und Einengung der Aufmerksamkeit auf einen bestimmten Gegenstand oder eine eng umgrenzte „Tätigkeit"
Quelle: Microsoft Encarta

Für die Informationsaufnahme ist die **Konzentrationsfähigkeit** entscheidend. Sie wird beeinflusst von Interesse, Bereitschaft und Notwendigkeit zu lernen, Stimmungslage und Gefühlen, gesundheitlichem Befinden und Lernumgebung mit ihren evtl. ablenkenden Reizen.

Getrennte Orte zur Freizeitgestaltung auf der einen Seite und zum Arbeiten auf der anderen Seite fördern die Konzentrationsfähigkeit. Der **Arbeitsplatz** sollte übersichtlich organisiert sein und das Lernmaterial sollte sich in Zugriffsnähe befinden. **Lärm** wirkt eher ablenkend, ausreichender Schlaf und frische Luft sowie eine ausgewogene und regelmäßige Ernährung sind der Konzentrationsfähigkeit zuträglich.

Ein heller, aufgeräumter und möglichst lärmarmer Arbeitsplatz unterstützt die Konzentrationsfähigkeit.

Konzentrationsfähigkeit kann **geübt** werden. Nicht immer ist es leicht, alle Nebengedanken und Störfaktoren auszublenden und sich ganz und gar auf eine Sache zu konzentrieren. Da gilt es, für die Erarbeitung einer Lernaufgabe eine vergleichbare Spannung zu entwickeln wie bei der Lösung eines Falles in einem Krimi. Eine **positive Haltung** zum Lernprozess und zur eigenen Leistungsfähigkeit sowie die weitestmögliche Befreiung von Zeitdruck sind wichtige Helfer.

Ein **klares Lernziel** vor Augen hilft, die Aufgabenstellung und den Weg, es zu erreichen, zu erfassen. Dabei sollte das Lernziel nicht zu weit gesteckt sein, das wirkt eher frustrierend. Realistische Lernziele motivieren da schon eher. Daher hilft eine Einteilung der angestrebten Hauptziele in **Teilziele**. Gerade das Lernen von trockenem Stoff wird dadurch erleichtert. Die Aufteilung des Lernstoffes in **überschaubare Etappen** verringert den Druck und ist daher effektiver als massives Lernen. Dabei sollte man allerdings **zeitliche Lerngrenzen** beachten: Wenn über die eigene Lerngrenze (oft bei ca. 60 – 90 Minuten) hinaus gelernt wird, kann ein Teil des zuvor aufgenommenen Wissens wieder verloren gehen.

Auch die **Abwechslung der Lernkanäle** wirkt sich positiv auf unsere Konzentrationsfähigkeit aus. Lernkanäle sind dabei als Zuflüsse zu unserem Gehirn zu verstehen, durch die Informationen in unser Gedächtnis gelangen. Man geht davon aus, dass verschiedene Lernkanäle unterschiedlich stark geeignet sind, Wissen zu speichern:

- Über den Lernkanal „Hören" behalten wir ca. 10 % des dargebotenen Lernstoffs,
- über den Lernkanal „Lesen" ca. 20 %,
- über den Lernkanal „Sehen" ca. 30 %,
- über die Kombination der Lernkanäle „Sehen und Hören" ca. 50 %,
- über den Lernkanal „Selbersagen" ca. 80 % und
- über den Lernkanal „Handeln" (selber etwas tun) ca. 90 %.

Für die Aufrechterhaltung oder Steigerung der Konzentration ist es sinnvoll, unter mehreren Lernkanälen abzuwechseln.

1.5 Zeitplanung

Am leichtesten gelingt die Zeitplanung mit Hilfe eines Lernplans (siehe Abbildung unten). Dort werden zunächst die **Ausbildungszeiten** (Theorie und Praxis) sowie weitere fixe **Wochentermine** (z. B. Sporttraining) eingetragen. In den Freiräumen werden dann die geplanten **Lernzeiten** farbig notiert.

Beim **Planen der Lernzeiten** ist es sinnvoll, sie gleich nach Themen zu strukturieren. Dabei sollte bedacht werden, dass nicht zu große Lernmengen auf einmal aufgenommen werden und dass vom Einfachen zum Schwierigen übergegangen wird. Auch bietet es sich an, zwischen Themen abzuwechseln, um so Ermüdung bzw. „Themenüberdruss“ zu vermeiden.

Wichtig bei der Lernzeitenplanung ist die Berücksichtigung von **Pausen**. 10 % bis 30 % der Lernzeit sollten für Pausen verwendet werden. Hierbei lassen sich unterscheiden:

- Minipausen: Wenn die Gedanken in die Ferne schweifen, erholt sich das Gehirn für einen Moment und speichert die neuen Informationen ab.
- kleine Pausen von 3–5 Minuten nach ca. 30 Minuten
- Entspannungspausen möglichst außerhalb des Arbeitszimmers von 15–20 Minuten nach 90 Minuten
- ausführliche Erholungspausen mit einer völlig anderen Tätigkeit im Zeitrahmen von 1–3 Stunden nach ca. 4 Stunden Lernarbeit

	Montag	Dienstag	Mittwoch	Donnerstag	Freitag	Samstag	Sonntag
8:00–10:00							
10:00–12:00							
12:00–14:00							
14:00–16:00							
16:00–18:00							
18:00–20:00							
20:00–22:00							
Σ möglicher Lernzeiten							

Zeitplan zur Erfassung möglicher Lernzeiten (bei genauerer Konzeption einstündig anzulegen); Inhalte: feste Termine (wie Unterricht, Arbeitszeit), bevorzugte Pausenzeiten, Freizeitbeschäftigung usw.

Um z. B. während der Prüfungszeit den anfallenden **Lernaufwand effektiv zu planen**, hat sich die **ALPEN**-Methode bewährt:

A – Aufgaben notieren
L – Länge des Zeitbedarfs für die einzelnen Schritte und die Gesamtvorbereitung abschätzen
P – Pausen und Pufferzeiten für Unvorhergesehenes einplanen
E – Entscheidungen über Prioritäten treffen
N – Nachkontrolle, ob alle geplanten Aufgaben erledigt wurden; ggf. neue Planung für Unerledigtes

1.6 Arbeits- und Organisationsmittel

Wenn Sie Ihre Arbeit gut planen und Informationen übersichtlich strukturieren, wird das Ihren Schulalltag enorm vereinfachen. Einfache, aber äußerst Zeit sparende Hilfsmittel hierzu sind das Lerntagebuch und ein gut durchdachtes Ordnersystem.

Lerntagebuch

Das Lerntagebuch kann zu einem treuen Ausbildungsbegleiter werden. In ihm wird der Lernstand möglichst täglich, mindestens aber wöchentlich aufgezeichnet. In Kürze werden der gelernte Stoff sowie außerdem offenstehende Fragen und Unklarheiten festgehalten. Die Einträge können kurz sein und aufs Wesentliche beschränkt werden. Ein Zeitrahmen von fünf bis zehn Minuten reicht für die Eintragungen zumeist aus. Ein Heft oder ein fester Ordner garantieren, dass die Notizen wiedergefunden werden.

Wie das Tagebuch formal angelegt wird, entscheidet sich nach den eigenen Bedürfnissen und Ideen. Fragen wie die folgenden werden als Mittel der Strukturierung genutzt:

- „Was habe ich heute getan und was habe ich dabei gelernt?"
- „Was werde ich wie weiterhin umsetzen?"
- „Welche Fragen stehen noch offen, was muss ich nachschlagen?"

→ Arbeitsauftrag 6, S. 243

Ordner

Im Laufe Ihrer Zeit in der Berufsausbildung erstellen und sammeln Sie eine Vielzahl an Informationsmaterialien. Wichtig für das schnelle Auffinden der Informationen ist der Einsatz eines Ordnersystems.

Sie benötigen dazu:

- 1 Aktenordner, 8 cm breit
- 20 Trennblätter zum Selbstausschneiden von Registertasten, evtl. in verschiedenen Farben
- 10 Prospekthüllen/Klarsichthüllen
- 1 A–Z-Register.

Und so wird's gemacht

- **Register schneiden:** Hängen Sie alle 20 Blätter in den Ordner ein. Es wird vom letzten Blatt nach vorn gearbeitet. Blatt 20 bleibt unberührt. Von Blatt 19 wird das unterste Zwanzigstel abgeschnitten, von Blatt 18 zwei Zwanzigstel und immer so weiter. Am Deckblatt muss oben ein Zwanzigstel stehen bleiben.
- **Struktur überlegen und Register beschriften:** Machen Sie sich klar, wie Sie Ihren Ordner gerne strukturieren möchten. Im ersten Jahr böte es sich z. B. an, den Lernfeldern 1–5 jeweils ein eigenes Trennblatt zuzuordnen. Danach folgt das A–Z-Register, dort hängen Sie zusätzliche Informationen, wie z. B. allgemeine Informationen zu Ausbildungsbetrieb und Berufsschule, ein.
- **Inhaltsverzeichnis anlegen:** Kleben Sie ein Inhaltsverzeichnis auf die vordere Innenseite des Ordners.

Die Prospekthüllen sind für Unterlagen vorgesehen, die nicht gelocht werden dürfen.

1.7 Informationsquellen

Als Arbeitsgrundlage im Unterricht dient i. d. R. ein bestimmtes Lehrbuch. Es hilft bei der Orientierung in neuen Wissensgebieten und beim Verstehen und Lernen komplexer Zusammenhänge. Außerdem ist es hilfreich, wenn Sie auch in der Lage sind, sich Erklärungen oder weiterführende Informationen selbst zu beschaffen.

Um Beiträge zu bestimmten Themen zu finden, stehen eine Vielzahl von Publikationsformen zur Verfügung, z. B. Bücher, (Lexika, Enzyklopädien, Fachbücher, Monografien), Zeitschriftenartikel oder Manuskripte. Für eine einfache Recherche reicht es i. d. R. aus, sich auf Bücher und Zeitschriftenartikel zu beschränken.

Recherche in der Bibliothek

Der Besuch einer Bibliothek kann eine wertvolle Erfahrung sein. Neben Büchern bieten Bibliotheken eine Vielzahl von Medien. Bibliotheken sind komplexe Gebilde mit einer eigenen Systematik. Möchte man regelmäßig die Dienste einer Bibliothek nutzen, empfiehlt sich die Teilnahme an einer Bibliotheksführung, um wirklich alle Ressourcen ausschöpfen zu können.

Internetgestützte Recherche

Um auf die beinahe unbegrenzte Informationsfülle des World Wide Web (WWW) zurückgreifen zu können, ist ein unbefangener Umgang mit dem Computer sehr hilfreich. Der Computer dient als Medium, um auf Netzwerke und Datenbanken zugreifen zu können. Suchmaschinen helfen dabei, gezielt Informationen zu finden.

→ Arbeitsauftrag 8, S. 243

Um sich einen Überblick über ein Thema zu verschaffen und Suchbegriffe zu einem Thema zu sammeln, bietet es sich an, erst einmal die allgemeinen Suchmaschinen zu nutzen. Sie verweisen z. B. auf Verbände oder Initiativen sowie wissenschaftliche Einrichtungen, die sich mit dem Suchthema befassen. Häufig findet man auf deren Internetseiten bereits einschlägige Artikel oder Internetverweise (Links) zu anderen relevanten Seiten. Diese Form der Suche bietet jedoch wirklich nur einen ersten Überblick, da die Informationen nur in eine bestimmte Richtung gehen oder gar falsch sein können.

Beurteilung von Internetartikeln

Im Internet finden sich Milliarden von Texten. Diese sind von sehr unterschiedlicher Qualität. Es gibt keine Kontrollinstanz, die die Qualität von Dokumenten automatisch überprüft. Experten gehen davon aus, dass ca. 90 % der Informationen im Internet als Datenmüll bezeichnet werden können. Deshalb reicht ein oberflächliches Surfen nicht aus. Um zu verhindern, dass Dinge gelernt werden, die falsch oder veraltet sind, gilt es, zuverlässige Daten zu finden. Durch die richtigen Suchbegriffe und deren Verknüpfung kann die Menge an Treffern bereits gesteuert und reduziert werden. Doch um die gefundenen Dateien verwenden zu können, müssen sie kritisch beurteilt werden. Dieser Prozess kann deutlich länger dauern als die Suche selbst, ist jedoch in jedem Falle notwendig und kann trainiert werden.

2 Lese- und Schreibtechniken

Lesen und Schreiben sind grundlegende Fertigkeiten, die zum Alltag dazu gehören. Doch darüber hinaus ist es möglich, durch den Einsatz der hier vorgestellten Techniken die Effizienz beim Lesen und Schreiben wesentlich zu steigern.

2.1 Fünf-Schritt-Lese- und Erarbeitungstechnik

Wenn Sie einen Text ohne Vorüberlegung lesen, ist es wahrscheinlich, dass Sie bis zu 90 % des Textes hinterher sofort aus dem Kurzzeitgedächtnis heraus vergessen. Wenn Sie die im Folgenden vorgestellte Fünf-Schritt-Lese- und Erarbeitungstechnik anwenden, können Sie die Behaltensquote erheblich steigern.

Vorgehensweise/Regeln

1. **Überblick verschaffen:** Der Text wird zur Orientierung mit Blick auf Kapitelüberschriften, Untertitel, Zusammenfassungen oder Hervorhebungen im Fließtext überflogen.

2. **Fragen stellen:** Formulieren Sie Fragen, die Ihnen der Text beantworten kann. Schreiben Sie Ihre Fragen auf einen separaten Zettel.

3. **Text mit Zielsetzung lesen:** Jetzt setzen Sie mit Stift und Markern Markierungen. Beantworten Sie auch die in Punkt 2 gestellten Fragen. Notieren Sie sich Kernaussagen und schlagen Sie unbekannte Wörter in einem Fachbuch nach.

4. **Text zusammenfassen:** Fassen Sie den gelesenen Textabschnitt in eigenen Worten zusammen und reduzieren Sie die Informationen auf das Wesentlichste.

5. **Text wiederholen:** Wiederholen Sie die wichtigsten Aussagen und Informationen des Textes. Hierbei berücksichtigen Sie die anfangs formulierten Fragen und Markierungen, die Sie während der Textbearbeitung eventuell vorgenommen haben. Stellen Sie sich z.B. die Frage: „Was habe ich Neues erarbeitet?“

2.2 Mitschriften und Protokolle

Mitschriften im Unterricht oder bei einer Gruppenarbeit halten wesentliche Inhalte der Veranstaltung fest. Sie sind ein erster Schritt der Informationsverarbeitung. Daher ist es sinnvoll, dass sie nach bestimmten Kriterien erfolgen. Ziel ist es nicht, jedes Wort der Sicherheit halber zu Papier zu bringen, sondern aktiv zu entscheiden, welche Information relevant und von Dauer ist. So wird das Gedächtnis entlastet, die Konzentration erhöht und das Verständnis erleichtert. Je übersichtlicher und strukturierter eine Mitschrift ist, desto hilfreicher ist sie. Mitgeschrieben werden Informationen,

- die evtl. nur an dieser Stelle in dieser Form vermittelt werden,
- auf die die Vortragenden ihre Betonung legen und
- die für den eigenen Lernprozess oder Themengebiete, mit denen man sich auseinandersetzt, relevant sind.

Außerdem werden festgehalten:

- Grundaussagen, Schwerpunkte, Fachbegriffe und Definitionen
- wesentliche Argumente, die die Sprechenden zu ihrer Sicht auf die dargestellten Dinge veranlassten
- Daten, die das Dargestellte unterstreichen und untermauern

Es müssen keine vollständigen Sätze formuliert werden, Stichworte reichen oft aus. Häufig auftretende Begriffe können abgekürzt werden. Um sich nicht verwirren zu lassen, ist es sinnvoll, von Anfang an die in der Fachsprache gängigen Abkürzungen zu nutzen und keine eigenen zu entwickeln.

Zur besseren Übersicht, und damit man zur Prüfungsvorbereitung nicht vor einem Rätselberg steht, hilft die stringente Beschriftung von Mitschriften und ausgeteilten Kopien mit Datum, Themenbereich und/oder Lerneinheit, Thema und Namen des Lehrers. Ein erster Schritt zum Lernerfolg ist die Aufarbeitung der Mitschrift zu Hause. Dabei werden die Inhalte der Mitschrift abgeglichen und evtl. in eine lesbarere Form gebracht.

Protokolle fixieren Ergebnisse einer Sitzung oder einer Gruppenarbeit und stehen im Gegensatz zur Mitschrift der „Öffentlichkeit" (i. d. R. die Teilnehmenden) zur Verfügung. Schon aus diesem Grund müssen sie einer gewissen Form folgen. In Protokollen wird neben den Namen der Anwesenden und den wesentlichen Inhalten (Tagesordnungspunkte = TOPs) festgehalten, wer in der Sitzung/Gruppenarbeit welche Aufgaben übernommen hat und bis wann diese zu erledigen sind. Außerdem werden Beschlüsse notiert. Ein Ergebnisprotokoll enthält nicht jeden einzelnen Schritt der Sitzung, sondern die wesentlichen Beiträge, Erkenntnisse und Pläne in Stichpunkten oder Sätzen. Die Inhalte müssen im Gegensatz zum Verlaufsprotokoll nicht streng chronologisch angeordnet sein. Das Protokoll wird häufig als Einstieg in die nächste Sitzung gemeinsam besprochen. Dabei aufgedeckte Fehler oder Missverständnisse werden umgehend verbessert.

Notebooks ermöglichen heute, Mitschriften und Protokolle bereits während des Unterrichts direkt in eine Datei einzugeben. Dies sollte jedoch nur dann erfolgen, wenn der Nutzer sicher im Umgang mit der Technik und idealerweise sehr schnell im Tippen ist, um sich nicht von wesentlichen Inhalten ablenken zu lassen.

3 Lerntechniken

Lerntechniken können Ihnen dabei helfen, sich die vielen Informationen, die Sie in der Berufsschule und im Ausbildungsbetrieb aufnehmen, besser zu merken. Bewährt haben sich dabei die Lernkartei, die vor allem der Wissensspeicherung dient, und die Mindmap, mit deren Hilfe komplexe Zusammenhänge optisch dargestellt werden können.

3.1 Lernkartei

Eine gute Alternative zur hier vorgestellten Lernkartei ist speziell für Ihre Ausbildungsinhalte „Recall – Die digitale Lernkartei“.

Dass Vokabelhefte beim Erlernen neuer Begriffe hilfreich sein können, dürfte den meisten Leserinnen noch aus ihrer Schulzeit bekannt sein. Vom Prinzip her ähnlich, aber in der Umsetzung differenzierter, ist das Lernen mit Karteikarten. Und das kann so funktionieren:

Vorgehensweise/Regeln

- Man kauft sich DIN-A6-Karten sowie einen Karteikasten (alternativ lassen sich auch Geschenk- oder Fotoboxen nutzen).
- Man nimmt die Karten wie ein Vokabelheft in den Unterricht mit.
- Taucht ein unbekannter/neuer Begriff auf, notiert man ihn, erfragt seine Bedeutung und schreibt sie auf die Karteikarte.
- Zu Hause vervollständigt man dann die Karteikarte, indem man eine Kopfzeile anlegt und Verweise zur Fachliteratur einträgt. Dies geschieht ähnlich wie bei Spielquizkarten: Die Vorderseite versieht man mit einem Stichwort, auf der Rückseite hält man die Übersetzung, Zusammenhänge und Zusatzinformationen fest.
- Möchte man nun gezielt mit den Karteikarten lernen, steckt man die Karten mit neuen Informationen jeweils in das hinterste von vier Fächern (Fach 0). Hat man den Inhalt einer Karte gut verinnerlicht, kommt die Karte in das davor liegende Fach (Fach 1). Diejenigen, die nicht gewusst wurden, gehen zurück in das hinterste Fach. Bei einer weiteren Wiederholung kommen die gewussten Karten wieder ein Fach nach vorn (Fach 2) und die noch zu lernenden ein Fach zurück. Der Prozess ist mit Erfolg abgeschlossen, wenn alle Karten im vordersten Fach sind.

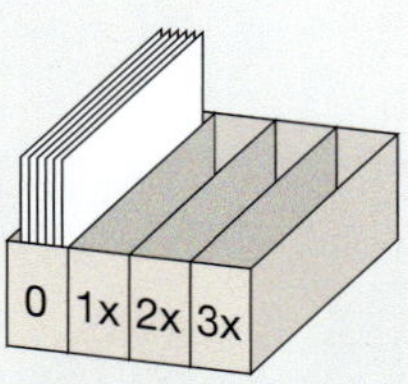

Alle Karten mit neuen Informationen werden in das hinterste Fach (Fach 0) gesteckt.

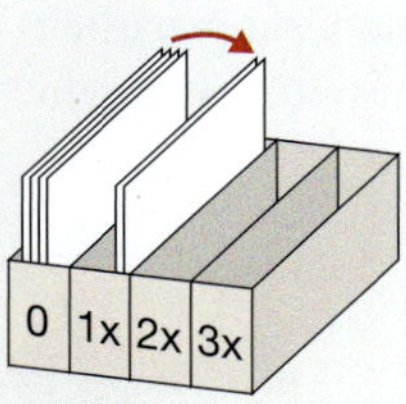

Sobald der Inhalt der Karteikarte gewusst wird, kommt sie in das dahinter liegende Fach.

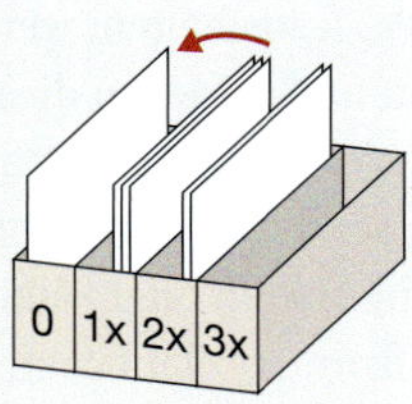

Wenn die Inhalte aus dem 2. Fach wiederholt werden, wandern diejenigen Karteikarten, deren Inhalt gewusst wurde, ein Fach weiter. Diejenigen Inhalte, die nicht gewusst wurden, kommen zurück in das Fach 0.

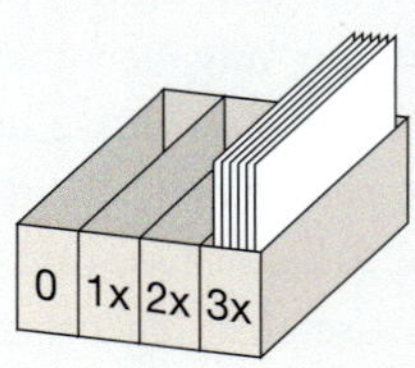

Dieser Vorgang wird so lange wiederholt, bis alle Karten im letzten Fach sind.

3.2 Mindmap

→ Arbeitsauftrag 2, S. 242

Mindmap = gedankliche Landkarte

Eine Mindmap soll komplexe Zusammenhänge visualisieren. Sie kann ständig geändert und erweitert werden. Eine Mindmap verknüpft Gedanken, Gefühle und Ideen mit Hilfe von Zeichnungen und kurzen Sätzen. Diese Visualisierungsform verbindet sprachliches und bildhaftes Denken, wodurch die gesamte Kapazität der beiden Gehirnhälften genutzt wird.

linke Gehirnhälfte (analytisches Denken): zuständig für Logik, Ordnung, Zahlen, Sprache

rechte Gehirnhälfte (bildliche Vorstellungskraft): zuständig für Farben, Fantasie, Musik, Bilder

Mindmaps können vielfältig eingesetzt werden:
- Informationen ordnen, gliedern und auswerten
- Zusammenfassung von Vorträgen
- Vorbereitung für Fachberichte
- Vorbereitung auf Klassenarbeiten, Prüfungen
- Planen von Projekten

Vorgehensweise/Regeln
- Verwenden Sie ein unliniertes Blatt Papier.
- Nutzen Sie das Blatt im Querformat.
- Breiten Sie die Mindmap von der Blattmitte über das gesamte Blatt aus.
- Schreiben Sie in den Mittelpunkt das Thema.
- Notieren Sie Ihre Ideen in knappen, schlagwortartigen Formulierungen.
- Schreiben Sie diese Ideen (= dem Hauptthema untergeordnete Schlüsselbegriffe) auf Linien (= Zweige).
- Diesen Linien können Sie weitere Verästelungen hinzufügen.
- Ideen, Schlüsselbegriffe schreiben Sie als Druckbuchstaben.
- Geben Sie Ihrer Mindmap Ausdruck durch Einfügen von Symbolen, kleinen Grafiken u. Ä.

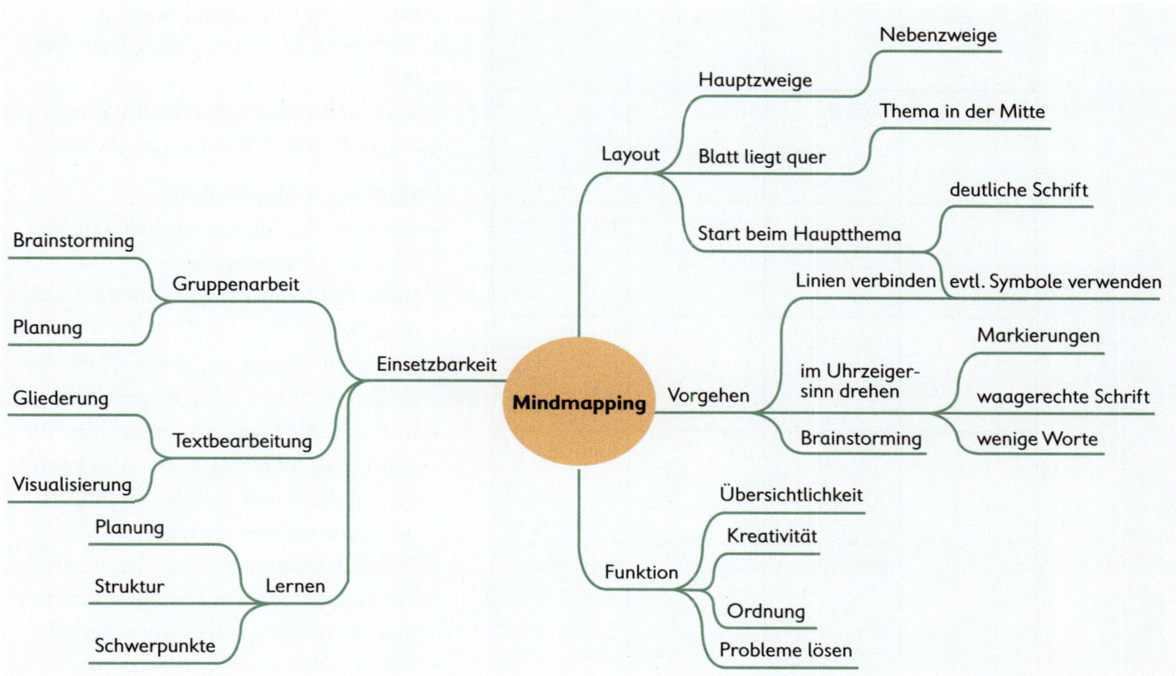

4 Kreativitätstechniken

→ Arbeitsauftrag 1, S. 242

4.1 Brainstorming

Mit Hilfe eines Brainstormings (= „Gedankensturm") sollen innerhalb kurzer Zeit möglichst viele Lösungsvorschläge, Ideen usw. zu einem vorgegebenen Thema gesammelt werden.

Vorgehensweise/Regeln
- Verwenden Sie ein Blatt Papier, die Tafel, ein Flipchart o. Ä.
- Schreiben Sie das Thema auf.
- Sammeln Sie alle Gedanken, die Sie haben, und halten Sie diese schriftlich fest.
- Jede Idee von anderen wird unkommentiert aufgenommen.
- Kommentare, kritische Äußerungen sind verboten (keine Killerphrasen).
- Nach Beendigung der Ideensammlung (ca. 5–10 Min.) machen Sie eine Auswertung.
- Auswertungsmethoden: z. B. Diskussion, Beurteilung von Ideen in Kleingruppen

Killerphrasen:
„Bleiben Sie mal bei der Sache!"
„Das gibt es ja gar nicht!"

4.2 Brainwriting (Methode 635)

Brainwriting ist eine **schriftliche Variante des Brainstormings**. Jeder Teilnehmer kann in Ruhe seine Ideen aufschreiben. Das Brainwriting wird auch Methode 635 genannt:

Name	Problemstellung		
1	Idee 1	Idee 2	Idee 3
2	Idee 4	Idee 5	Idee 6
3	Idee 7	Idee 8	Idee 9
4	Idee 10	Idee 11	Idee 12
5	Idee 13	Idee 14	Idee 15
6	Idee 16	Idee 17	Idee 18

Brainwriting-Formular

- 6 Teilnehmer halten auf einem Notizblatt
- 3 Ideen/Lösungsvorschläge fest und reichen ihr Notizblatt nach
- 5 Minuten an den nächsten Teilnehmer weiter.

Die Teilnehmerzahl ist allerdings nicht auf 6 begrenzt, sondern kann variiert werden.

Vorgehensweise/Regeln
- Die Problemstellung wird auf einem Formular festgehalten.
- Jeder Teilnehmer trägt in die Ideenzeile drei Ideen ein.
- Jeder Teilnehmer reicht sein Formular an den nächsten Teilnehmer weiter.
- In die zweite Ideenzeile trägt jeder Teilnehmer drei Ideen ein. Die Idee kann z. B. an die Vorgängeridee anknüpfen oder eine völlig neue sein.
- Die Ideenfindung ist beendet, wenn jeder Teilnehmer sein Formular mit mindestens 18 Vorschlägen zurückerhält.
- Ein Vorschlag wird gemeinsam ausgewählt und in der Gruppe diskutiert.

5 Vortrags- und Präsentationstechniken

5.1 Merkmale und Ziele

→ Arbeitsaufträge 3, 4, 8, S. 242 f.

Referat (lat.) = Bericht, Vortrag

Ein Referat ist ein (i. d. R. mündlicher) Vortrag über ein Thema. Wird dieses Thema zusätzlich visualisiert, spricht man von einer Präsentation. Präsentationen bieten die Möglichkeit, das eigene Wissen mit anderen zu teilen und zur Diskussion zu stellen. Eine gelungene Präsentation fördert den Lern- und Kommunikationsprozess und regt zum Weiterdenken an. Auch aus diesem Grund sollte eine Präsentation einen Zeitumfang von 15–20 Minuten nicht überschreiten und ausreichend Zeit zum Diskutieren des Themas lassen.

Eine Präsentation hat zum Ziel, das Interesse der Zuhörenden zu wecken und zu halten. Dabei kann die **AIDA**-Formel hilfreich sein:

1. **A**ttention (Aufmerksamkeit) – Aufmerksamkeit der Zuhörenden anregen
2. **I**nterest (Interesse) – Interesse der Zuhörenden wecken
3. **D**esire (Verlangen) – Wunsch nach kritischer Auseinandersetzung mit dem Thema forcieren
4. **A**ction (Handeln) – Zuhörende in die Diskussion aktiv mit einbeziehen

5.2 Planung

Die Planung der Präsentation erfolgt, sobald Inhalt und Zuordnung des Themas sowie der Termin und evtl. Mitreferenten feststehen. Die folgende Tabelle kann die Planung unterstützen:

Thema Stoffsammlung	• Was sind Hauptaussage und Ziel der Präsentation? (Information, Überzeugung, Anleitung, Selbstpräsentation usw.) • Wie können Bezüge zum Unterricht und zu anderen Präsentationen hergestellt werden? • Welcher Schwierigkeitsgrad ist angemessen? • Wie können die Inhalte am besten dargestellt werden? • Was ist mir/uns besonders wichtig? • Wie viel Zeit steht für die Präsentation zur Verfügung?
Zuhöreranalyse Zielgruppe	• Welches Vorwissen haben die Zuhörenden? • Welche Erwartungen haben sie an den Vortrag, welche Interessen? • Welche Haltung haben sie zu dem Thema und wie können wir das konstruktiv aufnehmen? • Mit welchen Fragen und Meinungen ist zu rechnen? • Wie kann das Publikum mit einbezogen werden?
Untergliederung	• Hervorheben der Schwerpunkte und/oder Argumente • Bei Gruppenreferaten: · Wie werden die Aufgaben geteilt? · Wie wird zwischen den Vortragenden übergeleitet?
Medieneinsatz/ Handout	• Welche Hilfsmittel eignen sich besonders für die Darstellung? • Wie wird das Informationsmaterial übersichtlich gestaltet? • Was sollen die Zuhörenden mitschreiben und was bekommen sie ausgehändigt? • Wann werden Informationsmaterialien ausgehändigt? • Sind alle mit der eingesetzten Technik vertraut?

5.3 Gestaltung und Einsatz unterstützender Medien

Die Visualisierung von Präsentationen erfolgt durch Einsatz eines oder mehrerer der folgenden Medien (Auswahl):
- Folien für den Overheadprojektor (OHP, auch Polylux genannt)
- Flipchartbögen
- Tafelbilder
- Plakate
- PowerPoint-Dateien.

Unabhängig vom Medium ist es wichtig, dass das Dargebotene übersichtlich und ansprechend gestaltet ist. Die vortragende Person sollte sich im Vorfeld Gedanken machen, ob das Medium lediglich den Vortrag gliedert oder als direktes Anschauungsobjekt dient. Direkte Anschauungsobjekte (i. d. R. Bilder oder Grafiken) müssen für alle gut erkennbar sein. Manchmal ist eine eigene Zeichnung übersichtlicher als ein dreimal kopiertes und eingescanntes Bild. Ein an der Tafel während des Vortrags Stück für Stück entwickeltes Schema kann hilfreicher sein als ein aufwändig im Grafikprogramm erstelltes dreidimensionales Gebilde.

Entscheidet man sich für den Einsatz mehrerer Folien, erleichtert eine einheitliche Gestaltung und Struktur die Orientierung. Dabei sollte man sich von folgenden Prinzipien leiten lassen:
- Folie klar gliedern und mit einer Überschrift versehen
- Stichworte Sätzen vorziehen
- Farben im Sinne der Konzentration und der Lesbarkeit zurückhaltend einsetzen:
  - Helle Schriftfarben eignen sich für dunkle Hintergründe, dunkle Farben für helle Hintergründe.
  - Angenehme Farben fördern die Wahrnehmung; Blau und Rot sind in Kombination schwer zu erkennen.
- von Weitem lesbare Schriftgröße wählen, nicht mehr als drei Schriftgrößen auf einer Folie (Schriftgröße 14–16 für OHP-Folien, mindestens 18 für PowerPoint-Präsentationen, Überschriften größer)
- Folien nicht überladen – „weniger ist mehr“:
  - nicht mehr als 10 Zeilen pro Seite
  - ausreichenden Abstand zwischen den Zeilen lassen
- Großbuchstaben sind schwer lesbar: zurückhaltend einsetzen!
- Technische Spielereien lenken vom Wesentlichen ab.
- Zu viele Folien überfordern – als Faustregel gilt: nicht mehr als maximal eine Folie pro Minute.
- bei Zitaten und Bildern die Quellen benennen

Für den **Einsatz** der Medien gelten folgende Prinzipien:

- Allen Teilnehmenden ist eine freie Sicht auf das Medium zu ermöglichen, sodass die Inhalte gut lesbar sind.
- Die Teilnehmenden brauchen Zeit, um die Inhalte zu erfassen. Der Referent achtet bewusst darauf, „Gedankenpausen" einzubauen.
- In den ergänzenden Erklärungen stellt der Referent immer wieder einen Bezug zu den visualisierten Inhalten her und weist durch Zeigestock/Laserpointer/Finger darauf hin.
- Auch während des Medieneinsatzes wird der Blickkontakt zum Publikum aufrechterhalten. So wird nicht zur Wand oder Tafel gesprochen, sondern zum Publikum hin.
- Der Raum, die Materialien und ggf. die Sitzordnung werden frühzeitig vorbereitet.
- Folien werden nummeriert, Stifte gezielt ausgewählt und überprüft.
- Medien werden gezielt eingesetzt. Eine Medienschlacht wird so vermieden. Wenn ein Medium nicht mehr genutzt wird, wird es abgeschaltet bzw. abgedeckt.

Das **Thesenpapier** (engl. „Handout") unterstützt den Vortrag, indem es die wesentlichen Inhalte des Vortrags kurz und bündig zu Papier bringt. Als Faustregel gilt, dass es nicht länger als ein bis zwei Seiten sein sollte und ausreichend Platz für Notizen der Teilnehmenden bietet. Es kann entweder in derselben Form wie der Vortrag gegliedert sein oder als „echtes" Thesenpapier nur die zentralen Aussagen festhalten. Zusätzlich wird im Thesenpapier i.d.R. die dem Vortrag zu Grunde liegende Literatur genannt.
Arbeitet man mit PowerPoint-Folien, kann der „Handzettel"-Druckmodus genutzt werden. So stehen den Zuhörenden die eingesetzten Folien, mit zusätzlichen Schreibzeilen versehen, zur Verfügung.

Handzettel-Druckmodus in PowerPoint-Druckmenü

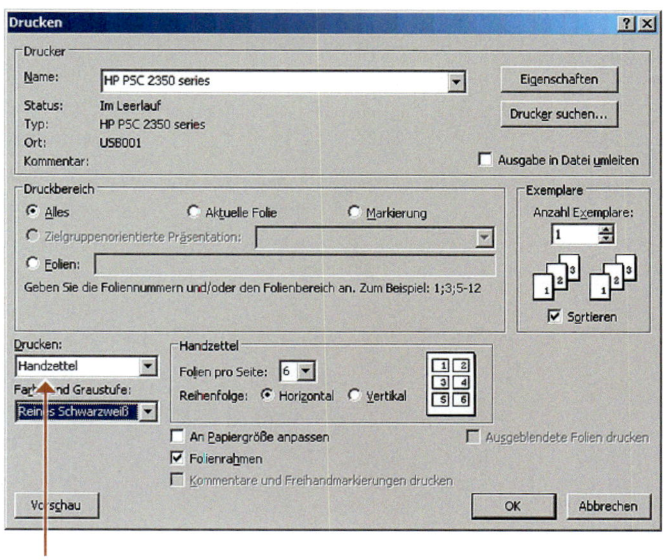

5.4 Vortragstechnik

Körpersprache und Aussprache der vortragenden Person bestimmen maßgeblich die Wirkung einer Präsentation.

Körper/ Körpersprache 55 %	Stimme und Sprechtechnik 38 %	Inhalt 7 %
Mimik Gestik Haltung Blickkontakt Stand Kleidung	Betonung Stimm-Modulation Sprechtempo Atmung Pausen	inhaltliche Sicherheit klare Struktur angemessene Wortwahl klarer Ausdruck

Die Beachtung folgender Aspekte kann dabei hilfreich sein:
- Blick zum Publikum (nicht auf eine Person fixiert)
- positive Mimik, bei Rückfragen beispielsweise das aufmerksame Zuhören auch nonverbal signalisieren
- offene, nicht zu ausladende Gestik
- stehend, nicht zu steif und nicht zu lässig
- variierende Betonung
- der Situation angemessene Kleidung

Eine lebendige Präsentation wird frei vorgetragen – wesentliche Inhalte können auf Kärtchen notiert werden und dienen als Gedankenstütze. Es ist wichtig, das Vorgetragene selbst verinnerlicht zu haben. Bereits bei der Vorbereitung sollte daher der systematischen Erarbeitung des Stoffes Vorrang vor der Formulierung fertiger Sätze gegeben werden.

Um die Inhalte der Präsentation verständlich zu vermitteln, muss der **Einsatz der Sprache** wohlüberlegt sein. Folgende Punkte dienen der Verständlichkeit des Themas:

1. **Einfachheit**
   - kurze, einfache Sätze
   - einfache bzw. vertraute Wörter
   - ggf. Fachwörter und Fremdwörter erklären
   - aufs Wesentliche beschränken
2. **Ordnung (Gliederung)**
   - Einleitung nutzen, um einen Überblick zu geben
   - sinnvolles Verknüpfen von Informationen und Abläufen
   - Zusammenfassung
3. **Zusätzliche Anregungen / Anschaulichkeit**
   - Beispiele
   - Vergleiche
   - Bilder, Grafiken
   - Rollenspiele

6 Arbeitsmethoden

Sie benötigen bestimmte Arbeitsmethoden, um sachgerecht, situationsbezogen und zielgerichtet auf neue berufliche Situationen reagieren zu können. Im Folgenden werden Ihnen einige der wichtigsten vorgestellt.

6.1 Rollenspiel

Das Rollenspiel ist eine gute Methode, um z. B. den Umgang mit Kunden zu üben und ein Verkaufsgespräch spielerisch zu simulieren. Dadurch erhalten Sie die Chance, verkäuferische Fähigkeiten zu entwickeln und gegebenenfalls zu verändern.

Vorbereitung

- Formulieren Sie für den Kunden und den Verkäufer kurze, verständliche Rollenanweisungen.
- Die Rollen des Verkäufers und des Kunden werden verteilt.
- Die Nichtspieler (Beobachter) beobachten das Gespielte mit Hilfe eines Beobachtungsbogens.
- Verkäufer und Kunde befassen sich kurz mit ihrer Rolle (ca. fünf Minuten) und signalisieren den Nichtspielern den Beginn des Verkaufsgesprächs.

Durchführung

- Verkäufer und Kunde nehmen eine solche Position ein, dass sie von den Nichtspielern gut beobachtet werden können.
- Jedes Rollenspiel sollte mit Hilfe einer Videokamera aufgenommen werden.

Reflexion/Auswertung

- Die Spielsituation wird analysiert und besprochen.
- Geben Sie ein Feedback.

Feedback
→ S. 239

Begrüßung im Verkaufsgespräch
→ S. 88

Vorwahl
→ S. 38

Beispiel

Einübung der Begrüßungsphase im Verkaufsgespräch

Rollenkarte Kunde

Sie bummeln durch ein Kaufhaus mit Vorwahl und verschaffen sich einen Überblick über den aktuellen Modetrend.

Rollenkarte Verkäufer

Sie arbeiten in einem Kaufhaus mit Vorwahl und sehen eine Kundin an einem Ständer mit den neuen Sommerkleidern. Sie sprechen die Kundin an.

→ Arbeitsauftrag 7, S. 243

6.2 Pro-und-Kontra-Diskussion

Die Pro-und-Kontra-Diskussion verfolgt das Ziel, gegensätzliche Meinungen klarer herauszuarbeiten. Wenn man die gegensätzlichen Argumente besser versteht, gelingt die Einigung auf einen tragfähigen Kompromiss eher. Man lernt, die eigene Meinung klar zu vertreten, gegensätzliche Meinungen offen zur Kenntnis zu nehmen und anzuerkennen und die eigene Meinung ggf. zu verändern.

Vorbereitung

- Formulierung einer strittigen Aussage: Sie muss mit „Ja" oder „Nein" zu beantworten sein.
- Auswahl der Spieler: Die Zuordnung zur Pro-, Kontra- oder Beobachtergruppe sollte möglichst freiwillig sein.

Abstimmung über den formalen Ablauf

- Ort und Dauer der Gruppenarbeit festlegen
- Die Pro- und Kontra-Gruppen erarbeiten ihre Standpunkte.
- Wahl von jeweils drei Spielern, die die Debatte durchführen (Pro- und Kontra-Gruppe)
- Verteilung von Beobachtungsaufgaben (Beobachtergruppe) vornehmen
- Szenenaufbau für die Debatte und Zeitrahmen (ungefähr 15 Minuten) bestimmen

Beobachtungsaufgaben

- Sprechen die Gruppen alle wichtigen Argumente an?
- Welche fehlen?
- Welche der Gruppen erscheint stärker?
- Welche Argumente sind schwer zu widerlegen?
- Sind die Spieler innerhalb einer Gruppe kooperativ?
- Gibt es abwertende oder verletzende Argumente?

Durchführung

Eine Klasse während der Pro-und-Kontra-Diskussion

Auswertung

Zuerst äußern sich die Pro- und Kontra-Spieler darüber, wie sie sich gefühlt haben und ob sie mit sich zufrieden sind. Danach sprechen die Beobachter in der Ich-Form und ohne Bewertung über ihre Beobachtungen. Alle beteiligen sich daran, ein Ergebnis zu formulieren und die Streitfrage zu beantworten. Danach kann ein Kompromiss erarbeitet werden.

6.3 Kartenabfrage

Bei der Kartenabfrage schreiben alle Teilnehmer ihre Ideen und Problemlösungsvorschläge zu einem bestimmten Thema auf Karten. Danach werden die Ideen, z. B. an der Tafel, geordnet.

Vorgehensweise/Regeln

- An der Tafel oder auf einem Flipchart wird eine Frage oder ein Thema notiert.
- Jeder Teilnehmer erhält 3–5 Karten und einen Filzschreiber.
- Die Teilnehmer schreiben je eine Idee (Druckbuchstaben) auf eine einzelne Karte.
- Für weitere Antworten/Ideen werden weitere Karten verwendet.
- Die Karten werden unsortiert neben dem Thema befestigt.

- Danach werden die Karten von den Teilnehmern nach Schwerpunkten (Oberbegriffen) geordnet.
- Die Oberbegriffe werden auf farbige Karten geschrieben.
- Den Oberbegriffen werden Unterpunkte zugeordnet.
- Jeder Teilnehmer erhält 3–5 Klebepunkte.
- Die Teilnehmer bestimmen mit ihren Klebepunkten die Wertigkeit (Reihenfolge) der Problemfelder.
- Die daraus resultierende Reihenfolge der Themen wird in Kleingruppen diskutiert und erarbeitet.

6.4 Gruppenarbeit

Bei der Gruppenarbeit arbeiten mehrere Personen an der Lösung eines Problems oder einer Aufgabe zusammen. Der Arbeitsauftrag wird vom Moderator (z. B. Lehrer) schriftlich formuliert und jeder Gruppe zur Verfügung gestellt.

Planung

- Die ideale Gruppengröße besteht erfahrungsgemäß aus 3 – 6 Teilnehmern.
- Möglichkeit der Gruppenbildung:
  - Zufallsprinzip durch Abzählen, durch Losen (z. B. Farben, Zahlen) usw.
  - Themenzuordnung
  - Sympathie
- Die Teilnehmer in jeder Gruppe nehmen bestimmte Rollen ein:
  - Gruppensprecher: verantwortlich für den gesamten Arbeitsablauf und Arbeitsplan
  - Zeitmanager: verantwortlich für das Einhalten der vorgegebenen Zeit
  - Protokollant: verantwortlich für das Festhalten von Ergebnissen
  - Mitarbeiter
- Die Gruppe sorgt für eine angemessene Arbeitsatmosphäre (Raum, Sitzordnung, Arbeitsmaterialien usw.).

Für das Gesamtergebnis einer Gruppenarbeit ist die Arbeit aller Mitglieder entscheidend. Deshalb sind die abgesprochenen Arbeitsaufträge zuverlässig zu erledigen. Sie werden der Gruppe vorgestellt, um dann gemeinsam zu entscheiden, welche Aspekte in welcher Form in die Präsentation einbezogen werden. Es ist sinnvoll, immer wieder Rücksprache mit den Lehrenden zu halten, um den eigenen Lernstandpunkt reflektieren zu können.

Eine Gruppenarbeit kann wie folgt geplant werden:

1. **Vorbereitung**: Was ist konkret zu tun?
   - Ankommen (z. B. Sitzordnung mit Blickkontakt)
   - Lesen der Arbeitsaufgabe, des Fallbeispiels o. Ä.
   - Klärung möglicher Fragen oder Verständnisschwierigkeiten
2. **Wie soll vorgegangen werden? Was ist das Ziel?**
   - Erarbeitung der Fragestellungen und Zielsetzungen
3. **Durchführung:** Wie werden welche Aspekte in welcher Aufgabenverteilung bearbeitet?
   - Wissensinput (z. B. Sammlung von Texten, Informationen)
   - Systematisierung und Auswahl der gesammelten Beiträge
   - Sichtung der Beiträge bzgl. der Fragestellungen
   - Konkretisierung und eventuelle Neubewertung der Fragen und Ziele
   - Erarbeitung der Lernziele
   - Vorstellung und Diskussion der Arbeitsergebnisse
4. **Abschluss:** Wie soll das Ergebnis aussehen und präsentiert werden?
   - Zusammenstellung und Verdichtung des Arbeitsergebnisses
   - Vorbereitung und endgültige Absprache der Präsentation
5. **Evaluation/Feedback:** Reflexion des Gesamtablaufes und des Gruppenprozesses

Rollen- und Aufgabenverteilung

Zu Beginn der Gruppenarbeit sind folgende Rollen und Aufgaben zu verteilen:

- **Moderator:** Er gliedert den Sitzungsverlauf und achtet darauf, dass alle Gruppenmitglieder gleichberechtigt zu Wort kommen und beim Thema bleiben. Auch achtet er auf Pausen.
- **Protokollant:** Er sichert die Arbeitsergebnisse und gibt sie für die anderen Mitglieder frei.
- **Zeitwächter:** Er achtet darauf, dass die Arbeitsaufgaben in der zur Verfügung stehenden Zeit fertig gestellt werden.
- **Präsentierender:** Er stellt das Arbeitsergebnis vor.

Gruppenarbeit kann bei entsprechenden Rahmenbedingungen durchaus auch mal im Grünen stattfinden.

Eine wichtige Basis für eine erfolgreiche Gruppenarbeit ist eine **klare Zielsetzung**, Gleichberechtigung in der Gruppe und eine Rotation in der Rollenverteilung (so kann jedes Gruppenmitglied alle Rollen einüben). Ziel ist nicht, eine Rolle am Ende der Ausbildung bis ins Kleinste erfahren zu haben und ausfüllen zu können, sondern die persönliche Flexibilität und Entwicklung der notwendigen Kompetenzen.

Rahmenbedingungen
Um ein gleichberechtigtes und zielgerichtetes soziales Lernen zu ermöglichen, sind bestimmte Rahmenbedingungen und Umgangsformen für die Gruppenarbeit notwendig.
- Alle bringen ihr Wissen ein und akzeptieren Wissenslücken bzw. helfen, sie zu reduzieren.
- Gruppen stören einander nicht, sondern unterstützen sich.
- Abgesprochene Zeiten werden eingehalten, damit die Gruppen nicht aufeinander warten müssen.
- Abgesprochene Abläufe und Zeiten für Präsentationen werden eingehalten, damit alle die gleiche Chance haben.
- Probleme und Fragen werden offen und frühzeitig angesprochen, damit sie geklärt werden können und so die Arbeitsprozesse nicht stören.
- Sitzungen und Ergebnisse werden reflektiert und die Ergebnisse zur Weiterentwicklung genutzt.

6.5 Feedback

Ein Feedback gibt man auf sprachliche Äußerungen oder auf Verhaltensweisen eines Kommunikationspartners. Es ist wichtig für eine gute Gruppen- oder Teamarbeit, weil es die Möglichkeit für konstruktive und sachliche Kritik bietet. Der Feedback-Empfänger erhält die Chance, Verhaltensweisen zu verbessern und zu verändern. Wenn sich alle Teilnehmer einer Feedback-Runde an die unten aufgeführten Feedback-Regeln halten, kann sich dadurch eine positive Kritikkultur entwickeln.

Vorgehensweise / Regeln
Wenn Sie jemandem ein Feedback geben, sollte es … sein!
- **fair:** Geben Sie Ihrem Feedback-Empfänger die Möglichkeit, sich als Erstes kurz zu seiner Aktivität zu äußern.
- **ehrlich:** Was Sie sagen, muss der Wahrheit entsprechen.
- **verantwortlich und persönlich („Ich-Botschaften"):** Sie sprechen in der „Ich-Form" und vertreten nur Ihre persönliche Meinung.
- **sachlich:** Sie beschreiben sehr genau, was Sie in der Situation beobachtet haben.
- **positiv verstärkend:** Sie nennen die Stärken des Feedback-Empfängers.
- **aufbauend:** Sie formulieren Verbesserungsvorschläge.

Wenn Sie ein Feedback erhalten, können Sie …
- **bestimmen:** Sie können entscheiden, ob Sie ein Feedback erhalten möchten!
- **aktiv zuhören:** Sie überprüfen, ob Sie das Feedback richtig verstanden haben, und fragen eventuell noch mal nach. Wiederholen Sie das Gehörte!
- **geduldig sein:** Rechtfertigen Sie sich nicht. Nehmen Sie sich Zeit, die Informationen des Feedback-Gebers zu reflektieren.
- **Rückmeldung geben:** Sagen Sie Ihrem Feedback-Geber, ob für Sie die Informationen hilfreich waren!

→ Arbeitsauftrag 8, S. 243

7 Teamarbeit

Das Team im Unternehmen unterscheidet sich kaum von der Gruppe in der Gruppenarbeit. Dennoch ist die Teamarbeit eine spezielle Form der Zusammenarbeit.

7.1 Merkmale

Teamarbeit ist dadurch gekennzeichnet, dass die einzelnen Teammitglieder sehr intensiv miteinander in Beziehung treten. Die Zusammenarbeit ist vergleichsweise zeitaufwändig und dauerhaft. Ein echtes Team verträgt nicht zu viele Personalwechsel, sondern braucht zumindest einen stabilen Kern von Mitgliedern. Weitere Merkmale sind Partnerschaftlichkeit und Vertrauen. Die Zusammenarbeit wird von gegenseitiger Wertschätzung und Akzeptanz getragen. Bezüglich der Leistungsbewertung herrscht das Äquivalenzprinzip, d. h., dass die Beiträge eines jeden Teammitgliedes gleich viel wert sind. Voraussetzung für Teamarbeit ist also eine Arbeitsatmosphäre, in der Gleichberechtigung herrscht.

Gerade in modernen Unternehmen ist Teamarbeit eine wichtige Kompetenz der Mitarbeiter. Das Team bildet im Unternehmen eine Arbeitseinheit, das eine gemeinsame Aufgabe bzw. ein gemeinsames Ziel hat. Die Teammitglieder unterstützen sich dabei gegenseitig.

Mit Hilfe von Teamarbeit kann beispielsweise
- Kreativität freigesetzt werden,
- vorhandenes Wissen besser genutzt werden,
- der Informationsfluss verbessert werden,
- die Identifikation mit einem Unternehmen gestärkt werden,
- die gegenseitige Unterstützung der Mitarbeiter wachsen,
- die Qualität der Arbeit verbessert werden und
- die Arbeitszufriedenheit zunehmen.

7.2 Konfliktlösung

Konflikte sind Bestandteile des menschlichen Lebens und treten auch im Rahmen der Teamarbeit immer wieder auf. Sie entstehen, wenn der Wunsch nach etwas nicht umsetzbar ist. Man spricht immer dann von einem Konflikt, wenn zwei Parteien zur selben Zeit gegensätzlich oder unvereinbar sind. Konflikte sind also gegensätzliche oder unvereinbare Interessen. Exakt definiert, entstehen Konflikte immer dann, wenn zwei Parteien unterschiedliche Interessen oder Standpunkte gleichzeitig durchsetzen wollen und eng miteinander verbunden sind.

Menschen nutzen unterschiedliche Mechanismen und Strategien, um bewusst oder unbewusst auf Konflikte zu reagieren. Einige Menschen denken lösungsorientiert, während andere mit Abwehr, Aggression oder Resignation auf konfliktbeladene Situationen reagieren. Es lassen sich konfliktverschärfende Verhaltensmuster von konstruktiven Konfliktlösungsstrategien unterscheiden.

Sie können durch Ihr Verhalten dazu beitragen, einen Konflikt zu verschärfen oder ihn zu lösen.

Konfliktverschärfende Verhaltensmuster

Folgende Verhaltensmuster, Strategien und/oder Persönlichkeitsmerkmale können dazu führen, dass Frust aufgestaut und Konflikte verschärft werden:

- Bei der **Idealisierung** der eigenen Person hat der Betroffene stets Recht und kann alles.
- Bei der **Verallgemeinerung und Projektion** versucht der Betroffene, anderen die Schuld zuzuweisen oder eigene Fehler auf andere zu projizieren.
- Mit Hilfe der **Ersatzbefriedigung** werden unbefriedigte Bedürfnisse umgewandelt und durch Eratzhandlungen ausgetauscht.
- Abhängig von der Persönlichkeit können manche Menschen auch mit **Resignation** auf Konflikte reagieren. Hierbei richten die Betroffenen die aufgestaute Energie nicht nach außen (z.B. durch aggressives Verhalten), sondern gegen sich selbst. Dieses Verhalten zeigen besonders häufig Menschen mit einem geringen Selbstwertgefühl. Die Betroffenen setzen sich in Konfliktsituationen nicht zur Wehr, sondern ertragen die empfundene Frustration.
- Die Verwendung von Killerphrasen gehört auch zu den konfliktverschärfenden Verhaltensmustern. Hierunter versteht man Aussagen, die der gegnerischen Konfliktpartei signalisieren: „SO GEHT ES NICHT!" Killerphrasen blockieren jede Form von Kompromissen oder kreativem Denken. Sie wirken demotivierend und verschlechtern häufig das Betriebsklima. Gebräuchliche Killerphrasen sind z. B. „Sie denken wohl, Sie haben die Weisheit mit Löffeln gefressen?" oder „Das funktioniert eh nicht!"

Konstruktive Konfliktlösungsstrategien

Im Gegensatz zu den konfliktverschärfenden Verhaltensmustern stehen konstruktive Formen der Konfliktbearbeitung. Hierbei folgen auf die empfundene Frustration

- das Erkennen des Konflikts,
- die Suche nach einer Aussprache und
- die Aussprache selbst, die zu einem möglichen Kompromiss oder Konsens führt.

Gezielte **Konfliktgespräche** im Team gehören zu den konstruktiven Strategien. Ziel eines solchen Gesprächs ist die gemeinsame Verarbeitung eines Konfliktes sowie eine Kompromisslösung oder Konsensfindung. Voraussetzung ist hierbei, dass

- der Konflikt erkannt ist,
- die Beteiligten zu einem Gespräch bereit sind,
- die Beteiligten Einfluss auf die Problemlösung haben und
- eine eventuelle Mittlerperson von allen Beteiligten akzeptiert wird.

Man unterscheidet Konfliktgespräche im Team umgangssprachlich in „4-Augen-Gespräche" und „6-Augen-Gespräche". Während das „4-Augen-Gespräch" von den beiden beteiligten Personen alleine geführt wird, ist beim „6-Augen-Gespräch" eine weitere (neutrale) Person anwesend, die eine Mittlerrolle einnimmt. Eine solche Mittlerperson hat folgende Aufgaben:

- Sie soll die eigenen Wahrnehmungen schildern, ohne Partei zu ergreifen, z. B.: „Ich stelle fest, dass dieser Aspekt für Partei A von großer Bedeutung ist."
- Sie soll methodische Hilfestellungen geben, z. B.: „Welche Reaktion hätten Sie von Ihrem Gegenüber erwartet?"
- Sie darf und soll den Konflikt der beteiligten Parteien nicht lösen. Die Konfliktparteien müssen selber einen Lösungsweg finden.

Arbeitsaufträge

Arbeitsauftrag 1

Erstellen Sie ein persönliches Brainstorming über Ihre eigenen Erfahrungen mit Lerntechniken, z. B.: Wie haben Sie sich bisher auf Klassenarbeiten oder Tests vorbereitet? Wie haben Sie sich bisher auf Prüfungen vorbereitet? Wie lesen Sie Texte? Woher erhalten Sie Informationen?

Arbeitsauftrag 2

a) Erstellen Sie eine Mindmap über Ihre Wünsche, Ziele, Befürchtungen und Ängste bezüglich Ihrer Ausbildung! Sie haben dafür 15 Minuten Zeit!

b) Setzen Sie sich in einer von Ihnen zusammengestellten Gruppe von vier bis fünf Personen zusammen und stellen Sie Ihren Gruppenmitgliedern Ihre persönliche Mindmap vor. Sie haben dafür 10 Minuten Zeit!

c) Erstellen Sie zusammen mit Ihren Gruppenmitgliedern eine gemeinsame Mindmap bezüglich der Wünsche, Ziele, Befürchtungen und Ängste der Gruppe. Fertigen Sie diese Mindmap in Plakatgröße an und hängen Sie sie auf! Sie haben dafür 15 Minuten Zeit!

Arbeitsauftrag 3

a) Klären Sie die folgende Fragen in Ihrem Ausbildungsbetrieb:

1. Wie heißt Ihr Ausbildungsbetrieb? Sind Sie in einer Filiale tätig?
2. Welche Waren werden in Ihrem Ausbildungsbetrieb verkauft?
3. Aus welchen Abteilungen besteht Ihr Ausbildungsbetrieb? Beschreiben Sie diese kurz!
4. Wie viele Mitarbeiterinnen und Mitarbeiter hat Ihr Ausbildungsbetrieb?
5. Woher bekommt Ihr Betrieb hauptsächlich die Ware?
6. Berichten Sie etwas über den Standort Ihres Ausbildungsbetriebes!
7. Welche anderen Einzelhandelsgeschäfte liegen in Ihrer näheren Umgebung?
8. Welche Kunden kaufen bei Ihnen in erster Linie ein?
9. Wer kann in Ihrem Betrieb außer Ihrem Chef noch Verträge abschließen?
10. Ist Ihr Betrieb eine Filiale eines anderen Betriebes?
11. Welche Tätigkeiten haben Sie in den ersten Tagen Ihrer Ausbildung ausgeübt? Beschreiben Sie kurz einen typischen Tagesablauf in Ihrem Betrieb.

b) Fassen Sie diese Informationen in der Schule auf einem Plakat zusammen. Sie haben dafür 45 Minuten Zeit!

c) Stellen Sie anschließend Ihr Plakat in der Klasse vor.

Arbeitsauftrag 4

Damit in der Berufsschule nicht nur Theorie im Vordergrund steht, stellen wir Sie auch hier in die Situation eines/einer Auszubildenden. Sie sind Mitarbeiter der Berliner Superkauf GmbH (Beska GmbH). Informieren Sie sich über die Beska und präsentieren Sie das Unternehmen.

Arbeitsauftrag 5

Für das Arbeiten an den Lernorten Ausbildungsbetrieb und Berufsschule ist es hilfreich zu wissen, welchem Lerntypen Sie entsprechen.
Überprüfen Sie, welchem Lerntyp Sie sich zuordnen würden. Notieren Sie sich dazu Kriterien, mit denen Sie festmachen, zu welchem Lerntyp Sie gehören. Tauschen Sie Ihre Kriterien mit Ihrem Nachbarn aus und diskutieren Sie über die Sinnhaftigkeit der Einteilung in Lerntypen.

Arbeitsauftrag 6

Um ein aussagekräftiges Berichtsheft führen zu können, ist es sinnvoll, viele Informationen zu Ihrer Ausbildung während dieser Zeit zu sammeln. Hilfreiche Informationen können z. B. Unterlagen aus Fort- und Weiterbildung, Warenkundeseminaren usw. sein. Durch eine geleitete Internetrecherche gelangen Sie ebenso an adäquate Unterlagen. Sammeln Sie all diese Informationen und halten Sie alles in einem dafür vorgesehenen Ordner fest. Hilfreich für Sie ist ein gutes Ordnersystem. Schauen Sie sich in Ihrem Fachbuch die dazugehörigen Seiten an und erstellen Sie einen Ordner, der Sie in ihrer zweijährigen bzw. dreijährigen Ausbildung begleiten wird.

Arbeitsauftrag 7

Führen Sie eine Pro-und-Kontra-Diskussion zu folgender Aussage: „Betriebsräte in Unternehmen sind für Auszubildende nicht notwendig."

Arbeitsauftrag 8

Bearbeiten Sie in Gruppen zu jeweils vier Teilnehmern das Thema: **„Teamarbeit ist unerlässlich für moderne Unternehmen!"** Recherchieren Sie hierfür im Internet und stellen Sie Ihre Arbeitsergebnisse im Plenum vor, z. B. mit Hilfe von

a) Plakaten,
b) PowerPoint oder
c) Folien.

Überlegen Sie folgende Inhaltspunkte:

1. Was verstehen Sie unter Teamarbeit?
2. Warum ist Teamarbeit für Unternehmen wichtig?
3. Wie kann ein Unternehmer gute Teamarbeit überprüfen? (Finden Sie Kriterien dazu!)
4. Wie kann der Unternehmer feststellen, dass sich eine gute Teamarbeit gewinnbringend auf das Unternehmen auswirkt?
5. Übertragen Sie Ihr Wissen zur Teamarbeit auf Ihre jetzige Ausbildungssituation. An welcher Stelle während Ihrer bisherigen Ausbildungszeit haben Sie Teamarbeit als etwas Positives erlebt? Nennen Sie pro Gruppenteilnehmer jeweils eine Situation aus Ihrem Ausbildungsbetrieb.

8 Sprachkompetenz Englisch – How to say it in English

8.1 Giving customers some help

Assisting customers

Shop assistant	Customer
How can I help you?	I'm looking for ...
What can I do for you?	Have you got any ...?
What about ...?	No, I don't really like this one.
I'll show you what we've got.	These ones are too expensive, I'm afraid.
One moment, I'll show you something else.	No, I'm afraid that's not what I'm looking for.
This one is large, but we've also got it in ...	Which size is it?
They come in white, blue and yellow.	Are they also available in other colours?
	I prefer the blue one.
Is there anything else I can do for you?	No, thank you, that's all.

8.2 At the supermarket

Supermarket phrases

Customer

Telling a shop assistant what you would like

I need ...
I would (= I'd) like ...
Excuse me, have you got ...?
Please give me 100 grams of ...
I would prefer still/sparkling water.

Asking questions

Where do these apples come from?
How much frozen spinach is in one bag?
How many eggs are in a box?
What kind of cheese is that?
May I try a little?

Shop assistant

Asking the customer what he/she would like

What can I do for you?
How can I help you?
Is there anything else I can do for you?
Anything else?
How much/many would you like?
Which one/ones would you like?
Would you like to try some?

Answering customers' questions

They are from Italy.
There are 350 grams in a bag.
There are 6 eggs in a box.
It's Cheddar. It comes from England.
Of course, here you are.

Telling a customer the price

How much	is	an apple?	
How much	does	an apple	cost?
It's (= it is)	55 cents.		
It costs	55 cents.		
How much	are	the oranges?	
How much	do	the carrots	cost?
They are	€1.25	a kilogram.	
They cost	85 cents	each.	

Much or *many*?

much *(viel)* *(für unzählbare Begriffe)*	many *(viele)* *(für zählbare Begriffe)*
E. g. much cheese, much bread	E. g. many eggs, many boxes

A or *an*?

a + *Konsonant*	a shop assistant, a pretzel, a banana
an + *Vokal*	an olive, an apple, an egg

Aber: an hour, a university (Aussprache!)

8.3 At the shopping centre: Showing the way

Asking for and giving directions

Excuse me, could you tell me where I can find ...?	Certainly sir/madam.
Excuse me, where is / where are ...?	There is one upstairs/downstairs.
Is there a ... here somewhere?	Go upstairs to the second floor.
Where can I buy/get/find ...?	Go downstairs to the basement. Take the lift to the top floor. Turn left/right and walk straight on. It's in front of/behind / next to / to the right of / to the left of ... It's between the travel agent's and the toy shop. You can use the escalator over there. The lift (BE) / elevator (AE) is out of order, I'm afraid.
Thank you very much.	You are welcome.

8.4 Selling goods

Sales talk in four stages

1. Greeting

Good morning/afternoon. What can I do for you?
How can I help you?

2. Identifying the customer's needs

What are you looking for?
Would you like to have a look?
Which colour/size/type/kind do you prefer?
Is it a present for somebody?

3. Presentation of goods

How do you like this one?
What about these ones?
It's also available in ...
They are €5 each.
You are lucky, this is our last one.
One moment, I'll get you some other ones.

4. The decision to buy

How would you like to pay?
Here is your receipt and your change.
Your receipt's in the bag.
Many thanks. Bye.

8.5 Clothes shopping

Phrases for clothes shops

Customer	Shop assistant
Asking for a product	**Presenting products**
I'd like a pair of jeans, please. I'm looking for a jacket to match my skirt.	Let me show you our range. Follow me and I'll show you what we've got. May I show you a handbag that would go very well with that suit? What about this one / these ones?
Asking for a particular size/colour	**Identifying the customer's needs**
I take medium. I'd prefer a light pastel colour. I'd like a colour that goes with the jacket.	What size do you take/need? Do you prefer a certain colour/shade?
Asking about materials and washing	**Explaining materials and washing instructions**
What material is it? Can I wash it in the washing machine? Do I have to dry clean it?	It's pure wool/silk. It's a cotton/synthetic mixture. You can machine wash it at 30 degrees. You should dry clean it.
Trying on clothes	**Answering questions about trying on clothes**
Where can I try it on? I like these jeans. May I try them on? This one fits perfectly. It doesn't fit me, it's too big/too small. It's too long/short. It's too tight/loose. I don't really like the style. The colour doesn't suit me.	Would you like to try it/them on? The fitting rooms are over there. How does it / do they fit? Is the size all right? I'll see if we have a bigger one. We could alter it for you, if you like. It's very good quality.
Making a decision about a product	**Helping the customer to decide**
That's not exactly cheap. I'm sorry, that is too expensive. Yes, that's nice. I'll take it. I'd like to have another look around.	Maybe you would prefer ... That colour looks really good on you. Have another look around, if you like. Is there anything else I can do for you?

Texte entnommen aus: Maria Elisabeth Köstler, Shopping Matters New Edition, © Cornelsen Verlag, Berlin 2009.

8.6 Useful vocabulary

Angebot	offer
Anprobe, Umkleidekabine	fitting room
anprobieren	to try on
Artikel	article, item
Ausgang	exit
Bargeld	cash
bar bezahlen	to pay cash
Barzahlung	payment
Becher	tub, mug
Beschwerde	complaint
billig	cheap
Bitte (schön)	Here you are
Danke (schön)	Thank you (very much)
Dose	tin
Eingang	entry
Einkaufswagen	trolley
Einzelhandel	retail sales
Es tut mir leid, ...	I'm sorry/I'm afraid ...
Etikett	label
Gang	aisle
Garantie	guarantee
Geld	money
Geldschein	note
geradeaus	straight ahead
Gern geschehen!	You are welcome!
Geschäftsführer	managing, director
Geschäftszeiten (Öffnungszeiten)	opening hours
Geschenk	gift, present
Größe	size
günstig	low-priced
Gutschein	voucher
Hersteller	manufacturer
hochwertig	(of) high quality
Inhaltsstoffe	ingredients
Kasse	checkout
Kassenbon	receipt
Kassierer/in	cashier
Kollege, Kollegin	colleague
Kreditkarte	credit card
Kunde, Kundin	customer
lieferbar	available
links	on the left
Marke	brand
Münze	coin
Packung/Paket	packet
(zusammen)passen	to match
Pflege	care
Preisnachlass	(price) reduction
Qualität	quality
Quittung	receipt
Rabatt	discount
Rechnung	bill
rechts	on the right
Regal	shelf
Reklamation	claim
Reparatur	repair
Schaufenster	shop window
Skonto (Barzahlungsrabatt)	cash discount
Sonderangebot	special offer
teuer	expensive
Tragetasche/-tüte	(carrier) bag
Tube	tube
Umrechnungskurs	exchange rate
Umtausch	exchange
unterschreiben	sign
Unterschrift	signature
Verfallsdatum	expiry date
Verkäufer/in	shop assistant
Währung	currency
Wechselgeld	change
Werbung	advertising
Wie viel kostet das?	How much is it?
Zahlung	payment
zahlen mit Kreditkarte	to pay by credit card

Stichwortverzeichnis

Bildquellenverzeichnis

adpic 38/1/ M. Schlutter ; 68/ R.Rebmann; 112/1/ M. Schlutter
aeris-Impulsmöbel GmbH & Co.KG 73/2
BBE-Verlag, Köln 46
© Bentin, Angelika – Fotolia.com 44/2
BDEW Bundesverband der Energie- und Wasserwirtschaft e.V. 193/2
Bundesministerium der Finanzen, www.zoll.de 141
© Bundesministerium für Familie, Senioren, Frauen und Jugend, Alexanderstraße 3, 10178 Berlin" 69
Bußmann, Marko, Berlin 85/2
CARO, Berlin/Klemmer 53
Commerzbank/Unternehmenskommunikation 130/1–130/4; 131/4
Cornelsen Verlagsarchiv, Berlin (Simone Lambert) 193/3
Deutscher Sparkassen- und Giroverband 129/1–129/2
Digitalstock 16/1/D. Pietsch; 16/2/M.Dietrich; 85/1/U.Bumann
Donath, Joachim, Berlin 48/1; 84; 92; 99/2; 103/1–103/2; 104; 107/2; 108; 111; 121; 140/1; 155; 158/ alle Fotos mit freundlicher Unterstützung von Galeria Kaufhof, Berlin; 164/3; 165/1–165/4; 166/1–166/2
Duales System Deutschland AG, ECC-Group, Bonn 211/2
Epson Deutschland GmbH 118/5; 119/1
Firmengruppe KASTNER, www.kastner.at 199
Fotofinder 44/1/argus/Mike Schroeder; 89/1/Joker/Paul Eckroth
Global Refund Deutschland GmbH 140/2–140/3
Gottwald, Joachim, Berlin 25; 63; 97/2; 100; 101; 102; 109; 110; 116; 147; 172/1; 187/1; 197; 207; 226; 231; 237; 239
Hamel, Matthias, Berlin 90/1
ICO Innovative Computer GmbH 118/2–118/4
Ihr Geschenkkorb, Sonja Kleine, Leipzig-Taucha, www.ihr-geschenkkorb.de 135
Ingenico GmbH 118/6–118/8
iStockphoto 119/7; 145/2
Krischke, K., Marbach 221
Krüper 225; 227; 234/1–234/2; 238
Krüper, Hainisch, G./Berlin 74
Lang, Claudia, Köln 42/1
Lange, Marek, Berlin 38/2; 88; 96; 97/1; 98; 99/1; 99/3; 112/2; 115; 163/1–163/3; 178/2; 209/2; 215/3; 233
Lindner-Focke, Annette, Berlin 187/2
Löffler,Reinhold 24; 151
Lüders, Henning, Berlin 23
Mauritius, Berlin 142/Phototheque SDP; 144/1/Workbookstock; 164/4/AGE
Metro AG 26; 41/1; 42/2; 47; 120/1–120/3; 154; 169/2; 188
Mettler-Toledo GmbH 119/2; 119/6
OBI 94
Osram-Pressebild 168/1–168/2
Parfümerie Douglas GmbH 41/2
picture-alliance 43/Textilwirtschaft; 89/2; 90/2; 114; 132/dpa/Lenz; 143/1/ZB/Fotoreport; 194; 211/1/akg-images
project photo, Augsburg 67; 232; 240

project-photos 241
ratiotec GmbH & Co.KG 127/1
Redeker, Dorothe, Berlin 173
Rosenthal, Stephan, Berlin 186/3
Rufenach, Jens, Lüneburg 144/2
Schamuhn, Anette, Berlin "36/1–36/2/Fotos Unilever Deutschland GmbH; 36/3/ Foto Beiersdorf AG;
36/4/Foto Dirk Rossmann GmbH; 36/5/Foto C&A Mode KG;36/6/ dm-drogerie markt;
37/1; 81; 93; 105/ Foto Digitalstock/A. Fotoman; 162/ Foto Berten, Elisabeth, Berlin;
167/ Foto Donath, Joachim, Berlin/mit freundlicher Unterstützung von Galeria Kaufhof, Berlin;
169/1; 170/ Foto Display STI – Gustav Stabernack GmbH/ alle anderen Fotos Dila; 171/1–171/3; 175/1–175/2; 177/1–177/2; 178/1; 195; 200/1–200/2; 206, 213"
Sharp Electronics (Europe) GmbH 118/1; 119/3–119/5
shutterstock 16/3; 17; 39/1; 57; 73/1; 75; 86; 87; 131/1; 137; 164/1; 172/2; 180; 212/1–212/2; 244; 246; 247
Sielaff GmbH & Co.KG Automatenbau 39/2
Siemens-Hausgeräte GmbH, München 193/1
Simon, Petra, Nürnberg 48/2
Sixt Autovermietung, Hamburg/ Jung von Matt 209/1
Stiftung Warentest, www.test.de 143/3; 204/1–204/2
Stock4B 220
UGA – Umweltgutachterausschuss 216
VDE Verband der Elektrotechnik Elektronik Informationstechnik e.V. 182/2
Wikipedia/GNU 186/1
Willemsen, Thomas, Stadtlohn 224
Wirtz, Peter, Dormagen 107/1/mit freundlicher Genehmigung allrounder mountain resort, JEVER SKIHALLE Neuss;
145/1; 222; 236
www.kunstundrahmen-galerie.eu 164/2